应用型本科规划教材(经管类)

普通高等教育“十一五”国家级规划教材

经济法

主　编　刘建民　段宝玫

副主编　睢利萍　沈　全

蔡立新　徐文捷

上海交通大学出版社

内 容 提 要

本书为应用型本科规划教材(经管类)之一。

本书在阐述经济法基本理论的基础上，着重介绍与市场主体及经营活动关系密切的经济法律、法规。全书从经济法导论、市场主体法律制度、市场运行法律制度、宏观调控法律制度、社会保障及经济纠纷处理程序法律制度等五个方面展开论述，共22章，内容包括：经济法概论，经济法律关系，公司法律制度，企业国有资产法律制度，合伙企业法律制度，个人独资企业法律制度，外商投资企业法律制度，破产法律制度，合同法律制度，物权法律制度，担保法律制度，证券法律制度，票据法律制度，公平交易法律制度，产品质量法律制度，消费者权益保护法律制度，知识产权法律制度，税收法律制度，银行法律制度，会计、审计、统计法律制度，劳动法律制度，经济仲裁制度和诉讼法律制度。每章后配有学习指导，包括复习思考与案例分析。

全书编排合理、体系完整、内容新颖、详略得当，适合于应用型本科院校经济类专业师生及自学者使用。

图书在版编目(CIP)数据

经济法/刘建民，段宝玫主编. —上海：上海交通大学出版社，2012

应用型本科规划教材. 经管类

ISBN 978-7-313-08491-0

Ⅰ. 经... Ⅱ. ①刘... ②段... Ⅲ. 经济法—中国—高等学校—教材 Ⅳ. D922.29

中国版本图书馆CIP数据核字(2012)第096987号

经 济 法

刘建民 段宝玫 **主编**

上海交通大学出版社出版发行

(上海市番禺路951号 邮政编码200030)

电话：64071208 出版人：韩建民

上海亿顺印务有限公司 印刷 全国新华书店经销

开本：787mm×960mm 1/16 印张：24 字数：448千字

2012年6月第1版 2012年6月第1次印刷

印数：1～3030

ISBN 978-7-313-08491-0/D 定价：48.00元

前　言

随着我国市场经济的发展和经济体制改革的深化，经济法在兼顾社会经济各方利益，运用灵活多样的调整方法，保障和促进国民经济按既定方向协调、稳定、快速发展，以及市场规制、宏观调控、社会保障等方面的作用日益彰显。

社会主义市场经济是法治经济。法律知识尤其是经济法知识，无疑应当成为高等院校非法律专业学生知识结构的重要组成部分。本书的编写贴近高等教育的实际，以现行的经济立法为依据，围绕市场经济运行过程中最为常见的经济法理论和实践问题，在阐述经济法基本理论的基础上，着重介绍与市场主体及经营活动关系密切的经济法律、法规。从市场主体法律制度、市场行为法律制度、市场管运行理法律制度、宏观调控法律制度、社会保障及经济活动程序法律制度等方面展开论述。

本书主编总结了数年教学经验以及结合多年律师工作的实践经验，对书中体例做了系统科学的安排，既可作为非法学专业的学生了解经济法学的教学用书，又考虑到了对法学专业学生的培养，穿插实例，是一本很有实用价值的高等院校教材。

本书既简明又深入地阐明了法律的概念，重点阐释了我国现行的与各种经济活动相关的法律法规，在理论表述的同时穿插了大量的案例解析，每章后配有学习指导，包括复习思考与案例分析。让原来死板枯燥的法律条文更加生动，不论从理论上还是实践上都形成了良好的互动关系，为非法律专业的学生奠定了一个较为扎实的法律知识基础。

本书由刘建民、段宝玫担任主编，负责拟定编写思路和编写大纲，并对全书进行总纂。睢利萍、沈全、蔡立新、徐文捷担任副主编。参加编写的还有邵小平、刘晋波、吕炳斌、李峰、林沈节、王红珊等。

本书编写过程中，我们参阅了大量的专著、教材和论文，并采用了一些相关成果。同时，对于上海交通大学出版社的领导和编辑对本书出版给予的支持，在此一并表示感谢。由于时间仓促和水平有限，书中的欠缺之处，恳望广大读者和同行大力斧正。

编　者

2012年6月

目录

第五编 社会保障及经济活动程序法律制度

第一编

经济法导论

- 经济法概论
- 经济法律关系

1 经济法概论

本章要点

经济法是20世纪新兴的法律部门，它是经济和社会的社会化达到相当高度以后，国家政权普遍直接参与生产流通等诸环节的产物。学生通过本章的学习，了解经济法的产生、发展等基本知识和理论；熟悉和理解经济法的原则、作用，经济法律关系的发生、变更和消灭；掌握经济法的概念和调整对象，知道经济法律关系的构成要素及经济法律责任等内容，以便为学习后面各章节的经济法律法规知识奠定理论基础。

1.1 经济法的产生和发展

经济法是一个新兴的法律部门，经济法对于解决许多市场失灵出现的实际问题具有不可替代的作用，它与宪法、行政法、民商法、刑法或诉讼法一样，具有独特的调整对象，并利用各种不同的调整方法使之成为一国法律体系中不可或缺的组成部分。就我国而言，经济法与经济法学的完善对于建设适应社会主义市场经济发展需要的法律体系意义尤其重大，它是我国法治建设的一个重要环节。

1.1.1 经济法概念的形成和发展

“经济法”作为词的使用远远早于现代经济法的产生。“经济法”一词最早见于法国著名空想社会主义者摩莱里所著的1775年出版的《自然法典》一书中。1843年，法国另一位空想社会主义者德萨米，在其著作《公有法典》中也使用了“经济法”一词。1865年，法国空想社会主义者蒲鲁东在其所著的《工人阶级的政治能力》一书中又一次提出了“经济法”这个词。由于上述空想社会主义者未曾阐明经济法的含义，因此，他们所使用的“经济法”只能是从词的角度使用的，并非现代经济法的含义。但摩莱里与德萨米所言的“分配法与经济法”，蒲鲁东所述的“经济法是政治法和民法的补充和必然产物”，其中所包含的关于国家对经济参与的闪光思想，成为现代经济法产生的思想萌芽。

现代经济法概念的形成，始于第一次世界大战前后的德国。当时德国颁布一系列国家干预经济的法规，有些直接以“经济法”命名，如1919年颁布的《煤炭经济法》、《素钾经济法》等。这些法律有一个共同的显著特征，即保障国家对于社会经济的干预。它突破了历来自由资本主义经济的自由放任原则，与确保个体自由的民法显著不同；同时，它也不同于传统的行政法，它重在影响和调节社会经济的结构和运行，促进社会经济的协调稳定和发展。这一现象引起了德国法学界的注意，并对此开展研究和讨论。起初，有些学者认为这种法律现象同战争有关，将其称为“战时经济统制法”，之后，大家意识到这种法律的出现并不只是同当时的战争相关联，而是有着更为深刻的社会经济根源，即使战争结束以后，国家对经济的许多干预措施仍不可缺少。于是许多学者意识到一个新的法律部门出现了，并把这类保障国家调节经济的法律统称为“经济法”。经济法概念就这样首先在德国广泛使用，以后陆续传播到国外，并最终成为世界各国通用的一个新的法律概念。特别是第二次世界大战前后，德国、日本、美国等颁布了大量的经济法律、法规，以实现政府对社会经济的强制干预和推动社会经济的变革。经济法研究的热潮逐步掀起，使经济法逐步发展为一个独立的法律部门和法律学科。最为突出的是战后的日本，为了摆脱困境，振兴经济，在实行经济非军事化、确立和平经济、提倡经济民主化等三项原则的基础上，颁布了以禁止垄断为中心内容，包括企业管理、工业、商业、财政金融、外贸外汇、环保等方面130多种经济法规，并汇编编入1979年出版的《六法全书》中设置的“经济法”专编，足见经济法在日本法律体系中占有重要地位。在美国，早在19世纪末20世纪初就先后颁布了《谢尔曼法》、《克莱顿法》、《联邦委员会贸易法》等统称为反托拉斯法的法律、法规。这些法律、法规虽然没有冠以经济法的名称，但一般认为这些法律属于现代意义上的重要的经济法。尽管经济法已经成为一个独立的法律部门和法律学科，但世界上只有原捷克斯洛伐克曾于1967年制定了《经济法典》，其他国家均未单独制定经济法典。

中华人民共和国成立后，在相当长的一段时间内，虽然制定、颁布了一些经济方面的法律、法规，但没有正式称之为经济法。由于我国在一段时间实现计划经济体制，不可能重视经济法以及其他法律在经济建设中的作用。在高度集中的计划经济体制下，从宏观到微观都是实行以政府指令性计划为主的管理体制。整个国民经济运行，都是以政府为主体，以指令性计划为中心，通过政府的行政行为，即采取行政指令、行政措施、行政手段等方法，来保障国民经济的运行。党的十一届三中全会认真总结了新中国成立以来的经验教训，在全面推行改革开放政策的同时，在经济工作的方法上，提出了要采取经济的、法律的、并辅之以必要的行政手段来管理经济，搞好我国的社会主义现代化建设。在1993年11月14

日党的十四届三中全会通过的《关于建立社会主义市场经济体制若干问题的决定》中明确指出，社会主义市场经济体制的建立和完善，必须有完备的法制来规范和保障。要高度重视法制建设，做到改革开放与法制建设的统一，学会运用法律手段管理经济。

虽然我国经济法的兴起比其他国家迟缓了30～40年，但其发展之快、发展的广度和深度是其他国家所不及的。20世纪80年代以来，经济方面的立法是全国人民代表大会及其常务委员会立法的重点，经过20多年的努力，初步形成了我国的经济法律框架体系。

1.1.2 经济法产生和发展的历史条件

法的产生和形成与一定的经济基础相关，它是基于调整经济关系的需要而产生的。同时作为上层建筑，法的产生和形成也会受到上层建筑的其他部分的影响，特别是国家的影响。经济法也不例外，经济法是市场经济内在矛盾的必然产物，是国家职能发展的必经阶段，同时也是法律意识作用的必然结果。

1.1.2.1 经济法产生和发展的社会基础

社会化大生产和垄断的生成，是经济法产生和发展的社会物质条件。资本主义进入大机器工业阶段后，形成了社会化大生产。社会化大生产主要表现在：

1) 在大规模生产的基础上，形成了生产社会化。生产社会化，指生产资料使用社会化、生产过程社会化和产品社会化。科技新成果的广泛应用形成了大规模生产，其直接结果是生产过程越来越具有社会性，出现了生产社会化。生产社会化使社会经济发生了根本性变革，从而单个资本转变为集中的社会共同资本，实现了资本社会化；单个人的劳动转变为社会的共同劳动，实现了劳动社会化。

2) 社会分工不断深化，新的产业部门不断出现，各经济主体相互依存，形成国民经济体系化。19世纪末20世纪初，化学工业、汽车工业、石油工业等新兴工业部门不断产生并迅速发展。在新兴工业部门形成的同时，在既有的同一生产部门内部也发展出许多新的生产类别，使这些行业进一步扩大。这一时期，社会经济形成了以中心生产部门为轴心的连锁性和基本经济过程连续性。社会各经济部门、同一经济部门的各个经济单位不再是孤立的、分割的，而是相互衔接、互补共存，社会经济形成了有机联系的整体，从而奠定了国民经济完整体系的基础。

3) 完备的市场要素和市场竞争，使各地区、各国家之间的商品交换活动日益频繁，经济联系扩展到全球，形成了垄断资本主义经济国际化。生产社会化和国民经济体系化，把市场经济推向了更高的阶段。在商品输出的同时，资本和技术不断输出，从而使垄断资本主义市场经济具有了国际性质。

社会化大生产推动了社会经济关系的变化，这种新变化使资本主义的内在矛盾日益显现。为了把生产力与生产关系的矛盾控制在资本主义范围内，西方国家不再信奉“市场万能”理论，政府开始干预经济，纷纷制定相关法律，从最初大量的应付战争和经济危机性质的经济立法到后来自觉维护经济协调发展的现代经济法便应运而生。

1.1.2.2 经济法产生和发展的政治基础

国家职能的变化是经济法产生和发展的政治基础。经济基础的变化必然导致作为上层建筑核心的国家职能的变化。在资本主义自由经济阶段，国家对经济采取放任态度。在国家与法的领域，这种放任思想表现为“夜警国家论”、“有限政府论”。这些理论主张国家与法在自由市场经济下的消极作用，即对社会经济不予干预，“干预最少的政府是最好的政府”是资本主义国家的共识。市场经济主要由民商法调整。民商法的制定，一方面反映了商品经济的内在要求，另一方面也体现了国家对经济的期望。民法基本原则诸如契约自由、诚实信用、平等自愿、等价有偿等的确立，客观上体现了国家鼓励自由竞争，维护经济秩序，从而实现促进经济和社会发展的目的。国家选择民商法对市场经济进行规制是由在这种自由经济形态下，国家所承担的经济职能决定的。但进入垄断资本主义时期，经济危机频繁发生，社会矛盾进一步激化，垄断的出现极大地限制了自由竞争这个市场经济的内在驱动力，使生产力的发展受到阻碍。这些问题恰恰都是在民商法所设定的法律框架下产生的，但也是民商法所无力解决的。社会经济生活强烈要求国家进一步介入社会经济领域，国家不能像过去那样只当“守夜人”、“警察”及“仲裁人”了，而要对社会经济生活进行全面干预，以求经济能够稳定发展。但是市场经济本质是法制经济，此种土壤产生出的国家干预，决定了其不能是政府随意地针对具体经济个体的干预，而必须是带有普遍性、政策性的，针对一般经济主体的干预。这就决定了国家必须选择法律的形式对社会经济生活进行干预。即使是采用某些行政或经济性质的干预，亦必须是在法定程序下进行。应这种国家干预的需要，西方资本主义国家进行了大量的经济立法。这些新的法律，组成了一个新的独立的法部门——经济法。

1.1.2.3 经济法产生和发展的法律基础

社会本位的法哲学思想是经济法产生和发展的法律基础。社会物质条件是法哲学思想的决定性基础。与生产社会化、国民经济体系化和垄断资本主义经济国际化的转变相适应，法哲学思想经历了从个人本位向社会本位的转变。社会本位法哲学思想揭示新的法现象的本质，从而使创立经济法理论成为可能。

自由主义市场经济是自由放任的经济，它与自然法学派的思想是一脉相承的。这在法律上表现为民法。民法以个人权利为本位，强调“意识自治”，客观上排斥国家权力的干预，从保障个人契约自由出发来推动社会经济发展，这种不干预的自由放任主义思想被亚当•斯密在其名著《国富论》中发挥到了登峰造极的地步，以至于在自由资本主义时代一致认为“管得越少的政府就是最好的政府”。在自由主义市场经济条件下，个人主义、自由主义是社会思想观念的主流，其在法哲学思想上表现为个人本位。个人本位的核心是个人权利本位，简称权利本位。权利本位论的基本主张和特征是：把权利的地位放在实在法(制定法)之上，也放在国家最高权力之上。主张“自由权利”，亦即“天赋人权”，认为人性是自然法之父，自然法是实在法之父，认为私有财产权是从自然状态带进国家组织中去的自然权利，因而私有财产神圣不可侵犯，国家不能设置任何障碍，认为自由是人性的结果，人的自由、平等是不可剥夺的权利，国家权力应为保障自由、财产和安全服务；权利是法律的中心概念。主张“法是客观的权利，权利是主观的法律”，“客观法”、“主观法”由此而分；“法学是权利之学”，充分表达了权利在法文化中的地位；权利是现实的人进行社会活动的工具和出发点。认为现实的人在利益驱动下依据权利参加社会分工和商品交换活动。这里“现实的人”是自由主义市场经济的参加人。

权利本位法哲学思想是对国家义务本位论的否定，是历史的超然。然而到了19世纪末20世纪初，随着资本主义向垄断阶段发展，垄断资本家凭借其自身对资源的垄断而排斥自由竞争。市场调节所具有的自发性、盲目性和滞后性等缺陷日益充分暴露出来，市场机制失去了其优化配置资源的作用。与此同时，民法所确立的一系列平等、自愿等原则也受到了极大冲击。这种盲目发展，带有垄断性的社会关系，可以说是以近代民法为媒介发展起来的。自由主义市场经济逐渐失去自律性。此时法学家们开始思考个人与社会的关系，认为自由放任、权利本位的弊害在于个人与社会的关系上采取了“个人中心”的立场，已不适合时代要求，认为社会利益就是个人真正利益，个人生存、发展依赖社会的生存、发展。因此，在个人和社会的关系上，出现了以社会为本位的法哲学思想，社会法学派逐渐兴起。

社会本位法思想，是以社会权为核心的权利思想，是以社会权为基础构建社会政治、经济和法律制度的思想。社会本位法哲学思想不是一般地排斥权利，而是权利不再处于本位地位。这种新的权利论，不再以社会契约论和自由权利论为前提。以自由权为中心的权利本位法哲学思想向以社会权为中心的社会本位法哲学思想演变，反映了市场经济发展的一般进程，这是巨大的历史性进步。这种转变使经济法理论的创立成为可能。

1.2 经济法的概念和调整对象

1.2.1 现代主要经济法学说

根据学者的归纳，主要有以下经济法学说：

1) 商法行政法关系说。这一学说是英国的克莱夫·斯米托夫于1966年在巴黎召开的经济法学术讨论会上提出来的。他认为，经济法是商法与行政法之间，与商法一起调整经济事务，与行政法分享行政管理方法的法。

2) 企业法说。这一学说由法国的克劳德·尚波提出。他认为，企业是以工业文明为框架的经济社会制度的基本细胞，是做出经济决定的基本单位，因此，经济法就是企业法。

3) 国家干预说。这一学说是现代经济法学说中的主要流派，其著名的代表人物有法国的费尔南、夏尔、让泰及日本的金泽良雄。费尔南、夏尔、让泰认为，经济法是实现经济目标的一种从属性技术或工具，它随着国家行为所依据的原则的重大波动而变化。因此，经济法是以给予公共权力机构能够对经济采取积极行动为目的的法律规则之总称。金泽良雄认为，经济法是适应经济性，即社会调节性要求的法律，经济法是在资本主义社会，为以国家之手(代替“无形之手”)来满足各种经济性的，即社会协调性要求而制定之法。

4) 经济利益平衡说。这一学说为法国的罗伯·萨维提出。他认为，在企业的范围内存在各种不同的或对立的经济利益，行政的干预必然是出于对普遍利益的平衡，因此，经济法就是保证特定时期和特定社会中国家和私人经济代理人的特殊利益和普遍的经济利益之间的平衡的规则的总称。

5) 经济从属关系说。这一学说的代表人物是日本的正田彬，因此又称“正田说”。他认为，经济法是规制垄断资本主义阶段固有的以垄断为中心的经济从属关系的法。他指出，经济法以限制经济支配者(即垄断者)的任意进行交易的活动，并允许经济从属者为提高经济地位而结成一定的经济关系为核心。

6) 规制市场支配说。这一学说的代表人物是日本的丹宗昭信，因此，又称“丹宗说”。他认为，所谓市场支配是指限制市场自由竞争的状况，而经济法是国家规制市场支配的一系列法。

7) 纵横说。即纵横经济法学说，是20世纪50～60年代苏联现代经济法学派的主张，其主要代表人物是B·B·拉普捷夫。纵横说的基本思想可以归纳为：①社会主义国民经济关系应当由垂直的国家管理关系(国家对经济的组织和计划关系)

和经济组织之间在实现经济活动中形成的横向平等关系组成；②纵向经济关系与横向经济关系是互相交错及依赖、不可分割的统一体，是财产成分和计划成分的结合，而经济法就是调整横向经济关系和垂直经济关系的一个统一的法律部门。

1.2.2 本书对经济法概念的表述及基本思路

经济法是调整国家为维护社会整体利益，在适度干预经济和管理市场过程中发生的经济关系的法律规范的总称。

我们对经济法的概念作上述概括，试图阐述经济法的以下几点基本含义：

1) 经济法的特定调整对象是国家在适度干预经济和管理市场过程中发生的经济关系。表明经济法与民法、商法等法律部门的区别。在市场经济条件下，市场的运行以市场主体的自主、自治为前提。民商法着重于市场经营主体及其经营行为方面的规范及其利益保护。但是，市场经济的历史发展表明，市场调节往往具有自发性、滞后性、盲目性的特点，往往出现“市场失灵”的情况。对此，仅依据民商法规则尚难以有效地保障市场经济的健康发展。这就决定了国家适度干预经济和管理市场的必要性，在此过程中发生的经济关系正是经济法的特定调整对象。从经济法的历史发展过程看，经济法是国家干预市场经济活动的产物，就其法律规范的特点而言，属于法律理论中“公法”的范畴。这类法律规范显然与也调整经济关系的、在法律理论中属于“私法”范畴的民法、商法法律规范存在明显的区别。

2) 经济法的主要功能是确认和规范国家适度干预经济和管理市场的职责权限，维护社会整体利益。表明经济法与行政法的区别。经济法调整一定范围的经济关系，或者经济管理关系由经济法调整，在我国法学理论界似乎已形成共识。但是这类经济管理关系，与国家及其机关行使管理职能中产生的带有经济内容的行政管理关系如何区分，似乎仍然悬而未决。随着计划经济体制向市场经济体制的过渡，我们已经开始并正在进行中的国家财产所有权与经营权的分离、国家财产所有权与行政权的分离和政府职能的转变，使我国的经济管理体制发生了深刻的变化。由于管理领域、任务和手段的差别，经济管理的单一行政性已被经济管理的多样性所代替。直接管理、间接管理和市场管理等多种形式均已出现。在直接管理领域发生的经济关系，从严格意义上说并不是一种经济关系，而是一种带有“经济关系”外壳的以权力从属关系为特征的行政管理关系。它的调整依附于行政调节机制，其直接目的是满足国家利益的需要。为此，这部分社会关系应属于行政法的调整范围。间接管理领域发生的经济关系与直接经济管理不同，它是一种非权力从属性的经济关系，其发生依据不是行政指令，而是普遍性的调控措施。市场管理领域发生的经济管理关系，实质上是对市场主体竞争进行管理所发生的经济关系。市场管理关系和间接管理关系的共同点在于：他们所直接保护的利益都是社会整体利益，而不是单个的企业法人或公民的利益，也不是单纯的国家利益。虽然市场管理和间接经济管理的权利主体也主要是国家和国家行政(经济管理)机关，但这仅仅是为了统一代表社会利益的方便而已。这不表明它与前述的直接经济管理不可分。相反，这两类管理所发生的经济关系不再像权力从属关系那样归行政法调整，而由经济法予以调整。

3) 经济法应确立国家适度干预原则，国家机关应依法定职责干预经济和管理市场。重新认识和区别不同的经济管理关系，对确立经济法的原则无疑有重要意义。市场管理、直接管理和间接管理分别涉及平等市场主体之间的经济关系、行政性经济管理关系和社会公共性经济管理关系。对这几类经济关系加以区别，有利于分别确认和保护公民、法人、国家和社会公共利益，从而避免用一种利益要求掩盖另一种利益要求。我们既不能以保护企业法人、公民利益为名侵害国家利益，也不能以保护国家利益为名侵害企业法人和公民的利益。三者利益的协调保护是社会安定与发展的需要，也是社会整体利益的重要体现。因此，我们可以把经济法的本质概括为社会公共性，它的主要作用是从维护社会整体利益出发，对市场经济的运行进行适度干预和管理。

1.2.3 经济法的特征

经济法是指调整国家在经济管理和协调社会经济活动过程中所形成的各种经济关系的法律规范的总称。作为一个独立的法律部门，经济法具有以下特征：

1) 经济性。这是经济法最本质的特征。这是因为经济法是调节社会经济之法，发挥作用的领域是社会的经济生活领域，所以经济法通常把经济制度和经济活动的内容和要求直接规定为法律，这就使得经济法必然要反映基本经济规律，揭示基本经济问题。

2) 社会性。经济法的社会性主要体现为经济法以社会为本位的特征。经济法是顺应国家干预社会经济生活的要求而产生和发展起来的，为国家干预社会经济生活提供了法律依据和保障，其根本目标在于维护社会整体利益，促进社会经济的协调发展。

3) 政策性。经济法是国家调节经济活动、参与经济关系的产物。在此过程中，国家的经济体制和经济政策对经济法的发展和变化产生了重要影响，经济法也必须反映和回应社会经济生活和政治形势的变化，呈现出政策性的特性。这主要表现在经济法随时根据国家意志的需要赋予政策以法的效力，并根据经济体制和经济政策的变化而变化。

4) 综合性。经济法的综合性是由其所调整的社会经济关系的复杂性所决定的，表现为以下几个方面：

(1) 法益的复合性。经济法不仅保护经济活动主体的个体法益，也保护不特定多数的社会法益，同时还保护作为公权力者的国家法益，而且三种法益并重。

(2) 方法的多样性。经济法在调整国家调节经济的行为时，不仅运用了民事的、行政的、刑事的等传统方法，还采用了公私法融合的新型调整手段，如褒奖手段、专业暨社会性调整手段等。

(3) 责任的多重性。在法律责任上，经济法实行民事责任、行政责任和刑事责任并举的方式，多角度、全方位地实现对社会经济活动的调控。

(4) 规范的多元性。规范的多元性表现为实体规范与程序规范相结合，强行性规范、任意性规范与提倡性规范相结合，域内效力规范与域外效力规范相结合，公法规范与私法规范相结合等。

1.2.4 经济法体系

经济法的体系是只由经济法部门所构成的一个有机联系的系统，经济法部门是经济法体系的构成要素。虽然不同经济法部门有着不同的调整对象和法律法规，但它们相互关联，共同构成经济法的整体。

经济法的体系是由经济法的调整对象决定的。由于经济法是调整国家在调控社会经济运行、管理社会经济活动的过程中在政府机关与市场主体之间发生的经济关系的法律规范的总称，因而经济法首先应当包括宏观调控法与市场管理法这两个最重要的经济法部门。对此，我国经济法学界已经基本取得了共识。此外，规范从事市场活动主体的法律部门以及社会分配、劳动与社会保障法律部门也应当成为我国经济法体系的组成部分。

经济法体系由市场主体或企业组织管理法、市场运行或市场管理法、宏观调控法、社会保障法或涉外经济法四部分组成。

1.2.5 经济法的调整对象

经济法的调整对象是指经济法所调整的特定的经济关系。基于对经济法概念的上述认识，经济法的调整对象是国家在适度干预经济和市场管理过程中产生的经济关系。具体来说，主要包括以下几个方面：

1) 市场主体管理关系。市场经济的运行以市场主体的自主、自治为前提。为了保障市场的正常运行，市场主体进入、退出市场须遵守一定的规则，市场主体的自身运作也须有章可循。在各类市场主体中，企业是最主要的主体。以企业制度为例，企业的设立、变更、终止，企业内部机构的设置及其权利义务，企业的财务、会计制度等，国家既不能管得太多、太严，也不能放任自流。通过经济法规的干预、协调，使企业及各类市场主体进入市场时就是自主经营、自负盈亏的合格的市场主体，从而有效参与市场经营，提高市场活动质量，保障市场运转的安全与效率。

2) 市场运行管理关系。建设社会主义市场经济体制，必须建立统一、开放的各类生产要素市场，使各类生产要素能自由流通，按市场规律配置各类资源。这需要打破条块分割、封锁、垄断，充分发挥竞争机制的作用。同时，过度的竞争会导致各种不正当竞争手段及其现象的泛滥。垄断和不正当竞争会妨害市场功能的实现、资源的优化配置，扰乱市场经济秩序。而市场本身无力清除垄断和不正当竞争等不正常现象。这就需要国家干预、协调，强化市场管理，设定市场运行的基本或基础性规则，创造平等的竞争环境，保护和促进公平竞争，有效地制止垄断和各种不正当竞争行为，维护市场运行秩序。

3) 宏观经济调控关系。尽管市场调节作为基础层次的调节，是十分必要的。但是市场调节往往具有自发性、滞后性、盲目性，涉及国家、社会的整体利益方面，难免有一定的局限性。国家通过制定预算法、审计法、中央银行法、商业银行法、计划法、税法等，实施宏观调控，弥补市场调节之不足，防止和消除经济总量失衡等情况，更好地把社会及人民的当前利益和长远利益、局部利益和整体利益结合起来，指导国民经济持续、稳定、高速地发展。上述法律主要是确定国家间接调控的规则，以维护经济的稳定和社会的安定。

4) 涉外经济管理关系。涉外经济管理是指国家对具有涉外因素的经济活动和经济关系的管理。包括进出口贸易、技术引进和转让、利用外资、对外投资、外汇管理等方面的管理。在我国经济运行“内外有别”的情况下，涉外经济关系与国内经济关系仍有一定的差别。经济法调整的涉外经济关系是国家在进行上述管理过程中与国内外的公司、企业、其他经济组织所发生的经济关系，以及国内外的公司、企业、其他经济组织相互之间所发生的经济关系。包括：

(1) 涉外经济的宏观管理。这主要是指进出口贸易、汇率、关税、税收等方面的管理中发生的经济关系。

(2) 涉外企业管理。包括中外合资经营企业、中外合作经营企业及外资企业的审核、登记管理和会计制度、年检等方面的管理中所发生的经济关系。

1.3 经济法的地位和调整范围

1.3.1 经济法的地位

经济法调整国民经济关系，在西方，经济法被称为“经济宪法”，在调整国民经济运行中居于首要地位。经济法在一国的法体系中的地位取决于调整关系在社会中的地位，国民经济是国家的基础、社会的基础，任何社会关系都建立在这个基础之上，并为其决定。经济法在法律系中属于经济安全法。体现在：

1) 国家财产权利的设置是为维护经济安全。例如国家财富、自然资源的所有权、使用权、处分权，以及对国有资产的所有权等。

2) 国家经济管理权力的行使是为保障经济安全。国家经济管理权属于经济主权的范畴，行使经济主权对内保障经济稳定、增长，避免经济发展大起大落。

3) 国家义务的设定是为保障基础设施和公共福利。自“福利国家”概念提出以来，维护公共设施，增进公共福利不仅仅是国家政治管理内部的事情，也是国家向社会的承诺。

1.3.2 经济法的调整范围

经济法调整的领域，是国民经济运行过程中形成的经济关系。这种经济关系是伴随生产社会化、国民经济体系化和垄断资本主义经济国际化而形成和发展的。国民经济运行过程中形成的经济关系，是完全新型的经济关系。经济法调整的具体范围包括以下方面：

1) 经济组织关系。其形成源于经济主体在社会经济中的地位。包括内部和外部组织关系。从微观角度看，经济主体是社会经济的细胞，其设立、歇业和生产经营活动是内部的事务。从宏观角度看，经济组织的生存和发展涉及社会生产、分配、交换和消费各个环节，国家需要对其施以必要的控制，以保证国民经济的稳定发展。这样，就形成了内外经济组织关系。

2) 经济竞争关系。两个或两个以上的经营者或消费者在市场机制运行中所形成的相互对立、相互制约的经济关系。经济竞争关系包括正当竞争关系、不正当竞争关系和垄断竞争关系。不正当竞争关系是由经济组织实施的对竞争进行实质性限制，以及使用不正当的竞争方法和交易方法而形成的。垄断关系包括基于“私人自治”所形成的垄断关系和基于国家扶助垄断政策所形成的垄断关系。经济竞争关系不都是竞争法律关系，只有后两种竞争关系才上升为法律关系。

3) 经济调控关系。又称宏观调控关系，是国家在协调、控制国民经济运行中形成的经济关系。国家对国民经济实行调控，是市场经济的必然要求，即来源于总供给与总需求的均衡、经济结构均衡的要求。市场机制本身并不能保障自发实现经济均衡发展。市场价值规律作用的结果表现为两个方面，一方面促成供求均衡，实现资源的优化配置；另一方面又因市场的盲目性特征而导致市场经济的矛盾，造成资源不能充分利用。均衡与非均衡的对立统一是市场经济发展过程中的普遍现象。为保障国民经济健全发展，充分发挥市场调节的基础作用和宏观调控的主导作用，国家对经济进行宏观调控是必然的。

4) 经济监督关系。国家和社会组织及个人在对经济行为实行监察、督导所形成的经济关系。经济监督，不仅包括国家经济机关的监督，还包括一般社会组织和专门社会组织以及个人的监督，而监督主体不限于国家这个唯一主体；在经济监督权的行使上，不仅包括国家权力，还包括社会权力。经济监督关系一般可以分为：核算监督关系、技术监督关系、消费监督关系。

5) 涉外经济关系。一国与外国或者地区间等进行经济活动所形成的经济关系。涉外经济关系是国民经济运行的重要组成部分，是国内经济关系的延伸。涉外经济关系与国际经济关系不同。涉外经济关系的主体或客体具有涉外因素，是我国与他国或地区的关系。而国际经济关系是世界各国或地区相互间进行经济活动所形成的经济关系。

学习指导

★ 复习思考

1) 简述经济法的产生。

2) 简述经济法的特征。

3) 经济法的调整对象有哪些？

4) 简述经济法的调整范围。

5) 简述经济法产生的社会基础。

★ 案例分析

面对亚洲金融危机，香港特别行政区政府为了应对国际投机“大鳄”索罗斯的市场炒作，于 1998 年 8 月动用近千亿港元入市操作；1998 年 9 月 5 日，为了进一步巩固香港的货币发行局制度，减低投机者操纵市场使银行同业市场和利率出现动荡的机会，香港金管局推出七项技术性措施，这七项措施主要集中在港元兑美元的兑换保证和有关银行港元流动资金贴现方面的新措施两个方面。1998 年 9 月 7 日，为了严格治市纪律，强化金融监管，香港特别行政区财政司公布了严格香港证券及期货市场纪律的30条措施。这30条措施的实施涉及联合交易所、期货交易所、香港中央结算有限公司、证券及期货事务监察委员会和财经事务局 5个机构。当时任香港特别行政区财政司司长的曾荫权表示，特区政府继续坚守自由经济的政策，并且不会在香港实施外汇管制。曾荫权还表示，财政司的30项措施与金管局的七项措施相互配合，以增强货币及金融系统抵御国际投机者跨市场的能力。

请运用经济法的调整对象的相关原理来分析本案例。

2 经济法律关系

本章要点

通过本章学习，了解经济法律关系的概念和特征、民事法律事实，以及民事法律关系的产生、变更和消灭、民事法律关系的构成要素、民事法律行为、代理、诉讼时效、物权、债权等基本概念。正确理解民事主体(自然人、法人)、民事法律行为制度、代理制度、时效制度、物权制度、债权制度、人身权制度、知识产权制度、民事责任制度等市场经济所必需的法律制度。重点掌握民事法律行为的有效条件、无效及可撤销民事行为的认定和财产处理、效力待定民事行为的种类、代理与诉讼时效的重要法律规定。

2.1 经济法律关系概述

法律关系是由法律规范确认的、具有权利义务内容的社会关系。经济法律关系是由经济法律规范确认的、具有经济权利义务内容的社会关系。经济法律关系是一定的经济关系在法律上的体现。例如，公民之间或法人之间存在的财产所有权关系、债权关系。经法律确认、调整，使现实生活中的某些社会关系成为法律关系，其权利义务由国家强制力保证实现或履行，是国家维护社会经济秩序所必须采取的措施。

经济法律关系的特征如下：

1) 经济法律关系是一种人与人之间的社会关系。许多涉及财产内容的法律关系的客体是物，有人把它说成是人与物或者物与物之间的关系。例如，把所有权关系简单地归结为人对物的支配关系；把商品买卖仅仅看成是一种物(作为一般等价物的货币)与物(商品)之间的交换关系。但是我们透过这些表面现象，不难发现，“商品不能自己到市场去，不能自己去交换。因此，我们必须找寻它的监护人，商品所有者……为了使这些物作为商品彼此发生关系，商品监护人必须作为有自己的意志体现在这些物中的人彼此发生关系”(《资本论》第1卷第102页)。

2) 经济法律关系是由经济法律规范确认、调整的社会关系。现实生活中，社会关系种类繁多，法律关系只是其中一部分。只有被法律规范确认、调整的社会关系才是法律关系。因此，法律关系是一种思想社会关系，属于上层建筑范畴。它的内容和原则都是由一定的经济基础所决定的。

3) 经济权利和经济义务构成法律关系的内容。例如，民事法律规范在调整平等主体之间的财产关系、人身关系时，通过权利与义务的设定，为人们的行为提供一种行为规范，从而保障社会生活、经济生活的有序运转。

4) 经济法律关系由国家强制力保证其实现。当事人之间的权利和义务关系受国家法律保护。如果义务人不履行义务，致使权利人的权利受到损害，权利人可通过法定程序，请求国家机关强制义务人履行义务，以保证实现其合法权利。

2.2 经济法律关系的构成要素

经济法律关系由主体、内容(权利和义务)、客体三个要素构成。

2.2.1 经济法律关系的主体

2.2.1.1 经济法律关系主体的概念和范围

经济法律关系主体是指参加经济法律关系，享有权利承担义务的当事人。大致包括以下几类：

1) 国家机关。国家机关包括权力机关、行政机关、审判机关、检察机关、军事机关等。一般情况下，作为经济法律关系主体的国家机关主要是指具有经济管理职能的国家机关，如税务机关、工商行政管理机关等。

2) 企业。企业是各类经济活动的基本单位，是最普遍、最广泛的经济法律关系主体。企业种类繁多：按所有制性质可分为国有企业、集体企业、私营企业、混合型企业(如中外合资经营企业、股份合作制企业)等；按企业的组合方式可分为独资企业、合伙企业、联营企业等；按企业所属行业可分为工业企业、商业企业、交通运输企业等。

3) 其他社会组织。包括事业单位、社会团体。在社会主义市场经济中，它们参与市场经济活动(如科研机构有偿转让技术等)，也依法享有权利、承担义务。

4) 企业及其他社会组织的内部单位。如企业内部的车间、工段等，在企业内部管理关系中可成为经济法律关系的主体。国家有关法规通过对企业机构、领导体制、财务会计制度等方面做出规定进行调整时，这些相应的内部机构均依法享有权利并承担义务。

5) 个体工商户、农村承包经营户和公民。个体工商户、农村承包经营户是市场经济中的经营主体。公民个人作为纳税义务人与国家税务机关发生税收征纳关系等情况时，也是经济法律关系主体。

6) 国家。在特定情况下，国家也以经济法律关系主体的身份出现。如在为筹措财政资金而发行国债；以政府名义对外签订贸易协定等。

2.2.1.2 经济法律关系主体的民事权利能力和民事行为能力

对于经济法律关系主体，除国家及其机关行使政府职能等情况外，可以概括为公民(自然人)和法人。

1) 公民(自然人)的民事权利能力和民事行为能力。公民一词的确切涵义中含有国籍的意思。我国公民是指具有中华人民共和国国籍的自然人。所以在《中华人民共和国民法通则》(以下简称《民法通则》)第 2 章的标题公民之后加了一个括弧(自然人)，并在第 8 条第 2 款规定："本法关于公民的规定，适用于在中华人民共和国领域内的外国人、无国籍人，法律另有规定的除外。"

公民的权利能力是指法律赋予公民享有权利承担义务的资格。根据《民法通则》的规定，公民的民事权利能力一律平等；公民从出生时起到死亡时止，具有民事权利能力，享有民事权利，承担民事义务。

【例 2.1】 张家为孙子张明过生日，却为确定出生日期犯愁。张明的母亲记得儿子是 8 月 28 日晚生，医院的接生记录簿上记载的是 8 月 29 日，出生证上记载的是 8 月 30 日。而户口簿上记载的是 9 月 1 日。依照有关法律，张明的出生时间应以(　)为准。

A. 8 月 28 日　　B. 8 月 29 日　　C. 8 月 30 日　　D. 9 月 1 日

参考答案：D。

公民的民事行为能力是指公民能够通过自己的行为取得民事权利和承担民事义务的资格。根据《民法通则》的规定：18 周岁以上的公民是成年人，具有完全的民事行为能力，可以独立进行民事活动，是完全民事行为能力人；16 周岁以上不满 18 周岁的公民，以自己的劳动收入为主要生活来源的，视为完全民事行为能力人；10 周岁以上的未成年人是限制民事行为能力人，可以进行与他的年龄、智力相适应的民事活动，其他民事活动由他的法定代理人代理，或者征得他的法定代理人的同意；不满 10 周岁的未成年人是无民事行为能力人，由他的法定代理人代理民事活动；不能辨认自己行为的精神病人是无民事行为能力人，不能完全辨认自己行为的精神病人是限制民事行为能力人。

2) 法人及其民事权利能力和民事行为能力。法人是具有民事权利能力和民事行为能力，依法独立享有民事权利和承担民事义务的组织。法人作为一个组织，是与公民(自然人)相对称的民事主体，也具有民事权利能力和民事行为能力，但与公民的民事权利能力和民事行为能力不完全相同。两者的主要区别是：①公民区分为完全民事行为能力人、限制民事行为能力人、无民事行为能力人三种情况，而法人则没有这种区分；②法人的活动是根据法律和法人组织章程的规定，企业法人应当在核准登记的经营范围内和企业章程规定的范围内从事经营活动，公民则没有这种限制；③有些民事权利，如生命健康权、婚姻自主权等，为自然人所专有，法人则没有。

法人应当具备的条件是：①依法成立；②有必要的财产或者经费；③有自己的名称、组织机构和场所；④能够独立承担民事责任。

全民所有制企业法人以国家授予它经营管理的财产承担民事责任。集体所有制企业法人、外商投资设立的企业法人以企业所有的财产承担民事责任。企业法人对它的法定代表人和其他工作人员的经营活动承担民事责任。

法人分为企业法人和机关、事业单位、社会团体法人。企业经主管机关核准登记，取得法人资格。企业法人分立、合并或者其他重大事项变更，应当向登记机关办理登记并公告，其权利和义务由变更后的法人享有和承担。企业法人终止，应当依法进行清算。

2.2.1.3 特殊的经济法律关系主体

几类特殊的经济法律关系主体如下：

1) 个体工商户、农村承包经营户。公民在法律允许的范围内，依法经核准登记从事工商业经营的，为个体工商户。个体工商户可以起字号。农村集体经济组织的成员，在法律允许的范围内，按照承包合同从事商品经营的，为农村承包经营户。个体工商户、农村承包经营户的合法权益受法律保护。对于个体工商户、农村承包经营户的债务，个人经营的，以个人财产承担责任；家庭经营的，以家庭财产承担责任。

2) 个人合伙。个人合伙是指两个以上公民按照协议，各自提供资金、实物、技术等，合伙经营、共同劳动的形式。合伙人应当对出资数额、盈余分配、债务承担、入伙、退伙、合伙终止等事项订立书面协议。合伙人投入的财产由合伙人统一管理和使用。合伙经营积累的财产，归合伙人共有。个人合伙可以起字号，依法经核准登记，在核准登记的经营范围内从事经营活动。个人合伙的经营活动由合伙人共同决定，合伙人有执行和监督的权利。合伙人可以推举负责人，负责人和其他人员的经营活动由全体合伙人承担民事责任。合伙的债务，由合伙人按照出资比例或者协议约定，以各自的财产承担清偿责任。合伙人对合伙的债务承担连带责任。偿还合伙债务超过自己应当承担数额的合伙人，有权向其他合伙人追偿。

另外，应该注意到我国《合伙企业法》中的有关规定。

3) 法人联营。法人联营可以分为法人型联营、合伙型联营、合同型联营。企业之间或者企业、事业单位之间联营，组成新的经济实体，独立承担民事责任、具备法人条件的，经主管机关核准登记，取得法人资格，这被称为法人型联营。企业之间或者企业、事业单位之间联营，共同经营、不具备法人条件的，由联营各方按照出资比例或者协议的约定，依各自所有的或者经营管理的财产承担民事责任。依照法律的规定或者协议的约定负连带责任的，承担连带责任，这被称为合伙型联营。企业之间或者企业、事业单位之间联营，按照合同的约定各自独立经营的其权利义务由合同约定，各自承担民事责任，这被称为合同型联营。

2.2.2 经济法律关系的内容

经济法律关系的内容是指经济法律关系主体享有的经济权利和承担的经济义务。经济权利是指经济法律关系主体在法定范围内有权做出一定行为(包括作为和不作为)或要求他人做出一定行为的资格。这种资格通常表现为：权利主体在法定范围内可以依法做出一定行为；要求他人做出一定行为，以满足实现权利之需要；如权利受到侵犯，权利人有权经法定程序请求国家机关保护。

经济义务是指义务人必须为一定行为的责任。义务人应当依法履行义务，不得妨碍权利人合法权益的实现。否则，经法定程序，可强制其履行义务。

通常情况下，权利和义务是相对应的，即没有无义务的权利，也没有无权利的义务。我国《民法通则》将与平等主体之间财产关系和人身关系有关的权利义务关系概括为财产所有权、债权(包括合同、侵权行为等)、知识产权、人身权等。

2.2.3 经济法律关系的客体

经济法律关系的客体是指经济法律关系主体享有的权利和承担的义务所共同指向的事物。经济法律关系的客体可以概括为以下几类：

1) 物。是指可以为人们控制和支配的、有一定经济价值的、以物质形态表现出来的物体。从不同的角度，可将其分别划分为：生活资料和生产资料、流通物和限制流通物、特定物和种类物、可分物和不可分物、动产和不动产等。

2) 货币和有价证券。货币是充当一般等价物的特殊商品。有价证券是指有一定价值、代表某种财产权利的凭证，如股票、债券、汇票、本票、支票等。

3) 行为。是指经济法律关系主体为达到一定目的所进行的活动。包括完成一定的工作(如勘察、设计、建设工程施工)和提供劳务(如货物运输、仓储保管)等。

4) 非物质财富。是指人们脑力劳动的成果，主要是指作为知识产权(专利、商标、著作权等)的无形财产权。

2.3 经济法律关系的产生、变更和终止

2.3.1 经济法律关系的产生、变更和终止的概念

经济法律关系的产生，是指在经济法律关系主体之间形成一定的权利义务关系。

经济法律关系的变更，是指经济法律关系的主体、内容、客体发生变化。

经济法律关系的终止，是指经济法律关系之间的权利和义务关系的消灭。

2.3.2 法律事实

法律事实是指由法律规定的，能够引起民事法律关系产生、变更或消灭的客观现象。民事法律事实，根据其是否与当事人的意志有关，可分为自然事实和人的行为两大类。

自然事实是指人的行为之外的能引起民事法律关系产生、变更或消灭的客观现象。自然事实又分为状态和事件。状态，是指某种客观情况的持续。例如，人的下落不明、精神失常、对物持续占有等，均属于自然事实中的状态。事件，是指某种客观情况的发生，如人的出生、死亡，自然灾害的发生，战争爆发，发生罢工等，均属于事件。

人的行为是指与人有意识的，能够引起民事法律关系产生、变更或消灭的人的活动。行为又可分为：表意行为，即行为人通过意思表示，旨在设立、变更或消灭民事法律关系的行为；非表意行为，即行为人主观上没有产生民事法律关系的意图，但依法律规定，客观上引起了某种法律后果发生的行为，如发现地下埋藏物的行为等。行为还可以分为合法行为、违法行为等。

有时一个法律事实即可构成一个民事法律关系产生、变更或消灭的原因。但在某些情况下，须同时具备几个法律事实，才能成为一个民事法律关系产生、变更或消灭的原因。

2.4 经济法律行为

2.4.1 民事法律行为的概念和有效条件

我国《民法通则》是重要的经济法律。民事法律行为是市场经济中一种基本的经济法律行为。根据《民法通则》的规定，民事法律行为是公民或者法人设立、变更、终止民事权利和民事义务的合法行为。民事法律行为从成立时起就具有法律约束力。行为人非依法律规定或者取得对方同意，不得擅自变更或者解除。

民事法律行为的有效条件是：

1) 主体合格。即行为人具有相应的民事权利能力和民事行为能力。

2) 意思表示真实。行为人在受欺诈、胁迫等情形下所做出的民事行为，不是其真实的意思表示，是无效行为。

3) 内容合法。即不违反法律或者社会公共利益。

4) 形式、手续完整。民事法律行为可以采取口头形式、书面形式或者其他形式。法律规定用特定形式的，应当依照法律规定。

2.4.2 民事行为的无效及认定依据

民事行为的无效，是指行为人的行为不符合法律规定的有效条件，不能按行为人的意思表示发生预期的法律后果。总体上说，行为人的行为不符合前述有效条件之一，即为无效。但如果其中部分行为无效而又不影响其他部分有效的，则其他部分仍然有效。民事行为的无效可分为无效的民事行为(绝对无效)和可撤销的民事行为(相对无效)。

2.4.2.1 无效的民事行为

无效的民事行为包括：①无民事行为能力人实施的；②限制民事行为能力人依法不能独立实施的；③一方以欺诈、胁迫的手段或者乘人之危使对方在违背真实意思的情况下所为的；④恶意串通，损害国家、集体或者第三人利益的；⑤违反法律或者社会公共利益的；⑥以合法形式掩盖非法目的的。

2.4.2.2 可变更、可撤销的民事行为

一方有权请求人民法院或者仲裁机关予以变更或者撤销的民事行为的有：①

行为人对行为内容有重大误解的；②显失公平的。

应予说明的是，无效的民事行为和可撤销的民事行为，一经认定或者被宣布撤销，均从行为开始起无效。同时，可撤销的民事行为有下列特点：需有关当事人向人民法院或者仲裁机构提出申请；人民法院或者仲裁机构未宣布撤销前该行为仍然有效，一经宣布撤销，自行为开始起无效。

另外，应该注意到，1999 年颁布的《中华人民共和国合同法》(简称《合同法》)对无效合同、可变更、可撤销合同的规定与《民法通则》中对民事法律行为无效、可变更、可撤销情形的一般规定有所不同。关于合同的无效，可变更、可撤销应适用《合同法》中的有关规定。

【例 2.2】 在下列行为中，属于意思表示不真实的民事行为有( )。

A. 甲青年买了一辆自行车　　B. 乙倒卖黄金二两

C. 丙将一幅临摹画误认为真迹画，而购买此画

D. 丁在其父生命垂危时，以 50%的年息向张某借款 5000 元

E. 戊将私房出租作赌场

参考答案：C、D。

2.4.2.3 民事行为无效的财产处理

民事行为无效，即该行为没有法律效力，不受法律保护。同时应根据法律规定，对民事行为无效所产生的财产后果做出下列处理：

1) 返还。行为人的行为被确认为无效或者被撤销后，该行为取得的财产，应当返还给受损失的一方。

2) 赔偿。有过错的一方应当赔偿对方由此所受到的损失。双方都有过错的，应当各自承担相应的责任。

3) 收缴。当事人恶意串通，损害国家、集体或者第三人利益的，由此取得的财产收归国家所有或者返还集体、第三人。

2.5 代理

2.5.1 代理的概念和种类

代理是代理人在代理权限范围内以被代理人的名义进行活动，其后果由被代理人承受的一种民事活动。例如，某厂业务员代表该厂与某商场签订销货合同，业务员是该厂的代理人，所签订合同的供方是某工厂，供货和收取货款是某工厂

的义务和权利。

根据我国法律规定，代理包括委托代理、法定代理和指定代理。委托代理按照被代理人的授权委托行使代理权。法定代理人按照法律的规定行使代理权。指定代理人按照人民法院或者其他指定单位的指定行使代理权。其中，委托代理可以用书面形式，也可以用口头形式。法律规定用书面形式的，应当用书面形式。书面委托代理中的授权委托书，应当载明代理人的姓名或者名称、代理事项、权限和期限，并由委托人签名或者盖章。

2.5.2 代理关系中几种特殊的责任

2.5.2.1 无权代理

无权代理是指没有代理权却以他人的名义实施民事法律行为。无权代理主要表现为：未经授权的“代理”、代理权终止后的“代理”和超越代理权的“代理”。按照民法对无权代理的处理所采取的方针的不同，可以把无权代理分为狭义的(效力待定的)无权代理和(效力确定的)表见代理。

效力待定的无权代理是指在无权代理行为实施以后，其法律效力仍处于不确定状态的一种无权代理。这种无权代理在民法理论上称之为狭义的无权代理。

狭义的无权代理是否具有法律效力，取决于被代理人如何处置。《民法通则》第 66 条第 1 款规定：“没有代理权、超越代理权或者代理权终止后的行为，只有经过被代理人的追认，被代理人才承担民事责任。未经追认的行为由行为人承担民事责任。本人知道他人以本人名义实施民事行为而不作否认表示的，视为同意。”这表明，无权代理经被代理人追认的，就转变为有权代理，其法律后果由被代理人承担；被代理人拒绝追认的，无权代理就变为最终无效的代理行为。

《合同法》第 48 条进一步规定，对狭义的无权代理人订立的合同，“相对人可以催告被代理人在一个月内予以追认。被代理人未作表示的，视为拒绝追认。合同被追认之前，善意相对人有撤销的权利。撤销应当以通知的方式做出。”由此可见，狭义的无权代理在相对人行使上述权利之后，或转变为有权代理，或成为最终的无效行为。

表见代理是指行为人无代理权而以被代理人的名义为代理行为，但因被代理人的原因使相对人有理由相信行为人有代理权，被代理人须对行为人的代理行为承担与其授权相同责任的代理。构成表见代理，须符合以下条件：

1) 客观上存在使相对人相信无权代理人有代理权的理由。如行为人持有本人的证明文件(本人的介绍信、盖有本人印章的空白合同书等)；代理权终止后，本人未能采取措施收回代理证书、公告声明代理关系终止等情形。

2) 相对人主观上为善意且无过失，即相对人不知道无权代理人的代理行为欠缺代理权，而且这种不知情并非由相对人的疏于注意所致。

3) 无权代理人与相对人所为的民事行为，具备民事法律行为的一般有效要件和代理行为的表面特征。符合上述要件的表见代理，具有与有权代理同样的法律效力，代理行为的法律后果直接归属于被代理人。

2.5.2.2 滥用代理权

滥用代理权包括下列情况：①代理人以被代理人的名义同自己订立合同或进行其他交易的行为；②同时代理双方；③代理人不履行代理职责，给被代理人造成损害；④代理人与第三人恶意串通。

代理人滥用代理权，给被代理人造成损害的，应当负赔偿责任。

2.5.2.3 连带责任

四种连带责任有：

1) 代理人和第三人串通，损害被代理人的利益的，由代理人和第三人负连带责任。

2) 第三人知道行为人没有代理权、超越代理权或者代理权已经终止还与行为人实施民事行为给他人造成损害的，由第三人和行为人负连带责任。

3) 代理人知道被委托代理的事项违法仍然进行代理活动的，或者被代理人知道代理人的代理行为违法却不表示反对的，由被代理人和代理人负连带责任。

4) 委托书授权不明的，被代理人应当向第三人承担民事责任，代理人负连带责任。

【例 2.3】 李某是天天食品有限公司的推销员，因违反财务纪律，被天天食品有限公司解聘。天天食品有限公司要求李某交回其所持有的已加盖公司公章的空白合同书和介绍信。李某谎称这些材料已经遗失。后来，李某持天天公司的空白合同书和介绍信，以天天食品公司的名义与太阳副食品商场签订了一份销售合同。该合同签订后，太阳副食品商场知道了李某被天天公司解聘，应当采取怎样的处理措施？会产生怎样的后果？

参考答案：可以催告天天食品有限公司在 1 个月内予以追认。天天公司未作表示的，视为拒绝追认。合同被追认前，有撤销合同的权利。

2.5.2.4 转托代理

委托代理人为被代理人的利益需要转托他人代理的，应当事先取得被代理人的同意。事先没有取得被代理人同意的，应当在事后及时告诉被代理人。如果被代理人不同意，由代理人对自己所转托的人的行为负民事责任。但是在紧急情况下，为了保护被代理人的利益而转托他人代理的除外。

2.6 经济法律责任

经济法律责任可以概括为民事责任、行政责任、刑事责任等。因篇幅所限，且现实生活中大量的经济法律责任是民事责任，故本节仅介绍民事责任。

2.6.1 民事责任概述

民事责任即民事法律责任，是指民事主体对因不履行民事义务或侵犯他人民事权利而引起的法律后果所应承担的责任。

民事责任具有四个基本特征：

1) 违法性。承担民事责任的前提是民事主体违反民事义务。它不是民事义务本身，而是违反民事义务应承担的法律后果。

2) 财产性。民事责任是以财产责任为主要责任内容的法律责任，当然，也包括一些非财产责任，如消除影响、恢复名誉等。

3) 补偿性。民事责任以补偿受害人的损害为目的。权利义务是相对应的，当事人一方违反义务，使他方的合法权益受到损害时，应当补偿受害人的损失，才能使权利义务关系达到新的平衡。

4) 强制性。民事责任依靠国家强制力保证实现。

民事责任通常可分为：违约责任和侵权责任(违约责任本书将在合同法部分介绍)；按份责任和连带责任，前者是指各责任人对共同责任依法定或约定的特定份额承担各自的责任，对其他责任人的份额无义务分担；后者是指两个以上的责任人就共同责任对外承担全部的责任，受损害人可向其中任何一个责任人请求承担全部责任。

2.6.2 民事责任的构成要件、归责原则和免责事由

2.6.2.1 一般侵权民事责任的构成要件

所谓民事责任的构成要件，是指民事主体承担民事责任所必须具备的条件。一般侵权民事责任是指上述民事责任归责原则中的过错责任原则。

构成一般侵权民事责任必须同时具备以下四个条件：

1) 存在违法侵害行为。即行为人的侵害行为是一种违反民事法律规范的行为，既可以表现为作为的违法行为，如法律禁止不许侵犯他人人身权被侵犯了，也可以表现为不作为的违法行为，如法律规定道路施工需设置显著标志却未设置。

2) 存在损害事实。即一般情况下只有出现了损害的后果才需要承担民事责任，这种损害不以财产利益受损为限，也可以是非财产权利，如名誉权、肖像权等受到损害。

3) 存在因果关系。即违法侵害行为与损害事实之间存在因果关系，行为人仅对由于自己侵害行为所引起的损害后果承担民事责任。

4) 存在主观过错。过错是指行为人对自己行为及其后果认识的心理状态，包括故意和过失两种状态。一般情况下，只要造成他人损害，无论是故意或过失，行为人均应承担相应的民事责任。

以上四个条件是构成一般侵权民事责任(过错责任)必不可少的四个要件。

2.6.2.2　民事责任的归责原则

民事责任的归责原则是指法律所确定的行为人承担民事责任的根据和标准，主要包括以下三种：

1) 过错责任原则，即过失责任原则，是以行为人主观上的过错作为其承担民事责任的根据。该原则是一般情况下普遍适用的基本归责原则。

2) 无过错责任原则，是指行为人没有过错造成他人损害的，依照法律规定仍然承担民事责任的归责原则。在此原则下，行为人的民事责任仅基于损害事实、因果关系产生，是对行为人的加重责任，所以各国均专门列出适用该原则的法定情况。

3) 公平责任原则，是指当事人双方对损害后果均无过错，且无法适用无过错责任原则的情况下，由法院依据公平观念，确定双方合理分担损失的原则。这一原则是法律公平价值的具体体现，是在其他归责原则无法适用的情况下，为避免双方权益显失公平而确立的一项补充性原则。

2.6.2.3　民事责任的免责事由

所谓民事责任的免责事由，是指依照法律规定，免予承担民事责任的情形，主要包括：

1) 不可抗力。指不能预见、不能避免、不能克服的客观情况，多指自然灾害，如地震、飓风等。也可以是社会现象，如战争或者类似于战争的军事行动。

2) 正当防卫。自然人为使公共利益、本人或他人的人身安全和其他合法权利免受正在进行的非法侵害而加以适当反击的合法行为是正当防卫。

3) 紧急避险。也就是自然人为使公共利益、本人或他人的人身和其他合法权利免受正在发生的危险的侵袭而被迫采取的牺牲他人较小利益的行为属于紧急避险。

4) 职务授权行为。依据法律规定的权限履行法律规定的义务或依法执行职务的行为，即使给他人造成损害，也不构成违法行为。因上述四种原因造成他人损害的，行为人免予承担民事责任。

2.6.3 特殊侵权民事责任

特殊侵权民事责任是指行为人因特殊侵权行为造成他人损害所应承担的民事责任，其中的特殊侵权行为须由法律明文规定。特殊侵权民事责任的构成不要求完全具备民事责任构成的四要件，其归责原则多采用无过错责任原则。

根据《民法通则》的规定，特殊侵权民事责任主要有以下几种：

1) 国家机关职务侵权责任。国家机关或其工作人员在执行职务中，侵犯公民、法人合法权益造成损害的，国家机关应承担民事责任。

2) 产品质量责任。因产品质量不合格造成他人财产、人身损害的，产品制造者、销售者应当依法承担连带责任。

3) 高度危险作业的民事责任。从事高空、高压、高速、易燃、易爆、剧毒、放射性等高度危险作业致人损害的，除非能证明损害是由受害人故意造成的，应当承担民事责任。

4) 污染环境的民事责任。违反国家保护环境防止污染的规定，污染环境致人损害的，应当承担民事责任。

5) 地面施工的民事责任。在公共场所、道路旁或通道上施工未设置明显标志和采取安全措施致人损害的，施工人应承担民事责任。

6) 建筑物等致人损害的民事责任。建筑物或其他设施以及建筑物上的搁置物、悬挂物倒塌、脱落、坠落致人损害的，除非能证明自己无过错，否则其所有人或管理人应承担民事责任。

7) 饲养动物致人损害的民事责任。饲养的动物造成他人损害的，其饲养人或管理人应承担民事责任，但损害由受害人或第三人过错造成的除外。

8) 被监护人致人损害的民事责任。无民事行为能力人、限制民事行为能力人致人损害的，由监护人承担民事责任，监护人尽了监护责任的，可以适当减轻其责任。

9) 职务代理的民事责任。企业法人对它的法定代表人和其他工作人员的经营活动，承担民事责任。

2.6.4 民事责任的承担方式

所谓民事责任的承担方式，是指行为人承担民事责任的具体法定形式，也称民事责任形式。《民法通则》第 134 条规定了 10 种主要的民事责任形式：停止侵害；排除妨碍；消除危险；返还财产；恢复原状；修理、重作、更换；赔偿损失；支付违约金；消除影响、恢复名誉；赔礼道歉。

需要指出的是，人民法院在审理民事案件时，根据案件的具体性质和情节，对上述各种民事责任形式可以单独适用，也可以合并适用。

【例 2.4】 张甲(20 岁)与张乙(14 岁)走到张丙家门口，见张丙家门口卧着一条花狗在睡觉，张甲对张乙说，你拿一块石头去打花狗，看它有何反应，张乙照此办理。花狗被打以后朝张乙追去，张乙见势不妙忙躲在迎面走来的张丁身后，花狗咬伤了张丁。张丁为此花去医药费 500 元。对此费用应有张乙承担。

参考答案：错。造成损害的原因是张乙挑逗狗的行为，张乙是限制行为能力人，因此，主要由张甲承担责任，张乙的监护人承担适当部分。

2.7 诉讼时效

2.7.1 诉讼时效的概念

诉讼时效是指权利人通过诉讼程序实现其请求的民事权利的有效期限。在法律规定的期间内，权利人依法行使权利，应得到人民法院的保护，即人民法院应当运用国家强制力强制义务人履行义务，从而保障权利人实现权利；超过法律规定的期间，人民法院对权利人的诉讼请求则不予保护。

确立诉讼时效制度的主要意义在于：促使权利人及时行使权利，消除权利义务关系不确定的状况；有利于当事人举证和人民法院及时、正确地处理民事诉讼，稳定社会经济秩序；加快民事流转，促进社会经济建设。

2.7.2 诉讼时效期间及其分类

诉讼时效期间是指权利人请求人民法院保护的法定期间。诉讼时效可以概括为两类：

1) 普通诉讼时效。根据我国《民法通则》第 135 条和第 137 条之规定：向人民法院请求保护民事权利的诉讼时效期间为 2 年，法律另有规定的除外；诉讼时效期间从知道或者应当知道权利被侵害时起计算。但是，从权利被侵害之日起超过 20 年的，人民法院不予保护。

2) 特殊诉讼时效。是指法律根据各种具体情况规定不同于普通诉讼时效的特殊诉讼时效期间。如根据《民法通则》第 136 条之规定，下列诉讼时效期间为 1 年：①身体受到伤害要求赔偿的；②出售质量不合格的商品未声明的；③延付或者拒付租金的；④寄存财物被丢失或者毁损的。

另外，根据我国《合同法》的规定，国际货物买卖合同和国际技术进出口合同的争议，提起诉讼或者仲裁的期限为 4 年。

2.7.3　诉讼时效的起算、中止、中断和延长

2.7.3.1　诉讼时效的起算和延长

诉讼时效期间，从当事人知道或者应当知道权利被侵害之日起算。如果当事人不知道权利被侵害，则侵害权利的事实超过 20 年，权利人也丧失向人民法院请求保护的权利。规定诉讼时效的目的，是为了稳定和维护社会经济秩序。但是在某些情况下，权利人虽然超过诉讼时效期间但确有特殊情况或正当理由的，如果硬性依照时效届满而使权利人丧失权利的规定，显然与民法中的公平原则不符。因此，《民法通则》第 137 条规定，有特殊情况的，人民法院可以延长诉讼时效期间。另外，第 138 条规定，超过诉讼时效期间，当事人自愿履行的，不受诉讼时效限制。

2.7.3.2　诉讼时效的中止

诉讼时效的中止，是指正在进行中的诉讼时效，由于客观原因，使时效暂停进行。待中止时效的客观原因消除之后，时效继续计算。

我国《民法通则》规定，在诉讼时效的最后 6 个月内，因不可抗力或者其他障碍不能行使请求权的，诉讼时效中止。从中止时效的原因消除之日起，诉讼时效期间继续计算。

2.7.3.3　诉讼时效的中断

诉讼时效的中断，是指正在进行中的诉讼时效，因一定事由使已进行的时效统归无效。时效中断之后，诉讼时效期间重新计算。

我国《民法通则》规定，诉讼时效因提起诉讼、当事人一方提出要求或者同意履行义务而中断。从中断时起，诉讼时效期间重新计算。

【例 2.5】 2010 年年初，甲向乙借钱 5 000 元，言明年年底归还。到期甲未还。到 2012 年 1 月，甲对乙说："我欠你 5 000 元，今年年底一定还给你。"乙主张债权的诉讼时效(　　)。

A. 已经中止　　B. 已经中断

C. 已经延长　　D. 已经超过

参考答案：B。

学习指导

★ 复习思考

1) 法人应当具备哪些条件？

2) 民事法律行为应当具备哪些条件？

3) 代理行为具有哪些法律特征？

4) 法律对转委托代理有什么规定？

5) 《民法通则》第 134 条规定了哪些主要的民事责任形式？

6) 什么是诉讼时效的中断？

7) 民法关于公民的民事行为能力有哪些主要规定？

8) 根据民法通则规定，试述民事行为无效的财产后果。

9) 试述民法通则关于代理的四种连带责任。

10) 构成表见代理须符合哪些条件？

★ 案例分析

1) 甲为经营药材的专业户，乙为经营牲畜的专业户，两人系邻居。2008 年 10 月，甲携款到外地收购药材，乙正好要到该地出售自养的骡、马，两人遂结伴同行。行至中途，乙因家有急事，委托甲替他照看牲畜，说好自己快去快回，到目的地会合。甲到目的地后，乙还未到，遂与丙协商，以低于市场价的价格把乙的牲畜出售给丙，丙另外给甲 500 元作为酬劳，二人说好，如乙问起，则告以骡、马得病，只能低价出售。乙到目的地后，从好朋友丁处得知此事，因骡、马均已被丙转卖，遂要求甲、丙赔偿自己损失。

问：乙是否有权要求甲、丙赔偿？为什么？

2) 赵某孤身一人，因外出打工，将一祖传古董交由邻居钱某保管。钱某因结婚用钱，情急之下谎称该古董为自己所有，卖给了古董收藏商孙某，得款 10 000 元。孙某因资金周转需要，向李某借款 20 000 元，双方约定将该古董押给李某，如孙某到期不还款，古董归李某所有。在赵某外出打工期间，其住房有倒塌危险，因此房与钱某的房屋相邻，如该房屋倒塌，有危及钱某房屋之虞。钱某遂请施工队修缮赵某的房屋，并约定，施工费用待赵某回来后由赵某付款。房屋修缮以后，因遇百年不遇的台风而倒塌。年末，赵某回村，因古董和房屋修缮款与钱某发生纠纷。

请回答下列问题：

(1) 钱某与孙某之间的买卖合同效力如何？为什么？

(2) 孙某能否取得该古董的所有权？为什么？

(3) 孙某将古董当给李某，形成何种法律关系？

(4) 孙某与李某之间约定孙某到期不还款，古董归李某所有，该约定效力如何？为什么？

第二编

市场主体法律制度

- 公司法律制度
- 企业国有资产管理法律制度
- 合伙企业法律制度
- 个人独资企业法律制度
- 外商投资企业法律制度
- 企业破产法律制度

3 公司法律制度

本章要点

公司法是市场经济法律体系中重要的法律部分。本章以公司法的发展为线索，以公司制度的规范体系为内容，介绍了从公司设立、经营、上市、股票（证券）发行，到公司合并(解散、破产)等法律程序和相关规定，以及公司分支机构、公司的权利义务、公司法渊源等其他相关问题。通过本章的学习，有助于认识和理解公司法理论，熟悉公司运行规则，掌握有关公司法律法规的基本规定，并进一步培养运用公司法知识解决实际问题的能力。

3.1 公司法概述

1993 年 12 月 29 日，第八届全国人民代表大会常务委员会第五次会议审议通过了《中华人民共和国公司法》(简称《公司法》)。该法有 11 章，共 230 条，自 1994 年 7 月 1 日起实施。2005 年 10 月 27 日，第十届全国人民代表大会常务委员会第十八次会议进行了修订，修订后的《公司法》有 13 章，共 219 条，自 2006 年 1 月 1 日起施行。作为建立社会主义市场经济主体制度的一部重要法律，它的制定、实施和修订，对于规范公司的组织和行为，保护公司、股东和债权人的合法权益，维护社会经济秩序，促进社会主义市场经济的发展，均具有极为重要的意义。

3.1.1 公司的含义

公司是社会经济活动最主要的主体，也是最重要的企业形式。《公司法》第 2 条规定："本法所称公司是指依照本法在中国境内设立的有限责任公司和股份有限公司。"第 3 条规定："公司是企业法人，有独立的法人财产，享有法人财产权。公司以其全部财产对公司的债务承担责任。有限责任公司的股东以其认缴的出资额为限对公司承担责任；股份有限公司的股东以其认购的股份为限对公司承担责任。"

根据《公司法》的上述规定，公司是指股东依照公司法的规定，以出资方式设立，股东以其认缴的出资额或认购的股份为限对公司承担责任，公司以其全部独立法人财产对公司债务承担责任的企业法人。

3.1.2 公司的基本分类

公司可从不同角度按不同标准进行分类如下：

1) 按公司构成基础的不同，可分为人合公司、资合公司及人合兼资合公司。人合公司是以股东个人的信用为基础而设立的公司，如无限责任公司；资合公司是以资本的结合为基础的公司，如股份有限公司；而人合兼资合公司则是一种兼具以股东的信用和资本结合的双重性的公司，如有限责任公司、两合公司、股份两合公司。

2) 按公司责任状况的不同，可分为无限责任公司、有限责任公司、股份有限公司和两合公司等。无限责任公司指股东对公司的债务承担无限责任的公司；有限责任公司指由法定数额的股东组成的，股东以出资额为限对公司债务承担责任的公司；两合公司指由一个以上有限责任股东和一个以上无限责任股东组成的，有限责任股东承担有限责任，无限责任股东承担无限责任的公司；股份有限公司指由法定数额以上的发起人发起，公司的全部资本分为等额股份，股东仅以其持有的股份为限对公司债务承担责任的公司；股份两合公司指一个以上无限责任的股东和一个以上有限责任股东共同组成的，有限责任股东以持有的股份额对公司的债务承担责任，无限责任股东对公司债务承担无限清偿责任的公司。《公司法》所称的公司，仅指有限责任公司和股份公司。

3) 按公司的组织系统不同，可以分为总公司和分公司、母公司与子公司。总公司是指在组织上可以管辖若干个分公司的公司。分公司是指属于总公司管辖不具有独立的法人资格的公司。设立分公司，应当向公司登记机关申请登记，领取营业执照。分公司因不具有法人资格，其民事责任由总公司承担。母公司也称控股公司，是指拥有另一个公司大部分股份的公司；子公司又称为被控股公司，是指在母公司控制之下具有独立的法人资格，能独立承担民事责任的公司。

4) 按公司国籍不同，可分为本国公司和外国公司。本国公司指按所在国的公司法设立的，其国籍属于所在国的公司；外国公司指经所在国确认而按外国公司法设立的、国籍属于外国的公司。

5) 以公司开放性程度的不同，可分为开放公司和封闭公司。开放公司指股票可以公开发行、上市和转让的公司；封闭公司指不公开发行股票的公司。

3.1.3 公司法的含义

公司法是调整公司设立、组织机构及其对内对外活动中发生的社会关系的法律规范的总称。公司法既是组织法，也是行为法。作为组织法，公司法对公司的设立、变更、终止，公司内部机构的设置及其职权做出了规定。作为行为法，公司法对公司的财务，会计管理，股票的发行、交易，公司债券等做出了规定。

3.1.4 公司法的原则

根据《公司法》的规定，我国公司法主要有以下六项原则：

1) 两权分离。出资人的财产所有权与公司法人财产权相分离。公司股东作为出资者按投入公司的资本额享有所有者的资产受益、重大决策和选择管理者的权利。公司享有由股东投资形成的全部法人财产权，依法享有民事权利，承担民事责任。公司中国有资产所有权属于国家。

2) 自主经营，自负盈亏。公司以其全部法人财产依法自主经营、自负盈亏。公司在国家的宏观调控下，按照市场需求自主组织生产和经营，以提高经济效益、劳动生产率和实现资产保值增值为目的。

3) 公司实行责权分明、管理科学、激励和约束相结合的内部管理体制。

4) 依法设立。设立有限责任公司、股份公司必须符合《公司法》规定的条件；不符合规定条件的，不得登记为有限责任公司和股份有限公司。

5) 依法经营。公司从事经营活动，必须遵守法律，遵守职业道德，加强社会主义精神文明建设，接受政府和社会公众的监督。公司的合法权益受法律保护。

6) 保障公司职工的合法权益。公司必须保护职工的合法权益，依法与职工签订劳动合同，参加社会保险，加强劳动保护，实现安全生产。公司职工依照《中华人民共和国工会法》组织工会，开展工会活动，维护职工合法权益。公司应当为本公司工会提供必要的活动条件。公司工会代表职工就职工的劳动报酬、工作时间、福利、保险和劳动安全卫生等事项依法与公司签订集体合同。公司依照宪法和有关法律的规定，通过职工代表大会或者其他形式，实行民主管理。公司研究决定改制以及经营方面的重大问题、制定重要的规章制度时，应当听取公司工会的意见，并通过职工代表大会或者其他形式听取职工的意见和建议。

3.2 有限责任公司的设立和组织机构

3.2.1 有限责任公司的含义和特征

有限责任公司又称有限公司，是指依照公司法的有关规定设立的，股东以其认缴的出资额为限对公司承担责任，公司以其全部资产对公司的债务承担责任的企业法人。

有限责任公司具有以下主要法律特征：

1) 有限责任公司的股东均负有限责任。这是有限责任公司与无限责任公司、两合公司、股份两合公司最主要的区别。

2) 有限责任公司的资本不分为等额股份，证明股东出资份额的权利证明书称为出资证明书，而不是股票。这是有限责任公司与股份有限公司最主要的区别。

3) 有限责任公司的股东人数有限制性规定。我国《公司法》规定，有限责任公司由 50 人以下的股东共同出资设立。

3.2.2 有限责任公司的设立

3.2.2.1 设立有限责任公司的条件

设立有限责任公司应当具备的条件如下：

1) 股东符合法定人数。有限责任公司由 50 个以下股东出资设立。

2) 股东出资达到法定资本最低限额。有限责任公司的注册资本为在公司登记机关登记的全体股东认缴的出资额。公司全体股东的首次出资额不得低于注册资本的 20%，也不得低于法定的注册资本最低限额，其余部分由股东自公司成立之日起 2 年内缴足；其中，投资公司可以在 5 年内缴足。有限责任公司注册资本的最低限额为人民币 3 万元。法律、行政法规对有限责任公司注册资本的最低限额有较高规定的，从其规定。

3) 有股东共同制定的公司章程。

4) 有公司名称，建立符合有限责任公司要求的组织机构。

5) 有公司住所。

3.2.2.2 制定公司章程

设立有限责任公司，必须依照《公司法》规定，制定公司章程。股东应当在公司章程上签名、盖章。公司章程对公司、股东、董事、监事、高级管理人员具有约束力，是公司开展活动的基本准则。有限责任公司章程应载明下列事项：①公司名称和住所；②公司经营范围；③公司注册资本；④股东的姓名或者名称；⑤股东的出资方式、出资额和出资时间；⑥公司的机构及其产生办法、职权、议事规则；⑦公司法定代表人；⑧股东会会议认为需要规定的其他事项。股东应当在公司章程上签名、盖章。

3.2.2.3　股东的出资

1) 股东的出资方式。股东可以用货币出资，也可以用实物、知识产权、土地使用权等可以用货币估价并可以依法转让的非货币财产作价出资；但是，法律、行政法规规定不得作为出资的财产除外。对作为出资的非货币财产应当评估作价，核实财产，不得高估或者低估作价。法律、行政法规对评估作价有规定的，从其规定。全体股东的货币出资金额不得低于有限责任公司注册资本的30%。

2) 股东应当按期足额缴纳公司章程中规定的各自所认缴的出资额。股东以货币出资的，应当将货币出资足额存入有限责任公司在银行开设的账户；以非货币财产出资的，应当依法办理其财产权的转移手续。股东不按照前款规定缴纳出资的，除应当向公司足额缴纳外，还应当向已按期足额缴纳出资的股东承担违约责任。

(1) 出资人以划拨土地使用权出资，或者以设定权利负担的土地使用权出资，公司、其他股东或者公司债权人主张认定出资人未履行出资义务的，人民法院应当责令当事人在指定的合理期间内办理土地变更手续或者解除权利负担；逾期未办理或者未解除的，人民法院应当认定出资人未依法全面履行出资义务。

(2) 出资人以非货币财产出资，未依法评估作价，公司、其他股东或者公司债权人请求认定出资人未履行出资义务的，人民法院应当委托具有合法资格的评估机构对该财产评估作价。评估确定的价额显著低于公司章程所定价额的，人民法院应当认定出资人未依法全面履行出资义务。

(3) 出资人以房屋、土地使用权或者需要办理权属登记的知识产权等财产出资，已经交付公司使用但未办理权属变更手续，公司、其他股东或者公司债权人主张认定出资人未履行出资义务的，人民法院应当责令当事人在指定的合理期间内办理权属变更手续；在前述期间内办理了权属变更手续的，人民法院应当认定其已经履行了出资义务；出资人主张自其实际交付财产给公司使用时享有相应股东权利的，人民法院应予支持。

(4) 出资人以前款规定的财产出资，已经办理权属变更手续但未交付给公司使用，公司或者其他股东主张其向公司交付、并在实际交付之前不享有相应股东权利的，人民法院应予支持。

(5) 出资人以其他公司股权出资，符合下列条件的，人民法院应当认定出资人已履行出资义务：①出资的股权由出资人合法持有并依法可以转让；②出资的股权无权利瑕疵或者权利负担；③出资人已履行关于股权转让的法定手续；④出资的股权已依法进行了价值评估。股权出资不符合第①、②、③项的规定，公司、其他股东或者公司债权人请求认定出资人未履行出资义务的，人民法院应当责令该出资人在指定的合理期间内采取补正措施，以符合上述条件；逾期未补正的，人民法院应当认定其未依法全面履行出资义务。

3) 依法验资并出具证明。股东缴纳出资后，必须经依法设立的验资机构验资并出具证明。有限责任公司成立后，发现作为设立公司出资的非货币财产的实际价额明显低于公司章程所定价额的，应当由交付该出资的股东补足其差额；公司设立时的其他股东承担连带责任。

4) 公司成立后，股东不得抽逃出资。股东抽逃出资，公司或者其他股东可以请求其向公司返还出资本息，协助抽逃出资的其他股东、董事、高级管理人员或者实际控制人对此承担连带责任；公司债权人可以请求抽逃出资的股东在抽逃出资本息范围内对公司债务不能清偿的部分承担补充赔偿责任，协助抽逃出资的其他股东、董事、高级管理人员或者实际控制人对此承担连带责任；第三人代垫资金协助发起人设立公司，双方明确约定在公司验资后或者在公司成立后将该发起人的出资抽回以偿还该第三人，发起人依照前述约定抽回出资偿还第三人后又不能补足出资，相关权利人可以请求第三人连带承担发起人因抽回出资而产生的相应责任。

股东未履行或者未全面履行出资义务或者抽逃出资，公司可以根据公司章程或者股东会决议对其利润分配请求权、新股优先认购权、剩余财产分配请求权等股东权利作出相应的合理限制。

有限责任公司的股东未履行出资义务或者抽逃全部出资，经公司催告缴纳或者返还，其在合理期间内仍未缴纳或者返还出资，公司可以以股东会决议解除该股东的股东资格。抽逃出资的股东已经承担上述责任，其他债权人不可提出相同请求。

3.2.2.4　公司的设立登记

股东的首次出资经依法设立的验资机构验资后，由全体股东指定的代表或者共同委托的代理人向公司登记机关报送公司登记申请书、公司章程、验资证明等文件，申请设立登记。

3.2.3　股东出资的转让

有限责任公司的股东之间可以相互转让其全部或者部分股权。股东向股东以外的人转让股权，应当经其他股东过半数同意。股东应就其股权转让事项书面通知其他股东征求同意，其他股东自接到书面通知之日起满30日未答复的，视为同意转让。其他股东半数以上不同意转让的，不同意的股东应当购买该转让的股权；不购买的，视为同意转让。经股东同意转让的股权，在同等条件下，其他股东有优先购买权。两个以上股东主张行使优先购买权的，协商确定各自的购买比例；协商不成的，按照转让时各自的出资比例行使优先购买权。公司章程对股权转让另有规定的，从其规定。

人民法院依照法律规定的强制执行程序转让股东的股权时，应当通知公司及全体股东，其他股东在同等条件下有优先购买权。其他股东自人民法院通知之日起满20日不行使优先购买权的，视为放弃优先购买权。

股东转让股权后，公司应当注销原股东的出资证明书，向新股东签发出资证明书，并相应修改公司章程和股东名册中有关股东及其出资额的记载。对公司章程的该项修改不需再由股东会表决。这一变更应向公司登记机关办理变更登记，未经变更登记的，不得对抗第三人。

有下列情形之一的，对股东会该项决议投反对票的股东可以请求公司按照合理的价格收购其股权：①公司连续5年不向股东分配利润，而公司该5年连续盈利，并且符合公司法规定的分配利润条件的；②公司合并、分立、转让主要财产的；③公司章程规定的营业期限届满或者章程规定的其他解散事由出现，股东会会议通过决议修改章程使公司存续的。自股东会会议决议通过之日起60日内，股东与公司不能达成股权收购协议的，股东可以自股东会会议决议通过之日起 90日内向人民法院提起诉讼。

自然人股东死亡后，其合法继承人可以继承股东资格；但是，公司章程另有规定的除外。

3.2.4 有限责任公司的组织机构

3.2.4.1 股东会

1) 股东会的性质和职权。有限责任公司的股东会由全体股东组成，股东会是公司的权力机构。股东会行使下列职权：①决定公司的经营方针和投资计划；②选举和更换由职工代表担任的董事、监事，决定有关董事、监事的报酬事项；③审议批准董事会的报告；④审议批准监事会或者监事的报告；⑤审议批准公司的年度财务预算方案、决算方案；⑥审议批准公司的利润分配方案和弥补亏损方案；⑦对公司增加或者减少注册资本做出决议；⑧对发行公司债券做出决议；⑨对公司合并、分立、变更公司形式、解散和清算等事项做出决议；⑩修改公司章程；⑪公司章程规定的其他职权。

对所列事项股东以书面形式一致表示同意的，可以不召开股东会会议，直接做出决定，并由全体股东在决定文件上签名、盖章。

2) 股东会的议事规则。股东会会议分为定期会议和临时会议。定期会议应当按照公司章程的规定按时召开。代表1/10以上表决权的股东，1/3以上的董事，监事会或者不设监事会的公司的监事提议召开临时会议的，应当召开临时会议。股东会的首次会议由出资最多的股东召集和主持。有限责任公司设立董事会的，股东会会议由董事会召集，董事长主持；董事长不能履行职务或者不履行职务的，由副董事长主持；副董事长不能履行职务或者不履行职务的，由半数以上董事共同推举1名董事主持。有限责任公司不设董事会的，股东会会议由执行董事召集和主持。董事会或者执行董事不能履行或者不履行召集股东会会议职责的，由监事会或者不设监事会的公司的监事召集和主持；监事会或者监事不召集和主持的，代表1/10以上表决权的股东可以自行召集和主持。召开股东会会议，应当于会议召开15日以前通知全体股东；但是，公司章程另有规定或者全体股东另有约定的除外。股东会应当对所议事项的决定作成会议记录，出席会议的股东应当在会议记录上签名。

股东会会议由股东按照出资比例行使表决权；但是，公司章程另有规定的除外。股东会的议事方式和表决程序，除本法有规定的外，由公司章程规定。股东会会议做出修改公司章程、增加或者减少注册资本的决议，以及公司合并、分立、解散或者变更公司形式的决议，必须经代表2/3以上表决权的股东通过。

股东有权查阅、复制公司章程、股东会会议记录、董事会会议决议、监事会会议决议和财务会计报告。股东可以要求查阅公司会计账簿。股东要求查阅公司会计账簿的，应当向公司提出书面请求，说明目的。公司有合理根据认为股东查阅会计账簿有不正当目的，可能损害公司合法利益的，可以拒绝提供查阅，并应当自股东提出书面请求之日起15日内书面答复股东并说明理由。公司拒绝提供查阅的，股东可以请求人民法院要求公司提供查阅。

【例3.1】 某有限责任公司董事长张某认为原公司的章程已经不符合公司发展的需要，因此，决定召开股东临时会议，修改公司章程。2008年6月5日，9名股东收到了仅有张某签名的会议通知，并于6月7日参加了股东会。会上，张某宣读了公司章程的修改草案，结果代表3/5股权的5名股东投票同意修改公司章程，代表2/5股权的4名股东投了反对票。最后会议主持人张某宣布，按照少数服从多数的原则，公司章程修改案通过。试问张某的哪些做法违反了法律规定？

解析：张某的做法违反《公司法》规定的有：①董事长张某自行决定并召开股东临时会议是违法的。根据《公司法》的规定，股东会临时会议只能根据代表1/10以上表决权的股东，或1/3以上的董事，监事会或不设监事会的公司监事提议召开。董事长有主持会议的权利，但无权自行决定并召开股东会。②本案中股东6月5日接到会议通知，6月7日就召开股东会议，这也是违法的。依照《公司法》规定，召开股东会议，应于会议召开15日前通知全体股东。③本案中仅代表3/5表决权的股东同意，董事长张某就宣布章程修改案通过，也不符合法律规定。因为根据《公司法》的规定，修改公司章程的决议，必须经过代表2/3以上表决权的股东通过。

3.2.4.2 董事会

1) 董事会的设立和组成。有限责任公司设董事会，其成员为3～13人。法律另有规定的除外。两个以上的国有企业或者其他两个以上的国有投资主体投资设立的有限责任公司，其董事会成员中应当有公司职工代表；其他有限责任公司董事会成员中也可以有公司职工代表。董事会中的职工代表由公司职工通过职工代表大会、职工大会或者其他形式民主选举产生。董事会设董事长1人，可以设副董事长。董事长、副董事长的产生办法由公司章程规定。

股东人数较少或者规模较小的有限责任公司，可以设1名执行董事，不设立董事会。执行董事可以兼任公司经理。执行董事的职权由公司章程规定。

公司法定代表人依照公司章程的规定，由董事长、执行董事或者经理担任，并依法登记。公司法定代表人变更，应当办理变更登记。

2) 董事会的职权。董事会对股东会负责，行使下列职权：①召集股东会会议，并向股东会报告工作；②执行股东会的决议；③决定公司的经营计划和投资方案；④制订公司的年度财务预算方案、决算方案；⑤制订公司的利润分配方案和弥补亏损方案；⑥制订公司增加或者减少注册资本以及发行公司债券的方案；⑦制订公司合并、分立、变更公司形式、解散的方案；⑧决定公司内部管理机构的设置；⑨决定聘任或者解聘公司经理及其报酬事项，并根据经理的提名决定聘任或者解聘公司副经理、财务负责人及其报酬事项；⑩制定公司的基本管理制度；⑪公司章程规定的其他职权。

3) 董事的任期。董事任期由公司章程规定，但每届任期不得超过3年。董事任期届满，连选可以连任。董事任期届满未及时改选，或者董事在任期内辞职导致董事会成员低于法定人数的，在改选出的董事就任前，原董事仍应当依照法律、行政法规和公司章程的规定，履行董事职务。

4) 董事会的议事规则。董事会会议由董事长召集和主持；董事长不能履行职务或者不履行职务的，由副董事长召集和主持；副董事长不能履行职务或者不履行职务的，由半数以上董事共同推举1名董事召集和主持。

董事会的议事方式和表决程序，除公司法有规定的外，由公司章程规定。董事会应当对所议事项的决定作成会议记录，出席会议的董事应当在会议记录上签名。董事会决议的表决，实行一人一票。

3.2.4.3 经理

有限责任公司可以设经理，由董事会决定聘任或者解聘。经理对董事会负责，行使下列职权：①主持公司的生产经营管理工作，组织实施董事会决议；②组织实施公司年度经营计划和投资方案；③拟订公司内部管理机构设置方案；④拟订公司的基本管理制度；⑤制定公司的具体规章；⑥提请聘任或者解聘公司副经理、财务负责人；⑦决定聘任或者解聘除应由董事会决定聘任或者解聘以外的负责管理人员；⑧董事会授予的其他职权。

公司章程对经理职权另有规定的，从其规定。经理列席董事会会议。

3.2.4.4 监事会

1) 监事会的设立和组成。有限责任公司设立监事会，其成员不得少于 3 人。股东人数较少或者规模较小的有限责任公司，可以设 1～2 名监事，不设立监事会。监事会应当包括股东代表和适当比例的公司职工代表，其中职工代表的比例不得低于 1/3，具体比例由公司章程规定。监事会中的职工代表由公司职工通过职工代表大会、职工大会或者其他形式民主选举产生。监事会设主席 1 人，由全体监事过半数选举产生。监事会主席召集和主持监事会会议；监事会主席不能履行职务或者不履行职务的，由半数以上监事共同推举 1 名监事召集和主持监事会会议。

董事、高级管理人员不得兼任监事。

2) 监事的任期和监事会的职权。监事的任期每届为 3 年。监事任期届满，连选可以连任。监事任期届满未及时改选，或者监事在任期内辞职导致监事会成员低于法定人数的，在改选出的监事就任前，原监事仍应当依照法律、行政法规和公司章程的规定，履行监事职务。

监事会、不设监事会的公司的监事行使下列职权：①检查公司财务；②对董事、高级管理人员执行公司职务的行为进行监督，对违反法律、行政法规、公司章程或者股东会决议的董事、高级管理人员提出罢免的建议；③当董事、高级管理人员的行为损害公司的利益时，要求董事、高级管理人员予以纠正；④提议召开临时股东会会议，在董事会不履行本法规定的召集和主持股东会会议职责时召集和主持股东会会议；⑤向股东会会议提出提案；⑥依照法律规定，对董事、高级管理人员提起诉讼；⑦公司章程规定的其他职权。

监事可以列席董事会会议，并对董事会决议事项提出质询或者建议。监事会、不设监事会的公司的监事发现公司经营情况异常，可以进行调查；必要时，可以聘请会计师事务所等协助其工作，费用由公司承担。

3) 监事会的议事规则。监事会每年度至少召开一次会议，监事可以提议召开临时监事会会议。监事会的议事方式和表决程序，除公司法有规定的外，由公司章程规定。监事会决议应当经半数以上监事通过。监事会应当对所议事项的决定作成会议记录，出席会议的监事应当在会议记录上签名。

监事会、不设监事会的公司的监事行使职权所必需的费用，由公司承担。

3.2.5 一人有限责任公司

一人有限责任公司是指只有 1 个自然人股东或者 1 个法人股东的有限责任公司。《公司法》关于一人有限责任公司的特别规定如下：

1) 一人有限责任公司的注册资本最低限额为人民币 10 万元。股东应当一次足额缴纳公司章程规定的出资额。1 个自然人只能投资设立 1 个一人有限责任公司。该一人有限责任公司不能投资设立新的一人有限责任公司。

2) 一人有限责任公司应当在公司登记中注明自然人独资或者法人独资，并在公司营业执照中载明。

3) 一人有限责任公司章程由股东制定。

4) 一人有限责任公司不设股东会。股东决定公司的经营方针和投资计划时，应当采用书面形式，并由股东签字后置备于公司。

5) 一人有限责任公司应当在每一会计年度终了时编制财务会计报告，并经会计师事务所审计。

6) 一人有限责任公司的股东不能证明公司财产独立于股东自己财产的，应当对公司债务承担连带责任。

3.2.6 国有独资公司

国有独资公司是指国家单独出资、由国务院或者地方人民政府委托本级人民政府国有资产监督管理机构履行出资人职责的有限责任公司。国有独资公司的组织管理如下：

1) 国有独资公司章程。国有独资公司章程由国有资产监督管理机构制定，或者由董事会制订报国有资产监督管理机构批准。

2) 国有独资公司设立主体职权。国有独资公司不设股东会，由国有资产监督管理机构行使股东会职权。国有资产监督管理机构可以授权公司董事会行使股东会的部分职权，决定公司的重大事项，但公司的合并、分立、解散、增减注册资本和发行公司债券，必须由国有资产监督管理机构决定；其中，重要的国有独资公司合并、分立、解散、申请破产的，应当由国有资产监督管理机构审核后，报本级人民政府批准。重要的国有独资公司，按照国务院的规定确定。

3) 董事会。国有独资公司设立董事会，履行法定职权。董事每届任期不得超过 3 年。董事会成员中应当有公司职工代表。董事会成员由国有资产监督管理机构委派；但是，董事会成员中的职工代表由公司职工代表大会选举产生。董事会设董事长 1 人，可以设副董事长。董事长、副董事长由国有资产监督管理机构从董事会成员中指定。

4) 经理。国有独资公司设经理，由董事会聘任或者解聘。经理依照《公司法》第 50 条规定行使职权。经国有资产监督管理机构同意，董事会成员可以兼任经理。国有独资公司的董事长、副董事长、董事、高级管理人员，未经国有资产监督管理机构同意，不得在其他有限责任公司、股份有限公司或者其他经济组织兼职。

5) 监事会。国有独资公司监事会成员不得少于 5 人，其中职工代表的比例不得低于 1/3，具体比例由公司章程规定。监事会成员由国有资产监督管理机构委派；但是，监事会中的职工代表由公司职工代表大会选举产生。监事会主席由国有资产监督管理机构从监事会成员中指定。国有独资公司的监事会行使下列职权：①检查公司财务；②对董事、高级管理人员执行公司职务的行为进行监督，对违反法律、行政法规、公司章程的董事、高级管理人员提出罢免的建议；③当董事、高级管理人员的行为损害公司的利益时，要求董事、高级管理人员予以纠正；④国务院规定的其他职权。

3.3 股份有限公司的设立和组织机构

3.3.1 股份有限公司的含义和特征

股份有限公司是指依法设立的，其全部资本分为等额股份，股东以其认购的股份为限对公司承担责任，公司以其全部股份对公司的债务承担责任的企业法人。

股份有限公司具有以下特征：股份有限公司的全部资本分为等额股份，股份采取股票形式；股东以其认购的股份为限对公司承担责任，公司以其全部资产对公司的债务承担责任；股份有限公司的股东有最低人数的限制，而没有最高人数的限制。

3.3.2 股份有限公司的设立

3.3.2.1 股份有限公司设立的条件

股份有限公司的设立应具备以下条件：

1) 发起人符合法定人数。设立股份有限公司，应当有 2 人以上 200 人以下为发起人，其中须有半数以上的发起人在中国境内有住所。股份有限公司发起人承担公司筹办事务。发起人应当签订发起人协议，明确各自在公司设立过程中的权利和义务。

2) 发起人认购和募集的股本达到法定资本最低限额。股份有限公司采取发起设立方式设立的，注册资本为在公司登记机关登记的全体发起人认购的股本总额。公司全体发起人的首次出资额不得低于注册资本的20%，其余部分由发起人自公司成立之日起2年内缴足；其中，投资公司可以在5年内缴足。在缴足前，不得向他人募集股份。股份有限公司采取募集方式设立的，注册资本为在公司登记机关登记的实收股本总额。股份有限公司注册资本的最低限额为人民币500万元。法律、行政法规对股份有限公司注册资本的最低限额有较高规定的，从其规定。

3) 股份发行、筹办事项符合法律规定。

4) 发起人要制订公司章程，采用募集方式设立的要经创立大会通过。

5) 有公司名称，建立符合股份有限公司要求的组织机构。

6) 有公司住所。

3.3.2.2 股份有限公司设立的方式

股份有限公司的设立，可以采取发起设立或者募集设立的方式。发起设立，是指由发起人认购公司应发行的全部股份而设立公司。募集设立，是指由发起人认购公司应发行股份的一部分，其余股份向社会公开募集或者向特定对象募集而设立公司。

3.3.2.3 制定公司章程

股份有限公司章程应当载明下列事项：①公司名称和住所；②公司经营范围；③公司设立方式；④公司股份总数、每股金额和注册资本；⑤发起人的姓名或者名称、认购的股份数、出资方式和出资时间；⑥董事会的组成、职权、任期和议事规则；⑦公司法定代表人；⑧监事会的组成、职权、任期和议事规则；⑨公司利润分配办法；⑩公司的解散事由与清算办法；⑪ 公司的通知和公告办法；⑫ 股东大会会议认为需要规定的其他事项。

3.3.2.4 设立程序

1) 发起设立程序主要有：以发起设立方式设立股份有限公司的，发起人应当书面认足公司章程规定其认购的股份；一次缴纳的，应即缴纳全部出资；分期缴纳的，应即缴纳首期出资。以非货币财产出资的，应当依法办理其财产权的转移手续。发起人不按照规定缴纳出资的，应当按照发起人协议的约定承担违约责任。

发起人首次缴纳出资后，应当选举董事会和监事会，由董事会向公司登记机关报送公司章程、由依法设定的验资机构出具的验资证明以及法律、行政法规规定的其他文件，申请设立登记。

2) 募集设立程序主要有：

(1) 以募集设立方式设立股份有限公司的，发起人认购的股份不得少于公司股份总数的35%；但是，法律、行政法规另有规定的，从其规定。

(2) 发起人向社会公开募集股份，公告招股说明书，并制作认股书。招股说明书应当附有发起人制订的公司章程，并载明下列事项：发起人认购的股份数；每股的票面金额和发行价格；无记名股票的发行总数；募集资金的用途；认股人的权利、义务；本次募股的起止期限及逾期未募足时认股人可以撤回所认股份的说明。认股书应当载明招股说明书所列事项，由认股人填写认购股数、金额、住所，并签名、盖章。认股人按照所认购股数缴纳股款。发起人向社会公开募集股份，应当由依法设立的证券公司承销，签订承销协议，并应当同银行签订代收股款协议。代收股款的银行应当按照协议代收和保存股款，向缴纳股款的认股人出具收款单据，并负有向有关部门出具收款证明的义务。

(3) 召开创立大会。发行股份的股款缴足后，必须经依法设立的验资机构验资并出具证明。发起人应当在30日内主持召开公司创立大会。创立大会由认股人组成。发行的股份超过招股说明书规定的截止期限尚未募足的，或者发行股份的股款缴足后，发起人在30日内未召开创立大会的，认股人可以按照所缴股款并加算银行同期存款利息，要求发起人返还。发起人应当在创立大会召开15日前将会议日期通知各认股人或者予以公告。创立大会应有代表股份总数过半数的认股人出席，方可举行。创立大会行使下列职权：审议发起人关于公司筹办情况的报告；通过公司章程；选举董事会成员；选举监事会成员；对公司的设立费用进行审核；对发起人用于抵作股款的财产的作价进行审核；发生不可抗力或者经营条件发生重大变化直接影响公司设立的，可以做出不设立公司的决议。创立大会对上述所列事项做出决议，必须经出席会议的认股人所持表决权过半数通过。

发起人、认股人缴纳股款或者交付抵作股款的出资后，除未按期募足股份、发起人未按期召开创立大会或者创立大会决议不设立公司的情形外，不得抽回其股本。

(4) 申请设立登记。董事会应于创立大会结束后30日内，向公司登记机关报送下列文件，申请设立登记：公司登记申请书；创立大会的会议记录；公司章程；验资证明；法定代表人、董事、监事的任职文件及其身份证明；发起人的法人资格证明或者自然人身份证明；公司住所证明。以募集方式设立股份有限公司公开发行股票的，还应当向公司登记机关报送国务院证券监督管理机构的核准文件。

3.3.2.5 发起人应当承担的责任

根据2011年2月16日施行的《最高人民法院关于适用〈中华人民共和国公司法〉若干问题”的规定(三)》，为设立公司而签署公司章程、向公司认购出资或者股份并履行公司设立职责的人，应当认定为公司的发起人，包括有限责任公司设立时的股东。

股份有限公司的发起人应当承担下列责任：

1) 股份有限公司成立后，发起人未按照公司章程的规定缴足出资的，应当补缴；其他发起人承担连带责任。部分发起人依照前款规定承担责任后，请求其他发起人分担的，人民法院应当判令其他发起人按照约定的责任承担比例分担责任；没有约定责任承担比例的，按照约定的出资比例分担责任；没有约定出资比例的，按照均等份额分担责任。股份有限公司成立后，发现作为设立公司出资的非货币财产的实际价额显著低于公司章程所定价额的，应当由交付该出资的发起人补足其差额；其他发起人承担连带责任。

2) 公司不能成立时，对设立行为所产生的债务和费用负连带责任，对认股人已缴纳的股款，负返还股款并加算银行同期存款利息的连带责任。公司因故未成立，债权人可以请求全体或者部分发起人对设立公司行为所产生的费用和债务承担连带清偿责任。

3) 在公司设立过程中，由于发起人的过失致使公司利益受到损害的，应当对公司承担赔偿责任。因部分发起人的过错导致公司未成立，其他发起人主张其承担设立行为所产生的费用和债务的，人民法院应当根据过错情况，确定过错一方的责任范围。公司或者无过错的发起人承担赔偿责任后，可以向有过错的发起人追偿。

4) 发起人因履行公司设立职责造成他人损害，公司成立后受害人可以请求公司承担侵权赔偿责任；公司未成立，受害人可以请求全体发起人承担连带赔偿责任。

5) 发起人为设立公司以自己名义对外签订合同，合同相对人请求该发起人承担合同责任的，人民法院应予支持。公司成立后对前款规定的合同予以确认，或者已经实际享有合同权利或者履行合同义务，合同相对人请求公司承担合同责任的，人民法院应予支持。

6) 发起人以设立中公司名义对外签订合同，公司成立后合同相对人请求公司承担合同责任的，人民法院应予支持。公司成立后有证据证明发起人利用设立中公司的名义为自己的利益与相对人签订合同，公司以此为由主张不承担合同责任的，人民法院应予支持，但相对人为善意的除外。

3.3.3 股份有限公司的组织机构

3.3.3.1 股东大会

1) 股东大会的性质和职权。股东大会由全体股东组成，股东大会是公司的权力机构，前述有关有限责任公司股东会职权的规定，适用于股份有限公司股东大会。

2) 股东大会的议事规则。股东大会应当每年召开 1 次年会。有下列情形之一的，应当在 2 个月内召开临时股东大会：①董事人数不足本法规定人数或者公司章程所定人数的 2/3 时；②公司未弥补的亏损达实收股本总额 1/3 时；③单独或者合计持有公司 10%以上股份的股东请求时；④董事会认为必要时；⑤监事会提议召开时；⑥公司章程规定的其他情形。

股东大会会议由董事会召集，董事长主持；董事长不能履行职务或者不履行职务的，由副董事长主持；副董事长不能履行职务或者不履行职务的，由半数以上董事共同推举 1 名董事主持。

董事会不能履行或者不履行召集股东大会会议职责的，监事会应当及时召集和主持；监事会不召集和主持的，连续 90 日以上单独或者合计持有公司 10%以上股份的股东可以自行召集和主持。

召开股东大会会议，应当将会议召开的时间、地点和审议的事项于会议召开 20 日前通知各股东；临时股东大会应当于会议召开 15 日前通知各股东；发行无记名股票的，应当于会议召开 30 日前公告会议召开的时间、地点和审议事项。

单独或者合计持有公司 3%以上股份的股东，可以在股东大会召开 10 日前提出临时提案并书面提交董事会；董事会应当在收到提案后 2 日内通知其他股东，并将该临时提案提交股东大会审议。临时提案的内容应当属于股东大会职权范围，并有明确议题和具体决议事项。股东大会不得对未列明的事项做出决议。无记名股票持有人出席股东大会会议的，应当于会议召开 5 日前至股东大会闭会时将股票交存于公司。

股东出席股东大会会议，所持每一股份有一表决权。但是，公司持有的本公司股份没有表决权。股东大会做出决议，必须经出席会议的股东所持表决权过半数通过。但是，股东大会做出修改公司章程、增加或者减少注册资本的决议，以及公司合并、分立、解散或者变更公司形式的决议，必须经出席会议的股东所持表决权的 2/3 以上通过。

公司法和公司章程规定公司转让、受让重大资产或者对外提供担保等事项必须经股东大会做出决议的，董事会应当及时召集股东大会会议，由股东大会就上述事项进行表决。

股东大会选举董事、监事，可以根据公司章程的规定或者股东大会的决议，实行累积投票制。所谓累积投票制，是指股东大会选举董事或者监事时，每一股份拥有与应选董事或者监事人数相同的表决权，股东拥有的表决权可以集中使用。累积投票制与普通投票制的区别，主要在于公司股东可以把自己拥有的表决权集中使用于待选董事中的一人或多人。采用累积投票制度可以缓冲大股东利用表决权优势产生的对公司的控制，增强小股东在公司治理中的话语权，有利于公司治理结构的完善。

股东大会应当对所议事项的决定作成会议记录，主持人、出席会议的董事应当在会议记录上签名。会议记录应当与出席股东的签名册及代理出席的委托书一并保存。

股东有权查阅公司章程、股东大会会议记录和财务会计报告，对公司的经营提出建议和质询。公司股东会或者股东大会、董事会的决议内容违反法律、行政法规的无效。股东会或者股东大会、董事会的会议召集程序、表决方式违反法律、行政法规或者公司章程，或者决议内容违反公司章程的，股东可以自决议做出之日起 60 日内，请求人民法院撤销。股东依照前款规定提起诉讼的，人民法院可以应公司的请求，要求股东提供相应担保。公司根据股东会或者股东大会、董事会决议已办理变更登记的，人民法院宣告该决议无效或者撤销该决议后，公司应当向公司登记机关申请撤销变更登记。

公司股东应当遵守法律、行政法规和公司章程，依法行使股东权利，不得滥用股东权利损害公司或者其他股东的利益；不得滥用公司法人独立地位和股东有限责任损害公司债权人的利益。公司股东滥用股东权利给公司或者其他股东造成损失的，应当依法承担赔偿责任。公司股东滥用公司法人独立地位和股东有限责任，逃避债务，严重损害公司债权人利益的，应当对公司债务承担其连带责任。

【例 3.2】 某公司要选 5 名董事，公司股份共 1 000 股，股东共 10 人，其中 1 名大股东持有 510 股，即拥有公司 51%股份；其他 9 名股东共计持有 490 股，合计拥有公司 49%的股份。

解析：若按直接投票制度，每一股有一个表决权，则控股 51%的大股东就能够使自己推选的 5 名董事全部当选，其他股东毫无话语权。但若采取累积投票制，表决权的总数就成为 1 000 × 5=5 000 票，控股股东总计拥有的票数为 2 550 票，其他 9 名股东合计拥有的票数为 2 450 票。根据累积投票制的原理，股东可以集中投票给 1 个或几个董事候选人，并按所得同意票数多少的排序确定当选董事，因此，从理论上来说，其他股东至少可以使自己的 2 名董事当选，而控股比例超过半数的股东也最多只能选上 3 名自己的董事。

3.3.3.2 董事会

1) 董事会的设立和组成。股份有限公司设董事会，其成员为5～19人。董事会成员中可以有公司职工代表。董事会中的职工代表由公司职工通过职工代表大会、职工大会或者其他形式民主选举产生。董事会设董事长1人，可以设副董事长。董事长和副董事长由董事会以全体董事的过半数选举产生。董事长召集和主持董事会会议，检查董事会决议的实施情况。副董事长协助董事长工作，董事长不能履行职务或者不履行职务的，由副董事长履行职务；副董事长不能履行职务或者不履行职务的，由半数以上董事共同推举1名董事履行职务。

公司法关于有限责任公司董事任期的规定，适用于股份有限公司董事。

2) 董事会的职权。公司法关于有限责任公司董事会职权的规定，适用于股份有限公司董事会。

3) 董事会议事规则。董事会每年度至少召开2次会议，每次会议应当于会议召开10日前通知全体董事和监事。代表10%以上表决权的股东、1/3以上董事或者监事会，可以提议召开董事会临时会议。董事长应当自接到提议后10日内，召集和主持董事会会议。董事会召开临时会议，可以另定召集董事会的通知方式和通知时限。

董事会会议应有过半数的董事出席方可举行。董事会做出决议，必须经全体董事的过半数通过。董事会决议的表决，实行一人一票。董事会会议，应由董事本人出席；董事因故不能出席，可以书面委托其他董事代为出席，委托书中应载明授权范围。

董事会应当对会议所议事项的决定作成会议记录，出席会议的董事应当在会议记录上签名。董事应当对董事会的决议承担责任。董事会的决议违反法律、行政法规或者公司章程、股东大会决议，致使公司遭受严重损失的，参与决议的董事对公司负赔偿责任。但经证明在表决时曾表明异议并记载于会议记录的，该董事可以免除责任。

3.3.3.3 经理

股份有限公司设经理，由董事会决定聘任或者解聘。公司董事会可以决定由董事会成员兼任经理。

公司法关于有限责任公司经理职权的规定，适用于股份有限公司经理。

3.3.3.4 监事会

1) 监事会的设立和组成。股份有限公司设立监事会，其成员不得少于3人。

监事会应当包括股东代表和适当比例的公司职工代表，其中职工代表的比例不得低于 1/3，具体比例由公司章程规定。监事会中的职工代表由公司职工通过职工代表大会、职工大会或者其他形式民主选举产生。监事会设主席 1 人，可以设副主席。监事会主席和副主席由全体监事过半数选举产生。监事会主席召集和主持监事会会议；监事会主席不能履行职务或者不履行职务的，由监事会副主席召集和主持监事会会议；监事会副主席不能履行职务或者不履行职务的，由半数以上监事共同推举 1 名监事召集和主持监事会会议。

董事、高级管理人员不得兼任监事。

2) 监事会的职权。公司法关于有限责任公司监事会职权的规定，适用于股份有限公司监事会。监事会行使职权所必需的费用，由公司承担。

3) 监事会的议事规则。监事会每 6 个月至少召开一次会议。监事可以提议召开临时监事会会议。监事会的议事方式和表决程序，除公司法有规定的外，由公司章程规定。监事会应当对所议事项的决定作成会议记录，出席会议的监事应当在会议记录上签名。

3.3.4 上市公司

上市公司是指其股票在证券交易所上市交易的股份有限公司。根据《中华人民共和国证券法》的规定，设立股份有限公司公开发行股票，应当具备经国务院批准的国务院证券监督管理机构规定的有关条件，并向国务院证券监督管理机构报送募股申请和相关文件。

上市公司组织机构的特别规定如下：

1) 上市公司在 1 年内购买、出售重大资产或者担保金额超过公司资产总额 30%的，应当由股东大会做出决议，并经出席会议的股东所持表决权的 2/3 以上通过。

2) 上市公司设立独立董事，具体办法由国务院规定。独立董事一般是指与其所受聘的上市公司及其主要股东不存在可能妨碍其进行独立客观判断的一切关系的特定董事。独立董事制度最早兴起于 1940 年的美国。20 世纪 60、70 年代，以英美为代表的英美法系国家在不改变原有公司治理结构的模式下，通过设立独立董事制度达到了改善公司治理、提高监控职能、降低代理成本的目的，实现了公司价值与股东利益的最大化。我国立法机关考虑到公司法修订草案已规定股份有限公司都要设立监事会，对在上市公司推行独立董事制度问题，只作了原则性规定，以便于这一制度的建立和在实践中进一步探索完善。

3) 上市公司设立董事会秘书，负责公司股东大会和董事会会议的筹备、文件保管以及公司股权管理，办理信息披露事务等事宜。

4) 上市公司董事与董事会会议决议事项所涉及的企业有关联关系的，不得对该项决议行使表决权，也不得代理其他董事行使表决权。该董事会会议由过半数的无关联关系董事出席即可举行，董事会会议所作决议须经无关联关系董事过半数通过。出席董事会的无关联关系董事人数不足 3 人的，应将该事项提交上市公司股东大会审议。关联关系是指公司控股股东、实际控制人、董事、监事、高级管理人员与其直接或者间接控制的企业之间的关系，以及可能导致公司利益转移的其他关系。但是，国家控股的企业之间不仅仅因为同受国家控股而具有关联关系。

3.4 股份有限公司的股份发行和转让

3.4.1 股份与股票

股份有限公司的股份是以股票为表现形式的、体现股东权利义务的公司资本的组成部分。它有以下含义：

1) 股份是公司资本的组成部分。股份有限公司的资本划分为股份，每一股的金额相等。

2) 股份体现股东的权利和义务。它是股东权利、义务的依据，股东权利、义务的大小及范围取决于其所持股份的数额。

3) 股份以股票为表现形式。股份的发行和转让也就是股票的发行和转让。

股票是股份有限公司签发的证明股东所持股份的凭证。可以为记名股票，也可以为无记名股票。公司向发起人、法人发行的股票，应当为记名股票，并应当记载下列事项：股东的姓名或者名称及住所；各股东所持股份数；各股东所持股票的编号；各股东取得股份的日期。发行无记名股票的，公司应当记载其股票数量、编号及发行日期。

3.4.2 股份的发行

3.4.2.1 股份的发行原则和发行价格

股份的发行，实行公平、公正的原则，同种类的每一股份应当具有同等权利。同次发行的同种类股票，每股的发行条件和价格应当相同；任何单位或者个人所认购的股份，每股应当支付相同价额。

股票的发行价格可以按票面金额，也可以超过票面金额，但不得低于票面金额。股份有限公司以超过股票票面金额的发行价格发行股份所得的溢价款以及国务院财政部门规定列入资本公积金的其他收入，应当列为公司资本公积金。

3.4.2.2　股票的载明事项和交付

股票采用纸面形式或者国务院证券监督管理机构规定的其他形式。股票应当载明的主要事项有：公司名称；公司成立日期；股票种类、票面金额及代表的股份数；股票的编号。

股票由法定代表人签名，公司盖章。发起人的股票，应当标明发起人股票字样。

股份有限公司成立后，即向股东正式交付股票。公司成立前不得向股东交付股票。

3.4.2.3　新股的发行

股份有限公司设立后又需要通过发行股票募集资本的，为新股发行。所以，股票的发行可分为设立发行和新股发行。

公司发行新股，依照公司章程的规定由股东大会或者董事会对下列事项做出决议：新股种类及数额；新股发行价格；新股发行的起止日期；向原有股东发行新股的种类及数额。公司公开发行新股，应当符合《中华人民共和国证券法》规定的条件。

公司经国务院证券监督管理机构核准公开发行新股时，必须公告新股招股说明书和财务会计报告，并制作认股书。公司公开发行新股，应当由依法设立的证券公司承销，签订承销协议，应当同银行签订代收股款协议。公司发行新股，可以根据公司经营情况和财务状况，确定其作价方案。

公司发行新股募足股款后，必须向公司登记机关办理变更登记，并公告。

3.4.3　股份的转让

3.4.3.1　股东转让股份的权利和对转让的限制

股东持有的股份可以依法转让。发起人持有的本公司股份，自公司成立之日起 1 年内不得转让。公司公开发行股份前已发行的股份，自公司股票在证券交易所上市交易之日起 1 年内不得转让。股权转让后尚未向公司登记机关办理变更登记，原股东将仍登记于其名下的股权转让、质押或者以其他方式处分，受让股东以其对于股权享有实际权利为由，请求认定处分股权行为无效的，参照《中华人民共和国物权法》第 106 条的规定处理。

公司董事、监事、高级管理人员应当向公司申报所持有的本公司的股份及其变动情况，在任职期间每年转让的股份不得超过其所持有本公司股份总数的 25%；所持本公司股份自公司股票上市交易之日起 1 年内不得转让。上述人员离职后半年内，不得转让其所持有的本公司股份。公司章程可以对公司董事、监事、高级管理人员转让其所持有的本公司股份做出其他限制性规定。

高级管理人员，是指公司的经理、副经理、财务负责人、上市公司董事会秘书和公司章程规定的其他人员。

3.4.3.2 转让股份的场所和方式

股东转让其股份，应当在依法设立的证券交易场所进行或者按照国务院规定的其他方式进行。

记名股票，由股东以背书方式或者法律、行政法规规定的其他方式转让；转让后由公司将受让人的姓名或者名称及住所记载于股东名册。股东大会召开前 20 日内或者公司决定分配股利的基准日前 5 日内，不得进行前款规定的股东名册的变更登记。但是，法律对上市公司股东名册变更登记另有规定的，从其规定。

无记名股票的转让，由股东将该股票交付给受让人后即发生转让的效力。

3.4.3.3 公司不得非法收购本公司的股票

公司不得收购本公司股份。但是，有下列情形之一的除外：①减少公司注册资本；②与持有本公司股份的其他公司合并；③将股份奖励给本公司职工；④股东因对股东大会做出的公司合并、分立决议持异议，要求公司收购其股份的。

公司因第①项至第③项的原因收购本公司股份的，应当经股东大会决议。公司依照规定收购本公司股份后，属于第①项情形的，应当自收购之日起 10 日内注销；属于第②项、第④项情形的，应当在 6 个月内转让或者注销。

公司依照第③项规定收购的本公司股份，不得超过本公司已发行股份总额的 5%；用于收购的资金应当从公司的税后利润中支出；所收购的股份应当在 1 年内转让给职工。

公司不得接受本公司的股票作为质押权的标的。

3.4.4 关于上市公司的特别规定

上市公司的股票，依照有关法律、行政法规及证券交易所交易规则上市交易。

上市公司必须依照法律、行政法规的规定，公开其财务状况、经营情况及重大诉讼，在每会计年度内半年公布一次财务会计报告。

3.5 公司董事、监事、高级管理人员的资格和义务

3.5.1 公司董事、监事、高级管理人员的任职资格

《公司法》通过限制性条件规定了董事、监事、高级管理人员的任职资格。有下列情形之一的，不得担任公司的董事、监事、高级管理人员：

1) 无民事行为能力或者限制民事行为能力。

2) 因贪污、贿赂、侵占财产、挪用财产或者破坏社会主义市场经济秩序，被判处刑罚，执行期满未逾5年，或者因犯罪被剥夺政治权利，执行期满未逾5年。

3) 担任破产清算的公司、企业的董事或者厂长、经理，对该公司、企业的破产负有个人责任的，自该公司、企业破产清算完结之日起未逾3年。

4) 担任因违法被吊销营业执照、责令关闭的公司、企业的法定代表人，并负有个人责任的，自该公司、企业被吊销营业执照之日起未逾3年。

5) 个人所负数额较大的债务到期未清偿。

公司违反前款规定选举、委派董事、监事或者聘任高级管理人员的，该选举、委派或者聘任无效。董事、监事、高级管理人员在任职期间出现第一款所列情形的，公司应当解除其职务。

3.5.2 董事、监事、高级管理人员的义务

董事、监事、高级管理人员应当遵守法律、行政法规和公司章程，对公司负有忠实义务和勤勉义务。董事、监事、高级管理人员不得利用职权收受贿赂或者其他非法收入，不得侵占公司的财产。

1) 董事、高级管理人员不得有下列行为：①挪用公司资金；②将公司资金以其个人名义或者以其他个人名义开立账户存储；③违反公司章程的规定，未经股东会、股东大会或者董事会同意，将公司资金借贷给他人或者以公司财产为他人提供担保；④违反公司章程的规定或者未经股东会、股东大会同意，与本公司订立合同或者进行交易；⑤未经股东会或者股东大会同意，利用职务便利为自己或者他人谋取属于公司的商业机会，自营或者为他人经营与所任职公司同类的业务；⑥接受他人与公司交易的佣金归为己有；⑦擅自披露公司秘密；

⑧违反对公司忠实义务的其他行为。董事、高级管理人员违反前款规定所得的收入应当归公司所有。

需要注意的是，公司向其他企业投资或者为他人提供担保，按照公司章程的规定由董事会或者股东会、股东大会决议；公司章程对投资或者担保的总额及单项投资或者担保的数额有限额规定的，不得超过规定的限额。公司为公司股东或者实际控制人提供担保的，必须经股东会或者股东大会决议。所涉股东或者受公司实际控制人支配的股东，不得参加规定事项的表决。该项表决由出席会议的其他股东所持表决权的过半数通过。

2) 公司的控股股东、实际控制人、董事、监事、高级管理人员不得利用其关联关系损害公司利益。违反规定，给公司造成损失的，应当承担赔偿责任。

控股股东是指其出资额占有限责任公司资本总额50%以上或者其持有的股份占股份有限公司股本总额50%以上的股东；出资额或者持有股份的比例虽然不足50%，但依其出资额或者持有的股份所享有的表决权已足以对股东会、股东大会的决议产生重大影响的股东。

实际控制人是指虽不是公司的股东，但通过投资关系、协议或者其他安排，能够实际支配公司行为的人。

3) 董事、监事、高级管理人员执行公司职务时违反法律、行政法规或者公司章程的规定，给公司造成损失的，应当承担赔偿责任。

董事、高级管理人员执行公司职务时违反法律、行政法规或者公司章程的规定，给公司造成损失的，有限责任公司的股东、股份有限公司连续180日以上单独或者合计持有公司1%以上股份的股东，可以书面请求监事会或者不设监事会的有限责任公司的监事向人民法院提起诉讼；监事执行公司职务时违反法律、行政法规或者公司章程的规定，给公司造成损失的，前述股东可以书面请求董事会或者不设董事会的有限责任公司的执行董事向人民法院提起诉讼。

监事会、不设监事会的有限责任公司的监事，或者董事会、执行董事收到前款规定的股东书面请求后拒绝提起诉讼，或者自收到请求之日起30日内未提起诉讼，或者情况紧急、不立即提起诉讼将会使公司利益受到难以弥补的损害的，前款规定的股东有权为了公司的利益以自己的名义直接向人民法院提起诉讼。

4) 股东会或者股东大会要求董事、监事、高级管理人员列席会议的，董事、监事、高级管理人员应当列席并接受股东的质询。董事、高级管理人员应当如实向监事会或者不设监事会的有限责任公司的监事提供有关情况和资料，不得妨碍监事会或者监事行使职权。

董事、高级管理人员违反法律、行政法规或者公司章程的规定，损害股东利益的，股东可以向人民法院提起诉讼。

3.6 公司债券

公司债券是指公司依照法定程序发行、约定在一定期限还本付息的有价证券。公司发行公司债券应当符合《中华人民共和国证券法》规定的发行条件。公司债券，可以为记名债券，也可以为无记名债券。

3.6.1 公司债券的发行条件

根据《证券法》第 16 条的规定，公开发行公司债券，应当符合下列条件：①股份有限公司的净资产不低于人民币 3 000 万元，有限责任公司的净资产不低于人民币 6 000 万元；②累计债券余额不超过公司净资产的 40%；③最近 3 年的平均可分配利润足以支付公司债券 1 年的利息；④筹集的资金投向符合国家产业政策；⑤债券的利率不超过国务院限定的利率水平；⑥国务院规定的其他条件。

公开发行公司债券筹集的资金，必须用于核准的用途，不得用于弥补亏损和非生产性支出。

上市公司发行可转换为股票的公司债券，除应当符合第一款规定的条件外，还应当符合证券法关于公开发行股票的条件，并报国务院证券监督管理机构核准。

3.6.2 公司债券募集办法及其记载事项

发行公司债券的申请经国务院授权的部门核准后，应当公告公司债券募集办法。公司债券募集办法中应当载明下列主要事项：①公司名称；②债券募集资金的用途；③债券总额和债券的票面金额；④债券利率的确定方式；⑤还本付息的期限和方式；⑥债券担保情况；⑦债券的发行价格、发行的起止日期；⑧公司净资产额；⑨已发行的尚未到期的公司债券总额；⑩公司债券的承销机构。

3.7 公司财务、会计

3.7.1 建立财务、会计制度和制作财务会计报告

公司应当依照法律、行政法规和国务院财政部门的规定建立本公司的财务、会

计制度。公司应当在每一会计年度终了时编制财务会计报告，并依法经会计师事务所审计。财务会计报告应当依照法律、行政法规和国务院财政部门的规定制作。

有限责任公司应当按照公司章程规定的期限将财务会计报告送交各股东。股份有限公司的财务会计报告应当在召开股东大会年会的20日前置备于本公司，供股东查阅；公开发行股票的股份有限公司必须公告其财务会计报告。

3.7.2 税后利润的分配

公司分配当年税后利润时，应当提取利润的10%列入公司法定公积金。公司法定公积金累计额为公司注册资本的50%以上的，可以不再提取。

公司的法定公积金不足以弥补以前年度亏损的，在依照前款规定提取法定公积金之前，应当先用当年利润弥补亏损。

公司从税后利润中提取法定公积金后，经股东会或者股东大会决议，还可以从税后利润中提取任意公积金。公司弥补亏损和提取公积金后所余税后利润，有限责任公司股东按照实缴的出资比例分配；股份有限公司按照股东持有的股份比例分配，但股份有限公司章程规定不按持股比例分配的除外。

股东会、股东大会或者董事会违反前款规定，在公司弥补亏损和提取法定公积金之前向股东分配利润的，股东必须将违反规定分配的利润退还公司。公司持有的本公司股份不得分配利润。

3.7.3 公积金的用途

公司的公积金用于弥补公司的亏损、扩大公司生产经营或者转为增加公司资本。但是，资本公积金不得用于弥补公司的亏损。法定公积金转为资本时，所留存的该项公积金不得少于转增前公司注册资本的25%。

3.8 公司合并、分立、增资、减资

3.8.1 公司合并与分立

3.8.1.1 公司合并

公司合并可以采取吸收合并或者新设合并。一个公司吸收其他公司为吸收合

并，被吸收的公司解散。两个以上公司合并设立一个新的公司为新设合并，合并各方解散。

公司合并应当由合并各方签订合并协议，并编制资产负债表及财产清单。公司应当自做出合并决议之日起 10 日内通知债权人，并于 30 日内在报纸上公告。债权人自接到通知书之日起 30 日内，未接到通知书的自公告之日起 45 日内，可以要求公司清偿债务或者提供相应的担保。

公司合并时，合并各方的债权、债务，应当由合并后存续的公司或者新设的公司承继。

3.8.1.2 公司分立

公司分立，其财产做相应的分割，并应当编制资产负债表及财产清单，公司应当自做出分立决议之日起 10 日内通知债权人，并于 30 日内在报纸上公告。

公司分立前的债务由分立后的公司承担连带责任。但是，公司在分立前与债权人就债务清偿达成的书面协议另有约定的除外。

3.8.1.3 设立登记、变更登记和注销登记

公司合并或者分立，登记事项发生变更的，应当依法向公司登记机关办理变更登记；公司解散的，应当依法办理公司注销登记；设立新公司的，应当依法办理公司设立登记。

3.8.2 公司增资与减资

3.8.2.1 公司增资

有限责任公司增加注册资本时，股东认缴新增资本的出资，依照公司法设立有限责任公司缴纳出资的有关规定执行。股份有限公司为增加注册资本发行新股时，股东认购新股，依照公司法设立股份有限公司缴纳股款的有关规定执行。

3.8.2.2 公司减资

公司需要减少注册资本时，必须编制资产负债表及财产清单。

公司应当自做出减少注册资本决议之日起 10 日内通知债权人，并于 30 日内在报纸上公告。债权人自接到通知书之日起 30 日内，未接到通知书的自公告之日起 45 日内，有权要求公司清偿债务或者提供相应的担保。公司减资后的注册资本不得低于法定的最低限额。

3.9 公司解散和清算

解散公司诉讼案件和公司清算案件由公司住所地人民法院管辖。公司住所地是指公司主要办事机构所在地。公司办事机构所在地不明确的，由其注册地人民法院管辖。基层人民法院管辖县、县级市或者区的公司登记机关核准登记公司的解散诉讼案件和公司清算案件；中级人民法院管辖地区、地级市以上的公司登记机关核准登记公司的解散诉讼案件和公司清算案件。

3.9.1 公司解散

公司有下列原因的，可以解散：①公司章程规定的营业期限届满或者公司章程规定的其他解散事由出现；②股东会或者股东大会决议解散；③因公司合并或者分立需要解散；④依法被吊销营业执照、责令关闭或者被撤销；⑤公司经营管理发生严重困难，继续存续会使股东利益受到重大损失，通过其他途径不能解决的，人民法院应持有公司全部股东表决权 10%以上的股东请求解散公司。

单独或者合计持有公司全部股东表决权 10%以上的股东，有下列事由之一可以提起解散公司诉讼：①公司持续 2 年以上无法召开股东会或者股东大会，公司经营管理发生严重困难的；②股东表决时无法达到法定或者公司章程规定的比例，持续 2 年以上不能做出有效的股东会或者股东大会决议，公司经营管理发生严重困难的；③公司董事长期冲突，且无法通过股东会或者股东大会解决，公司经营管理发生严重困难的；④经营管理发生其他严重困难，公司继续存续会使股东利益受到重大损失的情形。

股东以知情权、利润分配请求权等权益受到损害，或者公司亏损、财产不足以偿还全部债务，以及公司被吊销企业法人营业执照未进行清算等为由，不可以提起解散公司诉讼的。 股东提起解散公司诉讼，不能同时申请人民法院对公司进行清算。

股东提起解散公司诉讼时，向人民法院申请财产保全或者证据保全的，在股东提供担保且不影响公司正常经营的情形下，人民法院可予以保全。

公司解散应当在依法清算完毕后，申请办理注销登记。公司未经清算即办理注销登记，导致公司无法进行清算，债权人可以主张有限责任公司的股东、股份有限公司的董事和控股股东，以及公司的实际控制人对公司债务承担清偿责任。

公司解散时，股东尚未缴纳的出资均应作为清算财产。股东尚未缴纳的出资，包括到期应缴未缴的出资，以及依照《公司法》第 26 条和第 81 条的规定分期缴纳尚未届满缴纳期限的出资。公司财产不足以清偿债务时，债权人可以主张未缴出资股东，以及公司设立时的其他股东或者发起人在未缴出资范围内对公司债务承担连带清偿责任的。

3.9.2 公司清算

3.9.2.1 清算组的组成

公司解散后，应当在解散事由出现之日起 15 日内成立清算组，开始清算。有限责任公司的清算组由股东组成，股份有限公司的清算组由董事或者股东大会确定的人员组成。逾期不成立清算组进行清算的，债权人可以申请人民法院指定有关人员组成清算组进行清算。人民法院应当受理该申请，并及时组织清算组进行清算。

有下列情形之一，债权人可以申请人民法院指定清算组进行清算：①公司解散逾期不成立清算组进行清算的；②虽然成立清算组但故意拖延清算的；③违法清算可能严重损害债权人或者股东利益的。具有上述第②款所列情形，而债权人未提起清算申请，公司股东可以申请人民法院指定清算组对公司进行清算的，人民法院应予受理。

3.9.2.2 清算组的职权和义务

清算组在清算期间行使下列职权：①清理公司财产，分别编制资产负债表和财产清单；②通知、公告债权人；③处理与清算有关的公司未了结的业务；④清缴所欠税款以及清算过程中产生的税款；⑤清理债权、债务；⑥处理公司清偿债务后的剩余财产；⑦代表公司参与民事诉讼活动。

清算组成员应当忠于职守，依法履行清算义务。清算组成员不得利用职权收受贿赂或者其他非法收入，不得侵占公司财产。

清算组成员因故意或者重大过失给公司或者债权人造成损失的，应当承担赔偿责任。人民法院受理公司清算案件，应当及时指定有关人员组成清算组。人民法院指定的清算组成员有违反法律或者行政法规的行为，或丧失执业能力或者民事行为能力，或有严重损害公司或者债权人利益的行为的，人民法院可以根据债权人、股东的申请，或者依职权更换清算组成员。

3.9.2.3 清算组成员的产生

清算组成员可以从下列人员或者机构中产生：①公司股东、董事、监事、高级管理人员；②依法设立的律师事务所、会计师事务所、破产清算事务所等社会中介机构；③依法设立的律师事务所、会计师事务所、破产清算事务所等社会中介机构中具备相关专业知识并取得执业资格的人员。

3.9.2.4 清算程序

清算组应当自成立之日起 10 日内通知债权人，并于 60 日内在报纸上公告。清算组未按照前款规定履行通知和公告义务，导致债权人未及时申报债权而未获清偿，债权人可以主张清算组成员对因此造成的损失承担赔偿责任。

债权人应当自接到通知书之日起 30 日内，未接到通知书的自公告之日起 45 日内，向清算组申报其债权。债权人在规定的期限内未申报债权，在公司清算程序终结前补充申报的，清算组应予登记。债权人申报债权，应当说明债权的有关事项，并提供证明材料。清算组应当对债权进行登记。在申报债权期间，清算组不得对债权人进行清偿。公司尚未分配财产不能全额清偿，债权人可以主张股东以其在剩余财产分配中已经取得的财产予以清偿的，但债权人因重大过错未在规定期限内申报债权的除外。

清算组在清理公司财产、编制资产负债表和财产清单后，应当制订清算方案，并报股东会、股东大会或者人民法院确认。公司清算时，债权人对清算组核定的债权有异议的，可以要求清算组重新核定。清算组不予重新核定，或者债权人对重新核定的债权仍有异议，债权人可以以公司为被告向人民法院提起诉讼请求确认。

公司财产在分别支付清算费用、职工的工资、社会保险费用和法定补偿金，缴纳所欠税款，清偿公司债务后的剩余财产，有限责任公司按照股东的出资比例分配，股份有限公司按照股东持有的股份比例分配。清算期间，公司存续，但不得开展与清算无关的经营活动。公司财产在未按前款规定清偿前，不得分配给股东。

清算组在清理公司财产、编制资产负债表和财产清单后，发现公司财产不足清偿债务的，应当依法向人民法院申请宣告破产。债权人或者清算组，以公司尚未分配财产和股东在剩余财产分配中已经取得的财产，不能全额清偿补充申报的债权为由，向人民法院提出破产清算申请的，人民法院不予受理。公司经人民法院裁定宣告破产后，清算组应当将清算事务移交给人民法院，依照有关企业破产的法律实施破产清算。

公司自行清算的，清算方案应当报股东会或者股东大会决议确认；人民法院组织清算的，清算方案应当报人民法院确认。未经确认的清算方案，清算组不得执行。执行未经确认的清算方案给公司或者债权人造成损失，公司、股东或者债权人可以主张清算组成员承担赔偿责任。

人民法院组织清算的，清算组应当自成立之日起 6 个月内清算完毕，因特殊情况无法在 6 个月内完成清算的，清算组应当向人民法院申请延长。

人民法院指定的清算组在清理公司财产、编制资产负债表和财产清单时，发现公司财产不足清偿债务的，可以与债权人协商制作有关债务清偿方案。债务清偿方案经全体债权人确认且不损害其他利害关系人利益的，人民法院可依清算组的申请裁定予以认可。清算组依据该清偿方案清偿债务后，应当向人民法院申请裁定终结清算程序。债权人对债务清偿方案不予确认或者人民法院不予认可的，清算组应当依法向人民法院申请宣告破产。

有限责任公司的股东、股份有限公司的董事和控股股东未在法定期限内成立清算组开始清算，导致公司财产贬值、流失、毁损或者灭失，债权人主张其在造成损失范围内对公司债务承担赔偿责任的，人民法院应依法予以支持。

有限责任公司的股东、股份有限公司的董事和控股股东因怠于履行义务，导致公司主要财产、账册、重要文件等灭失，无法进行清算，债权人可以主张其对公司债务承担连带清偿责任的。上述情形系实际控制人原因造成，债权人也可以主张实际控制人对公司债务承担相应民事责任。

有限责任公司的股东、股份有限公司的董事和控股股东，以及公司的实际控制人在公司解散后，恶意处置公司财产给债权人造成损失，或者未经依法清算，以虚假的清算报告骗取公司登记机关办理法人注销登记，债权人可以主张其对公司债务承担相应赔偿责任。

公司清算结束后，清算组应当制作清算报告，报股东会、股东大会或者人民法院确认，并报送公司登记机关，申请注销公司登记，公告公司终止。公司未经依法清算即办理注销登记，股东或者第三人在公司登记机关办理注销登记时承诺对公司债务承担责任，债权人可以主张其对公司债务承担相应民事责任。

公司依法清算结束并办理注销登记前，有关公司的民事诉讼，应当以公司的名义进行。

公司成立清算组的，由清算组负责人代表公司参加诉讼；尚未成立清算组的，由原法定代表人代表公司参加诉讼。

3.10 外国公司的分支机构

3.10.1 外国公司分支机构的设立程序和设立条件

3.10.1.1 设立程序

外国公司是指依照外国法律在中国境外设立的公司。外国公司在中国境内设立分支机构，必须向中国主管机关提出申请，并提交其公司章程、所属国的公司登记证书等有关文件，经批准后，向公司登记机关依法办理登记，领取营业执照。外国公司分支机构的审批办法由国务院另行规定。

3.10.1.2 设立条件

外国公司在中国境内设立分支机构，必须在中国境内指定负责该分支机构的代表人或者代理人，并向该分支机构拨付与其所从事的经营活动相适应的资金。对外国公司分支机构的经营资金需要规定最低限额的，由国务院另行规定。

外国公司的分支机构应当在其名称中标明该外国公司的国籍及责任形式。外国公司的分支机构应当在本机构中置备该外国公司章程。

3.10.2 外国公司分支机构的法律地位

外国公司在中国境内设立的分支机构不具有中国法人资格。外国公司对其分支机构在中国境内进行经营活动承担民事责任。经批准设立的外国公司分支机构，在中国境内从事业务活动，必须遵守中国的法律，不得损害中国的社会公共利益，其合法权益受中国法律保护。

3.10.3 外国公司分支机构的撤销和清算

外国公司撤销其在中国境内的分支机构时，必须依法清偿债务，依照中国公司法有关公司清算程序的规定进行清算。未清偿债务之前，不得将其分支机构的财产移至中国境外。

3.11 违反《公司法》的法律责任

3.11.1 违反《公司法》的行为及其法律责任

1) 发起人、股东虚假出资。公司的发起人、股东虚假出资，未交付或者未按期交付作为出资的货币或者非货币财产的，由公司登记机关责令改正，处以虚假出资金额5%以上15%以下的罚款。构成犯罪的，依法追究刑事责任。

2) 发起人、股东抽逃其出资。公司的发起人、股东在公司成立后，抽逃其出资的，由公司登记机关责令改正，处以所抽逃出资金额5%以上15%以下的罚款。

构成犯罪的，依法追究刑事责任。

3) 办理公司登记时虚报注册资本、提交虚假材料或者采取其他欺诈手段隐瞒重要事实虚报注册资本、提交虚假材料或者采取其他欺诈手段隐瞒重要事实取得公司登记的，由公司登记机关责令改正，对虚报注册资本的公司，处以虚报注册资本金额 5%以上 15%以下的罚款；对提交虚假材料或者采取其他欺诈手段隐瞒重要事实的公司，处以 5 万元以上 50 万元以下的罚款；情节严重的，撤销公司登记或者吊销营业执照。构成犯罪的，依法追究刑事责任。

4) 违反财务、会计法规。违反《公司法》规定，公司在法定的会计账簿以外另立会计账簿的，由县级以上人民政府财政部门责令改正，处以 5 万元以上 50 万元以下的罚款；公司在依法向有关主管部门提供的财务会计报告等材料上作虚假记载或者隐瞒重要事实的，由有关主管部门对直接负责的主管人员和其他直接责任人员处以 3 万元以上 30 万元以下的罚款；公司不依照本法规定提取法定公积金的，由县级以上人民政府财政部门责令如数补足应当提取的金额，可以对公司处以 20 万元以下的罚款。以上行为构成犯罪的，依法追究刑事责任。

5) 违反关于合并、分立、减少注册资本或者清算的规定。公司在合并、分立、减少注册资本或者进行清算时，不依照法律规定通知或者公告债权人的，由公司登记机关责令改正，对公司处以 1 万元以上 10 万元以下的罚款。

公司在进行清算时，隐匿财产，对资产负债表或者财产清单作虚假记载或者在未清偿债务前分配公司财产的，由公司登记机关责令改正，对公司处以隐匿财产或者未清偿债务前分配公司财产金额 5%以上 10%以下的罚款；对直接负责的主管人员和其他直接责任人员处以 1 万元以上 10 万元以下的罚款。

公司在清算期间开展与清算无关的经营活动的，由公司登记机关予以警告，没收违法所得。

清算组不依照本法规定向公司登记机关报送清算报告，或者报送清算报告隐瞒重要事实或者有重大遗漏的，由公司登记机关责令改正。

清算组成员利用职权徇私舞弊、谋取非法收入或者侵占公司财产的，由公司登记机关责令退还公司财产，没收违法所得，并可以处以违法所得 1 倍以上 5 倍以下的罚款。

6) 关于公司社会责任的规定。利用公司名义从事危害国家安全、社会公共利益的严重违法行为的，吊销营业执照。

3.11.2 其他法律责任

1) 承担资产评估、验资或者验证的机构提供虚假材料的，由公司登记机关没收违法所得，处以违法所得1倍以上5倍以下的罚款，并可以由有关主管部门依法责令该机构停业、吊销直接责任人员的资格证书，吊销营业执照。

承担资产评估、验资或者验证的机构因过失提供有重大遗漏的报告的，由公司登记机关责令改正，情节较重的，处以所得收入1倍以上5倍以下的罚款，并可以由有关主管部门依法责令该机构停业、吊销直接责任人员的资格证书，吊销营业执照。

承担资产评估、验资或者验证的机构因其出具的评估结果、验资或者验证证明不实，给公司债权人造成损失的，除能够证明自己没有过错的外，在其评估或者证明不实的金额范围内承担赔偿责任。

2) 公司登记机关对不符合公司法规定条件的登记申请予以登记，或者对符合公司法规定条件的登记申请不予登记的，对直接负责的主管人员和其他直接责任人员，依法给予行政处分。

公司登记机关的上级部门强令公司登记机关对不符合公司法规定条件的登记申请予以登记，或者对符合公司法规定条件的登记申请不予登记的，或者对违法登记进行包庇的，对直接负责的主管人员和其他直接责任人员依法给予行政处分。

3) 未依法登记为有限责任公司或者股份有限公司，而冒用有限责任公司或者股份有限公司名义的，或者未依法登记为有限责任公司或者股份有限公司的分公司，而冒用有限责任公司或者股份有限公司的分公司名义的，由公司登记机关责令改正或者予以取缔，可以并处10万元以下的罚款。

4) 公司成立后无正当理由超过6个月未开业的，或者开业后自行停业连续6个月以上的，可以由公司登记机关吊销营业执照。

5) 公司登记事项发生变更时，未依照公司法规定办理有关变更登记的，由公司登记机关责令限期登记；逾期不登记的，处以1万元以上10万元以下的罚款。

6) 外国公司违反《公司法》规定，擅自在中国境内设立分支机构的，由公司登记机关责令改正或者关闭，可以并处5万元以上20万元以下的罚款。

公司违反法律规定，应当承担民事赔偿责任和缴纳罚款、罚金的，其财产不足以支付时，先承担民事赔偿责任。违反上述规定，构成犯罪的，依法追究刑事责任。

学习指导

★ 复习思考

1) 公司权利能力有何特点？

2) 简述公司章程的记载内容、性质及效力。

3) 有限责任公司股东对外转让出资的条件有哪些？

4) 简述股份有限公司的主要法律特征。

5) 简述累积投票制的含义、意义及所适用的表决事项。

6) 《公司法》关于股份有限公司发起人、董事、监事、高级管理人员转让股份的限制性规定有哪些?

7) 简述公司清算的情形和清算程序。

★ 案例分析

某百货公司是以商品零售为主的有限公司，由 2 个私人股东设立。公司成立前拟定注册资本为 25 万元，2 名股东中 1 名为执行董事，1 名为财务负责人，其中执行董事兼任监事。该公司聘请丁某作为公司的总经理。此时，丁某买回的一批服装正欲卖出，上任后未经任何人同意私下和某百货公司签订了合同，以公司名义买下了他买来的服装，总价款达 12.5 万元，占用了公司的大量流动资金。后该批服装由于数量过多，款式陈旧而积压，致使该公司下半年的投资计划流产，大量的购货合同难以履行。公司执行董事向人民法院起诉，要求丁某赔偿经济损失。丁某认为：他是公司的经营主管，有权同任何人签订合同，确定经营方式，公司起诉他是没有任何道理的。

请问：

(1) 本案中，某百货有限公司的法人组织机构是否合法?

(2) 丁某和本公司签订的合同是否有效?

(3) 丁某是否应向公司赔偿损失?

4 企业国有资产管理法律制度

本章要点

企业国有资产法是关于我国企业国有资产管理的法律，其立法目的是维护企业国有资产权益、保障国有资产安全、促进国有资产保值增值。通过本章学习，了解企业国有资产出资人、履行出资人职责的机构、国家出资企业、国家出资企业管理者的选择和考核、企业改制、关联交易、资产评估和国有资产转让等制度。重点掌握企业国有资产法的概念和调整对象、履行出资人职责的机构、国家出资企业的类型、国家出资企业经营者的任职条件和履职义务、关系国有资产出资人权益重要事项的决策程序等内容。

4.1 企业国有资产法概述

企业国有资产法是关于我国企业国有资产管理的法律，是调整国家在管理和维护企业国有资产运行过程中形成的国有资产管理法律关系的法律规范总称。建国60年来，我国积累了巨大的国有资产，管理和维护好国有资产，防止国有资产的流失，实现国有资产的保值增值，出台保护国有资产的法律法规成为必然要求。2008年10月28日，《中华人民共和国企业国有资产法》(以下简称《企业国有资产法》)由十一届全国人大常委会第五次会议审议通过，自2009年5月1日起施行。

4.1.1 企业国有资产法的概念和调整对象

企业国有资产法是调整国家在管理和维护企业国有资产运行过程中形成的国有资产管理法律关系的法律规范总称。我国的国有资产立法有广义和狭义之分，广义的国有资产立法由经营性国有资产法、行政事业性国有资产法和资源性国有资产法三部分法律规范组成。狭义的国有资产立法被称为“小国资法”，即经营性国有资产法，也即2009年5月1日生效实施的《企业国有资产法》。

4.1.2 相关概念

4.1.2.1 资产

资产是会计基本要素之一，与负债、所有者权益构成会计等式。

我国《企业会计准则——基本准则》第20条将资产定义为：企业过去的交易或者事项形成的、由企业拥有或者控制的、预期会给企业带来经济利益的资源。前款所指的企业过去的交易或者事项包括购买、生产、建造行为或其他交易或者事项。预期在未来发生的交易或者事项不形成资产。由企业拥有或者控制，是指企业享有某项资源的所有权，或者虽然不享有某项资源的所有权，但该资源能被企业所控制。预期会给企业带来经济利益，是指直接或者间接导致现金和现金等价物流入企业的潜力。据此，可以把资产定义为：由企业拥有或控制，可以为企业带来经济利益的财产。

4.1.2.2 企业

企业指依法设立，以营利为目的，从事商品生产经营和服务活动的独立核算的经济组织。依不同的标准，可以对企业进行不同的分类：①以出资方式和责任形式分为独资企业、合伙企业、公司企业；②以所有制结构分为全民所有制企业、集体所有制企业和私营企业。

4.1.2.3 国有资产

国有资产，是指国家对企业各种形式的出资所形成的权益。按照用途和性质，国有资产可分为经营性国有资产、行政事业性国有资产和资源性国有资产。我国国有资产布局、运行、管理和保护原则是：①推动国有资本向关系国民经济命脉和国家安全的重要行业和关键领域集中，优化国有经济布局和结构；②推进国有企业的改革和发展，提高国有经济的整体素质，增强国有经济的控制力、影响力；③国家建立健全与社会主义市场经济发展要求相适应的国有资产管理与监督体制，建立健全国有资产保值增值考核和责任追究制度，落实国有资产保值增值责任；④国家建立健全国有资产基础管理制度；⑤国有资产受法律保护，任何单位和个人不得侵害。

4.1.2.4 国有资产所有权

不同性质的国家，其生产资料所有制形式也不同。社会主义国家实行以公有制为主体的所有制结构。我国现行《宪法》第 6 条规定："中华人民共和国的社会主义经济制度的基础是生产资料的社会主义公有制，即全民所有制和劳动群众集体所有制。" 现行宪法修正案第 5 条规定："国有经济，即社会主义全民所有制经济，是国民经济中的主导力量。国家保障国有经济的巩固和发展。"

《民法通则》第 73 条第 1 款规定："国家财产属于全民所有。"《物权法》第 45 条规定："法律规定属于国家所有的财产，属于国家所有即全民所有。"

1) 国有资产所有权的主体。国有资产所有权的主体是中华人民共和国，依据《企业国有资产法》第 3 条，国务院代表国家行使国有资产所有权。

2) 国有资产所有权的客体。国家所有权客体非常广泛，依据物权法规定，矿藏、水流、海域属于国家所有。城市的土地，属于国家所有。森林、山岭、草原、荒地、滩涂等自然资源，属于国家所有，但法律规定属于集体所有的除外。法律规定属于国家所有的野生动植物资源，属于国家所有。无线电频谱资源属于国家所有。国防资产属于国家所有。可见，任何财产都可以成为国家所有权的客体。依据《物权法》第 55 条规定，国家出资的企业，由国务院、地方人民政府依照法律、行政法规规定分别代表国家履行出资人职责，享有出资人权益。也就是说，国家对企业各种形式的出资以及所形成的权益，就是国有资产所有权的客体。

3) 国有资产所有权的内容。指国家对企业各种形式出资所形成的收益，包括占有、使用、收益、处分以及排除他人非法干涉的权能。依据企业国有资产法第 4 条规定，国务院和地方人民政府分别代表国家对国家出资企业履行出资人职责，享有出资人权益。国家并不直接行使具体的权能，而是分别授权国务院、地方人民政府在国家授权范围内行使所有权的权能。

4.2 企业国有资产管理机构

4.2.1 出资人

《企业国有资产法》第 2 条、第 3 条分别规定，企业国有资产，是指国家对企业各种形式的出资所形成的权益。国有资产属于国家所有即全民所有。国务院代表国家行使国有资产所有权。可见，国家是企业国有资产的出资人。

4.2.2 出资人的代表机构

国务院和地方各级政府代表国家履行出资人职责。《物权法》第 55 条规定，国家出资的企业，由国务院和地方人民政府按照法律、行政法规规定分别代表国家履行出资人职责，享有出资人权益。由国务院和地方政府分别代表国家履行出资人职责，可以使国务院集中精力管好重要国有资产，更有利于发挥中央和地方的积极性，明确职责并实现国有资产的保值增值。

国务院确定的关系国民经济命脉和国家安全的大型国家出资企业，重要基础设施和重要自然资源等领域的国家出资企业，由国务院代表国家履行出资人职责。

除关系国民经济命脉和国家安全的大型国家出资企业，重要基础设施和重要自然资源等领域的国家出资企业，由地方人民政府代表国家履行出资人职责。

国务院和地方各级政府在履行出资人职责时，应当遵循三个原则：①政企分开原则；②社会公共管理职能与出资人职能分开原则；③不干预企业依法自主经营原则。

4.2.3 履行出资人职责的机构

具体履行出资人职责的机构是各级国有资产监督管理机构。《企业国有资产法》第 11 条规定，国务院国有资产监督管理机构和地方人民政府按照国务院的规定设立的国有资产监督管理机构，是根据本级人民政府的授权，代表本级人民政府对国家出资企业履行出资人职责的机构。

4.2.4 履行出资人职责机构的权利

履行出资人职责的机构其权利是：

1) 资产收益权。作为出资人，向企业出资的主要目的是为了获取收益，在公司法中，资产收益权也称之为股息红利分配请求权。为实现国有资产保值增值的目的，资产收益权成为履行出资人职责的机构向国家出资企业出资依法享有的核心权利。

2) 参与重大决策权。《企业国有资产法》第 13 条规定，国有履行出资人职责的机构委派的股东代表参加国有资本控股公司、国有资本参股公司召开的股东会会议、股东大会会议，应当按照委派机构的指示提出提案、发表意见、行使表决权，并将其履行职责的情况和结果及时报告委派机构。公司法上，对出资人的特定称谓就是股东，股东是向公司出资、持有公司股份、享有股东权利和承担股东义务的人。股东完成出资义务后，就可以依法享有股东权利和承担股东义务。股东行使股东权利的重要途径是通过公司的股东会、董事会和监事会等三大组织机构。

3) 选择管理者权。企业经营管理者是负责企业日常经营管理工作的高级管理人员，直接负责企业资产的经营管理，国家出资企业的经营管理者对维护国有资产权益和保障国有资产的保值增值有着重大的意义。

4) 制定或参与制定企业章程权。企业章程是企业规定其名称、宗旨、资本、组织机构等对内对外事务的基本法律文件。企业章程作为规范企业的组织和活动的基本规则，在企业存续期间具有重要意义。其中，公司章程是公司设立的必备条件之一。

4.2.5 履行出资人职责机构的义务与责任

1) 履行出资人职责的机构应当依照法律、行政法规以及企业章程履行出资人职责，保障出资人权益，防止国有资产损失。

2) 履行出资人职责的机构对本级人民政府负责，向本级人民政府报告履行出资人职责的情况，接受本级人民政府的监督和考核，对国有资产的保值增值负责。

4.3 国家出资企业

4.3.1 国家出资企业的概念

《企业国有资产法》第5条规定，国家出资企业是指国家出资的国有独资企业、国有独资公司，以及国有资本控股公司、国有资本参股公司。可以看出，国家出资企业一般是指国家作为唯一或其中之一的出资人出资的企业。如果国家是唯一出资人，称之为国有独资企业或国有独资公司；如果国家是出资人之一，根据所持有股份大小，分为国有资本控股公司或国有资本参股公司。其中，企业国有资产法实施以前，国有独资企业统称为“国有企业”。

4.3.2 国家出资企业的形态

根据国家出资方式及国有资本占企业全部资产比重的大小，国家出资企业有国有独资企业、国有独资公司、国有资本控股公司和国有资本参股公司四种形态。

1) 国有独资企业。国有独资企业是指国家单独出资建立的企业。目前由《全民所有制工业企业法》等法律法规来规范。

2) 国有独资公司。国有独资公司是指国家单独出资、由国务院或者地方人民政府授权本级人民政府国有资产监督管理机构履行出资人职责的有限责任公司。

国有独资公司作为有限责任公司的一种，符合有限责任公司的一般特征，即股东以其认缴的出资额为限对公司承担责任，公司以其全部资产对公司债务承担责任，同时适用有限责任公司的一般原则，如公司财产与股东财产相分离的原则、有限责任原则等。国有独资公司的独特法律特征有：一是国有独资公司出资人只有一个，国有独资公司仅有一个股东；二是国有独资公司出资人的法定性，即由国家单独出资设立，由国务院或者地方人民政府委托本级人民政府国有资产监督管理机构履行出资人职责，即国有资产监督管理机构代行股东权利。

3) 国有资本控股公司。国有资本控股公司是指国有股在公司总股本中占绝对优势的有限责任公司或股份有限公司。国有资本控股公司又可分为绝对控股公司和相对控股公司。国企改革以来，为建立与国际接轨的现代企业制度，转换经营机制，分散投资风险，国有企业大都改制成为国有资本控股或参股的有限责任公司或股份有限公司。

4) 国有资本参股公司。国有资本参股公司是指国有股在公司总股本中未占控股地位的有限责任公司或股份有限公司。

4.3.3 国家出资企业的管理

国家出资企业的管理职责是：

1) 维护国家出资企业的法人财产权、经营自主权和股东权。

2) 完善国家出资企业的法人治理机构和监管制度。包括：

(1) 建立和完善法人治理结构。国家出资企业依法建立和完善法人治理结构，建立健全内部监督管理和风险控制制度。

(2) 设立监事会。国有独资公司、国有资本控股公司和国有资本参股公司依照《中华人民共和国公司法》的规定设立监事会。国有独资企业由履行出资人职责的机构按照国务院的规定委派监事组成监事会。国家出资企业的监事会依照法律、行政法规以及企业章程的规定，对董事、高级管理人员执行职务的行为进行监督，对企业财务进行监督检查。

3) 建立国家出资企业的财务会计制度和利润分配制度。

(1) 建立健全财务会计制度。国家出资企业应当依照法律、行政法规和国务院财政部门的规定，建立健全财务、会计制度，设置会计账簿，进行会计核算，依照法律、行政法规以及企业章程的规定向出资人提供真实、完整的财务、会计信息。

(2) 依法按章向出资人分配利润。国家出资企业应当依照法律、行政法规以及企业章程的规定，向出资人分配利润。

4) 实现国家出资企业的职工民主管理。国家出资企业通过职工代表大会或者其他形式，实行民主管理。

4.4 国家出资企业管理者

4.4.1 国家出资企业管理者的概念

国家出资企业管理者是指直接负责企业日常经营的高级管理人员，包括国有独资企业中的经理、副经理、财务负责人和其他高级管理人员，国有独资公司中的董事长、副董事长、董事、监事会主席和监事，国有控股、参股公司中的董事和监事。按照公司法的规定，高级管理人员是指公司的经理、副经理、财务负责人、上市公司董事会秘书和公司章程规定的其他人员。

4.4.2 国家出资企业管理者的任免

1) 任免主体。任免国家出资企业管理者的主体是国务院国有资产监督管理机构和地方国有资产监督管理机构。

2) 任免对象。履行出资人职责的机构依照法律、行政法规以及企业章程的规定，任免或者建议任免国家出资企业的下列人员：①任免国有独资企业的经理、副经理、财务负责人和其他高级管理人员；②任免国有独资公司的董事长、副董事长、董事、监事会主席和监事；③向国有资本控股公司、国有资本参股公司的股东会、股东大会提出董事、监事人选。

国家出资企业中应当由职工代表出任的董事、监事，依照有关法律、行政法规的规定由职工民主选举产生。

3) 任免条件。

(1) 积极条件：《企业国有资产法》第 22 条规定，履行出资人职责的机构任命或者建议任命的董事、监事、高级管理人员，应当具备下列条件：①有良好的品行；②有符合职位要求的专业知识和工作能力；③有能够正常履行职责的身体条件；④法律、行政法规规定的其他条件。

(2) 消极条件：《企业国有资产法》第 22 条规定，董事、监事、高级管理人员在任职期间出现不符合前款规定情形或者出现《中华人民共和国公司法》规定的不得担任公司董事、监事、高级管理人员情形的，履行出资人职责的机构应当依法予以免职或者提出免职建议。根据公司法的规定，有下列情形之一的，不得担任公司的董事、监事、高级管理人员：①无民事行为能力或者限制民事行为能力；②因犯有贪污、贿赂、侵占财产、挪用财产罪或者破坏社会经济秩序罪，被判处刑罚，执行期满未逾5年，或者因犯罪被剥夺政治权利，执行期满未逾5年；③担任破产清算的公司、企业的董事或者厂长、经理，并对该公司、企业的破产负有个人责任的，自该公司、企业破产清算完结之日起未逾3年；④担任因违法被吊销营业执照、责令关闭的公司、企业的法定代表人，并负有个人责任的，自该公司、企业被吊销营业执照之日起未逾3年；⑤个人所负数额较大的债务到期未清偿。

4.4.3 国家出资企业管理者的义务

4.4.3.1 兼职注意义务

董事、监事、经理等高级管理人员是国家出资企业的主要决策者、监督者和执行者，掌握着国家出资企业的经营管理权，熟悉公司的经营业务、商业秘密和重大投资情况，从事独立和公正地对国有出资企业经营管理层进行监督的职责。如果不禁止他们在其他企业和本企业兼职，极有可能泄露企业的商业秘密，为谋取个人利益而损害国家出资企业利益，不能保证监事独立和公正地发挥监督职能。《企业国有资产法》第25条规定，未经履行出资人职责的机构同意，国有独资企业、国有独资公司的董事、高级管理人员不得在其他企业兼职。未经股东会、股东大会同意，国有资本控股公司、国有资本参股公司的董事、高级管理人员不得在经营同类业务的其他企业兼职。未经履行出资人职责的机构同意，国有独资公司的董事长不得兼任经理。未经股东会、股东大会同意，国有资本控股公司的董事长不得兼任经理。董事、高级管理人员不得兼任监事。这和公司法的规定相一致，《公司法》第70条规定，国有独资公司的董事长、副董事长、董事、高级管理人员，未经国有资产监督管理机构同意，不得在其他有限责任公司、股份有限公司或者其他经济组织兼职。

4.4.3.2 忠实和勤勉义务

国家出资企业的董事、监事和高级管理人员，基于国家出资企业的信任，接受国家出资企业的委托，从事国家出资企业的经营决策、监督监管和日常经营等事务，应当依据委托信任关系和诚实信用原则忠实勤勉从事相关业务。

忠实义务要求国家出资企业的董事、监事和高级管理人员忠实履行职责，以国家出资企业利益为第一，忠诚于国家出资企业，不得为有损国家出资企业利益的行为。

勤勉义务要求国家出资企业的董事、监事、高级管理人员应当积极履行职责，谨慎管理，积极关注国有出资企业的经营状况、财务状况和企业管理人员的履职情况，依法谋求国家出资企业利益和股东利益的最大化。

忠实和勤勉义务的内容包括：①遵守法律、行政法规以及企业章程；②不得利用职权收受贿赂或者取得其他非法收入和不当利益；③不得侵占、挪用企业资产；④不得超越职权或者违反程序决定企业重大事项；⑤不得有其他侵害国有资产出资人权益的行为。

4.4.3.3 接受依法任期经济责任审计义务

《企业国有资产法》28 条规定，国有独资企业、国有独资公司和国有资本控股公司的主要负责人，应当接受依法进行的任期经济责任审计。

经济责任审计源于国家出资企业财产所有权和经营管理权的分离。国家作为出资人，拥有企业国有资产的财产所有权，有权利对其资产的经营管理者，即国家出资企业负责人，在其任期期间的经营管理情况进行经济责任审计，增强国家出资企业主要负责人的责任感，督促和激励国家出资企业负责人认真履行职责，查处经营管理活动中违法违纪行为，保障国家出资企业健康发展，促进国有资产的保值增值。

4.4.3.4 接受依法业绩考核和奖惩的义务

依据《中央企业负责人经营业绩考核暂行办法》的规定，为切实履行企业国有资产出资人职责，维护所有者权益，落实国有资产保值增值责任，建立有效的激励和约束机制，国有独资企业的总经理(总裁)、副总经理(副总裁)、总会计师、国有独资公司的董事长、副董事长、董事，列入国资委党委管理的总经理(总裁)、副总经理(副总裁)、总会计师、国有资本控股公司国有股权代表出任的董事长、副董事长、董事，列入国资委党委管理的总经理(总裁)、副总经理(副总裁)、总会计师等企业负责人要接受经营业绩考核，经营业绩实行年度考核与任期考核相结合、结果考核与过程评价相统一、考核结果与奖惩相挂钩的考核制度。

4.5 企业国有资产管理制度

4.5.1 关系国有资产出资人权益的重大事项

为维护国有资产出资人的权益，要求国家出资企业在日常经营活动中，直接关系出资人权益的重大事项，由出资人发表意见或做出决策，实现国有资产所有权和企业自主经营权之间的平衡。防止国家出资企业在重大事项上损害国有资产出资人的权益，同时防止国有资产出资人妨碍国家出资企业的经营自主权。这些重大事项包括：①国家出资企业组织形式变更，如合并、分立、改制、上市，增加或者减少注册资本；②国家出资企业日常经营行为，发行债券，进行重大投资，为他人提供大额担保，转让重大财产，进行大额捐赠；③分配国家出资企业利润；④国家出资企业解散、申请破产。

1) 国家出资企业合并。是指两个或两个以上的国家出资企业，或者国家出资企业和非国家出资企业，订立合并协议，依照公司法和企业国有资产法的规定，不经过清算程序，直接结合为一个国家出资企业的法律行为。合并后的企业概况承受合并前企业的权利与义务。国家出资企业合并有两种形式：一是吸收合并，即兼并，是指一个国家出资企业吸收其他企业后存续，被吸收的企业解散。二是新设合并，是指两个或两个以上的企业合并设立一个新的国家出资企业，合并各方解散。

2) 国家出资企业分立。是指一个国家出资企业通过依法签订分立协议，依照公司法和企业国有资产法的规定，不经过清算程序，分为两个或两个以上国家出资企业的法律行为。国家出资企业分立有两种形式：一是派生分立，是指国家出资企业以其部分资产另设一个或数个新的企业，原国家出资企业存续。二是新设分立，是指国家出资企业全部资产分别划归两个或两个以上的新企业，原国家出资企业解散。

3) 国家出资企业改制。是指国家出资企业的组织形态变更，如国有独资企业改为国有独资公司，国有独资公司改为国有资本控股公司，国有资本控股公司改为国有资本参股公司。

4) 国家出资企业上市。是指国家出资企业，按照公司法、证券法和企业国有资产法的规定，公开发行股票并使股票在证券交易所上市交易，成为上市公司的法律行为。

5) 国家出资企业增加或者减少注册资本。注册资本是指企业在设立时筹集的、由章程载明的、经企业登记机关登记注册的资本。当国家出资企业为扩大经营规模，提高企业信用程度时，可以依据相关法律增加注册资本；当国家出资企业资本过程或严重亏损时，可以依据相关法律减少注册资本。

6) 国家出资企业发行债券。债券是指企业依照法定条件和程序，约定在一定期限内还本付息的有价证券，债券是企业向市场融资的重要手段。根据证券法的规定，公司发行债券应当符合下列条件：①股份有限公司的净资产不低于人民币 3000 万元，有限责任公司的净资产不低于人民币 6000 万元；②累计债券余额不超过公司净资产的40%；③最近3年平均可分配利润足以支付公司债券1年的利息；④筹集的资金投向符合国家产业政策；⑤债券的利率不超过国务院限定的利率水平；⑥国务院规定的其他条件。公开发行公司债券筹集的资金，必须用于核准的用途，不得用于弥补亏损和非生产性支出。

7) 国家出资企业重大投资。是指具有较大投资风险，可能直接影响国有资产出资人利益和国家宏观经济调控的投资行为。对于重大投资，如果不进行有效监督，可能影响国家出资企业的正常发展，威胁国有资产出资人利益，导致国有资产流失等严重后果。如国企退出房地产市场等。

8) 国家出资企业为他人提供大额担保。

9) 国家出资企业转让重大财产。

10) 国家出资企业进行大额捐赠。

11) 国家出资企业分配利润。

12) 国家出资企业解散。已成立的公司基于一定的合法事由而使公司消灭的法律行为。公司解散的原因有三大类：一类是一般解散的原因；一类是强制解散的原因；一类是股东请求解散。

13) 国家出资企业申请破产。

4.5.2 关系国有资产出资人权益重大事项的决策机制

1) 由履行出资人职责的机构决定的事项。包括：合并、分立，增加或者减少注册资本，发行债券，分配利润，以及解散、申请破产等八类。按照公司法的规定，这些事项本应由股东大会做出决定。《公司法》第38条规定，股东会行使下列职权：①决定公司的经营方针和投资计划……⑦对公司增加或者减少注册资本作出决议；⑧对发行公司债券作出决议；⑨对公司合并、分立、解散、清算或者变更公司形式作出决议……但国有独资企业和国有独资公司是国家作为唯一出资人的企业，国家作为唯一出资人，不存在通过重大事项损害其他出资人权益的可能，而且这些事项和国有资产出资人权益——国家的利益密切相关，直接决定着企业的发展前景和生死存亡，因此这些重大事项应当由履行出资人职责的机构，即各级国有资产监督管理机构来决定。

2) 由国有独资企业负责人集体讨论决定或国有独资公司董事会决定的事项。包括企业上市、进行重大投资、为他人提供大额担保、转让重大资产和进行大额捐赠等。这些事项是企业的具体经营事项，并不直接涉及国有资产出资人的权益，更多需要企业经营者结合经济形势和企业现状做出判断，国有资产出资人只需进行宏观指导和必要监督，由国有独资企业负责人集体讨论或者国有独资公司董事会做出决定。

3) 由国有资本控股公司、国有资本参股公司股东会、股东大会或董事会决定的事项。我国公司法规定的典型公司形式包括有限责任公司和股份有限公司，国有资本控股公司和国有资本参股公司在本质上都属于我国公司法规定的公司类型，不是独立的公司组织形态，在设立方式和组织机构完全按照公司法的规定运行。按照《企业国有资产法》第33条的规定，国有资本控股公司、国有资本参股公司合并、分立、改制、上市，增加或者减少注册资本，发行债券，进行重大投资，为他人提供大额担保，转让重大财产，进行大额捐赠，分配利润，以及解散、申请破产等重大事项，依照法律、行政法规以及公司章程的规定，由公司股东会、股东大会或者董事会决定。

4.5.3 企业改制

企业改制是我国当前市场经济体制逐步完善过程中，企业公司化、股权多元化改造和市场主体组织形态转变的特定称谓。

1) 企业改制的概念。在《企业国有资产法》中，特指国家出资企业的组织形态和股权结构的变更，如国有独资企业改为国有独资公司，国有独资公司改为国有资本控股公司，国有资本控股公司改为国有资本参股公司。

2) 企业改制的类型。企业改制是指：①国有独资企业改为国有独资公司；②国有独资企业、国有独资公司改为国有资本控股公司或者非国有资本控股公司；③国有资本控股公司改为非国有资本控股公司。

3) 企业改制的决定机制。企业改制应当依照法定程序，由履行出资人职责的机构决定或者由公司股东会、股东大会决定。重要的国有独资企业、国有独资公司、国有资本控股公司的改制，履行出资人职责的机构在做出决定或者向其委派参加国有资本控股公司股东会会议、股东大会会议的股东代表做出指示前，应当将改制方案报请本级人民政府批准。

4) 企业改制方案。企业改制应当制定改制方案，载明改制后的企业组织形式、企业资产和债权债务处理方案、股权变动方案、改制的操作程序、资产评估和财务审计等中介机构的选聘等事项。企业改制涉及重新安置企业职工的，还应当制定职工安置方案，并经职工代表大会或者职工大会审议通过。

5) 企业改制中的注意事项。企业改制应当按照规定进行清产核资、财务审计、资产评估，准确界定和核实资产，客观、公正地确定资产的价值。企业改制涉及以企业的实物、知识产权、土地使用权等非货币财产折算为国有资本出资或者股份的，应当按照规定对折价财产进行评估，以评估确认价格作为确定国有资本出资额或者股份数额的依据。不得将财产低价折股或者有其他损害出资人权益的行为。

4.5.4 关联交易

关联交易又称为关联方交易，是指与企业具有投资关系或者合同关系的主体同企业之间进行的经济往来。随着公司制度的完善和发展以及公司规模的扩大，关联交易在企业的经营行为中日益多见，正所谓“你中有我，我中有你”。正常的关联交易行为有利于公司的发展，不为法律所禁止。法律所禁止的关联交易是利用关联关系，无偿向关联方提供资金、商品、服务或者其他资产，以不公平的价格与关联方进行交易等严重损害国家出资企业利益的行为。

1) 关联方和关联关系。关联方是指本企业的董事、监事、高级管理人员及其近亲属，以及这些人员所有或者实际控制的企业。关联关系是指公司控股股东、实际控制人、董事、监事、高级管理人员与其直接或者间接控制的企业之间的关系，以及可能导致公司利益转移的其他关系。但是，国家控股的企业之间不仅因为同受国家控股而具有关联关系。

2) 关联交易实体规则。《企业国有资产法》规定，国有独资企业、国有独资公司、国有资本控股公司不得无偿向关联方提供资金、商品、服务或者其他资产，不得以不公平的价格与关联方进行交易。未经履行出资人职责的机构同意，国有独资企业、国有独资公司不得有如下行为：①与关联方订立财产转让、借款的协议；②为关联方提供担保；③与关联方共同出资设立企业，或者向董事、监事、高级管理人员或者其近亲属所有或者实际控制的企业投资等。

3) 关联交易程序规则。国有资本控股公司、国有资本参股公司与关联方的交易，依照《公司法》和有关行政法规以及公司章程的规定，由公司股东会、股东大会或者董事会决定。由公司股东会、股东大会决定的，履行出资人职责的机构委派的股东代表，应当依照《公司法》第 13 条的规定行使权利。公司董事会对公司与关联方的交易作出决议时，该交易涉及的董事不得行使表决权，也不得代理其他董事行使表决权。

4.5.5 资产评估

1) 资产评估的法定情形。国有独资企业、国有独资公司和国有资本控股公司合并、分立、改制，转让重大财产，以非货币财产对外投资，清算或者有法律、行政法规以及企业章程规定应当进行资产评估的其他情形的，应当按照规定对有关资产进行评估。

2) 资产评估注意事项。

(1) 委托法定评估机构。国有独资企业、国有独资公司和国有资本控股公司应当委托依法设立的符合条件的资产评估机构进行资产评估；涉及应当报经履行出资人职责的机构决定的事项的，应当将委托资产评估机构的情况向履行出资人职责的机构报告。

(2) 提供详细资料信息。国有独资企业、国有独资公司和国有资本控股公司应当委托依法设立的符合条件的资产评估机构进行资产评估；涉及应当报经履行出资人职责的机构决定的事项的，应当将委托资产评估机构的情况向履行出资人职责的机构报告。

4.5.6 国有资产转让

国有资产转让是指依法将国家对企业的出资所形成的权益转移给其他单位或者个人的行为；按照国家规定无偿划转国有资产的除外。

1) 国有资产转让的原则。国有资产转让应当有利于国有经济布局和结构的战略性调整，防止国有资产损失，不得损害交易各方的合法权益。

2) 国有资产转让的决定机制。国有资产转让由履行出资人职责的机构决定。履行出资人职责的机构决定转让全部国有资产的，或者转让部分国有资产致使国家对该企业不再具有控股地位的，应当报请本级人民政府批准。

3) 国有资产转让方式和定价机制。国有资产转让应当遵循等价有偿和公开、公平、公正的原则。除按照国家规定可以直接协议转让的以外，国有资产转让应当在依法设立的产权交易场所公开进行。转让方应当如实披露有关信息，征集受让方；征集产生的受让方为两个以上的，转让应当采用公开竞价的交易方式。转让上市交易的股份依照《中华人民共和国证券法》的规定进行。国有资产转让应当以依法评估的、经履行出资人职责的机构认可或者由履行出资人职责的机构报经本级人民政府核准的价格为依据，合理确定最低转让价格。

4) 国有资产转让的特殊规则。

(1) 国有资产向企业管理层转让的规则：法律、行政法规或者国务院国有资产监督管理机构规定可以向本企业的董事、监事、高级管理人员或者其近亲属，或者这些人员所有或者实际控制的企业转让的国有资产，在转让时，上述人员或者企业参与受让的，应当与其他受让参与者平等竞买；转让方应当按照国家有关规定，如实披露有关信息；相关的董事、监事和高级管理人员不得参与转让方案的制定和组织实施的各项工作。

(2) 国有资产向境外投资者转让的规则：国有资产向境外投资者转让的，应当遵守国家有关规定，不得危害国家安全和社会公共利益。

4.6 法律责任

4.6.1 履行出资人职责的机构的法律责任

履行出资人职责的机构有下列行为之一的，对其直接负责的主管人员和其他直接责任人员依法给予处分，构成犯罪的，依法追究刑事责任：①不按照法定的任职条件，任命或者建议任命国家出资企业管理者的；②侵占、截留、挪用国家出资企业的资金或者应当上缴的国有资本收入的；③违反法定的权限、程序，决定国家出资企业重大事项，造成国有资产损失的；④有其他不依法履行出资人职责的行为，造成国有资产损失的。

4.6.2 国家出资企业管理者的法律责任

国家出资企业的董事、监事、高级管理人员有下列行为之一，造成国有资产损失的，依法承担赔偿责任；属于国家工作人员的，并依法给予处分，构成犯罪的，依法追究刑事责任：①利用职权收受贿赂或者取得其他非法收入和不当利益的；②侵占、挪用企业资产的；③在企业改制、财产转让等过程中，违反法律、行政法规和公平交易规则，将企业财产低价转让、低价折股的；④违法与本企业进行交易的；⑤不如实向资产评估机构、会计师事务所提供有关情况和资料，或者与资产评估机构、会计师事务所串通，出具虚假资产评估报告、审计报告的；⑥违反法律、行政法规和企业章程规定的决策程序，决定企业重大事项的；⑦有其他违反法律、行政法规和企业章程执行职务行为的。

国家出资企业的董事、监事、高级管理人员因违法行为取得的收入，依法予以追缴或者归国家出资企业所有。

履行出资人职责的机构任命或者建议任命的董事、监事、高级管理人员因违法造成国有资产重大损失的，由履行出资人职责的机构依法予以免职或者提出免职建议。

国有独资企业、国有独资公司、国有资本控股公司的董事、监事、高级管理人员违反企业国有资产法的规定，造成国有资产重大损失，被免职的，自免职之日起 5 年内不得担任国有独资企业、国有独资公司、国有资本控股公司的董事、监事、高级管理人员；造成国有资产特别重大损失，或者因贪污、贿赂、侵占财产、挪用财产或者破坏社会主义市场经济秩序被判处刑罚的，终身不得担任国有独资企业、国有独资公司、国有资本控股公司的董事、监事、高级管理人员。

学习指导

★ 复习思考

1) 企业国有资产法中规定的国家出资企业有哪些类型？
2) 简述国家出资企业董事、监事、高级管理人员任职的条件和履职义务。
3) 简述国有资产转让的特殊规则。
4) 国务院和地方各级政府在履行出资人职责时应当遵循哪三个原则？
5) 国家出资企业的形态有哪几种？
6) 简述关联交易程序的规则。

★ 案例分析

某市国有资产监督管理机构出资的甲国有独资公司（以下简称“甲公司”）拟将60%的国有产权转让给乙上市公司（以下简称“乙公司”）。双方拟订的有关协议部分要点如下：①甲公司的产权转让应当经董事会审议，并报市国有资产监督管理机构批准；甲公司的职工安置方案应当报职工代表大会备案。②国有产权转让事项经审批后，由甲企业组织清产核资，并根据清产核资结果编制资产负债表和资产移交清册，并委托会计师事务所实施全面审计，包括对甲公司法定代表人的离任审计。③在清产核资和审计的基础上，委托丙资产评估事务所进行资产评估，评估报告经核准或者备案后，按照评估结果的85%确定实际交易价格。

请根据材料回答：根据国有资产管理法律制度规定，指出本题要点①、②、③中不符合规定之处，并说明理由。

5 合伙企业法律制度

本章要点

本章介绍合伙企业法律制度。依据最新立法的规定，就合伙企业的概念和特征、设立、运行、解散和清算等法律制度进行了阐述。通过本章学习，掌握合伙企业及合伙企业法的概念，熟悉合伙企业法律制度、合伙企业的设立、合伙企业的财产、合伙企业的事务执行等知识点。

5.1 合伙企业法概述

5.1.1 合伙企业的概念和特征

合伙企业是指在中国境内设立的由 2 个或 2 个以上自然人、法人或者其他组织，订立合伙协议，共同出资、合伙经营、共享收益、共担风险，至少有 1 个以上的合伙人对企业债务承担无限责任的营利性组织。

作为企业的一种组织形式，合伙企业具有以下法律特征：

1) 合伙企业必须有 2 个或者 2 个以上的合伙人共同出资。关于合伙企业的人数和资格，不同国家有着不同的规定。我国的《合伙企业法》规定普通合伙企业应当有 2 个以上合伙人，如果合伙人是自然人的话，他（她）必须具备完全民事行为能力；一般情况下，法律要求有限合伙企业由 2 个以上 50 个以下的合伙人组成，特殊情形需要法律有特别规定。与此同时，法律排除国有独资公司、国有企业、上市公司以及公益性的事业单位、社会团体不得成为普通合伙人，这就意味着它们不能在合伙企业中承担无限责任。

2) 合伙协议是合伙企业成立的法律基础。合伙协议是全体合伙人协商一致，以书面形式订立，经全体合伙人签字或盖章后即发生法律效力的文书。它是合伙企业成立的前提和基础。各合伙人根据合伙协议的约定享有权利和承担义务。合伙协议是合伙企业成立的必要法律文书，也是合伙企业处理内外部事务的基本准则。

3) 合伙企业须由全体合伙人共同出资、合伙经营。出资是合伙人的基本义务，也是其取得合伙人资格的前提条件。与公司股东不同，合伙人必须合伙参与经营活动，从事具有经济利益的营业行为。

4) 合伙企业对外承担无限责任，合伙人中必有一方承担无限连带责任。合伙企业所欠的债务以合伙企业的全部财产进行清偿。当合伙企业财产不足以清偿到期债务时，合伙人对企业的剩余债务连带承担无限责任。法律规定合伙人承担无限责任，既有利于保护债权人的权益，也有利于提高合伙企业的信誉，稳定合伙企业的内部关系。

5) 合伙企业以人合为基础。在对外交易活动中，合伙企业不是以企业资本为信用，而是以各合伙人个人的身份信用为基础。法律对合伙企业一般没有法定最低资本额的要求，而对合伙人的身份资格有严格规定，这与现代合资公司有着根本的区别。

5.1.2 合伙企业法

合伙企业法是指调整合伙企业设立、经营、解散、清算以及对内对外关系的法律规范的总称。1997 年 2 月 23 日由第八届全国人民代表大会常务委员会第二十四次会议通过的《中华人民共和国合伙企业法》(以下简称《合伙企业法》)。自 1997 年施行以来，对于促进经济发展起到了重要的作用，但随着国际国内社会经济的发展也表现出一定的局限性。2006 年 8 月 27 日第十届全国人民代表大会常务委员会第二十三次会议通过了对《合伙企业法》的修订，新修订的《合伙企业法》自 2007 年 6 月 1 日起施行。

新修订的《合伙企业法》所指的合伙企业是自然人、法人和其他组织依照本法在中国境内设立的普通合伙企业和有限合伙企业。改变了原来只能由自然人才能成为合伙企业合伙人的历史，使我国合伙企业的发展又向前迈进一步。

5.2 普通合伙企业法律制度

5.2.1 普通合伙企业的设立

5.2.1.1 设立条件

根据《合伙企业法》的规定，设立合伙企业必须具备下列条件：

1) 有 2 个以上合伙人。法律为合伙企业的合伙人数设定了下限，即合伙企业必须有 2 个以上投资人。如果因为客观原因导致只有 1 名合伙人时，当这种情况连续持续超过 30 天时，合伙企业就应当解散。此外，合伙企业的合伙人为自然人时，其必须具备完全民事行为能力。

2) 有书面合伙协议。合伙协议是合伙企业设立的法律基础，没有合伙协议就没有合伙企业的存在。合伙协议必须经全体合伙人一致同意，并经全体合伙人签字、盖章之后发生法律效力。它成为合伙人从事合伙事务的最基本的依据，合伙人的权利和义务的来源。合伙协议的修改或者补充，也必须经全体合伙人一致同意；但是，合伙协议另有约定的除外。对合伙协议未约定或者约定不明确的事项，由合伙人协商决定；协商不成的，依照《合伙企业法》和其他有关法律、行政法规的规定处理。

3) 有合伙人认缴或者实际缴付的出资。我国法律未对合伙企业设定注册资本制度，但作为一个经营实体，应拥有与其经营规模相适应的资金。合伙人签订书面合伙协议之后，必须根据协议的约定认缴出资。根据《合伙企业法》的规定，合伙人可以用货币、实物、知识产权、土地使用权或者其他财产权利出资，也可以用劳务出资。不论何种出资形式，合伙人应当根据合伙协议的规定，及时出资。如果合伙人没有在规定的时间内缴付全部的认缴资金，应依据合伙协议承担违约责任。经其他合伙人一致同意，对未履行出资义务的合伙人，可以决议将其除名。合伙人不履行出资义务只是对其他合伙人利益的侵犯，不会损害债权人的利益。

4) 有合伙企业的名称和生产经营场所。拥有自己的名称是作为一个独立主体的前提条件，合伙企业作为一个独立的法律主体必须拥有自己的名称。只有这样，合伙企业才能够对外从事经营活动，才能依法成为各种法律关系中的当事人。根据法律规定，合伙企业的名称中应当标明合伙企业的类型，如普通合伙企业应当在名称中出现“普通合伙”的字样。此外，合伙企业从事经营活动必须要有自己的经营场所，这是合伙企业从事经营活动的基础性条件。

5.2.1.2 合伙人资格

合伙人可以是自然人和法人。《合伙企业法》明确法人可以参与合伙。法人合伙即由法人机构参与合伙投资，成为合伙人。为防止国有企业和上市公司因参加合伙，可能使企业全部财产面临承担无限连带责任的风险，新的合伙企业法规定，国有独资公司、国有企业、上市公司以及公益性的事业单位、社会团体不得成为普通合伙人。这些组织只能参与设立有限合伙企业，成为有限合伙人。有限合伙人只需依法对合伙企业债务以其认缴的出资额为限承担有限责任，因而区别于普通合伙人的无限连带责任。

5.2.1.3 出资形式

合伙人可以用货币、实物、知识产权、土地使用权或者其他财产权利出资，也可以用劳务出资。其可以用劳务出资，这一点明显区别于公司。

合伙人以实物、知识产权、土地使用权或者其他财产权利出资，需要评估作价的，可以由全体合伙人协商确定，也可以由全体合伙人委托法定评估机构评估。合伙人以劳务出资的，其评估办法由全体合伙人协商确定，并在合伙协议中载明。

5.2.1.4 合伙协议

合伙协议，也可以称为合伙合同，是要式合同，必须以书面的形式订立，并且需要向登记机关提交该协议。合伙协议是全体合伙人在自愿、平等、公平、诚实信用的基础上协商一致签订的。合伙协议应该具备法定的条款，根据《合伙企业法》的规定，合伙协议应该包括：①合伙企业的名称和主要经营场所的地点；②合伙目的和合伙经营范围；③合伙人的姓名或者名称、住所；④合伙人的出资方式、数额和缴付期限；⑤利润分配、亏损分担方式；⑥合伙事务的执行；⑦入伙与退伙；⑧争议解决办法；⑨合伙企业的解散与清算；⑩违约责任。

5.2.1.5 合伙企业的注册登记

申请设立合伙企业，应当向企业登记机关提交登记申请书、合伙协议书、合伙人身份证明等文件。合伙企业的经营范围中有属于法律、行政法规规定在登记前须经批准的项目的，该项经营业务应当依法经过批准，并在登记时提交批准文件。合伙企业的营业执照签发日期，为合伙企业成立日期。合伙企业在领取营业执照之前，合伙人不得以合伙企业名义从事合伙业务。

合伙人申请时提交的申请材料齐全、符合法定形式的，企业登记机关能够当场登记的，应当予以当场登记，发给营业执照；如果不能够当场登记的，企业登记机关应当自受理申请之日起 20 日内，作出是否登记的决定。作出登记决定的，应当发给营业执照；作出拒绝登记的，应当给予书面答复，并说明不予登记的理由。合伙人如对企业登记机关的拒绝决定不服，可以依据法律的规定申请行政复议或者提起行政诉讼。

此外，如果合伙企业登记事项发生变更的，执行合伙事务的合伙人应当自作出变更决定或者发生变更事由之日起 15 日内，向企业登记机关申请办理变更登记。合伙企业可以设立分支机构，设立分支机构的合伙企业应当向分支机构所在地的企业登记机关申请登记，领取营业执照。

5.2.2　合伙企业财产

合伙企业的财产，是合伙人为了经营合伙企业而形成的各种财物的总合。根据《合伙企业法》的规定，合伙企业的财产包括：

1) 合伙人的出资。包括在合伙企业设立时合伙人实际缴付的出资和企业存续期间合伙人依照合伙协议的约定或者合伙人的决定增加的对合伙企业的出资。

2) 以合伙企业名义取得的收益。合伙企业的收益在分配给合伙人之前，属于合伙企业的财产。合伙企业的收益主要有：合伙企业的经营收入、合伙企业购置的动产和不动产、以合伙企业名义取得的专利权、商标权及其他知识产权、其他收益。

从财产的形式上来看，构成合伙企业的财产除有形财产之外，还包括以合伙企业名义申请的专利权、商标权等无形财产。

合伙企业的财产属于共有财产，合伙人的份额是潜在的。因而，合伙人在合伙企业清算前，一般不得请求分割合伙企业的财产。

合伙企业财产的转让视转让对象的不同而采取不同的规则。合伙人向合伙人以外的人转让其在合伙企业中的全部或者部分财产份额时，除合伙协议另有约定外，须经其他合伙人一致同意。合伙人之间转让在合伙企业中的全部或者部分财产份额时，应当通知其他合伙人。

合伙人以其在合伙企业中的财产份额出资的，须经其他合伙人一致同意；未经其他合伙人一致同意，其行为无效，由此给善意第三人造成损失的，由行为人依法承担赔偿责任。

5.2.3　合伙事务执行

合伙事务的执行是指合伙人为了合伙企业的目的而进行的业务活动。由于合伙企业是建立在合伙人彼此信任基础之上，合伙人对执行合伙事务享有同等的权利。合伙企业事务的执行大致有四种模式：①全体合伙人共同执行；②由各合伙人分别单独执行；③委托一个或者数个合伙人执行；④聘任第三人经营管理。

在合伙企业中，合伙人分别执行合伙事务的，执行事务合伙人可以对其他合伙人执行的事务提出异议。提出异议时，应当暂停该项事务的执行。如果发生争议，应当由全体合伙人协商一致解决。

除合伙协议另有约定外，普通合伙企业的下列事项应当经全体合伙人一致同意：①改变合伙企业的名称；②改变合伙企业的经营范围、主要经营场所的地点；

③处分合伙企业的不动产；④转让或者处分合伙企业的知识产权和其他财产权利；⑤以合伙企业名义为他人提供担保；⑥聘任合伙人以外的人担任合伙企业的经营管理人员。

如果受委托执行合伙事务的合伙人不按照合伙协议或者全体合伙人的决定执行事务的，其他合伙人可以决定撤销该委托。

有的合伙企业还会聘任合伙企业以外的人员担任企业的管理人员。在这种情况之下，被聘任的第三人应当在合伙企业的授权范围内履行职务。如果被聘任的第三人，超越合伙企业授权范围履行职务的，或者在履行管理职务过程中因为故意或重大过失造成合伙企业的财产损失的，应当依法承担相应的赔偿责任。

为了保护合伙企业的利益，《合伙企业法》第32条还规定，合伙人不得自营或者同他人合作经营与本合伙企业相竞争的业务；除合伙协议有约定或者经全体合伙人一致同意外，合伙人不得同本合伙企业进行交易。这一条的规定是为了防止合伙人的经营活动损害合伙企业的利益，以保护全体合伙人的权益。

5.2.4 入伙和退伙

1) 入伙。是指已经存在的合伙企业接纳新的合伙人，亦即合伙企业成立之后、解散之前，新合伙人申请加入合伙企业，并被合伙企业接纳，从而取得合伙人身份的法律行为。

新合伙人入伙，除合伙协议另有约定外，应当经全体合伙人一致同意，并依法订立书面入伙协议。新合伙人对入伙前合伙企业的债务承担无限连带责任。订立入伙协议时，原合伙人应当向新合伙人如实告知原合伙企业的经营状况和财务状况。新入伙的合伙人与原合伙人享有同等权利，承担同等责任。入伙协议另有约定的，从其约定。

2) 退伙。是指在合伙企业存续期间，已经取得合伙人身份的合伙人退出合伙团体，丧失合伙人资格，引起合伙企业变更或终止的法律事实。退伙人对基于其退伙前的原因发生的合伙企业债务，承担无限连带责任。根据《合伙企业法》的规定，因退伙的事由不同，可以分为以下三种类型的退伙：

(1) 任意退伙，也可以称为声明退伙，是指合伙人有权自主选择是否退伙的情形。根据合伙协议是否约定合伙期限的不同，我国《合伙企业法》将任意退伙分为两种情形。其一是合伙协议约定合伙企业的经营期限的，有下列情形之一的，合伙人可以退伙：合伙协议约定的退伙事由出现；经全体合伙人一致同意；发生合伙人难以继续参加合伙的事由；其他合伙人严重违反合伙协议约定的义务。其二是合伙协议未约定合伙期限的，合伙人在不给合伙企业事务执行造成不利影响的情况下，可以退伙，但应当提前30日通知其他合伙人。

(2) 当然退伙，是指合伙人因为法定事由的出现，不再具备合伙人的基本条件而必须退伙的情形。《合伙企业法》第48条规定了五种情形：作为合伙人的自然人死亡或者被依法宣告死亡；个人丧失偿债能力；作为合伙人的法人或者其他组织依法被吊销营业执照、责令关闭、撤销，或者被宣告破产；法律规定或者合伙协议约定合伙人必须具有相关资格而丧失该资格；合伙人在合伙企业中的全部财产份额被人民法院强制执行。

(3) 除名退伙，是指在法定条件下，经其他合伙人一致同意，合伙人被合伙企业除名而发生的退伙。《合伙企业法》第49条规定了四种除名退伙的情形：未履行出资义务；因故意或者重大过失给合伙企业造成损失；执行合伙事务时有不正当行为；发生合伙协议约定的事由。

法律对除名的规定比较模糊，合伙人在合伙协议中应当作出更加明确的约定。为了保障被除名合伙人的权益，法律规定了被除名合伙人保护自己权益的方式，即被除名人对除名决议有异议的，可以自接到除名通知之日起30日内，向人民法院起诉，以保护自己的权益。

5.2.5 特殊的普通合伙企业

特殊的普通合伙企业是指一个合伙人或者数个合伙人在执业活动中因故意或者重大过失造成合伙企业债务的，应当承担无限责任或者无限连带责任，其他合伙人以其在合伙企业中的财产份额为限承担责任的合伙企业。以专业知识和专门技能为客户提供有偿服务的专业服务机构，可以设立为特殊的普通合伙企业。

特殊的普通合伙企业实质上仍然是普通合伙企业，因此《合伙企业法》规定，特殊的普通合伙企业，《合伙企业法》未作专门规定的，适用关于普通合伙企业的法律规定。特殊的普通合伙企业有以下特殊之处：

1) 适用范围。根据《合伙企业法》规定，以专业知识和专门技能为客户提供有偿服务的专业服务机构，可以设立为特殊的普通合伙企业。《合伙企业法》附则中专门做出规定，非企业专业服务机构依据有关法律采取合伙制的，其合伙人承担责任的形式可以适用本法关于特殊的普通合伙企业合伙人承担责任的规定。

2) 特殊的普通合伙企业合伙人的责任形式。这是特殊的普通合伙企业制度中最特殊之处。一个合伙人或者数个合伙人在执业活动中因故意或者重大过失造成合伙企业债务的，应当承担无限责任或者无限连带责任，其他合伙人以其在合伙企业中的财产份额为限承担责任。

3) 对特殊的普通合伙企业债权人的保护。特殊的普通合伙企业，其合伙人对特定合伙企业债务只承担有限责任，对合伙企业的债权人的保护相对削弱。为了保护债权人的利益，新的合伙企业法专门规定了对特殊的普通合伙企业债权人的保护制度，特殊的普通合伙企业应当建立执业风险基金、办理职业保险。执业风险基金应当单独立户管理，用于偿付合伙人执业活动造成的债务。

5.3 有限合伙企业法律制度

5.3.1 有限合伙企业的概念

有限合伙企业是指在企业名称中标明“有限合伙”字样的，由 2 个以上 50 个以下，其中至少有 1 个普通合伙人设立（法律有规定的除外）的企业组织形式。其中，普通合伙人对合伙企业债务承担无限连带责任，有限合伙人以其认缴的出资额为限对合伙企业的债务承担责任。有限合伙企业及其合伙人的相关规定，是修订后的《合伙企业法》增加的重要部分，也是对我国传统合伙企业的一次创新。有限合伙企业将具有投资管理经验或技术研发能力的机构和个人，与具有资金实力的投资者进行有效结合，它主要适用于风险投资。

本部分根据《合伙企业法》的规定对有限合伙企业法律制度作专门论述，未述及的部分，根据法律规定适用普通合伙企业相关的法律制度。

5.3.2 有限合伙企业的合伙协议

有限合伙企业作为合伙企业的一种，它的成立也必须有合伙协议作为前提。有限合伙企业的合伙协议除了有普通合伙企业的合伙协议的必备内容之外，还应当载明以下内容：普通合伙人和有限合伙人的姓名或者名称、住所；执行事务合伙人应具备的条件和选择程序；执行事务合伙人权限与违约处理办法；执行事务合伙人的除名条件和更换程序；有限合伙人入伙、退伙的条件、程序以及相关责任；有限合伙人和普通合伙人相互转变程序。这是法律对有限合伙企业的合伙协议的特殊规定。

5.3.3 有限合伙企业的出资

有限合伙企业的出资不同于普通合伙企业的出资。在有限合伙企业中，有限合伙人可以用货币、实物、知识产权、土地使用权或者其他财产权利作价出资，但不得以劳务出资。有限合伙人应当按照合伙协议的约定按期足额缴纳出资；未按期缴纳的，应当承担补缴义务，并对其他合伙人承担违约责任。法律之所以作如此规定，主要是为了维护交易相对人的利益，防止有限合伙人利用有限责任来规避法律义务。有限合伙企业的登记事项中应当载明有限合伙人的姓名或者名称及其认缴的出资数额。

5.3.4 有限合伙人的权利和义务

有限合伙企业是由普通合伙人和有限合伙人共同组成的，但执行合伙事务的只能是普通合伙人。有限合伙人不执行合伙事务，不得对外代表有限合伙企业。如果有限合伙人未经授权，以有限合伙企业名义与他人进行交易，给有限合伙企业或者其他合伙人造成损失的，该有限合伙人应当承担赔偿责任。为了维护交易安全，如果第三人有理由相信有限合伙人为普通合伙人并与其交易，该有限合伙人对该笔交易也要承担与普通合伙人同样的责任。

为了保护有限合伙人的合法权益，法律还明确规定，有限合伙人的下列行为，不视为执行合伙事务：①参与决定普通合伙人入伙、退伙；②对企业的经营管理提出建议；③参与选择承办有限合伙企业审计业务的会计师事务所；④获取经审计的有限合伙企业财务会计报告；⑤对涉及自身利益的情况，查阅有限合伙企业财务会计账簿等财务资料；⑥在有限合伙企业中的利益受到侵害时，向有责任的合伙人主张权利或者提起诉讼；⑦执行事务合伙人怠于行使权利时，督促其行使权利或者为了本企业的利益以自己的名义提起诉讼；⑧依法为本企业提供担保。

有限合伙企业不得将全部利润分配给部分合伙人；但是，合伙协议另有约定的除外。此外，考虑到有限合伙人不参与经营管理，法律还规定，除合伙协议另有规定外，有限合伙人可以同本有限合伙企业进行交易，可以自营或者同他人合伙经营与本有限合伙企业相竞争的业务；有限合伙人还可以将其在有限合伙企业中的财产份额出质；但是，合伙协议另有约定的除外。

如果有限合伙人存在与合伙企业无关的债务且其自有财产不足以清偿时，该合伙人可以用其在有限合伙企业中分得的收益来清偿，其债权人也可以依法请求人民法院强制执行该合伙人在有限合伙企业中的财产份额。不过，人民法院强制执行优先合伙人的财产份额时，应当通知全体合伙人，在同等条件下，其他合伙人有有限购买权。

5.3.5 有限合伙企业的入伙和退伙

在有限合伙企业中，新入伙的有限合伙人对入伙前的有限合伙企业的债务，以其认缴的出资额为限承担责任。

因为有限合伙企业人在合伙企业中只以出资额为限对外承担责任，所以，作为有限合伙人的自然人在有限合伙企业存续期间丧失民事行为能力的，其他合伙人不得因此要求其退伙。即使作为有限合伙人的自然人死亡的、被依法宣告死亡或者作为有限合伙人的法人或者其他组织终止时，其继承人或权利承受人也可以依法取得该有限合伙人在有限合伙企业中的资格。在有限合伙人退伙的场合，对基于其退伙前的原因发生的有限合伙企业债务，以其退伙时从有限合伙企业中取回的财产承担责任。

5.3.6 有限合伙人与普通合伙人的转换

有限合伙企业存续期间，法律允许有限合伙人与普通合伙人在法定条件下相互之间进行转换。具体表现为：第一，除合伙协议有约定，普通合伙人转为有限合伙人，或者有限合伙人转为普通合伙人，应当经过全体合伙人的一致同意；第二，有限合伙人转为普通合伙人，对其作为有限合伙人期间的有限合伙企业发生的债务承担无限连带责任；第三，普通合伙人转为有限合伙人，对其作为普通合伙人期间合伙企业发生的债务承担无限连带责任。

5.4 合伙企业解散、清算制度

5.4.1 合伙企业的解散

合伙企业的解散是指合伙企业根据合伙协议的约定或者法律的规定，终止其生产经营活动的行为。根据《合伙企业法》的规定，合伙企业有下列情形之一的，应当解散：①合伙期限届满，合伙人决定不再经营；②合伙协议约定的解散事由出现；③全体合伙人决定解散；④合伙人已不具备法定人数满30天；⑤合伙协议约定的合伙目的已经实现或者无法实现；⑥依法被吊销营业执照、责令关闭或者被撤销；⑦法律、行政法规规定的其他原因。

5.4.2 合伙企业的清算

合伙企业解散以后，应当由清算人进行清算。由于合伙企业是建立在合伙人的信任基础之上的，因此一般情况下清算人需要由全体合伙人担任；如果经全体合伙人过半数同意，也可以自合伙企业解散事由出现后15日内指定一个或者数个合伙人，或者委托第三人，担任清算人。为了终止合伙企业的经营活动，维护社会经济秩序稳定，如果自合伙企业解散事由出现之日起 15 日内尚未确定清算人的，合伙人或者其他利害关系人可以申请人民法院指定清算人。清算期间合伙企业存续，但不得开展与清算无关的经营活动。

1) 通知和公告。清算人自被确定之日起 10 日内将合伙企业解散事项通知债权人，并于60日内在报纸上公告。债权人应当自接到通知书之日起30日内向清算人申报债权，如果未接到通知书应当在公告之日起45日内向清算人申报债权。合伙企业的债权人申报债权，应当说明债权的有关事项，并提供证明材料。清算人应当对债权进行登记。

2) 清算事务。清算人在清算期间主要执行下列事务：①清理合伙企业财产，分别编制资产负债表和财产清单；②处理与清算有关合伙企业未了结的事务；③清缴所欠税款；④清理债权、债务；⑤处理合伙企业清偿债务后的剩余财产；⑥代表合伙企业参加诉讼或者仲裁活动。

3) 债务清偿顺序。合伙企业财产在支付清算费用和职工工资、社会保险费用、法定补偿金以及缴纳所欠税款、清偿债务后的剩余财产，按照合伙协议的约定办理；合伙协议未约定或者约定不明确的，由合伙人协商决定；协商不成的，由合伙人按照实缴出资比例分配；无法确定出资比例的，由合伙人平均分配。

4) 清算后的事务。清算结束，清算人应当编制清算报告，经全体合伙人签名、盖章后，在15日内向企业登记机关报送清算报告，申请办理合伙企业注销登记。

合伙企业注销后，原普通合伙人对合伙企业存续期间的债务仍应承担无限连带责任。

5.4.3 合伙企业的破产

合伙企业不能清偿到期债务的，债权人可以依法向人民法院提出破产清算申请，也可以要求普通合伙人清偿。合伙企业依法被宣告破产的，普通合伙人对合伙企业债务仍应承担无限连带责任。

学习指导

★ 复习思考

1) 合伙人对执行合伙事务享有同等的权利，请问合伙企业的哪些事项应当经全体合伙人一致同意？

2) 试述《合伙企业法》关于合伙人当然退伙的法律规定。

3) 《合伙企业法》规定，有限合伙人不执行合伙事务，不得对外代表有限合伙企业，但同时规定了有限合伙人的若干行为，不视为执行合伙事务，试列举这些行为。

4) 《合伙企业法》关于合伙企业解散的事由是如何规定的？

★ 案例分析

A、B、C、D 协商设立合伙企业。其中，A、B、D 系辞职职工，C 系一有限公司。四方共同拟定的合伙协议约定：A、B、D 以劳务和实物出资，对企业债务承担无限责任，并由 A、B 负责企业的经营管理事务；C 以货币出资，对企业债务以其认缴的出资额为限承担有限责任，但不参与企业的经营管理。合伙企业开业不久，D 提出退伙。在 D 撤资退伙的同时，合伙企业又接纳 E 入伙。

请问：

(1) 假设合伙协议约定只有 A 和 D 才有权执行合伙事务，B 无权执行合伙事务，而 B 与乙公司签订一份合同，A、D 知悉后认为该合同不符合企业的利益，并明确地向乙表示对该合同不予承认，那么，该合同的效力如何确认？

(2) 假设合伙协议规定由 A 行使合伙事务执行权，D 向乙公民借款时，在征得 A 的同意后，将其在合伙企业中的财产份额出质给乙，那么，D 的出质是否有效？请说明理由。

6 个人独资企业法律制度

本章要点

本章讲述个人独资企业的概念和特征、个人独资企业法的概念、个人独资企业法的适用范围、个人独资企业的设立、投资人的权利和义务等。要求掌握个人独资企业的设立程序、个人独资企业的财产性质、个人独资企业解散和清算。

6.1 个人独资企业法律制度概述

6.1.1 个人独资企业概述

个人独资企业是一种最简单、最古老的企业形式，它产生于人类社会的第一次分工时期。由于个人独资企业具有投资少、设立简便、投资人对企业有绝对控制权等优势，因而直到现在仍受到各国中小投资者的普遍欢迎。为了规范我国的个人独资企业的经营行为，我国于 1999 年 8 月 30 日通过了《中华人民共和国个人投资企业法》(简称《个人投资企业法》)，该法于 2000 年 1 月 1 日起开始实施。

6.1.2 个人独资企业的特征

个人独资企业除了具备企业的一般属性之外，与其他企业形式相比，还具有以下特征：

1) 企业投资主体只能是一个自然人。个人独资企业与合伙性企业、社团性公司相比，其显著的特征就是投资主体的单一性，并且该投资主体只能是自然人，不能是法人，而合伙企业和公司的投资主体却是多元化的。

2) 企业的全部财产，包括企业经营中以企业名义所获得的所有收益都归投资人个人所有。投资人投入企业的财产与其个人其他财产归属并无实质的区别。个人独资企业没有独立的财产，因而也不具有法人的资格。个人独资企业是以投资者个人为本位的自然人企业，自然人和个人独资企业实际上具有重合性。

3) 投资人对企业事务有绝对的控制权与支配权，完全可以按照自己的意志去经营所属企业。个人独资企业为单独自然人的投资，没有其他人的参与，因此，个人独资企业的财产也是投资者的个人财产。他对企业事务的绝对控制权与支配权就是个人享有财产所有权在个人独资企业的体现。

4) 投资者对企业承担无限责任。个人独资企业是由一个自然人投资的企业，企业财产与个人财产无法分离，国家也无法对个人独资企业的财产和其投资者的财产进行完全的监控和界定。对个人独资企业所获得的利润，国家也未要求其提取公积金，对其亏损，国家也并不要求其积极申报，实质上，个人独资企业的财产就是投资者个人财产的组成部分。因此，当债权人提出债权主张时，个人独资企业的投资者就应当以其所有的财产承担无限责任，即当个人独资企业的财产无法清偿债务时，就要以自己的其他财产予以清偿，直到清偿结束或者无力清偿为止。

6.1.3 个人独资企业法概述

个人独资企业法有广义和狭义之分，广义的个人独资企业法，是指调整个人独资企业在设立、经营、解散、清算以及对内对外活动中发生的社会关系的法律规范的总称，与公司法、合伙企业法一样，个人独资企业法既是组织法，也是行为法。狭义的个人独资企业法是指《个人独资企业法》，该法共 6 章 48 条。该法从个人独资企业的设立、个人独资企业的投资人及事务管理、个人独资企业的解散和清算及法律责任等多个方面给予全方位的规定，为个人独资企业从事经营活动提供了法律保障。

6.2 个人独资企业的设立

个人独资企业的设立，是指一个自然人依照法定程序设立个人独资企业的过程。以下将从个人独资企业的设立条件和设立程序两方面进行论述。

6.2.1 个人独资企业的设立条件

为保证个人独资企业的合法经营，维护个人独资企业投资人的合法权益和保护债权人的合法权益，《个人独资企业法》第 8 条规定了设立个人独资企业应当具备的条件：

1) 投资人为一个自然人。个人独资企业的投资人只能是自然人，自然人以外的团体或社会组织不能设立个人独资企业。由于个人独资企业设立后，需要从事经营活动，所以投资者必须具备完全民事行为能力，并且依照法律的规定能够从事盈利性活动的人。此外，《个人独立企业法》所指的自然人只能是具有中国国籍的自然人，外国人或者无国籍人在中国境内设立的企业受《外商独资企业法》的调整。

2) 有合法的企业名称。企业的名称是企业间相互区别的基本标志，是企业作为经营主体从事生产经营活动所使用的名称。企业对依法取得的名称享有人格权，是企业“人格特定化的标志”，有利于外界了解投资人的行为是个人行为还是企业行为。企业的名称应该与其责任形式相符合，法律规定个人独资企业不得使用“有限”、“有限责任”或“公司”的字样。此外，企业的名称应与其从事的营业性质、地域相符合。

3) 有投资人申报的出资。投资人申报的出资，是指投资人在设立个人独资企业时，承诺将投入企业的资本总和。这是企业设立后正常运营的财产保障。但是，投资人申报的出资不是注册资本，只是经营条件，不具有对债权人给予担保的效力。因此，法律并未对投资人申报的出资的具体数量、出资方式作出具体的规定。

4) 有固定的生产经营场所和必要的生产经营条件。固定的生产经营场所和必要的生产经营条件是个人独资企业存续和经营的物质条件。法律规定个人独资企业需要有固定的生产经营场所的目的是使其与行商游贩区别开来。任何市场经济组织为了维护经济活动的稳定性和持续性，都必须有固定的生产经营场所。《个人独资企业法》规定个人独资企业的主要办事机构所在地为其住所，这就为个人独资企业从事经营活动设定了法律上的地点，有利于国家对个人独资企业的依法管理和监督，以保障个人独资企业和与其进行交易的个人、法人或其他组织的权益。

5) 有必要的从业人员。从业人员是指参与企业业务活动的人员，包括从事业务活动的投资人和企业依法招聘的职工。法律未对从业人员的数量作出明确具体的规定，这一方面完全由个人独资企业根据自己的需要来确定。

6.2.2 个人独资企业的设立程序

个人独资企业的设立，需要经过工商行政管理部门的登记才能成立。根据我国法律的规定，个人独资企业设立的程序主要包括申请、审查登记、颁发营业执照等。

1) 提出设立申请。申请设立个人独资企业，应当由投资人或者其委托人的代理人向个人独资企业所在地的登记机关提交设立申请书、投资人身份证明、生产经营场所使用证明等文件。委托人代理人申请设立登记的，应当出具投资人的委托书和代理人的合法证明。根据《个人独资企业法》的规定，个人独资企业设立申请书应当载明下列事项：①企业的名称和住所；②投资人的姓名和居所；③投资人的出资额和出资方式；④经营范围。

2) 工商机关的审查登记。登记机关对申请提交的申请材料所记载内容的真实性、合法性和有效性进行审查，对符合《个人独资企业法》规定条件的，予以登记，发给营业执照；对不符合法律规定条件的，不予登记，并应当给予书面答复，说明不予登记的理由。根据《个人独资企业法》的规定，登记机关对个人独资企业设立登记的审查期限为15日。

个人独资企业如果需要设立分支机构，应当由投资人或者其委托的代理人向分支机构所在地的工商机关申请登记，领取营业执照。分支机构经登记后，应将登记情况报该分支机构隶属的个人独资企业的登记机关备案。分支机构的民事责任由设立该分支机构的个人独资企业承担。

个人独资企业存续期间登记事项发生变更的，应当在作出变更登记之日起的15日内向登记机关申请办理变更登记。

3) 颁发营业执照。工商机关对核准登记的个人独资企业应当及时颁发营业执照，个人独资企业的营业执照的签发日期，为个人独资企业成立日期。个人独资企业在领取营业执照之前，投资人不得以个人独资企业的名义从事经营活动。

6.3 个人独资企业的投资人及事务管理

6.3.1 个人独资企业的投资人

我国法律没有明确规定可以设立个人独资企业，但是作了消极性的规定。《个人独资企业法》第16条规定，法律、行政法规禁止从事盈利性活动的人，不得作为投资人申请设立个人独资企业，如党政机关干部、现役军人等都是法律禁止从事商业活动的人，他们不得设立个人独资企业。此外，负有竞业禁止义务的董事、经理以及无民事行为能力的人和限制行为能力人不得成为个人独资企业的投资人。

由于个人独资企业的财产与投资人的财产没有明确的法律界限，因此，个人独资企业投资人对本企业的财产依法享有所有权，即依法占有、使用、收益和处分。因此，投资人在企业运营过程中享有完全的决策权、管理权和监督权。当然，投资人对个人独资企业的债务负担无限责任。如果其在申请企业登记时明确表示以家庭财产作为个人出资的，还应当以家庭共同财产对企业的债务承担无限责任。此外，个人独资企业的投资人还负有其他法律规定的义务，如依法建立起财务会计制度、依法纳税、保障职工的合法权益等。

6.3.2　个人独资企业的事务管理

个人独资企业投资人可以自行管理企业事务，也可以委托或者聘用人员管理企业事务。投资人委托或者聘用他人管理企业事务的，应当与受托人或者被聘用者签订书面合同，明确委托的具体内容和授权范围。投资人对受托人或者聘用人员职权的限制，不得对抗善意第三人。当然，若第三人明知受托人具体职权限制而非善意的情况，则属例外。

受托人或者被聘用者应当履行诚信、勤勉的义务，按照与投资人签订的合同负责个人独资企业的事务管理。投资人委托或者聘用的人员管理企业事务时违反双方签订的合同，给投资人造成损害的，应当承担赔偿责任。同时，投资人对受托人或者被聘用者的职权限制不得对抗善意第三人。

《个人独资企业法》对接受委托或者被聘用管理独资企业的人员的行为作出了明确规定，严令禁止受托人或者被聘用者在管理企业事务时有下列行为：①利用职务上的便利，索取或者收受贿赂；②利用职务或者工作上的便利侵占企业财产；③挪用企业的资金归个人使用或者借贷给他人；④擅自将企业资金以个人名义或者以他人名义开立账户储存；⑤擅自以企业财产提供担保；⑥未经投资人同意，从事与本企业相竞争的业务；⑦未经投资人同意，同本企业订立合同或者进行交易；⑧未经投资人同意，擅自将企业商标或者其他知识产权转让给他人使用；⑨泄露本企业的商业秘密；⑩法律、行政法规禁止的其他行为。

个人独资企业的投资人对受托人或者被聘用者在正常经营活动中的行为有监督权，在其有违反聘用合同的行为或者其他违法行为时可以解除其职务，停止聘用或委托。其正常履行职责所带来的收益归企业投资人享有，如造成损失也由企业投资人来承担。

6.4　个人独资企业的解散和清算

6.4.1　个人独资企业的解散

个人独资企业的解散是指企业因法律规定的情形出现而归于消灭的状态。企业经解散清算后，其民商事权利能力和行为能力归于消灭，主体资格随即消失。根据《个人独资企业法》第 26 条的规定，有下列情形之一时，个人独资企业应当解散：①投资人决定解散；②投资人死亡或者被宣告死亡，无继承人或者继承人决定放弃继承；③被依法吊销营业执照；④法律、行政法规规定的其他情形。

6.4.2 个人独资企业的清算

个人独资企业的清算是终结个人独资企业的法律关系，消灭个人独资企业经营实体资格的程序。

1) 确定清算人。根据个人独资企业的清算人的确定方式不同，可以将清算方式分为两种：一是由投资人自行清算；二是由债权人申请人民法院指定清算人进行清算。换句话说，个人独资企业的清算人要么由独资企业投资人自己担任，要么由法院指定。

2) 通知或公告债权人。个人独资企业投资人自行作为清算人的，应当在清算前15日内书面通知债权人，无法通知的，应当予以公告。债权人应当在接到通知之日起30日内申报债权，未接到书面通知的，应当在公告之日起60日内向投资人申报债权。

3) 清算期间投资人的责任。清算期间内，个人独资企业的投资人的主要责任是不得开展与清算目的无关的经营活动。在按法定的清偿顺序清偿债务以前，不得转移和隐匿财产。根据《个人独资企业法》的规定，个人独资企业及其投资人在清算前或清算期间隐匿或转移财产的、逃避债务的，依法追回其财产，并按照有关规定予以处罚；构成犯罪的，依法追究刑事责任。

4) 债务清偿顺序。个人独资企业解散的，财产应当按照下列顺序清偿：①所欠职工工资和社会保险费用；②所欠税款；③其他债务。

5) 编制清算报告、办理注销登记。个人独资企业清算结束后，投资人或者人民法院指定的清算人应当编制清算报告，并于15日内到登记机关办理注销登记。

6) 企业解散后的债务清偿。由于个人独资企业实行的无限责任形式，因此，当个人独资企业财产不足以清偿债务的，投资人应当以其个人的其他财产予以清偿。且个人独资企业解散后，原投资人对个人独资企业存续期间的债务仍应承担偿还责任，但债权人在5年内未向债务人提出偿债请求的，该责任消灭。

学习指导

★ *复习思考*

1) 个人独资企业有哪些法律特征？

2) 根据法律规定，个人独资企业的设立条件有哪些？

3) 试述个人独资企业的权利。

4) 简述个人独资企业与一人有限责任公司的区别。

★ 案例分析

自然人王某(系中国公民)于 2003 年 11 月 10 日以家庭共有财产申报设立一家个人独资企业 A，从事餐饮经营，随着业务的扩大，A 企业又分别设立了六家分店，并招聘了 6 名店长负责分店经营。因分店是以总店名义开展经营活动，故分店未再行办理任何登记手续，企业也未与店长就聘用事项签订书面合同。半年后，王某出国，A 企业交由其妻李某管理，由于李某管理经验不足，企业经营每况愈下，甲分店店长擅自与亲戚合开了一家与 A 企业从事相同特色餐饮经营的企业，并任经理，主要工作精力转移。丙分店拖欠承租房屋业主的租金，被起诉至法院，李某应诉时以丙分店店长是承包经营，其债务与 A 企业无关为由抗辩。2005 年 3 月，李某未经清算便决定解散 A 企业，意欲逃避企业债务。

请问：

(1) 个人独资企业是否可以以家庭共有财产申报出资？

(2) 个人独资企业设立分支机构是否应办理登记手续？

(3) 个人独资企业投资人委托或聘用他人管理其企业事务，是否不用与受托人签订书面合同？

(4) 甲分店店长的行为是否违反法律规定？

(5) 承租房屋业主请求支付租金的诉讼时效期间为多长时间？李某的抗辩理由能否成立？请说明理由。

(6) 李某解散 A 企业的行为是否合法？A 企业解散后，李某能否逃避企业债务？

7　外商投资企业法律制度

本章要点

本章讲述外商投资企业的概念及其种类，外商投资企业的组织形式及法律地位、外商投资企业的设立、外商投资企业的组织机构等。要求掌握不同类型外商投资企业的设立条件、设立程序、组织机构等知识点。

7.1　外商投资企业法概述

7.1.1　外商投资企业法的概念和特征

外商投资企业，是指依照中国外商投资法律制度、在中国境内设立的，有一定外商参与投资组成的企业。外商投资企业具备中国企业法人条件的，依法取得法人资格。针对中国的特殊情况，目前我国还将华侨、香港、澳门和台湾同胞来大陆投资均视为外商投资。

外商投资企业法的特征如下：

1) 外商投资企业是依照中国法律、在中国境内设立的企业。外商投资企业的设立，必须严格按照中国的法律，经中国政府的批准，在中国境内进行。它的这一特征区别于我国的企业、其他经济组织在中国境外设立的企业和依照外国法律设立的外国企业派驻我国境内的分支机构。外商投资企业一经设立，就取得中国企业法律资格，除遵守中国法律所规定的义务外，也受中国法律的保护。

2) 外商投资企业是外商直接投资设立的企业。根据我国外商投资企业的法律规定，外商是外商投资企业的必需投资人，不可缺少。一般而言，外商投资者将资金投入企业，并不同程度地参与企业的经营决策，通过企业盈利分配来获得投资收益。

3) 外商投资企业是以外商私人名义直接投资的方式设立的企业。所谓私人投资，是相对于政府投资和间接投资而言的，它具有民间经济技术合作的色彩。

7.1.2 外商投资企业的分类

根据外商企业设立时的法律依据不同，可以将外商企业分为中外合资经营企业、中外合作经营企业、外资企业和外商投资股份有限公司四种。其中，中国合资经营企业是根据《中华人民共和国中外合资经营企业法》(简称《中外合资经营企业法》)设立的；中外合作经营企业法是根据《中华人民共和国中外合作经营企业法》(简称《中外合作经营企业法》)设立的；外资企业是根据《中华人民共和国外资企业法》(简称《外资企业法》)设立的；外商投资股份有限公司是根据《中华人民共和国公司法》(简称《公司法》)设立的。我们常说的外商投资企业仅只前三种，本部分也只分析前三种外商投资企业。

7.1.3 外商投资企业法的立法状况

外商投资企业法是我国制定的专门调整外商投资在我国设立、组织、活动和终止过程发生的各种法律关系的法律规范的总称。它主要由《中外合资经营企业法》、《中外合作经营企业法》和《外资企业法》及配套的实施条例或实施细则等构成。这几部法律都在《公司法》制定以前制定的，《公司法》第218条规定，如果外商投资企业采取有限责任公司和股份有限公司的形式，应该根据《公司法》的规定来设立、从事各种活动；如果有关外商投资的法律另有规定的，适用该特别规定。

7.2 中外合资经营企业法

1979年7月，当全国人大通过第一个正式的企业法——《中外合资经营企业法》的时候，我国还没有其他形式的企业法，甚至连最基本的企业法——公司法也没有。这使合资企业法以及其后陆续颁布的《中外合作经营企业法》和《外资企业法》在相当长的时期内，自成体系。1993年12月《中华人民共和国公司法》的颁布，使得外商投资企业法与公司法的衔接问题第一次摆到人们的面前，将它们纳入企业法的统一体系予以适当的协调，成为公司法颁布后企业法立法及其理论实践面临的新任务。尽管《公司法》的立法者早就对此给予而来充分的注意，并在第218条里做出了明确的规定："外商投资的有限责任公司和股份有限公司适用本法；有关外商投资的法律另有规定的，适用其规定。"但是，这些法律之间的协调和分工依然存在问题，这留给立法者和学者许多需要进一步研究的问题。

7.2.1 中外合资经营企业的概念与特征

中外合资经营企业，简称合营企业，是指外国公司、企业和其他经济组织或个人（以下简称外国合营者）同中国的公司、企业或者其他经济组织（以下简称中国合营者），按照平等互利的原则和中国法律，经中国政府批准，在中华人民共和国境内，共同投资、共同经营、共享利益、共担风险的股权式企业。

中外合资经营企业是中国的企业，它具有以下法律特征：

1) 中外双方共同出资。合营企业由中方和外方投资者共同出资设立。外国合营者包括外国的公司、企业、其他经济组织和个人，还包括香港、澳门特别行政区和台湾地区的投资者以及华侨投资者。中方合营者只能是中国的公司、企业和其他经济组织，中国公民个人不能参与中外合资经营企业的设立。

2) 中外合资经营企业的形式为有限责任公司。中外合资经营企业必须按照中国的法律登记成立，取得中国企业法人的资格。在合营企业的注册资本中，外国的合营者比率一般不低于25%。合营各方按注册资本比例分享利润并分担风险及亏损，合营者的注册资本如果转让必须经合营各方同意。

3) 合营各方签订的合营协议、合同和章程必须经过批准。合营各方签订的合营协议、合同、章程必须报国家对外经济贸易主管部门的审查批准。只有经过国家对外经贸主管部门的批准，合营企业才能向工商行政管理部门登记注册，领取营业执照，开始从事经营活动。

7.2.2 中外合资经营企业的设立

对合营企业的设立，我国实行核准主义设立原则，即申请设立合营企业除了应具备法定的条件外，还要取得审批机构的批准。

7.2.2.1 设立的基本条件

在中国设立合营企业依法应具备以下条件：①具备中国法人条件；②应当能够促进中国经济的发展和科学技术水平的提高，有利于社会主义现代化建设。国家鼓励、允许、限制或者禁止设立合营企业的行业，按照国家指导外商投资方向的规定设立外商投资产业指导目录来执行；③在合营企业的注册资本汇总，外国合营者的投资比例一般不低于25%。此外，《中外合营企业法实施条例》第4条规定，申请设立合营企业有下列情形之一的，不予批准：①有损中国主权的；②违反中国法律的；③不符合中国国民经济发展要求的；④造成环境污染的；⑤签订的协议、合同、章程显属不公平，损害合营一方权益的。

7.2.2.2　设立程序

1) 提出申请。申请设立合营企业，由中外合营者共同向审批机构报送下列文件：①设立合营企业的申请书；②合营各方共同编制的可行性研究报告；③由合营各方授权代表签署的合营企业协议、合同和章程；④由合营各方委派的合营企业董事长、副董事长、董事人选名单；⑤审批机构规定的其他文件。以上文书必须用中文书写，其中第②、③、④项可以由合营双方确定一种外文书写，中文和外文的书写的文件具有同等效力。

2) 审批。在中国境内设立合营企业的，必须经中华人民共和国商务部(以下简称商务部)审查批准。批准后，由商务部发给批准证书。此外，国务院授权省、自治区、直辖市人民政府或者国务院有关部门也可以审批符合条件的合营企业，它们有：①投资总额在国务院规定的投资审批权限以内，中国合营者的资金来源已经落实的；②不需要国家增拨原材料，不影响燃料、动力、交通运输、外贸出口配额等方面的全国平衡的。当然，这些部门批准设立的合营企业，应当向对外贸易经济合作部备案。审批机构自接到申请者提交的全部文件之日起，3 个月内决定批准或者不批准。

3) 登记成立。合营企业的设立申请者在受到审批机关的批准文书之日起 1 个月内，按照国家有关规定，向工商行政管理机关办理登记手续。合营企业的营业执照颁发日期，为该合营企业的成立日期。

7.2.2.3　中外合资经营企业的协议、合同和章程

合营企业的协议、合同和章程是合营企业申请设立时提交的文件。三个文件必须用中文书写，合营双方也可以确定一种外文书写，两种文字书写的文件具有同等效力。合营企业协议、合同和章程经审批机构批准后生效，修改时也是经审批机构批准后才生效。

1) 合营企业协议。是指合营各方对设立合营企业的某些要点和原则达成一致意见而订立的文件。经合营各方同意，也可以不订立合营企业协议而只订立合营企业合同、章程。

2) 合营企业合同。是指合营各方为设立合营企业就相互权利、义务关系达成一致意见而订立的文件。它应当包括下列内容：①合营各方的名称、注册国家、法定地址和法定代表人的姓名、职务、国籍；②合营企业名称、法定地址、宗旨、经营范围和规模；③合营企业的投资总额，注册资本，合营各方的出资额、出资比例、出资方式、出资的缴付期限以及出资额欠缴、股权转让的规定；④合营各

方利润分配和亏损分担的比例；⑤合营企业董事会的组成、董事名额的分配以及总经理、副总经理及其他高级管理人员的职责、权限和聘用办法；⑥采用的主要生产设备、生产技术及其来源；⑦原材料购买和产品销售方式；⑧财务、会计、审计的处理原则；⑨有关劳动管理、工资、福利、劳动保险等事项的规定；⑩合营企业期限、解散及清算程序；⑪违反合同的责任；⑫解决合营各方之间争议的方式和程序；⑬合同文本采用的文字和合同生效的条件。合营企业合同有附件的，与合营企业合同具有同等效力。合营企业合同的订立、效力、解释、执行及其争议的解决，均应当适用中国的法律。

3) 合营企业章程。是指按照合营企业合同规定的原则，经合营各方一致同意，规定合营企业的宗旨、组织原则和经营管理方法等事项的文件。合营企业章程应当包括下列主要内容：①合营企业名称及法定地址；②合营企业的宗旨、经营范围和合营期限；③合营各方的名称、注册国家、法定地址、法定代表人的姓名、职务、国籍；④合营企业的投资总额，注册资本，合营各方的出资额、出资比例、股权转让的规定，利润分配和亏损分担的比例；⑤董事会的组成、职权和议事规则，董事的任期，董事长、副董事长的职责；⑥管理机构的设置，办事规则，总经理、副总经理及其他高级管理人员的职责和任免方法；⑦财务、会计、审计制度的原则；⑧解散和清算；⑨章程修改的程序。

7.2.3 中外合资经营企业的资本制度

7.2.3.1 注册资本

合营企业的注册资本，是指为设立合营企业在登记管理机构登记的资本总额，它应为合营各方认缴的出资额之和。合营企业的注册资本一般应当以人民币表示，也可以用合营各方约定的外币表示。对合营企业注册资本的最低限额，《合营企业法》未作明确规定，但是，我国的《公司法》对有限责任公司的注册资本规定了最低限额，应当适应于合营企业。不论如何，合营企业的注册资本，应当与生产经营规模相适应，与投资总额之间应保持适当的比例。合营企业在经营期内不得减少注册资本，因投资总额和生产经营规模繁盛变化，却需要减少时，需要经过审批机构的批准。合营企业注册资本增加、减少，应当由董事会会议通过，并报审批机构批准，并向工商行政机关办理变更登记。

7.2.3.2 出资比例

在合营企业的注册资本中，外商合营者的投资比例一般不低于 25%。外商投资者投资比例的上限我国未作规定。这样的规定比较有利于吸引外资，符合改革开放的国策。

7.2.3.3 股权转让

合营一方向第三者转让其全部或部分股权的，须经过合营他方的同意，并报审批机关批准，向工商行政机关办理变更登记。合营一方转让其全部或部分股权时，合营他方有优先购买权。合营一方向第三者转让股权的条件，不得比向合营他方转让的条件优惠。违反上述规定的，其转让行为无效。

7.2.3.4 出资方式

合营企业各方可以以现金、实物、工业产权等进行投资。实物出资，即用建筑物、厂房、机器设备或其他物料作价出资。

合营各方按照合营合同的规定向合营企业认缴出资，必须是合营者自己所有的现金、自己所有并且为设立任何担保物权的实物、工业产权、转悠技术等。凡是以实物、工业产权、专业技术作价出资的，出资者应当出具拥有所有权和处分权的有效证明。

合营企业任何一方不得用以合营企业名义取得的贷款、租赁的设备或者其他财产以及合营者以外的让人财产作为自己的出资，也不得以合营企业的财产和权益或者合营他方的财产和权益为其出资担保。

外方合营者以外币出资的，按缴款当日中国人民银行公布的基准汇率折算成人民币或者套算成约定的外币。中国合营者出资的人民币现金，需要折算成外币的，按缴款当日中国人民银行公布的基准汇率折算。

以建筑物、厂房及其设备或者其他物料、工业产权、转悠技术作为出资的，其作价由合营各方按照公平合理的原则协商确定，或者聘请合营各方同意的第三者评定。

外国合营者作为投资的技术和设备，必须确实是适合我国需要的现金技术和设备，如果故意以落后的技术和设备进行欺骗，造成损失的，应赔偿损失。

作为外国合营者出资的机器设备或者其他物料，应当是合营企业生产经营必需的机器设备，或者其他物料的作价，不得高于同类机器设备或者其他物料当时的市场价格。

外商合营者出资的工业产权或者专有技术，必须是能显著改进现有产品的性能、质量，提高生产效率的或者节约原材料、燃料、动力的。同时，外商合营者还应当提交该工业产权或者专有技术的有关资料，包括专利证书或者商标注册证书的复制件、有效状况及其技术特性、实用价值、作价的计算根据、与中国合营者签订的作价协议等有关文件，作为合营合同的附件。

外商合营者作为出资的机器设备或者其他物料、工业产权或者专有技术，应当报审批机构批准。

中国合营者的投资可包括为合营企业经营期间提供的场地使用权。如果场地使用权未作为中国合营者投资的一部分，合营企业应向中国政府缴纳使用费。

7.2.3.5 出资期限

《中外合资经营企业法》规定，合营各方应当按照合同规定的期限缴清各自的出资额。逾期未缴或者未缴清的，应当按照合同规定支付迟延利息或者赔偿损失。

合营合同中规定一次缴清出资的；合营合同中规定分期缴付出资的，合营各方未能在合营合同规定的上述期限内缴付出资的，视同合营企业自动解散，合营企业批准证书自动失效。

合营各方缴付出资额后，应当由中国的注册会计师验证，出具验资报告后，由合营企业据以发给出资证明书。出资证明书载明下列事项：合营企业名称；合营企业成立的年、月、日；合营者名称（或者姓名）及其出资额、出资的年、月、日；发给出资证明书的年、月、日。

7.2.4 中外合资经营企业的组织机构

我国合营企业的组织形式是有限责任公司，由于合营主体少，合营企业一般不设股东会，实行董事会领导下的总经理负责制。

7.2.4.1 董事会

董事会是合营企业的最高权力机构，根据平等互利的原则，决定合营企业的一切重大问题。董事会成员不得少于 3 人。董事会成员的名额由合营各方参照出资比例协商确定，在合同、章程中确定，并由合营各方委派和撤换。董事的任期为 4 年，经合营各方继续委派可以连任。

董事会设董事长，董事长是合营企业的法定代表人。董事长和副董事长由合营各方协商确定或由董事会选举产生。中外合营者的一方担任董事长得，由他方担任副董事长。董事长不能履行职责时，应当授权副董事长或者其他董事代表合营企业。

董事会会议每年至少召开 1 次，由董事长负责召集并主持。董事长不能召集时，由董事长委托副董事长或者其他董事负责召集并主持董事会会议。经 1/3 以上董事提议，可以由董事长召开董事会临时会议。董事会会议应当有 2/3 以上董事出席方能举行。董事不能出席的，可以出具委托书委托他人代表其出席和表决。董事会会议一般应当在合营企业法定地址所在地举行。

董事会的职权是按合营企业章程确定，讨论决定合营企业的一切重大问题。合营企业是合营各方共同经营的企业，因此，董事会在决定重大事项时合营各方应当进行充分协商。根据法律的规定，下列事项由出席董事会会议的董事一致通过方可作出决议：①合营企业章程的修改；②合营企业的中止、解散；③合营企业注册资本的增加、减少；④合营企业的合并、分立。其他事项，可以根据合营企业章程载明的议事规则作出决议。

7.2.4.2 经营管理机构

合营企业设立经营管理机构，负责企业的日常经营管理工作。经营管理机构设总经理 1 人，副总经理若干，副总经理协助总经理工作。

总经理执行董事会会议的各项决议，组织领导合营企业的日常经营管理工作。在董事会授权范围内，总经理对外代表合营企业，对内任免下属人员，行使董事会授予的其他职权。

总经理、副总经理由合营企业董事会聘请，可以由中国公民担任，也可以由外国公民担任。经董事会聘请，董事长、副董事长、董事可以兼任合营企业的总经理、副总经理或者其他高级管理职务。总经理处理重要问题时，应当同副总经理协商。总经理或者副总经理不得兼任其他经济组织的总经理或者副总经理，不得参与其他经济组织对本企业的商业竞争。

总经理、副总经理及其他高级管理人员有营私舞弊或者严重失职行为的，经董事会决议可以随时解聘。

7.2.4.3 工会

合营企业职工有权按照《中华人民共和国工会法》和《中国工会章程》的规定，建立基层工会组织，开展工会活动。合营企业工会是职工利益的代表，有权代表职工同合营企业签订劳动合同，并监督合同的执行。

合营企业工会的基本任务是：依法维护职工的民主权利和物质利益；协助合营企业安排和合理使用福利、奖励基金；组织职工学习政治、科学、技术和业务知识，开展文艺、体育活动；教育职工遵守劳动纪律，努力完成企业的各项经济任务。

合营企业董事会会议讨论合营企业的发展规划、生产经营活动等重大事项时，工会的代表有权列席会议，反映职工的意见和要求。董事会会议研究决定有关职工奖惩、工资制度、生活福利、劳动保护和保险等问题时，工会的代表有权列席会议，董事会应当听取工会的意见，取得工会的合作。

合营企业应当积极支持本企业工会的工作。合营企业应当依照法律的规定为工会组织提供必要的房屋和设备，用于办公、会议、举办职工集体福利、文化、体育事业。合营企业每月按企业职工实际工资总额的2%拨交工会经费，由本企业工会按照中华全国总工会制定的有关工会经费管理办法使用。

7.2.5 中外合资经营企业的期限与清算

7.2.5.1 中外合资经营企业的解散

合营企业在有以下情形时，可以依法解散：①合营期限届满；②企业发生严重亏损，无力继续经营；③合营一方不履行合营企业协议、合同、章程规定的义务，致使企业无法继续经营；④因自然灾害、战争等不可抗力遭受严重损失，无法继续经营；⑤合营企业未达到其经营目的，同时又无发展前途；⑥合营企业合同、章程所规定的其他解散原因已经出现。

合营各方决定解散企业时，除合营期限届满解散外，由董事会提出解散申请书，报审批机构批准。因合营一方不履行合营企业协议、合同、章程规定的义务，致使企业无法继续经营的，应由履行合同的一方提出解散申请书，报审批机构批准，不履行合营企业协议、合同、章程规定的义务一方，应当对合营企业由此造成的损失负赔偿责任。

7.2.5.2 中外合资经营企业的清算

合营企业宣告解散时，应当进行清算。合营企业应当依法成立清算委员会，由清算委员会负责清算事宜。清算委员会的成员一般应当在合营企业的董事中选任。董事不能担任或者不适合担任清算委员会成员时，合营企业可以聘请中国的注册会计师、律师担任。清算期间，清算委员会代表该合营企业起诉和应诉。审批机构认为必要时，可以派人进行监督。

清算委员会的任务是对合营企业的财产、债权、债务进行全面清查，编制资产负债表和财产目录，提出财产作价和计算依据，制订清算方案，提请董事会会议通过后执行。

合营企业以其全部资产对其债务承担责任。合营企业清偿债务后的剩余财产按照合营各方的出资比例进行分配，但合营企业协议、合同、章程另有规定的除外。合营企业解散时，其资产净额或者剩余财产减除企业未分配利润、各项基金和清算费用后的余额，超过实缴资本的部分为清算所得，应当依法缴纳所得税。

合营企业的清算工作结束后，由清算委员会提出清算结束报告，提请董事会会议通过后，报告审批机构，并向登记管理机构办理注销登记手续，缴销营业执照。合营企业解散后，各项账册及文件应当由原中国合营者保存。

7.2.6 中外合资经营企业内部争议的解决

合营企业内部争议是指合营各方在解释或者履行合营企业协议、合同、章程时发生的争议。当内部争议发生时，合营双方应当尽量通过友好协商或者调解解决，经过协商或者调解无效的，提请仲裁或者司法解决。

协商解决，是指当合营企业内部争议发生时，合营双方应当在自愿、互谅互让的基础上，根据有关法律条款和政策的规定，对存在的争议进行磋商、达成和解。协商解决争议的方式灵活、简便，是消除纷争的最佳方式。这种解决方式是在双方心平气和的状态下进行，有利于纠纷的及时解决。

调解解决，是指当合营企业内部争议发生时，在第三方的主持下，通过调查争议的事实，分清各方责任，促使各方在互相谅解的基础上，自愿依法达成协议，消除纷争。调解和协商的区别在于调解是由居中的第三方来进行。面对合营企业的内部争议，调解的第三方通常由地方政府设立的外商投资服务中心内设的调解中心负责。与此同时，通过仲裁或诉讼解决纠纷时，仲裁机构或法院在审理案件时，也会进行条件，不过，通过仲裁机构和法院调解的，达成的调解协议书是具有法律效力的，可以申请法院强制执行。

仲裁解决，是指发生争议的各方自愿将其争议提交给仲裁机关，由仲裁机关依法居中作出裁决。在涉外仲裁中，当事人对仲裁机构、仲裁规则、仲裁员均有选择权，仲裁程序简单、灵活，一裁终局，可以节省当事人的时间，降低维权成本。合营各方必须具有书面的仲裁协议，才能对内部纠纷申请仲裁。仲裁可以选择中国的仲裁机构，也可以选择其他仲裁机构。

合营各方的任何一方都可以依法向人民法院起诉。在解决争议期间，除争议事项外，合营各方应当继续履行合营企业协议、合同、章程所规定的其他各项条款。

7.3 中外合作经营企业法

7.3.1 中外合作经营企业的概念和特点

中外合作经营企业，简称合作企业，是指外国企业、其他经济组织或者个人同中华人民共和国的企业或其他经济组织，按照平等互利的原则和中国的法律，在中国境内共同投资举办的契约式企业。设立合作企业的基本法律依据是《中外合作经营企业法》。该法于1988年通过。为了履行WTO规则的要求，2000年10月31日第九届全国人大常务委员会第十八次会议通过了修改《中外合作经营企业法》的规定，按照国民待遇、市场开放、公开、透明的原则，对该法做了修改。

合作企业与合营企业都是中外双方或多方，根据中国法律在中国境内共同设立的中国企业，因此两者在设立、变更、终止、组织制度和资本制度等诸多方面具有相同或相近之处。但由于两者设立的基本法律依据不同，所以两者也存在着较大的差异。与合营企业相比，合作式企业主要有以下特点：

1) 中外合作经营企业属于契约式的合营企业，中外合作者的投资或者提供的合作条件，不折算成股份，而中外合资经营企业是股权式的合营企业。

2) 中外合作经营企业的合作各方可以提供各种合作条件，而中外合资经营的合营各方则必须是投资。

3) 在收益方面，中外合作经营企业在合同中约定分配比例和风险及亏损的分担比例，而中外合资经营企业则是按出资比例分配利润、分担风险及亏损。

4) 投资回收方式不同。合营企业只有在依法终止时，外国合营者才能收回自己的资本，而合作企业中的外国合营者在一定条件下可以先行收回投资。

5) 中外合作经营可以设立董事会、联合管理机构、委托一方管理、委托他人管理等方式进行管理，而中外合资经营企业则实行董事会领导下的总经理负责制。

6) 组织形式不同。合营企业必须是中国法人，即有限责任公司；而合作企业除法人型企业外，也有合伙型企业。

7.3.2 中外合作经营企业的设立

中外合作经营企业的设立，我国实行的是核准主义设立原则，即申请设立合作企业的除了具备法定的条件外，还要取得审批机构的批准。

7.3.2.1 合作企业设立的基本条件

设立法人式合作企业的条件根据《中外合作经营企业法》和《中外合作经营企业法实施细则》以及《中华人民共和国民法通则》等的规定，设立法人式合作企业的条件有：①具备中国法人条件；②符合国家的发展政策和产业政策，遵守国家关于指导外商投资方向的规定；③外国合作者的投资一般不低于合作企业注册资本的25%。

设立不具有法人资格的合作企业的条件。根据《中外合作经营企业法》和《中外合作经营企业法实施细则》的规定，设立不具有法人资格的合作企业应具备下列条件：①符合国家的发展政策和产业政策，遵守国家关于指导外商投资方向的规定；②合作企业应当向登记管理机构登记合作各方的投资或者提供合作条件。外国合作者的投资一般不得低于中国和外国合作者投资额的25%。

7.3.2.2 设立的程序

1) 申请。设立合作企业，应当由中国合作者向审批机关报送下列文件：①设立合作企业的项目建议书，并附送主管部门审查同意文件；②合作各方共同编制的可行性研究报告，并附送主管部门审查同意的文件；③由合作各方的法定代表人或其他授权的代表签署的合作企业协议、合同、章程；④合作各方的营业执照或者注册登记证明、资信证明及法定代表人的有效证明文件，外国合作者是自然人的，应当提供有关其身份、履历和资信情况的有效证明文件；⑤合作各方协商确定的合作企业董事长、副董事长、董事或联合管理委员会主任、副主任、委员的人选名单；⑥审查批准机关要求报送的其他文件。

合作企业协议、合同、章程的记载事项，《中外合作经营企业法实施细则》有明确的规定，其内容与合营企业的协议、合同和章程的法定记载事项相近。

2) 审批。在中国境内设立合作企业，依法由商务部或者国务院授权的部门和地方人民政府审查批准。由商务部和国务院授权的部门批准设立的合作企业，由商务部颁发批准证书。国务院授权的地方人民政府批准设立的合作企业，由地方人民政府颁发批准证书，并报送商务部备案。

批准设立的合作企业应当依法向登记管理机构申请登记，领取营业执照。

3) 登记成立。申请者应当自收到批准证书之日起1个月内，依法向登记管理机构办理登记手续。合作企业的营业执照签发日期，即为该企业的成立日期。合作企业应当自成立之日起30日内向税务机关办理税务登记。

7.3.3 中外合作经营企业的组织机构

《中外合作经营企业法》第12条规定，合作企业应当设立董事会或者联合管理机构，依照合作企业伙同或者章程的规定，决定合作企业的重大问题。中外合作者的一方担任董事会的董事长、联合管理机构的主任的，由他方大副董事长、副主任。董事会或者联合管理机构可以决定任命或者聘请总经理负责合作企业的日常经营管理工作。总经理对董事会或者联合管理机构负责。合作企业成立后改为委托中外合作者以外的他人经营管理的，必须经董事会或者联合管理机构一致同意，报审查批准机关批准，并向工商行政管理机关办理变更手续。可见，合作企业在组织机构的设置上有较大的灵活性。

7.3.3.1 董事会或者联合管理机构

合作企业设董事会或者联合管理委员会。董事会或者联合管理委员会是合作企业的权力机构。具有法人资格的合作企业，一般实行董事会制，不具有法人资格的合作企业，一般实行联合管理制。

董事会或者联合管理委员会成员不得少于 3 人，其名额的分配由中外合作者参照其投资者或者提供的合作条件协商确定，成员由合作各方自行委派或者撤换。董事会董事长、副董事长或者联合管理委员会主任、副主任的产生办法由合作企业章程规定，中外合作者的一方担任董事长、主任的，副董事长、副主任由他方担任。

董事长或者主任是合作企业的法定代表人。董事长或者主任因特殊原因不能履行职务时，应当授权副董事长、副主任或者其他董事、委员对外代表合作企业。

董事或者委员的任期由合作企业章程规定；但是，每届任期不得超过 3 年。董事或者委员会任期届满，委派方继续委派，可以连任。

董事会会议或者联合管理委员会会议每年至少召开一次。由董事长或者主任召集并主持。董事长或者主任因特殊原因不能履行职务时，由董事长或者主任指定副董事长、副主任或者其他董事、委员召集并主持。1/3 以上董事或者委员可以提议召开董事会会议或者管理委员会会议。董事会会议或者联合管理委员会会议应当有 2/3 以上董事或者委员会出席方能举行，不能出席董事会会议或者联合管理委员会会议的董事或者委员会应当书面委托他人代表其出席和表决。董事会会议或者联合管理委员会会议作出决议，须经全体董事或者委员的过半数通过。董事或者委员无正当理由不参加又不委托他人代表其参加董事会会议或者联合管理委员会会议的，视为出席董事会会议或者联合管理委员会会议并在表决中弃权。召开董事会会议或者联合管理会会议，应当在会议召开的 10 天前通知全体董事或者委员。董事会或者联合管理委员会也可以以通信的方式作出决议。

下列事项由出席董事会会议或者联合管理委员会的董事或者委员一致通过，方可作决议：①合作企业章程的修改；②合作企业注册资本的增减或减少；③合作企业的解散；④合作企业的资产抵押；⑤合作企业合并、分立和变更组织形式；⑥合作各方约定由董事会会议或者联合管理委员会会议一致通过方可做出决议的其他事项。

7.3.3.2 合作企业的经营管理机构

董事会或者联合管理机构可以决定任命或者聘请总理负责合作企业的日常经营管理工作。总经理对董事会或者联合管理机构负责。合作企业设总经理 1 名，对董事会或者联合管理委员会负责。

总经理及其他高级管理人员可以由中国公民担任，也可以由外国公民担任。经董事会或者联合管理委员会聘任，董事或者委员可以兼任合作企业的总经理或者其他高级管理职务。总经理及其他高级管理人员不得胜任工作任务的，或者有营私舞弊或者严重失职行为的，经董事会或者联合管理委员会决议，可以解聘；给合作企业造成损失的，应当依法承担责任。

7.3.4 中外合作企业的资本回收

7.3.4.1 外商先行回收投资的方式

根据《中外合作经营企业法》及其实施细则的规定，外国合作者在合作期限内可以申请按下列方式先行回收其投资：

1) 在按照投资或者提供合作条件进行分配的基础上，在合作企业合同中约定扩大外国合作者的收益分配比例。

2) 经财政税务机关按照国家有关税收的规定审查批准，外国合作者在合作企业缴纳所得税前回收投资。

3) 经财政税务机关和审查批准机关批准的其他回收投资方式。

7.3.4.2 外商先行回收投资的法定条件

中外合作经营者在合作企业合同中约定合作期满时，合作企业的全部固定资产物产归中国合作者所有；中外合作者应当依照有关法律的规定和合作企业合同的约定，对合作企业的债务承担责任。

外国合作者提出先行回收投资的申请，并具体说明先行收回投资的总额、期限和方式，经财政税务机关的审查同意后，报审查批准机关审批；外国合作者应在合作企业的亏损弥补之后，才能先行回收投资。对于税前回收投资的，必须向财政税务机关提出申请，并由财政税务机关依法审查批准。

7.3.5 中外合作经营企业的期限和解散

7.3.5.1 期限

中外合作企业的期限由中外合作者协商并在合作企业合同中规定。合作企业期限届满，合作各方同意延长合作期限的，应当在期限届满 180 天前向审查批准机关提出申请，说明原合作企业合同执行情况，延长合作期限的原因，报送合作各方就延长期间权利、义务等事项达成的协议。审批机关自接到申请之日起 30 日内做出批准或不批准的决定。合作企业中，外方先行收回投资的，并且已经收回完毕的，不再延长合作期限。但外国合作者增加投资，合作各方协商同意延长的，可向审查批准机关申请延长合作期限。合作延长期限一经批准，合作企业应到工商行政管理部门办理变更登记手续。

7.3.5.2 解散

中外合作企业解散的原因有：合作期限届满；合作企业发生严重亏损或者因不可抗力遭受严重损失，无力继续经营；中外合作者一方或数方不履行合作企业合同、章程规定的义务，致使合作企业无法继续经营；合作企业合同、章程规定的解散原因已经出现；合作企业因违反法律而被依法责令关闭。

7.4 外资企业

7.4.1 外资企业的涵义

外资企业是指依照中华人民共和国法律的规定，在中国境内设立的、全部资本由外国投资者投资的企业，不包括外国的企业和其他经济组织在中国境内的分支机构。外资企业的主要特征包括：

1) 外资企业的全部资本是由外国投资者投资的，相应地，企业的全部利润归外国投资者，风险和亏损也由外国投资者独立承担。外国投资者可以是公司、企业以及其他经济组织或者个人。

2) 外资企业是外国投资者根据中国法律在中国境内设立的。尽管外资企业的全部资本均来自于外国投资者，但它是根据中国法律在中国境内设立，受中国法律的管辖和保护，是具有中国国籍的企业。

3) 外资企业是独立的法律主体。一般情况下，外资企业以自己的名义进行经营活动，独立承担民事责任，外国投资者对其债务不承担无限责任。这是外资企业与外国企业在中国境内设立的分支机构的根本不同。

7.4.2 外资企业的设立

设立外资企业必须有利于中国国民经济的发展，能够取得显著经济效益，并应当至少符合下列条件之一：①采用先进技术和设备，从事新产品开发，节约能源和原材料，实现产品升级换代，可以替代进口的；②年出口产品的产值达到当年全部产品产值的50%以上，实现外汇收支平衡或者有余的。

申请设立外资企业，有下列情形之一的，不予批准：①有损中国主权或者社会公共利益的；②危及中国国家安全的；③违反中国法律、法规的；④不符合中国国民经济发展要求的；⑤可能造成环境污染的。

禁止设立外资企业的行业包括：新闻、出版、广播、电视、电影、国内商业、对外贸易、保险、邮电通信；中国政府规定的禁止设立外资企业的其他行业。限制设立外资企业的行业包括：公用事业、交通运输、房地产、信托投资、租赁。

设立外资企业的申请由国家对外经济贸易主管部门审查批准后，发给批准证书。设立外资企业的申请属于下列情形的，国务院授权省、自治区、直辖市和计划单列市、经济特区人民政府（以下简称受托机关）审查批准后，发给批准证书：一是投资总额在国务院规定的投资审批权限以内的；二是不需要国家调拨原材料，不影响能源、交通运输、外贸出口配额等全国综合平衡的。受托机关在国务院授权范围内批准设立外资企业。应当在批准后15日内报国务院对外经济贸易主管部门备案。国家对外经济贸易主管部门和授权机关，统称审批机关。还需要指出的是，申请在国家规定限制设立外资企业的行业中设立外资企业，除法律、法规另有规定外，须经国家对外经济贸易主管部门批准。申请设立的外资企业，其产品涉及出口许可证、出口配额、进口许可证或者属于国家限制进口的，应当依照有关管理权限事先征得国家对外经济贸易主管部门的同意。

审批机关应当在收到申请设立外资企业的全部文件之日起 90 日内决定批准或者不批准。审批机关如果发现上述文件不齐备或者有不当之处，可以要求限期补报或者修改。设立外资企业的申请经批准后，外国投资者应当在接到批准证书之日起30日内，向国家工商行政管理局或者国家工商行政管理局授权的地方工商行政管理局申请开业登记。登记主管机关应当在受理申请后30日内，作出核准登记或者不予核准登记的决定。申请开业登记的外国投资者，经登记主管机关核准登记注册，领取营业执照后，企业即告成立。外资企业的营业执照签发日期为该企业成立日期。外资企业应当在企业成立之日起 30 日内在税务机关办理税务登记。外资企业符合中国法律关于法人条件规定的，依法取得中国法人资格。

7.4.3 外资企业的组织形式与出资方式

7.4.3.1 外资企业的组织形式

外资企业的组织形式为有限责任公司，经批准也可以采取其他责任形式。外资企业为有限责任公司的，外国投资者对企业的责任以其认缴的出资额为限。外资企业以其全部资产对其债务承担责任。

实践中外资企业大多数都采用了有限责任公司的形式，外国投资者对企业的责任以其认缴的出资额为限，外资企业以其全部资产对其债务承担责任。即使投资者只有一人，也可为有限责任公司，所以外资企业中的一人公司是合法的事实存在。

外国投资者的出资方式，可以用能自由兑换的外币出资，也可用机器设备、工业产权、专有技术等作价出资。以非货币投资的，应出具在中国登记注册的有关机构的估价证明。

7.4.3.2 外资企业的出资方式

外国投资者的出资方式，可以用能自由兑换的外币出资，也可用机器设备、工业产权、专有技术等作价出资。以非货币投资的，应出具在中国登记注册的有关机构的估价证明。

7.4.4 外资企业的期限、终止与清算

外资企业的经营期限，根据不同行业和企业的具体情况，由外国投资者申报，经审批机关批准。外资企业的经营期限以其营业执照签发之日起计算。需要延长期限的，应在期满前申请延长期限。

外资企业有下列情形之一的，应予终止：①期限届满；②经营不善，严重亏损，外国投资者决定解散；③因自然灾害、战争等不可抗力而遭受严重损失，无法继续经营；④破产；⑤违反中国法律、法规，危害社会公共利益被依法撤销；⑥外资企业章程规定的其他解散事由已经出现。

外资企业在清算结束之前，除为了执行清算外，外国投资者对企业财产不得处理。清算结束后，其资产净额或剩余财产超过注册资本的部分视同利润，应依法缴纳所得税。缴纳所得税后的剩余财产，按照外资企业章程的规定进行分配。外资企业清算处理财产时，在同等条件下，中国的企业或者其他经济组织有优先购买权。

学习指导

★ 复习思考

1) 中外合作经营企业的外国合作者在合作期限内先行回收投资，应符合哪些法定条件？

2) 中外合资经营企业的注册资本应当符合哪些规定？

3) 中外合资经营企业出资额的转让应当具备哪些条件？

★ 案例分析

法国一世界知名的化妆品公司和北京一著名日化厂，协商设立一中外合作经营企业。约定的合作条件是：法方公司提供原材料(珍贵香料)、技术咨询、非专利技术(香料配方)和筹借资金(即向公司贷款 300 万元)；中方提供厂房、机器设备和销售渠道；合作期限为 5 年。合作期满后，合作企业的全部固定资产归中国合作者所有，法方在合作期内以提高利润分成比例的方式先行收回投资。中法双方以 4∶6 的比例分配利润和承担风险。企业成产后，设立联合管理机构进行管理，由于化妆品市场竞争激烈，法方要求改为由双方合作者以我的另一销售公司负责合作企业的经营管理。在召开的联合管理机关大会上，大多数票支持此项提议，遂决定实行该方案。在企业成立的头一年中，法方先行收回投资 60 万元。后公司从法国进口一批香料，由于运输香料的轮船涉嫌走私，导致香料不能如期到达，企业的生产受到影响，从而使与销售公司签订的合同不能如期履行，企业背上沉重债务，中方要求法方按照合同约定的比例承担企业债务，法方认为其投资已经收回，企业的全部固定资产归中方所有，企业的债务应由中方承担。

问：

(1) 法方是否对企业债务承担责任?

(2) 在合作企业的经营管理过程中还有什么不妥之处?

8 企业破产法律制度

本章要点

本章以破产法律现象为研究对象，吸收和借鉴国内外破产法相关研究中具有代表性的思想和观点，并结合我国当下破产实务的情况，阐明破产程序、破产管理人、债权人会议、破产重整制度、破产和解制度、清算制度等相关制度的基本原理，使读者明晰我国《企业破产法》中关于破产程序的基本规定，掌握我国破产实体法的主要内容，理解并掌握我国企业破产法有关重整、和解、清算制度的具体规定，并能运用于实际问题的分析和解决。

8.1 破产法律制度概述

8.1.1 我国破产法律制度的概述

破产是商品经济社会发展到一定阶段必然出现的法律现象。新中国成立后，企业破产法律制度长期处于不统一和不完善的状态。随着市场经济的发展，《中华人民共和国企业破产法》(简称《企业破产法》)在经历了多年的起草、修改之后于2006年8月27日在十届全国人大常委会第二十三次会议上获得通过，并于2007年6月1日起施行。《企业破产法》共12章136条，为处理破产案件提供了更加明确、清晰的法律依据。《企业破产法》确立了以市场为导向的企业有序退出的法律制度，规范了企业破产程序，对于公平清理债权债务，保护债权人和债务人的合法权益，维护社会主义市场经济秩序具有重要意义。

8.1.2 破产和破产法

8.1.2.1 破产的概念及其特征

破产制度发展至今，从法律上讲，主要有两方面的涵义：一是实体法上的破产，即指债务人不能清偿到期债务的客观事实状态；二是程序法上的破产，指债务人不能清偿到期债务时，经债权人或债务人向有管辖权的人民法院提出破产申请，由人民法院依照法定程序审理破产案件，宣告债务人破产，并将债务人的全部财产公平地向各债权人清偿，未得到清偿的债权不再清偿。破产具有以下特征：

1) 破产是债权实现的一种特殊形式。债务到期后，债务人必须偿还债权人的债务。与一般的偿债不同，破产还债是通过消灭债务人的主体资格来实现的，而一般的债务履行行为则不会导致债务人主体资格的消灭。

2) 破产是在特定情况下所运用的偿债程序。破产适用的前提即破产原因是债务人不能清偿到期债务。在不能清偿到期债务的情况下，只有通过宣告债务人破产，才能维护多数债权人的利益。如果没有债务人不能清偿到期债务这一前提存在，就不得适用破产程序。

3) 破产程序进行的主要目的是为了公平地清偿债权人的债务。破产意味着债务人缺乏足够的偿付能力，此时债权人为数人时就产生一种使所有债权人受到公平合理清偿的内在要求。当债务人的资产不足以满足全体债权人的债权要求时，则需适用破产程序，按一定的顺序和比例将债务人的所有财产公平合理地分配给债权人。

4) 破产是在法院的指挥和监督之下实施的债务清理程序。破产宣告只能由法院做出，整个破产程序也须在法院的指挥和监督之下进行。脱离司法裁判程序即无所谓破产程序，包括债务人在内的任何单位或个人自行宣告破产从而企图追求破产法上效果的行为都是无效的。

8.1.2.2 破产法的概念及特征

破产法是指在债务人不能清偿到期债务时，由人民法院宣告其破产并主持对其全部财产进行清算分配，公平清偿全体债权人，或者在法院监督下由债务人与债权人会议达成和解协议，通过企业重整以清偿债务避免破产的法律规范的总称。

破产法的特征可以概括为以下三个方面：

1) 综合性。破产法所要解决的债务人无力偿债的问题，涉及多种社会关系和多方利益诉求，需要运用多种法律机制进行调整。

2) 实体性法律规范与程序性法律规范的结合。概括而言，破产法的内容包括实体规范和程序规范两个方面。前者如破产界限、破产财产、破产债权、破产费用、法律责任等规定。后者如破产申请的提出、破产案件的受理、和解与整顿、破产宣告、破产程序的终结等规定。

3) 任意性与强制性相结合。破产法的基本指导思想是尽可能公平而妥善处理债务人在无力偿债情况下的债务清偿问题，并尽可能避免其消极后果，因此，破产法允许债务人与债权人在破产程序进行中通过协商达成和解，同时，为保证对全体债权人公平清偿，许多破产程序规则均具有强制性。

8.1.3　破产法的立法意义

破产法在规范企业破产行为，公正审理破产案件，全面保护各方当事人利益，维护社会主义市场经济秩序方面发挥着重要作用。

1) 明晰企业退出市场的规则，促进市场经济健康发展。市场经济是竞争经济，必然遵循依法进入和退出的竞争规律。就各类市场主体进入市场和退出市场的规则来说，我国市场经济法制建设尚有艰巨的任务。建立、健全企业破产法律制度，无疑是健全市场主体退出市场规则的一个重要方面，同时又是产业结构、企业结构调整，实现社会资源优化配置的有效措施。企业破产制度及相关法制的建立健全，有利于我国各类主体进入市场和退出市场的秩序得到规范，并有力地净化市场环境，促进市场经济发展。

2) 在坚持优胜劣汰的同时，保护有挽救希望的企业。制定、实施企业破产法，对经营不善，不能清偿到期债务的亏损企业来说，无疑是一种巨大的压力。随着企业破产法制的建立和健全，一方面长期亏损企业将面临被宣告破产的压力，从而促使一些尚有发展前景的亏损企业，加强企业管理，增强企业竞争能力。另一方面，企业破产原因非常复杂，在适用破产程序时要具体分析。立法要对无挽救希望的企业及时清理债权债务，避免造成更大损失；对陷入困境但有挽救希望的大中型企业要通过和解、重整程序尽力救助，使其恢复生机。

3) 公平保护破产案件各方当事人的利益。在企业破产实践中，既有债务人“恶意破产”，逃避债务，致使债权人之间得不到公平清偿的情况，也有部分债权人不顾整体利益，使一些有挽救希望的企业被破产清算的情况。企业破产法的建立特别是健全，将有利于全面规范企业破产行为，公平保护各方当事人利益。

8.2　破产的申请和受理

8.2.1　破产的申请

8.2.1.1　破产申请人

企业破产申请人主要包括三类：①债务人可以向人民法院提出重整、和解或者破产清算申请；②债务人不能清偿到期债务，债权人可以向人民法院提出对债务人进行重整或者破产清算的申请；③企业法人已解散但未清算或者未清算完毕，资产不足以清偿债务的，依法负有清算责任的人应当向人民法院申请破产清算。

8.2.1.2 申请破产应提交的材料

向人民法院提出破产申请，应当提交破产申请书和有关证据。破产申请书应当载明下列事项：①申请人、被申请人的基本情况；②申请目的；③申请的事实和理由；④人民法院认为应当载明的其他事项。债务人提出申请的，还应当向人民法院提交财产状况说明、债务清册、债权清册、有关财务会计报告、职工安置预案以及职工工资的支付和社会保险费用的缴纳情况。

8.2.2 破产的受理

8.2.2.1 破产的受理和立案

人民法院收到破产申请后应当及时对申请人的主体资格、债务人的主体资格和破产原因，以及有关材料和证据等进行审查，并依据《企业破产法》第 10 条的规定作出是否受理的裁定。人民法院认为申请人应当补充、补正相关材料的，应当自收到破产申请之日起 5 日内告知申请人。当事人补充、补正相关材料的期间不计入《企业破产法》第 10 条规定的期限。债务人对债权人的申请未在法定期限内向人民法院提出异议，或者异议不成立的，人民法院应当依法裁定受理破产申请。企业法人已解散但未清算或者未在合理期限内清算完毕，债权人申请债务人破产清算的，除债务人在法定异议期限内举证证明其未出现破产原因外，人民法院应当受理。

债权人提出破产申请的，人民法院应当自收到申请之日起 5 日内通知债务人。如果债务人对申请有异议，应当自收到人民法院的通知之日起 7 日内向人民法院提出，人民法院应当自异议期满之日起 10 日内裁定是否受理。如果债务人对申请没有异议，人民法院应当自收到破产申请之日起 15 日内裁定是否受理。有特殊情况需要延长前述裁定受理期限的，经上一级人民法院批准，可以延长 15 日。

8.2.2.2 破产通知和公告

人民法院收到破产申请时，应当向申请人出具收到申请及所附证据的书面凭证。人民法院裁定受理破产申请的，应当同时指定管理人。管理人在整个破产程序中将起到重要作用。

人民法院应当自裁定受理破产申请之日起 25 日内通知已知债权人，并予以公告。通知和公告应当载明下列事项：①申请人、被申请人的名称或者姓名；②人民法院受理破产申请的时间；③申报债权的期限、地点和注意事项；④管理人的名称或者姓名及其处理事务的地址；⑤债务人的债务人或者财产持有人应当向管理人清偿债务或者交付财产的要求；⑥第一次债权人会议召开的时间和地点；⑦人民法院认为应当通知和公告的其他事项。

8.2.2.3 债务人、债权人及其有关人员的义务

受理破产申请后，人民法院应当责令债务人依法提交其财产状况说明、债务清册、债权清册、财务会计报告等有关材料，债务人拒不提交的，人民法院可以对债务人的直接责任人员采取罚款等强制措施。自人民法院受理破产申请的裁定送达债务人之日起至破产程序终结之日，债务人的有关人员承担下列义务：①妥善保管其占有和管理的财产、印章和账簿、文书等资料；②根据人民法院、管理人的要求进行工作，并如实回答询问；③列席债权人会议并如实回答债权人的询问；④未经人民法院许可，不得离开住所地；⑤不得新任其他企业的董事、监事、高级管理人员。

债权人申请债务人破产的，应当提交债务人不能清偿到期债务的有关证据。

所谓有关人员，是指企业的法定代表人；经人民法院决定，可以包括企业的财务管理人员和其他经营管理人员。

另外，人民法院受理破产申请后，债务人对个别债权人的债务清偿无效；债务人的债务人或者财产持有人应当向管理人清偿债务或者交付财产；债务人的债务人或者财产持有人故意违反规定向债务人清偿债务或者交付财产，使债权人受到损失的，不免除其清偿债务或者交付财产的义务。

8.2.2.4 债务清偿能力的认定

债务人不能清偿到期债务并且资产不足以清偿全部债务，或明显缺乏清偿能力的，人民法院应当认定其具备破产原因。相关当事人以对债务人的债务负有连带责任的人未丧失清偿能力为由，主张债务人不具备破产原因的，人民法院应不予支持。下列情形同时存在的，人民法院应当认定债务人不能清偿到期债务：①债权债务关系依法成立；②债务履行期限已经届满；③债务人未完全清偿债务。

债务人的资产负债表，或者审计报告、资产评估报告等显示其全部资产不足以偿付全部负债的，人民法院应当认定债务人资产不足以清偿全部债务，但有相反证据足以证明债务人资产能够偿付全部负债的除外。

债务人账面资产虽大于负债，但存在下列情形之一的，人民法院应当认定其明显缺乏清偿能力：①因资金严重不足或者财产不能变现等原因，无法清偿债务；②法定代表人下落不明且无其他人员负责管理财产，无法清偿债务；③经人民法

院强制执行，无法清偿债务；④长期亏损且经营扭亏困难,无法清偿债务；⑤导致债务人丧失清偿能力的其他情形。

8.2.3　破产案件的管辖

破产案件的管辖，是指人民法院受理破产案件的分工和权限。债权人或债务人申请破产，必须向有管辖权的人民法院提出。根据《企业破产法》规定，企业破产案件由债务人住所地的人民法院管辖。所谓债务人住所地，是指债务人的主要办事机构所在地。债务人无办事机构的，由其注册地人民法院管辖。根据最高人民法院的司法解释，基层人民法院一般管辖县、县级市或区的工商行政管理机关核准登记企业的破产案件，中级人民法院一般管辖地区、地级市(含本级)以上工商行政管理机关核准登记企业的破产案件。

债权人申请债务人破产的，应当提交债务人不能清偿到期债务的有关证据。债务人对债权人的申请未在法定期限内向人民法院提出异议，或者异议不成立的，人民法院应当依法裁定受理破产申请。

受理破产申请后，人民法院应当责令债务人依法提交其财产状况说明、债务清册、债权清册、财务会计报告等有关材料，债务人拒不提交的，人民法院可以对债务人的直接责任人员采取罚款等强制措施。

申请人向人民法院提出破产申请，人民法院未接收其申请的，申请人可以向上一级人民法院提出破产申请。上一级人民法院接到破产申请后，应当责令下级法院依法审查并及时作出是否受理的裁定；下级法院仍不作出是否受理裁定的，上一级人民法院可以径行作出裁定。上一级人民法院裁定受理破产申请的，可以同时指令下级人民法院审理该案件。

破产案件的诉讼费用，应根据《企业破产法》第 43 条的规定，从债务人财产中拨付。相关当事人以申请人未预先交纳诉讼费用为由，对破产申请提出异议的，人民法院不予支持。

8.3　管理人

8.3.1　破产管理人制度

《企业破产法》引入了国际通行的管理人制度，规定管理人主要由律师事务所、会计师事务所、破产清算事务所等社会中介机构担任，按照市场化方式进行运作。这就将整个破产运作交由专业化人士来处理，使破产程序更符合我国市场经济的发展要求。

8.3.2 管理人的资格

根据《企业破产法》规定，管理人可以由有关部门、机构的人员组成的清算组或者依法设立的律师事务所、会计师事务所、破产清算事务所等社会中介机构担任。管理人由人民法院指定，并接受债权人会议和债权人委员会的监督。

此外，《企业破产法》从反面规定了担任管理人的否定性因素。有下列情形之一的，不得担任管理人：①因故意犯罪受过刑事处罚；②曾被吊销相关专业执业证书；③与本案有利害关系；④人民法院认为不宜担任管理人的其他情形。

8.3.3 管理人的职责

管理人主要履行下列职责：①接管债务人的财产、印章和账簿、文书等资料；②调查债务人财产状况，制作财产状况报告；③决定债务人的内部管理事务；④决定债务人的日常开支和其他必要开支；⑤在第一次债权人会议召开之前，决定继续或者停止债务人的营业；⑥管理和处分债务人的财产；⑦代表债务人参加诉讼、仲裁或者其他法律程序；⑧提议召开债权人会议；⑨人民法院认为管理人应当履行的其他职责。管理人应当勤勉尽责，忠实执行职务。管理人没有正当理由不得辞去职务。管理人辞去职务应当经人民法院许可。

8.4 债务人财产和债权申报程序

8.4.1 债务人财产

所谓债务人财产，是指破产申请受理时属于债务人的全部财产，以及破产申请受理后至破产程序终结前债务人取得的财产。在债务人财产中一般要剔除掉设置了担保权的特定财产，因为对破产人的特定财产享有担保权的权利人，对该特定财产享有优先受偿的权利。

在实践中，出现了破产欺诈行为。一些债务人利用破产程序策划各种欺诈逃债行为，侵害债权人利益，损害职工利益，破坏经济秩序。破产欺诈是各国破产法严厉打击的对象，在中国，破产案件中的欺诈逃债现象尤为严重。为此，《企业破产法》设置了较以往立法更为完善的撤销权与无效行为制度。该法第 31 条规定，人民法院受理破产申请前 1 年内，债务人具有无偿转让财产、以明显不合理的价格进行交易、对没有财产担保的债务提供财产担保、对未到期的债务提前清偿的、放弃债权等行为的，管理人有权请求人民法院予以撤销。另外，《企业破产法》第 33 条还规定，为逃避债务而隐匿、转移财产、虚构债务或者承认不真实的债务等涉及债务人财产的行为是无效的，这就在一定程度上对实践中出现的“虚假破产”、“恶意破产”等行为进行了规制，从而更好地保护了债权人利益，维护了市场经济秩序，也为整个社会商业信用体制的建立和完善提供了重要的制度保证。

8.4.2 债权申报

人民法院受理破产申请后，应当确定债权人申报债权的期限。债权申报期限自人民法院发布受理破产申请公告之日起计算，最短不得少于30日，最长不得超过 3 个月。债权人应当在人民法院确定的债权申报期限内向管理人申报债权。

《企业破产法》对一些特殊债权的处理作了明确规定。未到期的债权，在破产申请受理时视为到期。附利息的债权自破产申请受理时起停止计息。附条件、附期限的债权和诉讼、仲裁未决的债权，债权人可以申报。

债权人申报债权时，应当书面说明债权的数额和有无财产担保，并提交有关证据。申报的债权是连带债权的，应当说明。连带债权人可以由其中一人代表全体连带债权人申报债权，也可以共同申报债权。

债务人的保证人或者其他连带债务人已经代替债务人清偿债务的，以其对债务人的求偿权申报债权。债务人的保证人或者其他连带债务人尚未代替债务人清偿债务的，以其对债务人的将来求偿权申报债权。但是，债权人已经向管理人申报全部债权的除外。

管理人收到债权申报材料后，应当登记造册，对申报的债权进行审查，并编制债权表。债权表和债权申报材料由管理人保存，供利害关系人查阅。编制的债权表，应当提交第一次债权人会议核查。债务人、债权人对债权表记载的债权无异议的，由人民法院裁定确认。债务人、债权人对债权表记载的债权有异议的，可以向受理破产申请的人民法院提起诉讼。

【例 8.1】 某公司向银行借款 20 万元，提供 5 辆汽车(每辆价值 7 万元)作为抵押担保，汽车仍由该公司使用。后公司到期未能还款，银行欲向某企业索赔，恰在此时银行收到法院关于该企业已申请宣告破产的通知。请问银行在知道某企业进入破产程序后，为维护自身合法权益，应采取什么措施？银行的贷款应如何清偿？

解析：根据《企业破产法》的规定，债务人或债权人向人民法院提出破产申请，应当提交破产申请书和有关证据。破产申请书应当载明下列事项：①申请人、被申请人的基本情况；②申请目的；③申请的事实和理由；④人民法院认为应当载明的其他事项。债务人提出申请的，还应当向人民法院提交财产状况说明、债务清册、债权清册、有关财务会计报告、职工安置预案以及职工工资的支付和社会保险费用的缴纳情况。

8.5 债权人会议和债权人委员会制度

8.5.1 债权人会议

债权人会议的成员为依法申报债权的债权人，他们有权参加债权人会议，享有表决权。另外，债权人会议应当有债务人的职工和工会的代表参加，对有关事项发表意见。债权人会议设主席 1 人，由人民法院从有表决权的债权人中指定。债权人会议由债权人会议主席主持。

债权尚未确定的债权人，除人民法院能够为其行使表决权而临时确定债权额的外，不得行使表决权。债权人可以委托代理人出席债权人会议，行使表决权。代理人出席债权人会议，应当向人民法院或者债权人会议主席提交债权人的授权委托书。

8.5.2 债权人会议的职权

债权人会议主要行使下列职权：①核查债权；②申请人民法院更换管理人，审查管理人的费用和报酬；③监督管理人；④选任和更换债权人委员会成员；⑤决定继续或者停止债务人的营业；⑥通过重整计划；⑦通过和解协议；⑧通过债务人财产的管理方案；⑨通过破产财产的变价方案；⑩通过破产财产的分配方案；⑪人民法院认为应当由债权人会议行使的其他职权。

8.5.3 债权人会议的程序和表决方式

第一次债权人会议由人民法院召集，自债权申报期限届满之日起 15 日内召开。以后的债权人会议，在人民法院认为必要时，或者管理人、债权人委员会、占债权总额 1/4 以上的债权人向债权人会议主席提议时召开。另外，召开债权人会议，管理人应当提前 15 日通知已知的债权人。

债权人会议的决议，由出席会议的有表决权的债权人过半数通过，并且其所代表的债权额占无财产担保债权总额的 1/2 以上。债权人会议通过和解协议的决议，由出席会议的有表决权的债权人过半数同意，并且其所代表的债权额占无财产担保债权总额的 2/3 以上。债权人会议的决议，对于全体债权人均有约束力。债权人认为债权人会议的决议违反法律规定，损害其利益的，可以自债权人会议做出决议之日起 15 日内，请求人民法院裁定撤销该决议，责令债权人会议依法重新做出决议。

8.5.4 债权人委员会

债权人会议可以决定设立债权人委员会。债权人委员会由债权人会议选任的债权人代表和 1 名债务人的职工代表或者工会代表组成。债权人委员会成员不得超过 9 人。

债权人委员会行使下列职权：①监督债务人财产的管理和处分；②监督破产财产分配；③提议召开债权人会议；④债权人会议委托的其他职权。债权人委员会执行职务时，有权要求管理人、债务人的有关人员对其职权范围内的事务做出说明或者提供有关文件。

管理人实施下列行为，应当及时报告债权人委员会：①涉及土地、房屋等不动产权益的转让；②探矿权、采矿权、知识产权等财产权的转让；③全部库存或者营业的转让；④借款；⑤设定财产担保；⑥债权和有价证券的转让；⑦履行债务人和对方当事人均未履行完毕的合同；⑧放弃权利；⑨担保物的取回；⑩对债权人利益有重大影响的其他财产处分行为。未设立债权人委员会的，管理人实施上述行为应当及时报告人民法院。

8.6 重整

重整是指不对无偿付能力债务人的财产立即进行清算，而是在法院的主持下由债务人与债权人达成协议，制订重整计划，规定在一定的期限内，债务人按一定的方式全部或部分地清偿债务，同时债务人可以继续经营其业务的制度。作为一种再建型的债务清偿程序，在“促进债务人复兴”的立法目的指导下构建的重整制度，是一个国际化的潮流，它使得破产法不仅仅是一部市场退出法、死亡法、淘汰法，还是一部企业更生法、恢复生机法、拯救法。在提出破产申请后，陷入困境的企业依然有可能通过有效的重整避免破产。

由于重整制度具有对象的特定化、原因的宽松化、程序启动的多元化、重整措施的多样化、重整程序的优先化、担保物权的非优先化和参与主体的广泛化等特点，这就给了债务人企业一个自我拯救、重新开始的机会，平衡了债权人与债务人之间的利益关系。

8.6.1 重整申请和重整期间

在重整申请的主体上，首先，债务人或者债权人可以直接向人民法院申请对债务人进行重整。其次，在债权人申请对债务人进行破产清算的情况下，在人民法院受理破产申请后、宣告债务人破产前，债务人或者出资额占债务人注册资本1/10以上的出资人，可以向人民法院申请重整。

人民法院经审查认为重整申请符合法律规定的，将裁定债务人重整。自人民法院裁定债务人重整之日起至重整程序终止，为重整期间。

在重整期间，经债务人申请，人民法院批准，债务人可以在管理人的监督下自行管理财产和营业事务。在重整期间也有一些特殊规则。比如，债务人的出资人不得请求投资收益分配；除非人民法院同意，债务人的董事、监事、高级管理人员不得向第三人转让其持有的债务人的股权。

8.6.2 重整计划的制订和批准

债务人或者管理人应当自人民法院裁定债务人重整之日起6个月内，同时向人民法院和债权人会议提交重整计划草案。上述期限届满，经债务人或者管理人请求，有正当理由的，人民法院可以裁定延期3个月。

重整计划草案应当包括下列内容：①债务人的经营方案；②债权分类；③债权调整方案；④债权受偿方案；⑤重整计划的执行期限；⑥重整计划执行的监督期限；⑦有利于债务人重整的其他方案。

为了协调和满足不同利益群体的需求，对重整计划的表决实行的是分组表决制。各类债权的债权人参加讨论重整计划草案的债权人会议，依照下列债权分类，分组对重整计划草案进行表决：①对债务人的特定财产享有担保权的债权；②债务人所欠职工的工资和医疗、伤残补助、抚恤费用，所欠的应当划入职工个人账户的基本养老保险、基本医疗保险费用，以及法律、行政法规规定应当支付给职工的补偿金；③债务人所欠税款；④普通债权。为了保护小额债权人的利益，人民法院在必要时可以决定在普通债权组中设小额债权组对重整计划草案进行表决。

出席会议的同一表决组的债权人过半数同意重整计划草案，并且其所代表的债权额占该组债权总额的2/3以上的，即为该组通过重整计划草案。

各表决组均通过重整计划草案时，重整计划即为通过。自重整计划通过之日起10 日内，债务人或者管理人应当向人民法院提出批准重整计划的申请。人民法院经审查认为符合法律规定的，应当自收到申请之日起30日内裁定批准，并予以公告。

8.6.3 重整计划的执行

经人民法院裁定批准的重整计划，对债务人和全体债权人均有约束力。

重整计划由债务人负责执行。人民法院裁定批准重整计划后，已接管财产和营业事务的管理人应当向债务人移交财产和营业事务。自人民法院裁定批准重整计划之日起，在重整计划规定的监督期内，由管理人监督重整计划的执行。在监督期内，债务人应当向管理人报告重整计划执行情况和债务人财务状况。

债务人不能执行或者不执行重整计划的，人民法院经管理人或者利害关系人请求，应当裁定终止重整计划的执行，并宣告债务人破产。

人民法院裁定终止重整计划执行的，债权人在重整计划中做出的债权调整的承诺失去效力。债权人因执行重整计划所受的清偿仍然有效，债权未受清偿的部分作为破产债权。

8.6.4 重整程序的终止

重整计划草案未获得通过，或者已通过的重整计划未获得人民法院批准的，人民法院应当裁定终止重整程序，并宣告债务人破产。

在重整期间，有下列情形之一的，经管理人或者利害关系人请求，人民法院应当裁定终止重整程序，并宣告债务人破产：①债务人的经营状况和财产状况继续恶化，缺乏挽救的可能性；②债务人有欺诈、恶意减少债务人财产或者其他显著不利于债权人的行为；③由于债务人的行为致使管理人无法执行职务。

8.7 和解

债务人可以依法直接向人民法院申请和解；也可以在人民法院受理破产申请后、宣告债务人破产前，向人民法院申请和解。债务人申请和解，应当提出和解协议草案。

人民法院经审查认为和解申请符合法律规定的，应当裁定和解，予以公告，并召集债权人会议讨论和解协议草案。

债权人会议通过和解协议的决议，由出席会议的有表决权的债权人过半数同意，并且其所代表的债权额占无财产担保债权总额的2/3以上。

债权人会议通过和解协议的，由人民法院裁定认可，终止和解程序，并予以公告。管理人应当向债务人移交财产和营业事务，并向人民法院提交执行职务的报告。和解协议草案经债权人会议表决未获得通过，或者已经债权人会议通过的和解协议未获得人民法院认可的，人民法院应当裁定终止和解程序，并宣告债务人破产。

经人民法院裁定认可的和解协议，对债务人和全体和解债权人均有约束力。债务人应当按照和解协议规定的条件清偿债务。债务人不能执行或者不执行和解协议的，人民法院经和解债权人请求，应当裁定终止和解协议的执行，并宣告债务人破产。

按照和解协议减免的债务，自和解协议执行完毕时起，债务人不再承担清偿责任。

8.8 破产宣告和破产清算

8.8.1 破产宣告

人民法院依照法律规定宣告债务人破产的，应当自裁定做出之日起5日内送达债务人和管理人，自裁定做出之日起10日内通知已知债权人，并予以公告。债务人被宣告破产后，债务人称为破产人，债务人财产称为破产财产，人民法院受理破产申请时对债务人享有的债权称为破产债权。

破产宣告前，有下列情形之一的，人民法院应当裁定终结破产程序，并予以公告：①第三人为债务人提供足额担保或者为债务人清偿全部到期债务的；②债务人已清偿全部到期债务的。

8.8.2 破产费用和共益债务

8.8.2.1 破产费用

破产费用是指破产程序开始后，为破产程序的进行以及为全体债权人的共同利益而在破产财产的管理、变价和分配中产生的费用，以及为破产财产进行诉讼和办理其他事务而支付的费用。

根据《企业破产法》的规定，人民法院受理破产申请后发生的下列费用为破产费用：①破产案件的诉讼费用；②管理、变价和分配债务人财产的费用；③管理人执行职务的费用、报酬和聘用工作人员的费用。

8.8.2.2 共益债务

共益债务又称财团债务，是指破产程序中为全体债权人的共同利益而管理、变价和分配破产财产而负担的债务。

根据《企业破产法》的规定，人民法院受理破产申请后发生的下列债务，为共益债务：①因管理人或者债务人请求对方当事人履行双方均未履行完毕的合同所产生的债务；②债务人财产受无因管理所产生的债务；③因债务人不当得利所产生的债务；④为债务人继续营业而应支付的劳动报酬和社会保险费用以及由此产生的其他债务；⑤管理人或者相关人员执行职务致人损害所产生的债务；⑥债务人财产致人损害所产生的债务。

8.8.2.3 破产费用和共益债务的清偿

破产费用和共益债务由债务人财产随时清偿。债务人财产不足以清偿所有破产费用和共益债务的，先行清偿破产费用。债务人财产不足以清偿所有破产费用或者共益债务的，按照比例清偿。

债务人财产不足以清偿破产费用的，管理人应当提请人民法院终结破产程序。人民法院应当自收到请求之日起15日内裁定终结破产程序，并予以公告。

8.8.3 变价和分配

管理人应当及时拟订破产财产变价方案，提交债权人会议讨论。管理人应当按照债权人会议通过的或者人民法院裁定的破产财产变价方案，适时变价出售破产财产。变价出售破产财产应当通过拍卖进行。但是，债权人会议另有决议的除外。

破产财产在优先清偿破产费用和共益债务后，依照下列顺序清偿：①破产人所欠职工的工资和医疗、伤残补助、抚恤费用，所欠的应当划入职工个人账户的基本养老保险、基本医疗保险费用，以及法律、行政法规规定应当支付给职工的补偿金；②破产人欠缴的除第①项规定以外的社会保险费用和破产人所欠税款；③普通破产债权。破产财产不足以清偿同一顺序的清偿要求的，按照比例分配。另外值得注意的是，破产企业的董事、监事和高级管理人员的工资按照该企业职工的平均工资计算。

破产财产的分配一般应当以货币分配方式进行。管理人应当及时拟订破产财产分配方案，提交债权人会议讨论。破产财产分配方案应当载明下列事项：①参加破产财产分配的债权人名称或者姓名、住所；②参加破产财产分配的债权额；③可供分配的破产财产数额；④破产财产分配的顺序、比例及数额；⑤实施破产财产分配的方法。债权人会议通过破产财产分配方案后，由管理人将该方案提请人民法院裁定认可。破产财产分配方案经人民法院裁定认可后，由管理人执行。

8.8.4 破产程序的终结

破产程序的终结主要有两种情况：①破产人无财产可供分配的，管理人应当请求人民法院裁定终结破产程序；②管理人在最后分配完结后，应当及时向人民法院提交破产财产分配报告，并提请人民法院裁定终结破产程序。

人民法院应当自收到管理人终结破产程序的请求之日起 15 日内做出是否终结破产程序的裁定。裁定终结的，应当予以公告。管理人应当自破产程序终结之日起 10 日内，持人民法院终结破产程序的裁定，向破产人的原登记机关办理注销登记。

8.9 破产法律责任

企业董事、监事或者高级管理人员违反忠实义务、勤勉义务，致使所在企业破产的，依法承担民事责任。有前述情形的人员，自破产程序终结之日起 3 年内不得担任任何企业的董事、监事、高级管理人员。

对于债务人而言，有义务列席债权人会议的债务人的有关人员，经人民法院传唤，无正当理由拒不列席债权人会议的，人民法院可以拘传，并依法处以罚款。债务人的有关人员违反法律规定，拒不陈述、回答，或者作虚假陈述、回答的，人民法院可以依法处以罚款。债务人违反法律规定，拒不向人民法院提交或者提交不真实的财产状况说明、债务清册、债权清册、有关财务会计报告以及职工工资的支付情况和社会保险费用的缴纳情况的，人民法院可以对直接责任人员依法处以罚款。债务人违反法律规定，拒不向管理人移交财产、印章和账簿、文书等资料的，或者伪造、销毁有关财产证据材料而使财产状况不明的，人民法院可以对直接责任人员依法处以罚款。债务人的有关人员违反法律规定，擅自离开住所地的，人民法院可以予以训诫、拘留，可以依法并处罚款。

对于管理人而言，其未依照破产法规定勤勉尽责，忠实执行职务的，人民法院可以依法处以罚款；给债权人、债务人或者第三人造成损失的，依法承担赔偿责任。

违反《企业破产法》规定，构成犯罪的，依法追究刑事责任。

学习指导

★ 复习思考

1) 债务人账面资产虽大于负债，但存在哪些情形的，人民法院应当认定其缺乏清偿能力？

2) 债权人会议的职权有哪些？

3) 企业破产申请人包括哪几类？

4) 简述管理人的职责。

5) 申请企业破产应提交的材料有哪些？

6) 简述破产财产的清偿顺序。

★ 案例分析

2007 年 12 月 10 日债权人某银行分行向市中级人民法院申请雅光葡萄酒厂破产。经查：雅光葡萄酒厂仅有资产 73.7 万元，债务为 159.7 万元，亏损额达 86 万元，资产负债率为 46.1%。法院受理破产申请，在规定时间内通知已知债权人，并于 2008 年 1 月 5 日发布公告，要求债权人申报债权，公告规定 2 月 1 日召开第一次债权人会议。其后法院于 1 月 20 日指定了管理人。

根据《企业破产法》，试分析上述程序中是否有违法之处。

第三编

市场运行法律制度

- 合同法律制度
- 物权法律制度
- 担保法律制度
- 证券法律制度
- 票据法律制度
- 公平交易法律制度
- 产品质量法律制度
- 消费者权益保护法律制度
- 知识产权法律制度

9 合同法律制度

本章要点

合同是市场交易行为的法律形式。合同法是市场经济最重要的基础性法律。在某种意义上可以说，市场经济就是合同经济。通过本章学习，了解、熟悉合同种类、合同法的基本原则等基本知识；重点掌握要约与承诺、合同的效力、无效合同的财产处理、合同终止、违约责任、合同的法律适用等重要规定，并能灵活地运用，分析和处理各种合同实务问题。

9.1 合同法概述

9.1.1 合同的涵义和特征

合同也称为契约。据一些学者考证，在我国，合同一词早在2000年前已存在，但一直未被广泛采用。新中国成立以前，著述中都使用契约而不使用合同一词。自20世纪50年代以来，我国民事立法和司法实践主要采用合同的概念。

合同是反映交易的法律形式。合同在英文中称为“Contractus”，在法文中称为“Contrat”或“Pacte”，在德文中称为“Uertrag”或“Kontrakt”，这些用语都来源于罗马法的合同概念“Contractus”。据学者考证“Contractus”一词由“Con”和“tractus”二字组成。Con由Com转化而来，有“共”字的意义，“tractus”有交易的意义。因此，合同的本意为“共相交易”。关于合同的定义，大陆法学者基本上认为合同是一种合意或者协议；英美法学者大都认为合同是一种允诺。我国民法理论基本上继受了大陆法的概念。例如，我国《民法通则》第85条规定，“合同是当事人之间设立、变更、终止民事关系的协议。依法成立的合同，受法律保护。”我国《合同法》第2条规定，合同是平等主体的自然人、法人、其他组织之间设立、变更、终止民事权利义务关系的意思表示一致的协议。

合同具有以下基本法律特征：

1) 合同是一种当事人意思表示一致并能够引起一定法律后果的民事法律行为。

2) 合同是双方或多方当事人之间的民事法律行为。

3) 当事人在合同关系中法律地位平等。

4) 合同是合法的行为。

应予说明的是，民事权利义务关系包括人身权、财产所有权、债权等。我国合同法规定，婚姻、收养、监护等有关身份关系的协议，不适用合同法，而适用其他法律的规定。

9.1.2 合同的分类

合同种类繁多，形式多样，具体体现了市场经济和社会生活各个领域和环节的内容和要求。作为商品交换法律形式的合同，随着交易关系的发展和内容的复杂化，其类型也在不断地发展和变化。不过对各种纷繁复杂的交易形态和合同形态，可以从法律上依各种标准做出不同的分类。如：

1) 有名合同与无名合同。根据法律上是否规定了一定合同的名称，可以将合同分为有名合同与无名合同。有名合同，又称为典型合同，是指法律、法规有明文规定的被赋予特定名称及规则的合同。如我国合同法分则规定的买卖合同、供用电、水、热气合同、赠与合同、借款合同、租赁合同、融资租赁合同、承揽合同、建筑工程合同、运输合同、技术合同、保管合同、仓储合同、委托合同、行纪合同、居间合同等15种合同都属于有名合同。上述是企业事业单位和公民在生产经营和生活中普遍发生的、常用的典型合同。合同法分则对这些合同作了规定，为当事人订立、履行合同提供了具体规范，也为人民法院、仲裁机构审理合同纠纷案件提供了依据。所谓无名合同，又称非典型合同，是指法律上尚未确定一定的名称与规则的合同。对于无名合同的内容，法律虽然通常设有一些规定，但这些规定大多为任意性规范。根据合同自由原则，合同当事人可以自由决定合同的内容，因此，即使当事人订立的合同不属于有名合同的范围，只要不违背法律的禁止性规定和社会公共利益，也仍然是有效的。从合同法的发展趋势来看，为规范合同关系，保护当事人利益，各国合同立法都扩大了有名合同的范围，但这种发展趋势并非意味着对当事人合同自由的干预大大加强，而是为了进一步规范合同关系，促进当事人正确订约。

2) 要式合同与非要式合同。根据合同是否应采取一定的形式，可将合同分为要式合同与不要式合同。所谓要式合同，是指根据法律规定应当采取特定方式订立的合同，否则合同不能成立和生效。对于一些重要的交易，法律常要求当事人应当采取特定的方式订立合同。例如，中外合资经营企业合同，属于应当由国家批准的合同。所谓不要式合同，是指当事人订立的合同依法并不需要采取特定的形式，当事人可以采取口头方式，也可以采取书面形式。根据合同自由原则当事人有权选择合同形式，但对于法律有特别的形式要件规定的，当事人应当遵循法律规定。要式与不要式合同的区别在于某些法律和行政法规对合同的形式要求会影响合同的生效。

3) 有偿合同与无偿合同。根据当事人是否可以从合同中获取某种利益，可以将合同分为有偿合同和无偿合同。有偿合同，是指一方通过履行合同规定的义务而给对方某种利益，对方要得到该利益必须为此支付相应对价的合同。有偿合同是商品交换最典型的法律形式。在实践中，绝大多数反映交易关系的合同都是有偿的。无偿合同，是指一方给付某种利益，对方取得该利益时并不支付任何报酬的合同，如赠与合同、借用合同等都属于无偿合同。

4) 双务合同和单务合同。根据合同双方当事人权利和义务分担方式，可将合同分为双务合同与单务合同。双方当事人互负对待给付义务的合同，为双务合同；当事人一方负给付义务，另一方只享有权利的合同，为单务合同。现实生活中的合同大多数为双务合同，如买卖、互易、租赁、承揽等。这类合同的每一方当事人既是债权人，也是债务人，他所享有的权利，正是对方所负的义务，他所负担的义务，正是对方享有的权利。

5) 诺成合同与实践合同。根据合同是否以交付标的物为成立要件，可以将合同分为诺成合同与实践合同。所谓诺成合同，是指当事人一方的意思表示一旦经对方同意即能产生法律效果的合同，即当事人意思表示一致合同即告成立。实践合同是指除双方当事人意思表示一致以外，还必须交付标的物才能成立的合同。例如小件寄存合同，必须要寄存人将寄存的物品交保管人，合同才能成立并生效。

6) 主合同与从合同。根据合同相互间的主从关系，可以将合同分为主合同与从合同。所谓主合同，是指不需要其他合同的存在即可独立存在的合同。例如，对于保证合同而言，设立主债务的合同就是主合同。所谓从合同，就是以其他合同的存在而为存在前提的合同，例如，保证合同相对于主债务合同而言为从合同。由于从合同要依赖主合同的存在而存在，所以从合同又被称为“附属合同”。

9.1.3　合同法的基本原则

合同法的基本原则是合同当事人在合同活动中应当遵守的基本准则，也是人民法院、仲裁机构审理合同纠纷案件时应当遵循的原则。合同法关于合同的订立、效力、履行、违约责任等等以及各个分则的内容都是根据这些基本原则规定的。了解和掌握合同法的基本原则，对于正确理解合同法的有关规定，有着十分重要的意义。合同法的基本原则包括：

1) 平等原则。合同当事人的法律地位平等，一方不得将自己的意志强加给另一方。法律地位平等，是当事人自愿协商达成协议的前提。当事人无论具有什么身份，在合同关系中相互之间的法律地位都是平等的，没有高低、从属之分，都必须遵守法律规定，都必须尊重对方当事人的意志。

2) 自愿原则。这是合同法最重要的基本原则。其基本涵义是：合同当事人通过协商，自愿决定和调整相互之间的权利义务关系。自愿原则体现了民事活动的基本特征，是民事法律关系区别于行政法律关系、刑事法律关系的特有的原则。民事活动除法律有强制性规定者外，由当事人自愿约定。为此，合同法规定，当事人依法享有自愿订立合同的权利，任何单位和个人不得非法干预。当然，自愿也不是绝对的。当事人订立、履行合同，应当遵守法律、行政法规，尊重社会公德，不得扰乱社会经济秩序，损害社会公共利益。

3) 公平原则。我国合同法规定，当事人应当遵循公平原则确定各方的权利和义务。公平是法律最基本的价值取向。法律的基本目标就是在公平和正义的基础上建立社会的秩序。合同各方当事人都应当遵循公平原则，在不损害他人合法权益的基础上实现自己的利益，不得滥用自己的权利。公平原则作为一项法律适用原则，可以弥补法律规范的不足或者合同约定的不足。在法律没有规定或者合同没有约定时，可以运用公平原则来确定各方当事人的权利和义务。

4) 诚实信用原则。要求当事人在订立、履行合同中应当讲诚实、守信用，善意地行使权利履行义务，不得规避法律和合同义务。具体包括：①在订立合同时，应当善意行使权利，不得欺诈，不得假借订立合同恶意磋商或进行其他违背诚实信用原则的行为；②在履行合同义务时，当事人应当按照诚实信用的要求，根据合同的性质、目的和交易惯例履行通知、协助、提供必要的条件、防止损失扩大、保密等义务；③合同终止后，也应当根据合同约定或交易习惯履行通知、协助、保密等义务。

5) 遵守法律，尊重社会公德原则。这是对合同自愿原则的限制和补充。一般来讲，合同的订立和履行，属于合同当事人之间的民事权利义务关系，主要涉及当事人的利益，国家一般不予干预，由当事人自主约定，采取自愿原则。但是，当事人在社会中彼此之间发生的权利义务关系，可能会涉及社会公共利益，涉及社会经济秩序。因此，合同自愿原则也不是绝对的，当事人必须对自己的行为有所约束。为了维护社会公共利益、维护正常的社会秩序，对于损害社会公共利益、扰乱社会经济秩序的行为，国家应当干预。国家干预要依法进行，通过法律、行政法规做出规定。

6) 合同对当事人具有法律约束力的原则。订立或不订立合同，与谁订立合同，合同的内容等，由当事人自愿约定。但是，依法成立的合同受法律保护，对当事人具有法律约束力。当事人应当按照合同的约定履行自己的义务，非依法律规定或者对方同意，不得擅自变更或者解除合同。如果不履行合同义务或者履行合同义务不符合约定，就要承担违约责任。如果受损害一方请求法院或者仲裁机构予以救济时，有关机构应当依法维护守约一方的合法权益。这对提高合同信用，保障合同安全，促进合同履行，保护合同当事人的合法权益等有着重要意义。

9.1.4 我国合同立法概况

合同法是规范市场交易的基本法律，是民商法的重要组成部分。我国实行改革开放政策以来，先后于1981年制定了《经济合同法》(并于1993年进行了修改)，1985年制定了《涉外经济合同法》，1987年制定了《技术合同法》。实践证明，这三部合同法对保护合同当事人的合法权益，维护社会经济秩序，促进社会主义现代化建设，发挥了重要作用。

但是随着改革开放的不断深入，社会经济不断发展，这三部合同法已不能完全适应社会主义市场经济需要。1999年3月15日第九届全国人大第二次会议通过了《合同法》，自1999年10月1日起施行。这标志着我国社会主义市场经济法律体系建设进入一个新的阶段。

9.2 合同的订立

9.2.1 要约和承诺

当事人订立合同的过程是对合同内容进行协商的过程。合同法规定，当事人订立合同采取要约、承诺的方式。

9.2.1.1 要约与要约邀请

要约又被称为订约提议，或称为发盘、发价、出价等。根据《合同法》第14条规定，“要约是希望和他人订立合同的意思表示”。在要约关系中，发出要约的一方称为要约人，接受要约的一方称为受要约的人、相对人和承诺人。可见要约是一方当事人以缔结合同为目的，向对方当事人所作的意思表示。要约可以采取口头形式，也可以采取书面形式。

1) 要约的主要构成要件。要约发出后，非依法律规定或受要约人的同意，不得变更、撤销要约的内容。一项要约发生法律效力，则必须具有特定的有效条件，要约的主要构成要件如下：①要约是由具有订约能力的特定人做出的意思表示。例如对订立买卖合同来说，他既可以是买受人也可以是出卖人，但必须是准备订立买卖合同的当事人。如果是代理人，需要有本人的授权。②要约必须具有订立合同的意图，并表明要约人即受该意思表示的约束。③要约必须是要约人向希望与其缔结合同的受要约人发出。要约原则上应向特定人发出，并不是说法律要严格禁止要约向不特定人发出。在特定情况下也可向非特定对象提出(如悬赏广告等)。④要约的内容必须具体确定，具备足以使合同成立的主要条款。⑤要约必须送达受要约人。

2) 要约的生效。要约到达受要约人时生效。采用数据电文形式订立合同，收件人指定特定系统接收数据电文的，该数据电文进入该特定系统的时间，视为到达时间；未指定特定系统的，该数据电文进入收件人的任何系统的首次时间，视为到达时间。

3) 要约的有效期限。要约生效后，要约人在要约的有效期限内不得随便反悔。至于要约的有效期限，要约中确定承诺期限的，该确定的期限即为要约的有效期限；如果要约中没有确定期限，以对话方式做出要约的，受要约人应当即时做出承诺。要约以非对话方式做出的，受要约人应当在合理期限内(如信函往返的在途时间加上对方合理的考虑时间)做出承诺。

4) 要约的撤回。要约可以撤回，撤回要约的通知应当在要约到达受要约人之前或者与要约同时到达受要约人。

5) 要约的撤销。要约到达受要约人生效后，要约人不能再撤回要约。对于是否能撤销要约，合同法作了限制性的规定。要约可以撤销，撤销要约的通知应当在受要约人发出承诺通知之前到达受要约人。有下列情形之一的，要约不得撤销：①要约人确定了承诺期限或者以其他形式明示要约不可撤销；②受要约人有理由认为要约是不可撤销的，并已经为履行合同做出了准备工作。

6) 要约的失效。又称要约消灭，即指要约丧失法律约束力，要约人不再受要约的约束。合同法规定，有下列情形之一的，要约失效：①拒绝要约的通知到达要约人；②要约人依法撤销要约；③承诺期限届满，受要约人未做出承诺；④受要约人对要约的内容做出实质性变更。

7) 要约邀请。亦称要约之引诱，不同于要约。要约邀请是希望他人向自己发出要约的意思表示。寄送价目表、拍卖公告、招标公告、招股说明书、商业广告等为要约邀请。其中，商业广告的内容符合要约规定的，视为要约。

要约邀请与要约有着本质区别。要约是希望和他人订立合同的意思表示，该意思表示的内容已经包括了一份可以履行的可能成立的合同的基本要件，只要经过受要约人承诺，合同即告成立。要约邀请则只是希望他人向自己发出要约，不直接发生合同成立的法律后果。

9.2.1.2 承诺

承诺是受要约人同意要约的意思表示。要约一经承诺，合同即告成立。

1) 承诺的条件。作为一项有效的承诺，必须符合以下条件：

(1) 由受要约人或其代理人做出。

(2) 在要约的有效期内做出。受要约人超过期限发出承诺的，除要约人及时通知受要约人该承诺有效的以外，视为新要约。应予注意，《合同法》规定，要约以信件或者电报做出的，承诺期限自信件载明的日期或者电报交发之日开始计算。信件未载明日期的，自投寄该信件的邮戳日期开始计算。要约以电话、传真等快速通讯方式做出的，承诺期限自要约到达受要约人时开始计算。

(3) 承诺的内容应当与要约的内容一致。受要约人对要约的内容做出实质性变更的，为新要约。有关合同标的、数量、质量、价款或者报酬、履行期限、履约地点和方式、违约责任和解决争议方式等的变更，是对要约内容的实质性变更。

承诺对要约做出非实质性变更的，除要约人及时表示反对或者要约表明不得对要约的内容做出任何变更的以外，该承诺有效。合同的内容以承诺的内容为准。

2) 承诺的做出方式。是指受要约人通过何种形式将承诺的意思送达给要约人。承诺应当以通知的方式做出，但根据交易习惯或者要约表明可以通过行为做出承诺的除外。

3) 承诺的生效和效力。承诺通知到达要约人时生效。承诺不需要通知的，根据交易习惯或者要约的要求做出承诺的行为时生效。受要约人在承诺期限内发出承诺，按照通常情形能够及时到达要约人，但因其他原因承诺到达要约人时超过承诺期限的，除要约人及时通知受要约人因承诺超过期限不接受该承诺的以外，该承诺有效。

4) 承诺的撤回。撤回承诺的通知应当在承诺通知到达要约人之前或者与承诺通知同时到达要约人。承诺撤回是合同法规定的承诺消灭的唯一原因。撤回承诺，应当以通知的形式由承诺人向要约人发出。撤回通知应当明确表明撤回承诺，不愿意成立合同的意思，否则不产生撤回承诺的效力。

9.2.2 合同的形式

合同的形式，是指合同当事人之间达成合同协议的外在表现形式。我国合同法允许当事人订立合同采用口头形式、书面形式和其他形式。法律、行政法规规定采用书面形式的，应当采用书面形式。

1) 书面形式。是指合同书、信件和数据电文(包括电报、电传、传真、电子数据交换和电子邮件)等可以有形地表现所载内容的形式。书面形式的最大优点是合同有据可查，发生纠纷时容易举证，便于分清责任。因此，对于关系复杂的合同、重要的合同，最好采取书面形式。

2) 口头形式。是指当事人只用口头语言为意思表示订立合同，而不用文字表达协议内容的合同形式。凡当事人无约定、法律未规定须采用特定形式的合同，均可采用口头形式。口头形式优点在于方便快捷，缺点在于发生合同纠纷时难以取证，不易分清责任。口头形式适用于能即时清结的合同关系。对于不能即时清结的合同和标的数额较大的合同，不宜采用这种形式。

3) 其他形式。除了书面形式和口头形式，合同还可以其他形式成立。我们可以根据当事人的行为或者特定情形推定合同的成立，或者也可以称之为默示合同。此类合同是指当事人未用语言明确表示成立，而是根据当事人的行为推定合同成立，如房屋租赁合同，在租赁房屋的合同期满后，出租人未提出让承租人退房，承租人也未表示退房而是继续交房租，出租人仍然接受租金。根据双方当事人的行为，我们可以推定租赁合同继续有效。

9.2.3 合同的成立

9.2.3.1 合同成立的时间

一般合同洽谈成立的过程，往往是“要约→新要约→再新的要约→直至承诺”的过程。合同法规定，承诺生效时合同成立。

当事人采用合同书形式订立合同的，自双方当事人签字或者盖章时成立；在签字或者盖章之前，当事人一方已经履行主要义务，对方接受的，该合同成立。法律、行政法规规定或者当事人约定采用书面形式订立合同，当事人未采用书面形式但一方已经履行主要义务，对方接受的，该合同成立。

当事人采用信件、数据电文等订立合同的，可以在合同成立之前要求签订确认书。签订确认书时合同成立。

9.2.3.2 合同成立的地点

承诺生效的地点为合同成立的地点。当事人采用合同书形式订立合同的，双方当事人签字或者盖章的地点为合同成立的地点。采用数据电文形式订立合同的，收件人的主营业地点为合同成立的地点；没有主营业地点的，其经常居住地为合同成立的地点；当事人另有约定的，按照其约定。

9.2.4 合同的内容

9.2.4.1 合同的一般条款

合同的内容是当事人之间权利义务关系的体现。由于当事人在签订合同时往往通过条款的方式确定合同的内容，所以合同内容通常称为合同条款。

按照自愿原则，合同内容由当事人约定，法律一般不作干预。但是，现实生活中的合同种类繁多，内容表述上也千差万别。买卖、承揽、委托、建设工程、租赁等合同，性质、种类不同，具体条款也不一样，一般包括以下条款：①当事人的名称或者姓名和住所；②标的；③数量；④质量；⑤价款或者报酬；⑥履行期限、地点和方式；⑦违约责任；⑧解决争议的方法。

应予说明，订立合同时一般需对上述条款认真考虑，但是不能认为只有具备以上全部条款才算成立。我国民法通则专门对合同中没有约定质量、价格、履行期限、履行地点等情况如何补救作了规定。除标的、数量等没有约定时合同不成立，其他条款没有约定不一定导致合同不成立，这样有利于防止司法实践中合同不成立过多的情况，有利于促进交易和市场经济的发展。

9.2.4.2 合同示范文本和格式条款

订立合同需考虑合同法分则以及其他法律的有关规定。由于社会经济活动的多样性，如果当事人缺乏经验，订立、履行合同时往往考虑不周全而产生纠纷。在实践中，往往采取宣传、推广合同示范文本的做法，起到了积极作用。因此，当事人可以参照各类合同的示范文本订立合同。这里有两点需注意：①示范文本不是某单位自己制定的格式(合同)条款，而是由特定机关(机构)主持，在广泛听取各方面意见之后拟定的示范文本。②供当事人参考的合同示范文本，本身不具有法律约束力，只有经当事人选用并签字(盖章)认可，才具有法律约束力。

格式(合同)条款是指当事人(特别是一些垄断性企业)为了重复使用而预先拟定，并在订立合同时未与对方协商的条款。为了维护公平、保护弱者，合同法对格式条款从三方面作了限制性规定：①提供格式条款的一方应当遵循公平原则确定当事人之间的权利和义务，并采取合理的方式提请对方注意免除或者限制其责任的条款，并按照对方的要求，对该条款予以说明；②提供格式条款一方免除其责任、加重对方责任、排除对方主要权利的条款无效；③对格式条款的理解发生争议的，应当按照通常理解予以解释。对格式条款有两种以上解释的，应当做出不利于提供格式条款一方的解释。格式条款和非格式条款不一致的，应当采用非格式条款。

【例 9.1】 售楼处张某对前来购房者说，本处采用上海市工商行政管理局与房地产管理局制定商品房预售合同文本，购房者和房产开发商都不得对该合同文本作任何变动。

参考答案：错。该合同文本系合同示范文本，经当事人选用、认可才具有法律效力。当事人可以对该合同文本补充、修改。

9.2.5 缔约过失责任

缔约过失责任，是指一方当事人在订立合同过程中，因为过错或过失违反依诚实信用原则负有的先合同义务，导致合同不成立，或者合同虽然成立，但不符合法定的生效条件而被确认不生效、无效、被变更或被撤销，给对方造成损失时所应承担的民事责任。所谓先合同义务，又称先契约义务或缔约过程中的附随义务，是指自缔约当事人因签订合同而相互接触磋商，至合同有效成立之前，双方当事人依诚实信用原则负有协助、通知、告知、保护、照管、保密、忠实等义务。合同法对缔约过失责任作了如下规定：

1) 订立合同过程中一般过错责任。当事人在订立合同过程中有下列情形之一，给对方造成损失的，应当承担赔偿责任：①假借订立合同，恶意进行磋商；②故意隐瞒与订立合同有关的重要事实或者提供虚假情况；③有其他违背诚实信用原则的行为。

2) 违反保守商业秘密义务的责任。当事人在订立合同过程中知悉的商业秘密，无论合同是否成立，不得泄露或者不正当使用。泄露或者不正当使用该商业秘密给对方造成损失的，应当承担赔偿责任。

9.3 合同的效力

合同的效力问题是指合同是否有效，有效合同对当事人具有法律约束力，国家给予法律保护。根据合同的效力不同，合同分为有效合同、效力待定合同和无效合同。根据不同情况可能有几种结果：一是有效合同；二是无效合同；三是可变更或者撤销合同；四是效力待定的合同，合同法对此分别作了具体规定。

9.3.1 有效合同

依法成立的合同，自成立时生效。法律、行政法规规定应当办理批准、登记等手续的，依照其规定(形式手续完整)。合同属于双方(或多方)的民事法律行为。

因此，有效合同需要具备《民法通则》规定的民事法律行为应当具备的三个条件：①行为人具有相应的民事行为能力(主体合格)；②意思表示真实；③不违反法律或者社会公共利益(内容合法)。

9.3.2 无效合同

无效合同是指不发生法律效力的合同。合同一旦被确认为无效，从订立时起就没有法律效力，不受法律保护。当事人双方据此确立的权利义务关系也随之无效。合同尚未履行的不再履行；正在履行的停止履行。

对这类合同应区分全部无效还是部分无效。仅确认合同的某一或某几个条款无效而不影响整个合同合法有效的，其余条款仍然有效。部分无效的条款，经删除或修改，合同仍须履行。有下列情形之一的，合同无效：①一方以欺诈、胁迫的手段订立合同，损害国家利益；②恶意串通，损害国家、集体或者第三人利益；③以合法形式掩盖非法目的；④损害社会公共利益；⑤违反法律、行政法规的强制性规定。

合同法还对免责条款做了规定。一般来说，当事人经过充分协商确定的免责条款，只要建立在当事人自愿的基础之上，法律上规定的免责条款是给予承认的。但是对于严重违反诚实信用原则和社会公共利益的免责条款，法律予以禁止。合同法规定合同中的下列免责条款无效：①造成对方人身伤害的；②因故意或者重大过失造成对方财产损失的。

9.3.3 可变更或者可撤销的合同

可变更或者可撤销合同是指合同成立后，存在法定事由，人民法院或者仲裁机构根据当事人的申请在审理后根据具体情况准许变更或者撤销有关内容的合同。应予注意，无效的合同和被撤销的合同，自始没有法律约束力。可撤销合同有自己的特点，需有关当事人向人民法院或者仲裁机构提出申请。人民法院或者仲裁机构未宣布撤销前仍然有效，一经宣布撤销，自始没有法律约束力。另外，当事人请求变更的，人民法院和仲裁机构不得撤销。

申请变更或者撤销合同的法定事由如下：①因重大误解订立的；②在订立合同时显失公平的；③一方以欺诈、胁迫的手段或者乘人之危，使对方在违背真实意思的情况下订立的合同，受损害方有权请求人民法院或者仲裁机构变更或者撤销。

有下列情形之一的，撤销权消灭：①具有撤销权的当事人自知道或者应当知道撤销事由之日起 1 年内没有行使撤销权；②具有撤销权的当事人知道撤销事由后明确表示或者以自己的行为放弃撤销权。

9.3.4 无效合同或者被撤销的后果

对无效合同、被撤销合同引起的财产后果，适用以下三种方法处理：

1) 返还。即将当事人的财产关系恢复到合同订立以前的状态。当事人依据该无效合同、被撤销合同取得的财产，应当予以返还；不能返还或者没有必要返还的应当折价补偿。

2) 赔偿。有过错的一方应当赔偿对方因此所受到的损失。双方都有过错的，应当根据过错大小、责任主次，各自承担相应的责任。

3) 收缴。当事人恶意串通，损害国家、集体或者第三人利益的，因此取得的财产收归国家所有或者返还集体、第三人。

另外，我国合同法还规定，合同无效、被撤销或者终止的，不影响合同中独立存在的有关解决争议方法的条款的效力。

9.3.5 合同效力待定

在实际工作中，有些合同在某些方面不符合合同生效条件，但不宜作为无效合同，应当采取措施，有条件的尽量促使合同生效；有些合同中，当事人约定附条件或附期限，也需视情况才能确定合同效力。这类合同主要有以下几种情况：

1) 附条件的合同和附期限的合同。当事人对合同的效力可以约定附条件。附生效条件的合同，自条件成就时生效。附解除条件的合同，自条件成就时失效。当事人为自己的利益不正当地阻止条件成就的视为条件成就；不正当地促成条件成就的视为条件不成就。当事人对合同的效力可以约定附期限。附生效期限的合同，自期限届至时生效。附终止条件的，自期限届满时失效。

2) 限制民事行为能力人订立的合同，经法定代理人追认后，该合同有效，但纯获利益的合同或者与其年龄、智力、精神健康状态相适应而订立的合同，不必经法定代理人追认。相对人可以催告法定代理人在 1 个月内予以追认。法定代理人未作表示的，视为拒绝追认。合同被追认前，善意相对人有撤销的权利。撤销应当以通知的方式做出。

3) 行为人没有代理权、超越代理权或者代理权终止后以被代理人名义订立合同，未经被代理人追认，对被代理人不发生效力，由行为人承担责任。但是相对人有理由相信行为人有代理权的，该代理行为有效。相对人可以催告被代理人在 1 个月内予以追认。被代理人未作表示的，视为拒绝追认。合同被追认前，善意相对人有撤销的权利。撤销应当以通知的方式做出。

4) 法人或者其他组织的法定代表人、负责人超越权限订立的合同，除相对人知道或者应当知道其超越权限的以外，该代表行为有效。

5) 无处分权的人处分他人财产，经权利人追认或者无处分权的人订立合同后取得处分权的，该合同有效。

【例 9.2】 A是B公司的董事长，与C是好朋友。C知道B公司董事会不同意仍与A签订合同，向B公司借款50万元做生意。B公司财务发现C与B公司无业务往来，要求C归还50万元。C认为，合同上规定的还款期未到可以不归还借款的理由是否成立？

参考答案：不成立。法定代表人超越职权订立合同，相对人知道的，该合同无效。C应当归还(返还)借款。

9.4 合同的履行

合同的履行是指合同的当事人按照合同的约定，全面完成各自承担的义务，使合同关系全部终止的行为。其含义既包括合同的当事人全面正确实现合同义务的行为，如交付标的物、完成约定的工作并交付工作成果、提供约定的服务等等，也指当事人全面完成合同义务的全过程。

9.4.1 合同的履行原则

合同的履行原则是当事人在履行合同时所应遵循的基本原则，包括：

1) 全面履行原则。当事人应当按照合同约定的主体、标的、数量、质量、价款等，在适当的履行期限、履行地点，用适当的履行方式，全面完成合同义务。

2) 诚实信用履行原则。订立、履行合同应当遵循诚实信用原则，除了全面履行合同义务这一基本内涵外，当事人还应当履行诚实信用原则所产生的附属义务，即根据合同的性质、目的和交易习惯履行通知、协助、保密等义务。

3) 促进交易履行原则。合同生效后，当事人就质量、价款或者报酬、履行地点等内容没有约定或者约定不明确的，应当按照便于交易、利于交易的原则，由当事人达成协议补充；不能达成补充协议的，按照合同有关条款或者交易习惯确定。

9.4.2 合同内容约定不明确时的履行

当事人就有关内容约定不明确、事后不能达成补充协议，按照合同有关条款或者交易习惯仍不能确定的，适用下列规定：

1) 质量要求不明确的，按照国家标准、行业标准履行；没有国家标准、行业标准的，按照通常标准或者符合合同目的的特定标准履行。

2) 价格或者报酬不明确的，按照订立合同时的市场价格履行；依法应当执行政府定价或者政府指导价的，按照规定履行。

3) 履行地点不明确，给付货币的，在接受给付一方所在地履行；交付不动产的，在不动产所在地履行；其他标的，在履行义务一方所在地履行。

4) 履行期限不明确的，债务人可以随时履行，债权人也可以随时要求履行，但应当给对方必要的准备时间。

5) 履行方式不明确，按照有利于实现合同目的的方式履行。

6) 履行费用的负担不明确的，由履行义务一方负担。

9.4.3 价格发生变动时的合同履行

合同履行过程中发生价格变动是比较普遍的情况。随着我国市场经济的发展，大部分商品和服务价格实行市场调节价，只有极少数商品和服务价格执行政府定价或者政府指导价。合同法规定，执行政府定价或者政府指导价的，在合同约定的交付期限内政府价格调整时，按照交付时的价格计价。逾期交付标的物的，遇价格上涨时，按照原价格执行；价格下降时，按照新价格执行。逾期提取标的物或者逾期付款的，遇价格上涨时，按照新价格执行；价格下降时，按照原价格执行。

9.4.4 合同履行中的抗辩权

合同可分为双务合同和单务合同。一般来说，绝大多数合同都是双务合同，它要求合同的双方当事人都必须承担义务，并且相互对待履行合同，以给付的交换为目的，只有在双方都履行了合同义务之后，合同的目的才能实现。所谓合同履行中的抗辩权，是指在符合法定条件时，双务合同中当事人一方对抗对方的履行请求权，暂时拒绝履行其债务的权利。它包括：

1) 同时履行抗辩权。是指当事人互负债务，没有先后履行顺序的，应当同时履行。一方在对方履行之前有权拒绝其履行要求；一方在对方履行债务不符合约定时，有权拒绝其相应的履行要求。

2) 顺序履行抗辩权。是指在双务合同中应当先履行合同义务的一方当事人未履行或者不适当履行，后履行的对方当事人到履行期限时享有不履行或者部分不履行的权利。顺序履行抗辩权只是暂时阻止对方当事人请求权的行使，并非永久的抗辩权。当对方当事人完全履行了合同义务，顺序履行抗辩权消灭，当事人应当履行自己的义务。当事人行使顺序履行抗辩权致使合同迟延履行的，迟延履行责任应当由对方当事人负担。根据我国合同法的规定，顺序履行抗辩权的行使结果，当事人可以：①中止合同的履行；②要求对方承担违约责任；③如果先履行一方迟延履行债务或者有其他违约行为致使不能实现合同目的，后履行者可以解除合同。

3) 不安抗辩权。是指双务合同成立后，应当先履行债务的当事人有确切的证据证明对方不能履行义务，或者有不能履行义务的可能时，在对方没有履行或者提供担保之前，有权终止履行合同义务。不安抗辩权是一种自助权，有证据表明对方不能为对待给付的现实危险时，负在先履行义务的一方当事人可以中止履行合同，要求对方提供担保或解除合同，无须经对方同意或经过诉讼、仲裁。行使不安抗辩权的一方在对方提供了担保或对方在合理的期限内恢复了履约能力，应当恢复履行。应当先履行债务的当事人，有确切证据说明对方有下列情形之一的，可以中止履行：①经营情况严重恶化；②转移财产，抽逃资金，以逃避债务；③丧失商业信誉；④有丧失或者可能丧失履行债务能力的其他情形。

当事人行使不安抗辩权中止履行的，应当及时通知对方。对方提供适当担保时，应当恢复履行。中止履行后，对方在合理期限内未恢复履行能力并且未提供适当担保的，中止履行的一方可以解除合同。当事人没有确切证据中止履行的，应承担违约责任。

9.4.5 合同保全措施

合同的保全措施是指为防止因债务人的财产不当减少而给债权人的债权带来危害，债权人为保全其债权的实现而采取的法律措施。保全措施包括代位权和撤销权。

9.4.5.1 代位权

代位权是指债务人怠于行使到期债权，对债权人造成损害的，债权人可以向人民法院请求以自己名义代位行使债务人债权的权利。行使代位权的条件有：①债务人对第三人享有到期债权；②债务人怠于行使其债权；③因债务人怠于行使权利已损害债权人的债权；④债务人与债权人的合同关系已到期，债务人已陷于延期履行。

代位权的行使范围以债权人的债权为限。专属于债务人自身的债权，债权人不得行使代位权。专属于债务人自身的债权是指基于抚养关系、赡养关系、继承关系产生的给付请求权和劳动报酬、退休金、养老金、抚恤金、安置费、人寿保险、人身伤害赔偿请求权等权利。

【例 9.3】 吴某向李某借款 3 万元做生意，约定 2000 年 10 月 1 日偿还，偿还期届至后，吴某无力偿还。李某得知：甲曾经打伤吴某尚欠吴某医药费 5 000

元，乙欠吴某 2.5 万元且已届清偿期。现吴某并不行使他的权利。问：李某能否向甲、乙主张代位权？

参考答案：①李某不能向甲主张代位权。在本案中，吴某对甲的债权是因人身受到伤害而享有的损害赔偿请求权，是专属于吴某的权利，必须由吴某亲自行使；②李某可以向乙主张代位权。因为乙欠吴某的债权并非专属于债务人的债权，且该债权已经到期。

9.4.5.2 撤销权

撤销权是指因债务人放弃债权或者无偿转让财产，或者债务人以明显不合理的低价转让财产并且受让人知道该情形的，对债权人造成损害的，债权人可以请求人民法院撤销债务人这种行为的权利。

撤销权自债权人知道或者应当知道撤销事由之日起 1 年内行使。自债务人的行为发生之日起 5 年内没有行使撤销权的，该撤销权消灭。

9.4.6 合同履行的其他规定

1) 当事人约定由债务人向第三人履行债务的，债务人未向第三人履行债务或者履行不符合约定，债务人应当向债权人承担违约责任。

2) 当事人约定由第三人向债权人履行债务的，第三人不履行债务或者履行债务不符合约定，债务人应当向债权人承担违约责任。

3) 债权人分立、合并或者变更住所没有通知债务人，致使履行债务发生困难的，债务人可以中止履行或者将标的物提存。

4) 债权人可以拒绝债务人提前或者部分履行债务，但提前或者部分履行不损害债权人利益的除外。债务人提前或者部分履行债务给债权人增加的费用，由债务人负担。

5) 合同生效后，当事人不得因姓名、名称的变更或者法定代表人、负责人、承办人的变动而不履行合同。

9.5 合同的变更和转让

9.5.1 合同变更

合同变更是指合同成立之后、履行完毕之前由双方当事人依法对合同的内容所进行的修改、补充、增加或者删除的法律行为。合同依法成立，即具有法律约束力，任何一方不得擅自变更合同。但是由于各种情况变化可能会对合同履行造成不利的影响，法律允许变更合同，有助于避免或减少不必要的损失。这里讲的合同的变更，是在合同的主体不改变的前提下对合同内容或标的的变更。

合同法规定，当事人协商一致，可以变更合同，法律、行政法规规定变更合同应当办理批准、登记等手续的，应当办理批准、登记手续；当事人对合同变更的内容约定不明确的，推定为未变更。

9.5.2 合同转让

合同转让是指合同当事人依法将合同的全部或者部分权利义务转让给他人的行为。合同转让可分为合同权利转让、合同义务转让及合同权利义务全部转让。

9.5.2.1 合同权利的转让

债权人可以将合同的权利全部或者部分转让给第三人，但有下列情形的除外：①根据合同情况不得转让；②按照当事人约定不得转让；③按照法律规定不得转让。

债权人转让权利的，应当通知债务人。未经通知，该转让对债务人不发生效力。债权人转让权利的通知不得撤销，但经受让人同意的除外。债权人转让权利的，受让人取得与债权有关的从权利，但从权利专属于债权人自身的除外。

债务人接到债权转让通知时，债务人对让与人享有债权，并且债务人的债权先于转让的债权到期或者同时到期的，债务人可以向受让人主张抵销。债务人接到债权转让通知后，债务人对让与人的抗辩，可以向受让人主张。

9.5.2.2 合同义务转让

债务人将合同的义务全部或者部分转让给第三人的，应当经债权人同意。

债务人转移义务的，新债务人可以主张原债务人对原债权人的抗辩；同时应当承担与债务有关的从债务，但该从债务专属于原债务人自身的除外。

9.5.2.3 合同转让的其他规定

1) 当事人一方经对方的同意，可以将合同中的权利义务一并转让给第三人。合同权利义务一并转让的适用上述规定。

2) 法律、行政法规规定转让权利或者义务应当办理批准、登记等手续的，应当办理批准、登记手续。

3) 当事人订立合同后合并的，由合并后的法人或者其他组织行使合同权利，履行合同义务。当事人在订立合同后分立的，除债权人和债务人另有规定的以外，由分立的法人或者其他组织对合同的权利和义务享有连带债权，承担连带责任。

9.6 合同的终止

9.6.1 合同终止的概念及原因

合同终止是指合同当事人双方终止合同关系，合同确立的关系消灭。合同法规定，有下列情形之一的，合同的权利义务终止：①债务已经按约定履行；②合同解除；③债务相互抵销；④债务人依法将标的物提存；⑤债权人免除债务；⑥债权债务归于一人；⑦法律规定或者当事人应当终止的其他情形。

合同的权利义务终止后，当事人应当遵循诚实信用原则，根据交易习惯履行通知、协助、保密等义务。合同的权利义务终止，不影响合同中结算和清理条款的效力。

9.6.2 合同的解除

合同解除是指合同有效成立后，根据法定条件或者当事人协议，提前终止合同权利义务关系。合同解除分两种情况：

1) 约定解除。包括协议解除和约定解除。协议解除是指双方当事人协商同意解除合同。包括：在订立合同同时约定解除合同的条件，当解除合同条件成就时，当事人就可以解除合同；或者在合同履行过程中，经双方协商同意解除合同。约定解除，是指在合同当中先约定了一个双方出现某种情况时，一方有解除合同的权利。当这种情况出现的时候，就直接可以行使解除权。

2) 法定解除。是指合同成立后，没有履行或没有完全履行以前，当事人一方行使法定解除权而使合同终止。有下列情形之一的，当事人可以解除合同：①因不可抗力致使不能实现合同目的；②在履行期限届满之前，当事人一方明确表示或者以自己的行为表明不履行主要债务；③当事人一方迟延履行主要债务，经催告后在合理期限内仍未履行；④当事人一方迟延履行债务或者其他违约行为致使不能实现合同目的；⑤法律规定的其他情形。

从上述第②～④种情况来看，只有在不履行主要债务不能实现合同目的的情况下，也就是根本违约时，才能依法解除合同。如果仅是一般违约(部分质量不合格、履行稍延迟等情况)，当事人一方不能解除合同，而应按违约责任处理。

解除合同的程序是，当事人一方行使解除权时应当通知对方。合同自通知达到对方时解除。对方有异议的，可以请求人民法院或者仲裁机构确认解除合同的效力。法律、行政法规规定的解除合同应当办理批准、登记等手续的，应当办理批准、登记手续。

合同解除后，尚未履行的，终止履行，已经履行的，根据履行情况和合同性质，当事人可以要求恢复原状、采取其他补救措施，并有权要求赔偿损失。

9.6.3　抵销

1) 法定抵销。是指由法律规定抵销条件，当条件具备时，按照当事人一方的意思表示即可发生抵销债务的效力。当事人互负到期债务，该债务的标的物种类、品质相同的，任何一方可以将自己的债务与对方的债务抵销，但依照法律规定或者合同标的物种类、品质不同的不得抵销的除外。当事人主张抵销的，应当通知对方。通知自到达对方时生效。抵销不得附条件或者附期限。

2) 协议抵销。是由互负债务的当事人协商一致后发生的抵销。合同法规定，当事人互负债务，标的物种类、品质不相同，经双方协商一致，也可以抵销。

3) 禁止抵销的债务。包括：①合同性质决定不得抵销的债务，如约定向第三人为给付的此类债务；②法律规定不得抵销的债务，包括禁止强制执行的债务；故意侵权行为所引起的债务。

9.6.4　提存

提存是指由于债权人的原因而无法向其交付标的物时，债务人将标的物交给提存机构而使合同权利义务关系终止的一项制度。由于债权人的原因致使合同不能履行，债权人应承担相应的责任，但债务人的债务并未消灭，债务人仍需履行义务，并需随时履行，这样的后果是不公平的。为解决这一问题，法律设立了提存制度。

有下列情形之一，难以履行债务的，债务人可以将标的物提存：①债权人无正当理由拒绝受领；②债权人下落不明；③债权人死亡未确定继承人或者丧失民事行为能力未确定监护人；④法律规定的其他情形。

提存的规则是：

1) 提存机构。即负责保管提存物的法律规定机构。合同法对此未作明确规定。1995 年司法部颁布了《提存公证规则》，全面规定了提存制度，规定公证机关是提存机关。

2) 标的物提存及相关费用。标的物不适宜提存或者提存费用过高的，债务人依法可以拍卖或者变卖标的物，提存所得的价款。标的物提存后，毁损、丢失的风险由债权人承担。提存期间，标的物的孳息归债权人所有。提存费用由债权人承担。

3) 提存通知。标的物提存后，除债权人下落不明的以外，债务人应当及时通知债权人或者债权人的继承人、监护人。

4) 提存期限。债权人可以随时领取提存物。但债权人对债务人负有到期债务的，在债权人未履行债务或者提供担保之前，提存机构根据债务人的要求应当拒绝其领取提存物。债权人领取提存物的权利，自提存之日起 5 年之内不行使而消灭，提存物扣除提存费用后归国家所有。

9.6.5 免除债务

债权人免除债务人部分或者全部债务的，合同的权利义务部分或者全部终止。债权人免除债务，实际是债权人自愿放弃债权。免除具有使债务绝对消灭的效力，免除的效力还同时及于债权的从权利。

9.6.6 混同

债权和债务同归于一人，合同的权利义务终止。如企业合并使两个企业之间的债权债务同归于一个企业而消灭，但涉及第三人利益的除外，即合同权利系他人权利的标的时，债权不因混同而消灭。

9.7 违约责任

违约责任即违反合同的民事责任，是指合同当事人不履行合同义务，或者履行合同义务不符合规定时应承担的民事责任。违约责任是合同法规定的一项重要制度，不仅是保障合同履行，确保当事人合法权益的需要，而且也是处理合同争端，确保市场经济秩序的重要法律依据。因此，违约责任制度是合同具有法律约束力的集中体现，是合同法律制度的核心内容。

9.7.1 违约责任的特征

违约责任的特征如下：

1) 违约责任以合同义务的存在为前提。违约责任是债务不履行导致的结果，是以合同义务的存在为前提条件的，存在着债务人不履行合同义务的事实。

2) 违约责任可由当事人在法定范围内约定。当事人可以在合同中预先约定违约金或者设定免责条款，但不得违反法律的规定。

3) 违约责任具有补偿性。当事人一方不履行合同义务或者履行合同义务不符合约定，给对方造成损失的，损失赔偿额应当相当于因违约所造成的损失，包括合同履行后可以获得的利益，但不得超过违反合同一方订立合同时预见到或者应当预见到的因违反合同可能造成的损失。

4) 违约责任具有相对性。它只在债权人与债务人之间发生，即使是第三人的原因造成债务不能履行时，债务人仍应向债权人承担违约责任，债务人在承担违约责任后，有权向第三人追偿。当事人一方因第三人的原因造成违约的，应当向对方承担违约责任。当事人一方和第三人之间的纠纷，依照法律规定或者按照约定解决。

9.7.2 违约责任的归责原则

合同法采用严格责任原则。严格责任原则，是指违约责任发生以后，确定违约当事人的责任，应主要考虑违约的结果是否因违约的行为造成，而不考虑违约方的故意和过失(不管主观上是否有过错)。

当事人一方不履行合同义务或者履行合同义务不符合约定的，应当承担继续履行、采取补救措施或者赔偿损失等违约责任。

9.7.3 承担违约责任的前提和构成要件

1) 承担违约责任的前提。合同的有效成立，是承担违约责任的前提。因为合同有效，才对当事人具有法律约束力，并受国家法律保护。如果合同无效，则合同约定事项及当事人的权利义务不受国家法律保护，故不存在违约及违约责任的问题。

2) 违约责任的构成要件。违约责任的构成要件主要是有违约行为。只要合同当事人一旦不履行合同义务或者履行合同义务不符合规定的，应当承担违约责任。在具备了违约行为这个要件的同时，还应有损害事实，并且违约行为与损害事实之间存在因果关系。

9.7.4 违约责任的表现形式

1) 不履行。不履行包括履行不能和拒绝履行。履行不能是指债务人在客观上已经没有履行能力。拒绝履行是指债务人能够履行而故意不履行。

2) 履行迟延。履行迟延是指合同履行期限届满而未履行债务。

3) 不完全履行。不完全履行是指债务人虽然履行了债务，但其履行不符合合同的约定。

4) 预期违约。预期违约，又称先期违约，是指在合同生效之后履行期限届满之前，当事人一方明确表示或者以自己的行为表明不履行合同的行为。预期违约制度，是指在合同生效之后履行期限届满之前，一方当事人有预期违约行为，对方可在履行届满之前请求承担违约责任的制度。

9.7.5 免责事由

1) 不可抗力。是指当事人不能预见、不能避免并且不能克服的客观情况。因不可抗力不能履行合同的，根据不可抗力的影响，部分或者全部免除责任，但法律另有规定的除外。当事人迟延履行后发生不可抗力的，不能免除责任。当事人一方因不可抗力不能履行合同的，应当及时通知对方，以减轻可能给对方造成的损失，并应当在合理期限内提供证明。

2) 免责条款。是指当事人在合同中约定的用以免除或者限制其未来合同责任的条款。在约定免责条款时，要依法进行，内容合法。《合同法》禁止免责的条款有：①免除造成对方人身伤害的责任的条款；②免除因故意或者重大过失造成对方财产损失的责任的条款。

3) 法律特别规定。如承运人对运输过程中货物的毁损、灭失承担损害赔偿责任，但承运人证明货物的毁损、灭失是因不可抗力、货物本身的自然性质或者合理损耗以及托运人、收货人的过错造成的，不承担损害赔偿责任。

9.7.6 承担违约责任的方式

9.7.6.1 继续履行

继续履行是指当事人一方不履行合同义务或者履行合同义务不符约定时，另一方当事人可要求其承担继续完成合同义务的行为。

1) 金钱债务违约的继续履行。金钱债务是指当事人直接支付货币的义务。合同法规定，当事人一方未支付价款或者报酬的，对方可以要求其支付价款或者报酬。

2) 非金钱债务违约的继续履行。非金钱债务是指除直接支付货币以外的债务，如提供货物、提供劳务、完成工作等。非金钱债务不同于金钱债务，其标的有时具有特定性和不可替代性，所以非金钱债务更应强调实际履行，以利于合同的实现。但是如果出现：①法律上或事实上不能履行；②债务的标的不适于强制履行或者履行费用过高；③债权人在合理期限内未要求履行等情况，继续履行已经不可能或者没有必要，当事人可要求赔偿损失等其他补救措施。

9.7.6.2 采取补救措施

广义的理解，继续履行、赔偿损失、支付违约金等均是违约的补救措施。狭义的理解，是指继续履行、赔偿损失、支付违约金等方式以外的其他补救措施。民法通则规定承担民事责任的方式有：停止侵害；排除妨碍；清除危险；返还财产；恢复原状；修理；重作、更换；赔偿损失；支付违约金；消除影响、恢复名誉；赔礼道歉等。这些责任方式有些属于违约责任方式，有的属于侵权责任方式。而违约补救措施通常为恢复原状、修理、重作、更换、退货、减少价款或者报酬等。

《合同法》规定，质量不符合约定的，应当按照当事人的约定承担违约责任。对违约责任没有约定或者约定不明确的，受损害方根据标的性质以及损失的大小，可以合理选择要求对方承担修理、更换、重作、退货、减少价款或者报酬等违约责任。

9.7.6.3 赔偿损失

1) 赔偿损失责任构成要件。支付赔偿金的构成要件，因其采用的归责原则不同而有所不同。在采用过错责任原则时，支付赔偿金的构成要件包括：①损失事实；②违约行为；③主观过错；④违约行为和损失事实之间存在因果关系。在采用严格责任原则时，支付赔偿金的违约责任构成要件无需主观过错。

2) 赔偿金额计算方法。合同法规定，当事人一方不履行合同义务或者履行合同义务不符合约定，给对方造成损失的，损失赔偿额应当相当于因违约所造成的损失，包括合同履行后可以获得的利益，但不得超过违反合同一方订立合同时预见到或者应当预见到的因违反合同可能造成的损失。

经营者对消费者提供商品或者服务有欺诈行为的，依照消费者权益保护法的规定承担民事责任。

9.7.6.4 违约金

违约金是指当事人合同中约定的或者法律规定的，一方违约时应向对方支付一定数量的金额。当事人可以约定违约时应当根据违约情况向对方支付一定数额的违约金，也可以约定因违约产生的损失赔偿的计算方法。违约金是指按照合同的约定，向对方支付一定数额的货币。违约金低于造成的损失的时候，当事人可以请求人民法院或者仲裁机构予以增加；如果约定的违约金过分高于造成的损失的，当事人可以请求人民法院或者仲裁机构予以适当减少。当事人就迟延履行约定违约金的，违约方支付违约金后，还应当履行债务。

9.7.6.5 定金

定金作为一种担保形式，将在第 11 章中阐述。《合同法》规定，当事人既约定违约金又约定定金的，一方违约时对方可以选择适用违约金或者定金条款。

9.7.7 违约行为与侵权行为竞合

违约行为与侵权行为竞合是指当事人一方的同一行为既构成违约行为，又构成侵权行为。一般认为，此时受害方只能选择两者之中有利于自己的一种提起诉讼，而不能主张双重请求。合同法规定，当事人一方的违约行为，侵害对方人身、财产权益的，受损害方有权选择依照本法要求其承担违约责任或者依照其他法律要求其承担侵权责任。

【例 9.4】 甲与乙订立了一份苹果购销合同，约定：甲向乙交付 20 万公斤苹果，货款为 40 万元，乙向甲支付定金 4 万元；如任何一方不履行合同应支付违约金 6 万元。甲因将苹果卖与丙而无法向乙交付苹果，乙提出的如下诉讼请求中，既能最大限度保护自己的利益，又能获得法院支持的诉讼请求是(　　)。

A. 请求甲双倍返还定金 8 万元

B. 请求甲双倍返还定金 8 万元，同时请求甲支付违约金 6 万元

C. 请求甲支付违约金 6 万元，同时请求返还支付的定金 4 万元

D. 请求甲支付违约金 6 万元

参考答案：C。

9.8 合同的法律适用和争议处理

9.8.1 合同的法律适用

1) 特别法优于普通法。合同法是我国民事方面有关合同问题的基本法律，有关合同问题的基本内容在合同法中都作了规定。另外，我国其他法律(如商标法、专利法、著作权法、担保法、保险法、海商法、中外合资经营企业法、中外合作经营企业法等)也涉及一些合同种类，合同法均没有引入。对于这些合同，原则上都可以适用合同法。但是在法理上有特别法优于普通法的原则，所以《合同法》规定，其他

法律对合同另有规定的，从其规定。只有在其他法律中没有规定的，才适用合同法。

2) 无名合同的法律适用。无名合同是指合同法和其他法律没有明文规定的合同。在无名合同的法律适用上，合同法设定了两条原则，一是适用本法总则的规定，即合同法总则中有关合同的原则、合同的订立和履行、变更、转让、违约责任等方面的规定，都可以适用于无名合同。这样对无名合同来说，就有了最基本的法律规范。二是可以参照本法分则或者其他法律最相类似的规定，即在合同确定的具体内容或具体权利义务时，可以参照这些适用规定。

3) 涉外合同的法律适用。涉外合同的当事人可以选择处理合同争议所适用的法律，但法律另有规定的除外(如中国境内履行的中外合资经营企业合同、中外合作营企业合同、中外合作勘探开发自然资源合同，适用我国法律)。涉外合同的当事人没有选择的，适用与合同有最密切联系的国家的法律。

9.8.2 合同争议处理

当事人可以通过和解或者调解解决合同争议。当事人不愿和解、调解或者和解、调解不成的，可以根据仲裁协议向仲裁机关申请仲裁。涉外合同的当事人可以根据仲裁协议向中国仲裁机关或者其他仲裁机构申请仲裁。当事人没有订立仲裁协议或者仲裁协议无效的，可以向人民法院起诉。

学习指导

★ 复习思考

1) 我国合同法要约、承诺有哪些规定？
2) 合同法规定，要约失效有哪些情形？
3) 合同一般包括哪些条款？
4) 确认无效合同的依据是什么？
5) 什么是合同履行中的代位权和撤销权？
6) 合同法规定了哪几种法定解除的情形？
7) 提存的适用条件是什么？
8) 无名合同的法律适用有什么规定？
9) 涉外合同的法律适用有什么规定？
10) 承担违约责任有几种方式？
11) 合同法关于赔偿金额的计算方法有什么规定？
12) 关于违约金的性质，合同法有什么规定？

★ 案例分析

1) 甲与乙订立了一份卖牛合同，合同约定甲向乙交付3头牛，分别为牛1、牛2、牛3，总价款为6 000元；乙向甲交付定金2 000元，余下款项由乙在半年内付清。双方还约定，在乙向甲付清牛款之前，甲保留该3头牛的所有权。甲向乙交付了该3头牛。根据相关法律回答下列问题：

(1) 设在牛款付清之前，牛2踢伤丙，丙花去医药费和误工损失共计1 000元，该损失应由谁承担？为什么？

(2) 设在牛款付清之前，乙与丁达成一项转让牛3的合同，在向丁交付牛2之前，该合同的效力如何？为什么？

(3) 设在牛款付清之前，丁不知甲保留了此牛的所有权，乙与丁达成一项转让牛3的合同，作价2 000元且将牛3交付丁。丁能否据此取得该牛的所有权？为什么？

2) 某甲因经营需要，和某工厂订立一份买卖汽车的合同，约定由工厂在6月底将一辆行使3万公里的卡车交付给甲，价款3万元，甲交付定金5 000元，交车后15日内余款付清。合同还约定，工厂晚交车1天，扣除车款50元，甲晚交款一天，应多交车款50元；一方有其他违约情形，应向对方支付违约金6 000元。合同订立后，该卡车因外出运货耽误，未能在6月底以前返回。7月1日，卡车在途经山路时，因遇雨，被落下的石头砸中，车头受损，工厂对卡进行了修理，于7月10日交付给甲。10天后，甲在运货中发现卡车发动机有毛病，经检查，该发动机经过大修理，遂请求退还卡车，并要求工厂双倍返还定金，支付6 000元违约金，赔偿因其不能履行对第三人的运输合同而造成的经营收入损失3 000元。另有人向甲提出，甲可以按照《消费者权益保护法》请求双倍赔偿。

请回答下列问题，并简要说明理由：

(1) 甲能否按照《消费者权益保护法》请求双倍赔偿？

(2) 甲能否请求工厂支付违约金并双倍返还定金？

(3) 甲能否请求工厂赔偿经营损失？

10 物权法律制度

本章遵循我国物权法的体例，依据我国物权法及相关法律的规定，紧密结合我国司法实务，阐释了物权及物权法的概念，分析了物权法的基本原则，对物权的客体，物权的效力、物权的变动、物权的保护、占有、所有权总论、建筑物区分所有权、相邻关系、共有、土地承包经营权、建设用地使用权等物权的基本问题进行了逐一阐述。通过本章的学习，了解物权法的基本理论和物权法的主要法律规定，掌握物权的特征、所有权的内容和特殊问题、用益物权的主要种类、物权变动的基本原则等重点知识。

10.1 物权与物权法概述

10.1.1 物权及其特征

《中华人民共和国物权法》(简称《物权法》)规定，所谓物权，是指物权人依法对特定的物享有直接支配和排他的权利，包括所有权、用益物权和担保物权。其中的所有权，包括国家所有权、集体所有权和私人所有权。用益物权，不但包括土地承包经营权、建设用地使用权、宅基地使用权和地役权，而且含有海域使用权、探矿权、采矿权、取水权、养殖权、捕捞权。担保物权，包括抵押权、质权和留置权。物权具有以下特征：

1) 物权的客体主要是有体物。这一特征是它与知识产权的明显区别。知识产权的客体主要是智力成果和无形财产。物权以特定的物为权利客体，这里的物，主要是有体物，但在一定条件下也包括无形物。

2) 物权是支配权。物权是权利人直接支配特定的物的权利。物权人可以依自己的意思对标的物行使权利，而无须借助于他人的意思或行为。

3) 物权是绝对权、对世权。在物权法律关系中，除权利人之外，其他一切不特定的人均是义务主体，不得妨害权利人行使权利。

4) 物权是排他性权利。同一物上不能有内容不相容的物权并存。权利人有权排除他人对其权利的干涉、妨害、侵害。

5) 物权法定原则。与合同自由原则不同，物权的种类和内容由法律直接规定，权利人对物的支配必须在法律规定的范围之内。

10.1.2 物权的分类

在民法理论上，物权可以按不同的标准进行分类。

1) 所有权与他物权。这是以物权的权利主体是否为财产的所有人为标准对物权进行的分类。所有权，又称为自物权，是指财产所有人对自己所有的财产依法进行全面支配的物权。他物权是指非财产所有人根据法律的规定或所有人的意志，对他人所有的财产享有的进行有限支配的物权。

2) 用益物权与担保物权。这是根据设立目的的不同而对他物权进行的进一步分类。用益物权是以物的使用权益为目的而设立的他物权，如建设用地使用权、土地承包经营权等。担保物权是以保证债务的履行和债权的实现为目的而设立的他物权，如抵押权、质权、留置权等。

3) 动产物权与不动产物权。这是以物权的客体是动产或是不动产对物权所作的分类。动产物权是以能够移动的财产为客体的物权。不动产物权是以土地、房屋等不动产为客体的物权。

10.1.3 物权的效力

物权的效力是法律赋予物权的作用力与保障力，也是物权依法成立后发生的法律效果。物权的效力主要包括物权优先效力和物上请求权。

1) 物权的优先效力。主要是指在同一物上同时存在物权与债权时，物权的效力优先于债权。例如出现“一物二卖”情形时，甲承诺将自己的电视机出卖给乙，乙就取得了要求甲交付电视机的债权。随后甲却将电视机卖给了丙，并交付给丙，丙取得的这台电视机的所有权，优先于乙的债权。这时乙只能要求甲承担债务不履行的责任，而不能要求获得这台电视机的所有权。但物权优先于债权也有极少数的例外，比如，承租人的租赁权优先于后设定的物权，即租赁期内如果发生房屋转移，原租赁合同对承租人和新房主继续有效。

2) 物上请求权。是指物权人在其权利的实现上遇有某种妨害时，请求排除侵害或防止侵害，以恢复其物权的圆满状态的权利。物上请求权是保障物权人对于物的支配权所必需的，是物权所特有的效力。

10.1.4 物权法的概念及基本原则

《物权法》是一部重要的民事基本法律。经过七次审议，2007 年 3 月 16 日第十届全国人民代表大会第五次会议通过了《物权法》，并于 2007 年 10 月 1 日起施行。《物权法》第 2 条第 1 款规定："因物的归属和利用而产生的民事关系，适用本法。"依此规定，物权法是确定和调整人与人之间因对物的归属和利用而产生的财产关系的法律规范的总称。物权法基本原则如下：

1) 平等保护原则。平等保护不同主体的财产权利是物权法的基本原则。《物权法》第 3 条第 3 款明确规定："国家实行社会主义市场经济，保障一切市场主体的平等法律地位和发展权利。"第 4 条规定："国家、集体、私人的物权和其他权利人的物权受法律保护，任何单位和个人不得侵犯。"

2) 物权法定原则。所谓物权法定原则，是指物权的种类和内容只能由法律规定，而不得由民事权利主体随意设定。

3) 物权绝对原则。可以从两个方面理解：一是物权人依自己的意思行使物权具有绝对性；二是物权排他的绝对性。确定某人对某物享有某种物权，也就在同时排除了其他任何人对该物享有同样的物权。

4) 物权公示原则。物权公示是物权变动的基本原则。所谓物权公示原则，是指物权各种变动必须以一种可以公开的、能够表现这种物权变动的方式予以展示，并进而决定物权变动的效力的原则。

5) 物权抽象原则。物权抽象原则，也称物权变动与其原因行为相分离原则。这是关于物权变动的结果与其原因行为之间的效力关系的规定。如当事人以发生物权变动为目的而订立合同，该合同即属于物权变动的原因行为，其成立、生效应该依据合同法、债权法的规定。但是，合法成立的合同也许不能发生物权变动的结果，因为，不动产的变动因登记而生效，动产的变动因交付而生效。例如，在"一物二卖"的情形中，其中一个买受人先进行了不动产登记或者接受了动产的交付，另一买受人便不可能取得合同指定的物权。

10.2 所有权

10.2.1 所有权的概念

所有权是指所有人依法对自己的财产享有占有、使用、收益和处分的权利。

所有权关系是一种民事法律关系，它是由法律确认的人们之间因占有物质资料而发生的权利和义务关系。如果仅仅把所有权看成是一种人对物的支配权是不全面的。应该看到，人们往往通过对物的支配而相互影响，通过对物的支配而引起人与人之间的权利义务关系。

10.2.2 所有权的法律特征

1) 所有权是绝对权。所有权与债权不同，债权的行使必须依靠债务人的积极行为协助(履行债务)才能实现，而所有权却不需要他人的积极行为协助(只要他人不加干预)便能实现。债权被称为相对权，所有权被称为绝对权。

2) 所有权具有排他性。一般来说，某人对某物享有所有权，就意味着其他所有的人都不得干预他对该物行使所有权。

3) 所有权是一种最充分的权利。所有权包括对物的占有、使用、收益直至最终处分的权利，所以说它是一种最全面、最充分的权利。与它相比，如抵押权、留置权等其他物权，只能享有所有权中的部分权利。

10.2.3 所有权的内容

所有权的内容是指所有权中所包含的权能，即所有权人对自己的财产依法享有占有、使用、收益和处分的权利。

1) 占有。是指财产所有人对财产的实际控制和掌握。这既可以体现为所有权人对物的直接掌握，也可以体现为所有权人对物在自己力量范围内的控制。

2) 使用。是指按照财产的性能和用途加以利用。这是财产所有权的重要权能。

3) 收益。是使用财产而获得经济利益的权能。收益权是所有权在经济利益上的具体体现。一般情况下，所有人占有、使用自己的财产而获得经济利益，例如养鸡下蛋、种树收果(法学上称为天然孳息)、房屋出租得到租金、钱存入银行得到利息(法学上称为法定孳息)。

4) 处分。是决定财产在事实上和法律上命运的权利。事实上的处分是指所有人把财产直接消耗在生产或生活活动之中，如把原材料投入生产，把肥料施于农田，把粮食吃掉等。法律上的处分是指按照所有人的意志，通过某种法律行为对财产进行处置，如出卖、转让、赠与等。处分权是所有人最基本的权利，是所有权的核心。

上述占有、使用、收益、处分四项权能是所有权的内容，完整的所有权包含上述四项权能。但是在现实生活中，所有人总是通过这四项权能的分离和恢复，来不断满足自己的生产、生活需要和发挥财产的效益。因此，在民事活动中，其中一项(如保管)、二项(如出租)甚至三项、四项(如抵押)权能暂时与所有人分离，并不意味着所有人因此丧失了所有权。恰恰相反，这种分离正好是所有人行使所有权的一种表现。

10.2.4 国家所有权、集体所有权和私人所有权

我国现阶段存在多种经济成分和多层次的经济结构。与此相适应，从财产所有权的权利主体上看，存在国家所有权、集体所有权和私人所有权。

10.2.4.1 国家所有权

国家所有权是我国社会主义全民所有制在法律上的体现。国家是国家所有权主体。国家财产属于全民所有，而全民所有的财产则由代表全体人民意志和利益的国家作为所有者。我国国家所有权制度在整个国民经济中占有重要的地位和作用。我国《宪法》规定，国有经济是社会主义全民所有制经济，是国民经济中的主导力量，国家保障国有经济的巩固和发展。物权法对此做了进一步规定。属于国有财产的有：①矿藏、水流、海域；②城市的土地，法律规定属于国家所有的农村和城市郊区的土地；③森林、山岭、草原、荒地、滩涂等自然资源，但法律规定属于集体所有的除外；④法律规定属于国家所有的野生动植物资源；⑤无线电频谱资源；⑥法律规定属于国家所有的文物；⑦国防资产；⑧铁路、公路、电力设施、电信设施和油气管道等基础设施，法律规定专属于国家所有的不动产和动产。

由于国家是比较抽象的主体，物权法对国有财产权的行使作了如下具体规定：①除法律另有规定外，国有财产由国务院代表国家行使所有权；②国家机关和国家举办的事业单位对其直接支配的不动产和动产，享有占有、使用以及依照法律和国务院的有关规定处分的权利；③国家出资的企业，由国务院、地方人民政府依照法律、行政法规规定，分别代表国家履行出资人职责，享有出资人权益。

10.2.4.2 集体所有权

集体财产所有权是集体所有制在法律上的体现。集体所有的不动产和动产包括：①法律规定属于集体所有的土地和森林、山岭、草原、荒地、滩涂；②集体所有的建筑物、生产设施、农田水利设施；③集体所有的教育、科学、文化、卫生、体育等设施；④集体所有的其他不动产和动产。

农民集体所有的不动产和动产，属于本集体成员集体所有。城镇集体所有的

财产，依照法律、行政法规的规定由本集体享有占有、使用、收益和处分的权利。

10.2.4.3 私人所有权

私人所有权是私人(自然人或法人)对合法的收入、房屋、生活用品、生产工具、原材料等不动产和动产依法占有、使用、收益和处分的权利。2004年3月，“公民的合法的私有财产不受侵犯”被载入宪法修正案，这使私有财产权上升为宪法权利。物权法就如何保护私有财产进行了详细的规定，以确立保护私人财产权的具体法律制度。但是物权法并不保护非法财产，它只保护合法的私人财产。

私人的合法财产受法律保护，禁止任何单位和个人侵占、哄抢、破坏。私人合法的储蓄、投资及其收益、继承权及其他合法权益也受法律保护。

法人也是一种重要的民事法律关系主体。企业法人对其不动产和动产依照法律、行政法规以及章程享有占有、使用、收益和处分的权利。企业法人以外的法人，对其不动产和动产的权利，适用有关法律、行政法规以及章程的规定。社会团体依法所有的不动产和动产，受法律保护。

物权法还对征收和征用做出了若干规定。为了公共利益的需要，征收单位、个人的房屋及其他不动产，应当依法给予拆迁补偿，维护被征收人的合法权益；征收个人住宅的，还应当保障被征收人的居住条件。因抢险、救灾等紧急需要，依照法律规定的权限和程序可以征用单位、个人的不动产或者动产。被征用的不动产或者动产使用后，应当返还被征用人。单位、个人的不动产或者动产被征用或者征用后毁损、灭失的，应当给予补偿。

10.2.5 不动产相邻关系

不动产相邻关系是指两个或两个以上相互毗邻的不动产的所有人或者使用人，在行使不动产的所有权或使用权时，相互之间应当给予便利或者接受限制而发生的权利义务关系。在相邻关系中，不动产的所有人或者使用人称为相邻人，相邻人享有的要求他方给予方便的权利称为相邻权。

《中华人民共和国民法通则》规定：不动产的相邻各方，应当按照有利生产、方便生活、团结互助、公平合理的精神，正确处理截水、排水、通行、通风、采光等方面的相邻关系。给相邻方造成妨碍或者损失的，应当停止侵害，排除妨碍，赔偿损失。

《物权法》也规定，不动产的相邻权利人应当按照有利生产、方便生活、团结互助、公平合理的原则，正确处理相邻关系。

相邻关系是人们在长期实践中发展起来的惯例。法律、法规对处理相邻关系有明确规定的，当然可以依照明文规定。如果法律、法规没有规定的，在相邻关系的处理上可以依照当地习惯。

10.2.6 财产共有权

财产共有权是指两个以上的公民或者法人对同一财产共同享有占有、使用、收益和处分的权利。财产共有权的特点是：①主体是两个以上的公民或者法人；②客体是同一财产；③共有与公有不同。在公有财产中所有权权利主体是一个，在共有财产中所有权权利主体是两个以上；④共有权不是独立的所有权类型，而是相同的或不相同的所有权的联合。

财产共有权有按份共有和共同共有两种。按份共有人对共有的不动产或者动产按照其份额享有所有权。共同共有人对共有的不动产或者动产共同享有所有权。

10.2.7 业主的建筑物区分所有权

建筑物区分所有权是一种复合形态的所有权，它是由专有部分所有权、共有部分所有权及成员权等要素构成的特别所有权。也就是说，建筑物区分所有权，是指数人区分一建筑物而各专有其一部，就专有部分有单独所有权，并就该建筑物及其附属物的共同部分，除另有约定外，按其专有部分比例共有的建筑物所有权。

专有部分指在构造上及使用上可以独立，且可单独作为所有权标的物的建筑物部分。业主对其建筑物专有部分享有占有、使用、收益和处分的权利，但是业主行使权利不得危及建筑物的安全，不得损害其他业主的合法权益。

共有部分指除专有部分以外的其他部分及不属于专有部分的附属物，比如建筑区划内的道路(属于城镇公共道路的除外)、建筑区划内的绿地(属于城镇公共绿地或者明示属于个人的除外)和其他公共场所、公用设施和物业服务用房。业主对建筑物的共有部分，享有权利，承担义务；不得以放弃权利不履行义务。

10.2.8 所有权取得的特殊问题

10.2.8.1 善意取得

根据物权法规定，无处分权人将不动产或者动产转让给受让人的，所有权人有权追回；除法律另有规定外，符合下列情形的，受让人即善意取得该不动产或者动产的所有权：①受让人受让该不动产或者动产时是善意的；②以合理的价格转让；③转让的不动产或者动产依照法律规定应当登记的已经登记，不需要登记的已经交付给受让人；④系从无权处分人处取得。

受让人依照上述规定取得不动产或者动产的所有权的，原所有权人有权向无处分权人请求赔偿损失。当事人善意取得其他物权的，参照前述规定。

过去一般认为，善意取得只适用于动产。但《物权法》将不动产也纳入善意取得的范围。这一规定体现了鼓励交易和对交易进行保护的价值取向。

10.2.8.2 拾得遗失物

遗失物不是无主物，原则上其所有权仍然属于失主。所有权人或者其他权利人对遗失物享有追回权。如果该遗失物通过转让被他人占有的，权利人有权向无处分权人请求损害赔偿，或者自知道或者应当知道受让人之日起 2 年内向受让人请求返还原物，但受让人通过拍卖或者向具有经营资格的经营者购得该遗失物的，权利人请求返还原物时应当支付受让人所付的费用。权利人向受让人支付所付费用后，有权向无处分权人追偿。

拾得遗失物，应当返还权利人。拾得人应当及时通知权利人领取，或者送交公安等有关部门。

在费用问题上，权利人领取遗失物时，应当向拾得人或者有关部门支付保管遗失物等支出的必要费用。如果权利人悬赏寻找遗失物的，领取遗失物时应当按照承诺履行义务。但是如果拾得人侵占遗失物的，无权请求保管遗失物等支出的费用，也无权请求权利人按照承诺履行义务。

遗失物自发布招领公告之日起 6 个月内无人认领的，归国家所有。

拾得漂流物、发现埋藏物或者隐藏物的，参照拾得遗失物的有关规定。文物保护法等法律另有规定的，依照其规定。

10.2.8.3 孳息

孳息包括天然孳息和法定孳息。天然孳息，比如母畜生的幼畜、果树结的果实；法定孳息，比如按照借款合同取得的利息。天然孳息由所有权人取得；既有所有权人又有用益物权人的，由用益物权人取得；当事人另有约定的，按照约定。

法定孳息，当事人有约定的，按照约定取得；没有约定或者约定不明确的，按照交易习惯取得。

10.3 他物权

他物权包括担保物权和用益物权。担保物权是以保证债务的履行和债权的实现为目的而设立的他物权，如抵押权、质权、留置权等。值得注意的是，对于担保物权，我国的《担保法》和《物权法》都进行了详细规定，如果其规定之间发生冲突，根据《物权法》第178条规定，应以新法即《物权法》为准。本节仅介绍用益物权。

10.3.1 用益物权的概念和特征

用益物权是指用益物权人在法律规定的范围内，对他人所有的不动产或者动产，享有占有、使用和收益的权利。用益物权的特征主要有：

1) 用益物权以对标的物的使用、收益为其主要内容，并以对物的占有为前提。

2) 用益物权是他物权、限制物权和有期限物权。

3) 用益物权的对象可以是不动产或动产。

10.3.2 用益物权的种类

10.3.2.1 土地承包经营权

土地承包经营权是指承包人(公民或集体)因从事耕作、种植或其他生产经营项目而承包使用、收益集体所有或集体使用的国家所有的土地或森林、山岭、草原、荒地、滩涂、水面的权利。土地承包经营权人依法对其承包经营的耕地、林地、草地等享有占有、使用和收益的权利，有权从事种植业、林业、畜牧业等农业生产。

土地承包经营权可以依法流转。物权法规定，土地承包经营权人将土地承包经营权转包、出租、互换、转让等方式流转的，当事人应当采取书面形式订立相应的合同，但合同的期限不得超过原土地承包经营权合同剩余的期限。

耕地的承包期为30年。草地的承包期为30～50年。林地的承包期为30～70年；特殊林木的林地承包期，经国务院林业行政主管部门批准可以延长。上述承包期届满，由土地承包经营权人按照国家有关规定继续承包，这有利于维护土地承包经营制的稳定。原则上，承包期内发包人不得收回承包地。如果承包地被征收的，土地承包经营权人有权依法获得相应补偿。

10.3.2.2 建设用地使用权

建设用地使用权(传统民法上的地上权)是因建造建筑物、构筑物及其附属设施而依法对国家所有的土地享有占有、使用和收益的权利。其特征是：①建设用地使用权是存在于国家所有的土地之上的物权；②建设用地使用权是以保存建筑物或其他构筑物为目的的权利；③建设用地使用权是使用他人土地的权利。

设立建设用地使用权，可以采取出让或者划拨等方式。建设用地使用权人有权将建设用地使用权转让、互换、出资、赠与或者抵押，其相关规则如下：①当事人应当采取书面形式订立相应的转让、互换、出资、赠与或者抵押合同；②使用期限由当事人约定，但不得超过建设用地使用权的剩余期限；③应当向登记机构申请变更登记；④房地一体主义，即建设用地使用权转让、互换、出资或者赠与的，附着于该土地上的建筑物、构筑物及其附属设施一并处分；相反地，建筑物、构筑物及其附属设施转让、互换、出资或者赠与的，该建筑物、构筑物及其附属设施占用范围内的建设用地使用权一并处分。

建设用地使用权具有期限性。比如，一般人所拥有的住房的土地使用期限就是 70 年。那么，70 年后，我们的房子怎么办？一段时间以来，这个问题已成为社会关注的焦点。针对这一问题，《物权法》将住宅用地和非住宅用地做了区别对待。对于住宅建设用地使用权期间届满的，自动续期，而不需要办理任何手续，但物权法并没有对续期的土地使用费支付标准和办法做出明确规定。而对于非住宅建设用地使用权期间届满的，其续期应当依照法律规定办理，该土地上的房屋及其他不动产的归属，有约定的，按照约定，没有约定或者约定不明确的，依照法律、行政法规的规定办理。

10.3.2.3 宅基地使用权

宅基地使用权是指宅基地使用权人依法享有对集体所有的土地占有和使用的权利，宅基地使用权人有权自主利用该土地建造住房及其附属设施。

宅基地使用权的取得、行使和转让，适用土地管理法等法律和国家有关规定。一户只能拥有一处宅基地。宅基地因自然灾害等原因灭失的，宅基地使用权消灭。对失去宅基地的村民，应当重新分配宅基地。

10.3.2.4 地役权

地役权是利用他人的不动产，以提高自己的不动产的效益的权利。他人的不动产为供役地，自己的不动产为需役地。地役权的特征是：①地役权是使用他人不动产的权利；②地役权是为自己不动产的便利的权利。“便利”，泛指开发、利用需役地的各种需要，其内容只要不违反法律的强制性规定及不违背社会公共利益，可以由当事人根据实际情况约定其内容。

“便利”泛指开发、利用需役地的各种需要，其内容只要不违反法律的强制性规定及不违背社会公共利益，可以由当事人根据实际情况约定其内容：

1) 以供役地供使用，如通行地役权。

2) 以供役地供收益，如用水地役权。

3) 避免相邻关系的任意性规范的适用。相邻关系规定的是土地所有人之间的最主要、最基本的关系，多是从土地所有人的义务方面加以规定，因而多属强制性规范。但相邻关系也不乏任意性的规定，当事人可以以特别约定加以改变或排除其适用。例如，相邻关系有土地或房屋所有人不得设置管、槽或其他装置使房屋雨水直接注泻于邻人的土地上或建筑物上，因此，土地所有人或使用人即负有不得安装此等装置的义务。如果相邻人豁免这一义务，则土地或房屋所有人就可以设定一个向邻地或邻地建筑物上直接注泻雨水的地役权。

4) 禁止供役地为某种使用，如禁止在邻地建高楼，以免妨碍眺望。

设立地役权，当事人应当采取书面形式订立地役权合同。地役权自地役权合同生效时设立。当事人要求登记的，可以向登记机构申请地役权登记；未经登记，不得对抗善意第三人，也即采取登记对抗主义。

土地上已设立其他用益物权如土地承包经营权、建设用地使用权、宅基地使用权等权利的情况下，未经用益物权人同意，土地所有权人不得设立地役权，这有利于克服不必要的权利冲突。

10.4 占有的法律制度

基于合同关系等产生的占有，有关不动产或者动产的使用、收益、违约责任等，依照合同约定；如果合同没有约定或者约定不明确的，则应当依照有关法律规定。根据《物权法》的规定，占有分为恶意占有和善意占有，其相应的规则有所差别。

对于恶意占有人：①恶意占有人因使用占有的不动产或者动产，致使该不动产或者动产受到损害的，应当承担赔偿责任；②占有的不动产或者动产毁损、灭失，该不动产或者动产的权利人请求赔偿的，占有人应当将因毁损、灭失取得的保险金、赔偿金或者补偿金等返还给权利人，权利人的损害未得到足够弥补的，恶意占有人还应当赔偿损失。

对于善意占有人：①当权利人请求返还占有的原物及其孳息时，善意占有人有权请求权利人支付因维护该不动产或者动产支出的必要费用；②占有的不动产或者动产毁损、灭失，该不动产或者动产的权利人请求赔偿的，善意占有人仅需将因毁损、灭失取得的保险金、赔偿金或者补偿金等返还给权利人，而不需承担赔偿损失责任。

《物权法》规定了占有的保护制度：①占有的不动产或者动产被侵占的，占有人有权在侵占发生之日起1年内请求返还原物；②对妨害占有的行为，占有人有权请求排除妨害或者消除危险；③因侵占或者妨害造成损害的，占有人有权请求损害赔偿。

占有保护制度结合物权保护制度，不仅可以对各种类型物权人的利益提供保护，还可以对基于债权关系的有权占有人，甚至是无权占有人提供相应的保护，这对于保护物权人的利益和维护社会的和谐稳定，都具有重要的现实意义。

10.5　物权的变动

10.5.1　物权变动的概念和原则

物权的变动是指物权的设立、移转、变更与终止。所谓物权的设立，指的是创设一个原来不存在的物权。物权的移转，指的是将已经存在的物权在民事权利主体之间转让，也包括将物权移转给国家的情形。所谓物权变更，指的是物权在主体不变更的情况下改变物权的内容，如改变用益物权的设定期限等。物权的消灭即物权的终止。

物权变动的原因主要有三类：①法律行为，如买卖、继承等；②法律规定的、法律行为以外的其他事实，如生产、收取孳息、接受无主财产等；③法律的直接规定、法院的判决和政府的行政指令等，如因国家征用或没收而致物权发生变动。

物权变动应当遵循公示、公信原则。物权的公示是物权享有与变动的可取信于社会公众的外部表现方式。纵观各国物权法的规定，不动产物权以登记和登记的变更作为权利享有与变更的公示方法，动产物权则以占有作为权利享有的公示方法，以占有之移转即交付作为其变更的公示方法。物权的公信是指物权的存在以登记或占有为特征，如果这种公示方法所表现的物权实际上并不存在或者实质内容有差异，但对于信赖此公示方法所表示的物权而与之交易的人，法律仍承认其有和真实物权相同的法律效果。

10.5.2　不动产登记

不动产登记是不动产物权变动的法定公示手段，是因法律行为的物权变动的生效要件，也是物权依法获得承认和保护的基本根据。

不动产登记由不动产所在地的登记机构办理。国家对不动产实行统一登记制度。统一登记的范围、登记机构和登记办法，由法律、行政法规规定。不动产登记是建立物权制度的重要基础。物权公示的原则，涉及不动产的，要靠登记制度保障。

关于不动产登记对物权变动的效力，各国有两种立法体例。一种是实质主义登记，即不动产物权的各项变动都必须登记，不登记者不生效；另一种是登记对抗主义，即不动产物权的设立、移转、变更、消灭的生效，仅仅以当事人的法律行为作为生效的条件，但是不经登记的物权变动不得对抗第三人。

原则上，我国采取了实质主义登记。《物权法》规定，不动产物权的设立、变更、转让和消灭，经依法登记，发生效力；未经登记，不发生效力。但在土地承包经营权、地役权等用益物权的登记上，我国采取的是登记对抗主义。

物权变动问题和作为其原因行为的合同效力是两个不同的问题。当事人之间订立有关设立、变更、转让和消灭不动产物权的合同，除法律另有规定或者合同另有约定外，自合同成立时生效；未办理物权登记的，不影响合同效力。也就是说，合同效力和物权变动效力互相独立。

不动产物权的设立、变更、转让和消灭，依照法律规定应当登记的，自记载于不动产登记簿时发生效力。不动产登记簿是登记机关保管的，当事人得到的是不动产权属证书。不动产权属证书记载的事项，应当与不动产登记簿一致；记载不一致的，除有证据证明不动产登记簿确有错误外，以不动产登记簿为准。总之，不动产登记簿和不动产权属证书的关系是：不动产登记簿上的记载具有最高效力；不动产登记簿是物权归属和内容的根据；不动产权属证书是权利人享有该不动产物权的证明。

10.5.3 动产的占有与交付

动产物权变动的一般规则是：动产物权的设立和转让，除法律另有规定外，自交付时发生效力。

《物权法》上所说的交付，是指物的直接占有的移转，即一方当事人按照法律行为的要求，将物的直接占有移转给另一方当事人的事实。动产物权的取得以交付作为生效要件，是物权公示原则的必然要求，是实现物权排他性的必需手段。

动产物权变动的几项特殊规定如下：

1) 动产物权设立、转让前，权利人已经占有该动产的，物权自法律行为生效时发生效力。

2) 动产物权设立、转让前，第三人占有该动产的，可以通过转让请求第三人返还原物的权利代替交付。

3) 动产物权转让时，出让人应当将该动产交付给受让人，但双方约定由出让人继续占有该动产的，物权自约定生效时发生效力。

4) 船舶、飞行器和机动车等物权的设立、变更、转让和消灭，未经登记，不得对抗善意第三人。可以将船舶、飞行器和机动车理解为特殊的动产。

10.5.4 不必公示的物权变动

因人民法院的法律文书、人民政府的征收决定等行为导致物权设立、变更、转让和消灭的，自法律文书生效或者人民政府做出的征收决定等行为生效时发生效力。因继承取得物权的，自继承开始时发生效力。因合法建造、拆除住房等事实行为设立和消灭物权的，自事实行为成就时发生效力。

依发生的物权变动，如为不动产物权而未进行不动产登记，权利人不得处分其物。

10.6 物权的法律保护

保护财产所有权是发展市场经济、稳定交易秩序的前提和基础。因此，保护财产所有权是各个法律部门的共同任务，例如刑法用刑事制裁，行政法用行政措施保护国家、集体和公民的财产所有权不受侵犯。本节主要介绍民事保护方法。根据物权法规定物权受到侵害的，权利人可以通过和解、调解、仲裁、诉讼等途径解决。

1) 确认物权请求权。因物权的归属和内容发生争议的，利害关系人可以请求确认权利。这种方法可以单独使用，也可以与其他方法合并使用。确认物权是适用其他几种保护方法的最初步骤。当物权的归属问题未解决时，其他几种保护方法也就无法适用。因此，人民法院在审理侵权、赔偿案件时，应首先查明事实，确认物权的归属问题，然后视财产被侵犯情况，采取其他相应的保护方法。

2) 返还请求权。无权占有不动产或者动产的，权利人可以请求返还原物；不能返还原物或者返还原物后仍有损失的，可以请求损害赔偿。

3) 恢复原状请求权。造成不动产或者动产毁损的，权利人可以请求恢复原状；不能恢复原状或者恢复原状后仍有损失的，可以请求损害赔偿。

4) 排除妨害请求权。妨害行使物权的，权利人可以请求排除妨害。例如，“三废”污染，影响物权人正常的生活和生产等，物权人有权请求排除。

5) 消除危险请求权。物权人对有可能造成自己的占有物损害的设施的物权人或者占有人，可以请求其消除危险。

6) 损害赔偿请求权。侵害物权，造成权利人损害的，权利人可以请求损害赔偿。

上述几种方法是民法保护财产所有权的基本方法，其中前五种是物权之诉的保护方法，其特点是运用这些保护方法，使所有人能够充分实现占有、使用、收益、处分的权能；最后一种是债权之诉的保护方法，其特点是用发生债务的方法补偿所有人的损失，以保护所有人的合法权益。上述几种方法彼此联系，相互补充。当财产所有权被侵犯时，应视其被侵犯的具体情况，采用其中一种或多种方法。

学习指导

★ 复习思考

1) 简述物权的基本原则。
2) 所有权的内容包括哪些？
3) 简述财产共有权的特点。
4) 简述用益物权的种类。
5) 简述物权变动的原则。
6) 动产物权变动特殊规定有哪些？

★ 案例分析

2000 年，李某与张某出资购买了某品牌汽车从事长途贩运，其中，李某出资 10 万元，张某出资 6 万元，双方约定：盈亏按照出资比例分担。2 年中，双方赢利均按约定比例作了分配。2008 年，李某乘张某外出之机，将一辆车以 9 万元的价格出售给王某，双方办理了车辆过户手续，张某回来后，不同意卖车，要求李某追回该车，李某则认为，自己当初出资 10 万元，可以买 2 辆汽车，因而认为自己有权出售汽车，张某诉至法院，要求确认李某和王某的买卖行为无效。

问：

(1) 张某与李某之间对汽车形成何种关系?
(2) 李某出卖汽车的行为是否有效?为什么?

11 担保法律制度

本章要点

担保是经济活动中保障债权实现的一种法律制度。《中华人民共和国担保法》(简称《担保法》)规定了五种担保方式，即保证、抵押、质押、留置和定金。本章主要介绍了担保的概念与特征、担保的法律性质及种类、保证责任及保证合同的基本内容、抵押合同及抵押登记的效力、动产质押与权利质押法律制度、留置和定金适用范围等。

11.1 担保法概述

11.1.1 担保概念及其特征

担保是通过法定或者约定的方式，用特定人的信用或者财产保障债务人向债权人履行债务的法律措施。在民法理论上，担保分为一般担保和特殊担保。一般担保是指债务人必须以其全部财产作为履行债务的担保。因此，合同法规定债权人有代位权和撤销权。特殊担保是指以债务人或第三人的特定财产或者特定人的一般财产作为履行义务的担保。我国《担保法》所规范的担保关系，专指特别担保，不包括一般担保。担保所建立的是一种合同关系，它具有以下特征：

1) 从属性。担保关系是一种从法律关系，它从属于所担保的主债权债务关系。主债权债务关系的存在是担保关系存在的基础和前提。没有特定的主债权债务关系的存在，担保关系就不能产生。担保在处分和消灭上也体现出了从属性：担保应随主债权的转移而转移，提供担保者在处分其作为担保的财产时，也不能破坏其担保义务；主债权消灭，担保关系随之消灭。可见，担保关系不能脱离主债权债务关系而独立存在，权利人也不能脱离主债权关系而独立享有和让与因担保而形成的权利。

2) 自愿性。一般情况下，是否设定担保、设立何种担保以及担保的范围与期限，均由当事人自愿协商，自主决定。担保法的规定中，法定担保不仅数量较少，而且是否适用法定担保也主要取决于当事人的意愿。这与合同关系的自愿原则是一致的。

3) 保障性。当事人约定的担保措施是否付诸实施，视主合同履行情况而定。当事人履行了主合同，约定的担保措施不必实施。当事人不履行主合同，约定的担保措施将付诸实施。

11.1.2 担保的适用范围和担保方式

1) 适用范围。担保的适用范围限于在借贷、买卖、货物运输、加工承揽等经济活动中，即担保适用于民、商事领域的经济活动。因身份关系而产生的权利义务关系、因政府和国家机关管理行为而发生的权利义务关系均不适用于《担保法》。

2) 担保方式。我国《担保法》借鉴了国外的做法，总结了我国的实践经验，规定了五种担保方式，即保证、抵押、质押、留置和定金。

我国《担保法》还规定：担保活动应当遵循平等、自愿、公平、诚实信用的原则；第三人为债务人向债权人担保时，可以要求债务人提供反担保。反担保适用《担保法》关于担保的规定；《海商法》等法律对担保有特别规定的，依照其规定。

11.2 保证

保证是指保证人和债权人约定，当债务人不履行债务时，保证人按照约定履行债务或者承担责任的行为。保证人承担保证责任后，有权向债务人追偿。

11.2.1 保证的特征

保证具有以下法律特征：

1) 保证属于人的担保范畴。保证不同于抵押、质押、留置、定金等物的担保方式，它不是用特定的财产提供担保的，而是以保证人的信誉和不特定财产为他人的债务提供担保的。

2) 保证人必须是主合同以外的第三人。

3) 保证人应当具有清偿债务的能力。

11.2.2 保证人

11.2.2.1 保证人的资格

根据《担保法》规定，具有代为清偿能力的法人、其他组织或者公民可以作保证人。下列主体在保证这种担保方式中将受到限制：

1) 国家机关不得为保证人，但经国务院批准的为使用外国政府或者国际经济组织贷款进行转贷的除外。

2) 学校、幼儿园、医院等以公益为目的的事业单位、社会团体不得为保证人。

3) 企业法人的分支机构、职能部门不得为保证人。企业法人的分支机构有法人的书面授权的，可以在授权范围内提供保证。

同一债务有两个以上保证人的，保证人应当按照保证合同约定的保证份额承担保证责任。没有约定保证份额的，保证人承担连带责任；债权人可以要求任何一个保证人承担全部保证责任；保证人都负有担保全部债权实现的义务。已经承担保证责任的保证人，有权向债务人追偿，并要求承担连带责任的其他保证人偿付其应当承担的份额。

11.2.2.2　保证人的抗辩权

保证人的抗辩权是指债权人行使债权时，保证人根据法定事由，对抗债权人行使请求权的权利。包括专属于保证人的抗辩权(如前述一般保证中的先诉抗辩权)和保证人享有的债务人的抗辩权，例如债权人超过诉讼时效、债权人未履行相对应的义务等事由，债务人均可作为抗辩理由。债务人放弃抗辩权的，保证人仍然有权抗辩。

11.2.3　保证合同

保证人与债权人应当以书面形式订立保证合同。书面保证合同包括：保证人和债权人专门就保证事项单独订立的保证合同；债权人、债务人和保证人三方在主合同中共同订立的保证条款；保证人和债权人之间就保证事项达成协议的信函、传真等文字材料。

11.2.3.1　保证合同的内容

保证合同应当包括下列内容：①被保证的主债权种类、数额；②债务人履行债务的期限；③保证方式；④保证担保的范围；⑤保证的期间；⑥双方认为需要约定的其他事项。

保证合同不完全具备上述规定内容的，可以补正。

11.2.3.2　保证的方式

保证方式有两种：①一般保证；②连带责任保证。保证人在订立保证合同时可以进行选择，并承担相应的保证责任。

一般保证和连带责任保证的主要区别在于：一般保证的保证人享有先诉抗辩权，而连带责任的保证人则没有先诉抗辩权。在一般保证中，保证人只有在主合同纠纷经审判或者仲裁，并就债务人财产依法强制执行仍不能履行债务时，才承担保证责任。这时，债务人处于履行债务的第一顺序，保证人处于第二顺序，在债务人不能或者不完全能清偿债务时，保证人对债务的清偿承担补充责任。同时，《担保法》又规定，在下列情况下，一般保证的保证人不得行使先诉抗辩权：①债务人住所变更，致使债权人要求其履行债务发生重大困难的；②人民法院受理债务人破产案件，中止执行程序的；③保证人以书面形式放弃先诉抗辩权的。

在连带责任的担保中，只要债务人在债务清偿期满而没有履行债务行债务，债权人即可以要求债务人清偿债务或者保证人承担保证责任，而无需过问债务人是否有清偿债务的能力。

根据《担保法》规定：当事人在保证合同中约定，债务人不能履行债务时，由保证人承担保证责任的，为一般保证。当事人在保证合同中约定保证人与债务人承担连带责任，或者对保证方式没有约定或者约定不明确的为连带责任保证。

11.2.3.3 单项保证和最高限额保证

保证人与债权人可以就单个主合同分别订立保证合同，也可以协议在最高债权限额内就一定期间连续发生的借款合同或者某项商品交易合同订立一个保证合同。例如，甲商场和一电视机厂订立供货合同，电视机厂每月向甲商场提供 30 台电视机，合同期限为 1 年，合同总标的额为 100 万元人民币。订立合同时，电视机厂要求甲商场提供担保，甲商场找到乙公司作保证人。如果乙公司为甲商场的每笔交易担保，显得有些繁琐。这时可以约定乙公司为最高限额 100 万元人民币的主合同担保。在实际履行中，甲商场要货 100 万元之内，如果不能付款，乙公司应承担保证责任；甲商场要货超过 100 万元，乙公司对超出 100 万元的部分债务不承担保证责任。

11.2.4 保证责任

11.2.4.1 保证人承担责任的范围

保证担保的范围包括主债权及利息、违约金、损害赔偿金和实现债权的费用。当事人对保证担保的范围没有约定或者约定不明确的，保证人应对全部债权承担责任。保证合同另有约定的，保证人按照约定承担责任。

11.2.4.2 债权债务转让和主合同变更时保证人的责任

保证期间，债权人依法将主债权转让给第三人，保证人在原保证范围内继续承担保证责任。保证期间，债权人许可债务人转让债务的，应当取得保证人的书面同意，保证人对未经其同意转让的债务，不再承担保证责任。

债权人与债务人协议变更主合同的，应当取得保证人的书面同意。未经保证人书面同意的，保证人不再承担保证责任。

如果在保证合同中另有约定的，按照约定承担责任。

【例 11.1】 甲、乙于 2007 年 10 月 5 日签订一借款合同，丙作为担保方在借款合同上签字。合同约定乙的还款日期为 2008 年 2 月 5 日，到期未还由丙对借款本金 500 万元承担连带责任。2007 年 12 月 1 日，甲、乙双方经协商将还款期延至 2008 年 4 月 5 日，并通知丙，丙对此未置可否。2008 年 5 月 1 日，甲因乙未按期还款而首次要求丙偿还借款本息。

解析：根据《担保法》第 21 条规定，保证担保的范围包括主债权及利息、违约金、损害赔偿金和实现债权的费用。保证合同另有约定的，按照约定。根据合同约定，到期未还由丙对借款本金 500 万元承担连带责任。根据《担保法》规定，债权人与债务人对主合同履行期限作了变动，未经保证人书面同意的，保证期间为原合同约定的或者法律规定的期间；保证人与债权人未约定保证期间的，保证期间为主债务履行期届满之日起 6 个月。故主合同履行期限变更未经丙书面同意，保证期间仍为主债务履行期届满之日(2008 年 2 月 5 日)6 个月。

11.2.4.3 保证期间

一般保证的保证人与债权人未约定保证期间的，保证期间为主债务履行期届满之日起 6 个月。在合同约定的保证期间和上述期间内，债权人未对债务人提起诉讼或者申请仲裁的，保证人免除保证责任。债权人提起诉讼或者申请仲裁的，保证期间适用诉讼时效中断的规定。

连带责任保证的保证人与债权人未约定保证期限的，债权人有权自主债务履行期届满之日起 6 个月内要求保证人承担保证责任。在合同约定的保证期间和上述期间内，债权人未要求保证人承担保证责任的，保证人免除保证责任。

11.2.4.4 关于保证责任的其他规定

1) 保证人就连续发生的债权作保证而未约定保证期限的，保证人可以随时书面通知债权人终止保证合同。但保证人对通知到达债权人前所发生的债权，承担保证责任。

2) 同一债权既有保证又有物的担保的，保证人对物的担保以外的债权承担保证责任。债权人放弃物的担保的，保证人在债权人放弃权利的范围内免除保证责任。

3) 企业法人的分支机构未经法人的书面授权或者超出范围与债权人订立保证合同的，该合同无效或者超出授权范围的部分无效。债权人和企业法人有过错的，根据其过错各自承担相应的民事责任；债权人无过错的，由企业法人承担民事责任。

4) 下列情形之一的，保证人不承担民事责任：①主合同当事人双方串通，骗取保证人提供保证的；②主合同债权人采取欺诈、胁迫等手段，使保证人在违背真实意思的情况下提供保证的。

11.3 抵押

抵押是指债务人或者第三人不转移某一特定财产的占有，将该财产作为债权的担保，债务人不履行债务时，债权人有权依照法律规定以该财产或者以拍卖该财产的价款优先受偿的方式。

抵押法律关系中的当事人为抵押人和抵押权人，客体为抵押物。抵押人指为担保债务的履行而提供抵押物的债务人或者第三人。抵押权人指接受担保的债权人。抵押物指抵押人提供的，用于担保债务履行的特定财产。

11.3.1 抵押的范围

根据《担保法》的规定，下列财产可以抵押：①抵押人所有的房屋和其他地上定着物；②抵押人所有的机器、交通运输工具和其他财产；③抵押人依法有处分权的国有的土地使用权、房屋和其他地上定着物；④抵押人依法有权处分的国有机器、交通运输工具和其他财产；⑤抵押人依法承包并经发包方同意抵押的荒山、荒沟、荒丘、荒滩等荒地的土地使用权；⑥依法可以抵押的其他财产。除了《担保法》规定的可以抵押财产以外，《物权法》第一百八十条对抵押财产作了相应扩展：增加了①建设用地使用权；②以招标、拍卖、公开协商等方式取得的荒地等土地承包经营权；③正在建造的建筑物、船舶、航空器；④法律、行政法规未禁止抵押的其他财产。

根据《担保法》的规定，下列财产不得抵押：①土地所有权；②耕地、宅基地、自留地、自留山等集体所有的土地使用权，但前述规定可以抵押的荒山、荒沟、荒丘、荒滩以及乡(镇)、村企业的厂房等建筑物为抵押物，其占用范围内的土地使用权同时抵押的情况除外；③学校、幼儿园、医院等以公益为目的的事业单位、社会团体的教育设施、医疗卫生设施和其他社会公益设施；④所有权、使用权不明或者有争议的财产；⑤依法被查封、扣押、监管的财产；⑥依法不得抵押的其他财产。

11.3.2 抵押合同的内容

抵押人和抵押权人应当以书面形式订立抵押合同。抵押合同应当包括以下内容：①被担保的主债权种类、数额；②债务人履行债务的期限；③抵押物的名称、数量、质量、状况、所在地、所有权权属或者使用权权属；④担保的范围；⑤当事人认为需要约定的其他事项。

抵押合同不完全具备上述内容的，可以补正，抵押权人和抵押人不得在抵押合同中约定在债务履行期届满抵押权人未受清偿时，抵押物的所有权转移为债权人所有。

11.3.3 抵押物登记

财产抵押是重要的民事法律行为，法律规定某些财产抵押要办理抵押登记，需办理登记的抵押物及登记的部门如下：①以无地上定着物的土地的使用权抵押的，为核发土地使用权证书的土地管理部门；②以城市房地产或者乡(镇)、村企业的厂房等建筑物抵押的，为产权管理部门或者证明登记部门；③以林木抵押的，为县级以上林木主管部门；④以航空器、船舶、车辆抵押的，为运输工具的登记部门；⑤以企业的设备和其他动产抵押的，为财产所在地的工商行政管理部门。当事人之间订立有关设立、变更、转让和消灭不动产物权的合同，除法律另有规定或者合同另有约定外，自合同成立时生效；未办理物权登记的，不影响合同效力。应当办理抵押登记。抵押权自登记时设立。以交通运输工具抵押的，抵押权自抵押合同生效时设立；未经登记，不得对抗善意第三人。

法定抵押权是否以登记为必须要件，立法上有不同规定。《德国民法典》第648条规定，行使法定抵押权，应有预告登记，并有定作人的同意或代替同意的判决及经登记。《日本民法典》第337、338条规定，法定抵押权依法律之规定，当然发生优先权(先取特权)，然而为了保全需要，则以登记为必要。在《瑞士民法》中，法定的抵押权有两种，一种为公法性质的法定抵押权，无须登记(瑞民836条)，而且其效力优先于其他一切担保权；另一种为私法性质的法定抵押权，无须制定合同及公证文书，承揽人无须定作人承诺(瑞民837条)，可申请登记，然非登记不生效力。《台湾民法》第513条规定，法定抵押权，依法律之规定发生效力，不以登记为必要，但是依759条规定，与债权同一设质，则应解释为非先经登记，不得为之。

11.3.4 抵押权的实现

抵押担保的范围包括主债权及利息、违约金、损害赔偿金和实现抵押权的费用。抵押合同另有约定的，按照约定。

债务履行期届满抵押权人未受清偿的，可以与抵押人协议以抵押物折价或者拍卖、变卖该抵押物所得的价款受偿；协议不成的，抵押权人可以向人民法院提起诉讼。抵押物折价或者拍卖、变卖后，其价款超过债权数额的部分归抵押人所有，不足部分由债务人清偿。

同一财产向两个以上债权人抵押的，拍卖、变卖抵押物所得的价款按照以下规定清偿：①抵押合同以登记生效的，按照抵押权登记的先后顺序清偿，顺序相同的，按照债权比例清偿；②抵押合同自签订之日起生效的，该抵押物已登记的，按照第①项规定清偿；未登记的，按照合同生效时间的先后清偿，顺序相同的，按照债权比例清偿；③抵押物已登记的先于未登记的受偿。

为债务人抵押担保的第三人，在抵押权人实现抵押权后，有权向债务人追偿。

11.4 质押

质押是指债务人或者第三人将其财产移交债权人占有，以该财产作为债权的担保，债务人不履行债务时，债权人有权以该财产卖得价款优先受偿的方式。其中，将出质物交给债权人作为债权担保的人，称为出质人；接受并占有出质物的债权人，称为质权人。质押是担保的一种方式。按照质物的不同种类，可将质押分为动产质押和权利质押。

我国《民法通则》第89条规定了保证、抵押、定金、留置四种债的担保方式，其中抵押担保包括了质押担保。由于抵押和质押在是否转移占有上不同，抵押物不转移占有，而质押的财产必须转移占有，因而在管理上有很大差别。为了完善物的担保制度，借鉴国外经验，《担保法》将抵押和质押分开，对质押专门作了规定。

11.4.1 动产质押的主要规定

动产质押是指债务人或者第三人将其动产移交债权人所有，将该动产作为债权的担保。债务人不履行债务时，债权人有权依照《担保法》规定以该动产折价或者以拍卖、变卖该动产的价款优先受偿。出质人和质权人应当以书面形式订立质押合同。质押合同自质物移交于质权人占有时生效。

质押合同应当包括以下内容：①被担保的主债权种类、数额；②质物的名称、数量、质量、状况；③债务人履行债务的期限；④质押担保的范围；⑤质物移交的时间；⑥当事人认为需要约定的其他事项。

质押合同不完全具备上述内容的，可以补正；出质人和质权人在合同中不得约定在债务履行期届满质权人未受清偿时，质物的所有权转移为质权人所有。

债务履行期届满债务人履行债务的，或者出质人提前清偿所担保的债权的，质权人应当返还质物。债务履行期届满质权人未受清偿的，可以与出质人协议以质物折价，也可以依法拍卖、变卖质物。质物折价或者拍卖、变卖后，其价款超过债权数额的部分仅出质人所有，不足部分由债务人清偿。

质权人负有妥善保管质物的义务。因保管不善致使质物灭失或者毁损的，质权人应当承担民事责任。质权人不能妥善保管质物可能致使其灭失或者毁损的，出质人可以要求质权人将质物提存，或者要求提前清偿债权而返还质物。质物有损坏或者价值有明显减少的可能、足以危害质权人权利的，质权人可以要求出质人提供相应的担保。出质人不提供担保的，质权人可以拍卖或者变卖质物，并与出质人协议将拍卖或者变卖所得的价款用于提前清偿所担保的债权或者向与出质人约定的第三人提存。

11.4.2 权利质押的主要规定

权利质押是以所有权以外的可让与的财产权作为质权标的担保方式。与动产质押转移质物不同，权利质押通常依债权证券的交付，或者以订立权利质押合同并进行登记的办法，发生对出质权利占有转移的效力。权利质押关于质物的占有，主要表现在质权人对于出质人行使已出质的权利的控制。

根据《担保法》规定，下列权利可以质押：①汇票、支票、本票、债券、存款单、仓单、提单；②依法可以转让的股份、股票；③依法可以转让的商标专用权、专利权、著作权中的财产权；④依法可以质押的其他权利。

权利质押除适用下列规定外，适用动产质押的规定：

1) 以汇票、支票、本票、债券、存款单、仓单、提单出质的，应当在合同约定的期限内将权利凭证交付质权人。质押合同自权利凭证交付之日起生效。汇票、支票、本票、债券、存款单、仓单、提单兑现或者提货日期先于债务履行期的，质权人可以在债务履行届满前兑现或者提货，并与出质人协议将兑现的价款或者提取的货物用于提前清偿所担保的债权或者向与出质人约定的第三人提存。

2) 以依法可以转让的股票出质的，出质人与质权人应当订立书面合同，并向证券登记机构办理出质登记。质押合同自登记之日起生效。股票出质后，不得转让，但经出质人与质权人协商同意的可以转让。出质人转让股票所得的价款应当向质权人提前清偿所担保的债权或者向与质权人约定的第三人提存。以有限责任公司的股份出质的，适用公司法股份转让的有关规定。出质权自工商行政管理部门办理出质登记时设立。

3) 以依法可以转让的商标专用权、专利权、著作权中的财产权出质的，出质人与质权人应当订立书面合同，并向其管理部门办理出质登记。质押合同自登记之日起生效。

上述权利出质后，出质人不得转让或者许可他人使用，但经出质人与质权人协商同意的，可以转让或者许可他人使用。出质人所得的转让费、许可费应当向质权人提前清偿所担保的债权或者向与质权人约定的第三人提存。

11.5 留置

留置是指债权人因债务人不履行到期债务，债权人可以留置已经合法占有的债务人的动产，并有权就该动产优先受偿。以留置财产折价或者以拍卖、变卖该留置物，从所得价款中优先得到清偿的方式。留置权是指债权人对已合法占有的债务人的动产，在债权未能如期获得清偿前，留置该动产作为担保和实现债权的权利。

11.5.1 留置权的特征

留置权具有以下特征：

1) 留置权是一种从权利，它以担保主债权实现、债务人履行其合同义务而设定。

2) 留置权属于他物权，留置权人有从留置的债务人财产的价值中优先受偿的权利。

3) 留置权是一种法定担保方式，可依法律规定而发生。

4) 债权人留置的动产，应当与债权属于同一法律关系，但企业之间留置的除外。

11.5.2 留置权的实现

债权人与债务人应当在合同中约定，债权人留置财产后，债务人应当在不少于 2 个月的期限内履行债务。债权人与债务人在合同中未约定的，债权人留置债务人财产后，应当确定 2 个月以上的期限，通知债务人在该期限内履行债务。

债务人逾期仍不履行的，债权人可以与债务人协议以留置物折价，也可以依法拍卖、变卖留置物。留置物折价或者拍卖、变卖后，其价款超过债权数额的部分归债务人所有，不足部分由债务人清偿。依照我国《民法通则》和《担保法》的规定，留置权人变价留置物取偿主要有三种方法：①以留置物折价取偿；②拍卖留置物取偿；③以其他形式变卖留置物取偿。

11.5.3 留置权的其他规定

1) 留置权人负有妥善保管留置物的义务。因保管不善致使留置物灭失或者毁损的，留置权人应当承担民事责任。

2) 留置担保的范围包括主债权及利息、违约金、损害赔偿金、留置物保管费用和实现留置权的费用。

3) 留置的财产为可分物的，留置物的价值应当相当于债务的金额。

4) 留置权因下列原因消灭：①债权消灭的；②债务人另行提供担保并被债权人接受的。

【例 11.2】 甲公司租用乙公司的一处场地作停车场，租赁期满，因甲公司尚欠乙公司租金 5.6 万元未付，乙公司遂扣留甲公司的货车 1 辆，以此迫使甲公司交付租金，甲公司诉至法院，要求乙公司归还车辆并赔偿因车辆停运造成的损失，乙公司答辩称其是依法行使留置权，并反诉要求甲公司给付租金。法院审理后依法判决甲公司给付乙公司租金 5.6 万元，但同时认为乙公司不符合行使留置权的条件，判决乙公司返还甲公司货车并赔偿甲公司经济损失 2.7 万元。

解析：本案中，乙公司并未因合同占有甲公司的车辆，不具备行使留置权的条件，故其主张得不到法院支持，不但没有因此实现保障债权的目的，反而被判赔偿对方损失。需要指出的是，并非按照任何合同占有债务人的财产都可以行使留置权，依照《物权法》的规定，留置财产仅限于债务人所有的动产，不动产则应排除于外，同时要求留置财产是与债权属于同一法律关系的动产。本案中乙留置甲公司的货车显然在我国是属于法律意义上的不动产，同时，该货车与租赁合同不属于同一法律关系。

11.6 定金

定金是合同当事人一方为担保合同的履行，预先支付给另一方一定金钱的行为。定金的性质，在担保法上是债的一种担保方式，根据其给付目的为准，定金可分为成约定金、证约定金、违约定金和立约定金。成约定金是指作为合同成立要件的定金；证约定金是指以交付事实作为当事人之间存在合同关系的证明的定金，但不是合同成立的必备条件；违约定金是指给定金的一方当事人如不履行合同债务时，收受定金的另一方当事人可予以没收的定金；立约定金是指担保正式订立合同的定金。除非当事人另有约定，《担保法》规定的定金兼有证约定金与违约定金的性质。当事人可以约定一方向对方给付定金作为债权的担保。债务人履行债务后，定金应当抵作价款或者收回。给付定金的一方不履行约定的债务的，无权要求返还定金；收受定金的一方不履行约定的债务的，应当双倍返还定金。

11.6.1 定金合同的成立与生效

定金合同要求用书面形式。定金合同是实践性合同，自实际交付定金时生效。实际交付的定金数额多于或者少于约定数额，视为变更定金合同；收受定金一方提出异议并拒绝接受定金的，定金合同不生效。定金数额不得超过主合同标的额的 20%。如果超过的，则超过 20%的部分无效。

11.6.2 定金的法律效力

1) 当合同履行时，定金应当返还或者作为给付的一部分，由于设立定金的目的在于担保合同的履行，一旦合同得以履行，定金存在的意义也就丧失了。故在合同履行完毕时，定金应予返还。若定金与应为给付的种类相同，则可以作为给付的一部分。

2) 当合同由于可归责于定金给付当事人的事由而陷入不能履行时，给付定金的一方无权要求返还定金。这是由于在此种场合下，给付定金的一方本应向对方当事人就其违约行为负损害赔偿责任，但既然双方当事人已约有定金，则守约方可以占有定金作为损害赔偿，而不必就其因对方违约而蒙受的损失负举证责任。而且，除非当事人另有约定，守约方不能再向给付定金的一方提出损害赔偿请求权。

3) 当合同由于可归责于收受定金当事人的事由而不能履行时，收受定金的一方当事人应当双倍返还定金。在这种场合下，收受定金的一方当事人作为违约方理应向给付定金的对方当事人负损害赔偿责任。故定金收受方应将其原收受的定金如数退还给给付方。

4) 当合同由于不可归责于双方当事人的事由而不能履行时，收受定金的当事人应当返还定金。若双方当事人对于主合同的履行不能均无过失时，其双方当事人均应免责，故不发生损害赔偿的问题。而且，原定合同既然已经终止，则定金给付方的定金也就丧失了给付原因，定金收受方自应予以返还。

5) 当合同中既有定金条款，又有违约金条款时，当事人只能选择其中一个适用。但需要注意的是，如果收受定金的一方违约，而支付定金的一方选择适用违约金条款，则还可以要求返还定金。

学习指导

★ 复习思考

1) 根据担保法的规定,一般保证与连带责任保证的有什么区别?

2) 抵押人与抵押权的权利人和义务是什么?

3) 抵押与质押的区别是什么?

4) 留置权人如何实现其权利?

★ 案例分析

1) 甲经营需17万元进货款，经协商，乙同意借给甲17万元，借款期6个月，但要甲提供借款抵押。甲的好朋友丙愿以自己的房产作为甲的借款抵押物，并与乙签订了以房屋作为借款抵押物的合同，但未进行登记。由于经营不善，6个月期满甲无钱归还借款，乙持借款抵押合同找到丙，要求丙按合同履行，丙认为借款人是甲，与己无关。无奈，乙将丙告上法庭，要求法院判决丙承担抵押担保责任。

问：丙是否应该承担抵押担保责任

2) 某乡镇企业为购置设备，向银行贷款30万元，企业以自有工具车1辆作抵押（评估价10万元），另由乡财政所作保证。贷款到期后，企业仅归还15万元，其余贷款及利息无法偿付，为此，银行向法院提起诉讼，要求乡财政所承担连带清偿责任。

问：

(1) 乡财政所是否应承担连带责任？为什么？

(2) 法院对此案应做如何处理？

(3) 如果保证人不是乡财政所，而是B公司，但保证方式没有约定，该案应当如何处理？如果保证期间没有约定，又该如何处理？

12 证券法律制度

本章要点

证券法是调整证券发行、交易和监管过程中发生的各种法律关系的法律规范的总称。本章依据《中华人民共和国证券法》(简称《证券法》)阐述证券法的概念和基本原则，对证券发行和交易的具体规则进行了详细解析，并分析了上市公司收购的程序和法律规则，介绍了主要的证券机构的有关法律规定。通过本章学习，重点掌握证券发行、证券交易、上市公司收购、证券机构等法律规定及相关法律责任。

12.1 证券法概述

12.1.1 证券的概念

证券是指以证明或者设定权利为目的所作成的一种书面凭证。从广义上说，证券就是权利凭证，依据不同的标准可以进行不同的分类。从经济学角度分析，依据证券权利内容的不同，证券分为商品证券和价值证券。商品证券指提货单、货运单、购货单等代表对商品权利的权利凭证。价值证券是以货币金额表示的证券，又分为货币证券和资本证券。货币证券指对货币享有权利的证券，如支票、汇票等。资本证券指享有按期自企业收益中取得一定权益的证券，如股票、债券等。

《证券法》上的证券为资本证券，是公众投资的对象，是具有流动性、收益性、风险性、均等性等特征的金融工具，包括股票、公司债券和国务院依法认定的其他证券。《证券法》规范的证券，主要具有以下三个方面的法律特征：①证券是具有投资属性的凭证；②证券是证明持券人拥有某种财产权利的凭证；③证券是一种可以流通的权利凭证。

12.1.2 证券法的概念

证券法是调整证券关系的法律规范的总称。证券法的调整对象是证券活动法律关系，该法律关系有狭义和广义两种理解。狭义的理解仅指证券的发行和交易关系；广义的理解则包含证券发行、交易监管、服务等活动中发生的各种关系。我国于 1998 年 12 月 29 日由第九届全国人民代表大会常务委员会第六次会议通过、颁布了《证券法》，2005 年 10 月 27 日第十届全国人大常务委员会第十八次会议进行了修订，修订后的《证券法》自 2006 年 1 月 1 日起施行。

12.1.3 证券法的基本原则

《证券法》的基本原则体现了证券法的立法精神，贯穿于立法、执法、司法的始终，是证券法的指导思想和证券发行、证券交易活动必须遵循的基本准则。其内容包括如下：

1) 公开、公平、公正原则。公开是市场透明度特点的体现，公开原则在证券法中形成了一套完整的信息披露制度。公开是公正、公平的前提和保障，是实现公平、公正的必要措施。公平是公平竞争、公平交易。在证券发行和交易活动中，投资人、发行人、证券商和证券专业服务机构等市场主体的法律地位平等，平等地享受权利和承担义务，公平地开展竞争，合法权益受到公平保护。公正是管理公正、执法公正。公正原则要求在证券市场中，立法者应制定公正的规则，司法者和管理者按照这一规则公正地执行法律，对一切被监管者给予公正待遇。

2) 平等、自愿、有偿、诚实信用原则。证券的发行、交易活动的当事人具有平等的法律地位，应当遵守自愿、有偿、诚实信用原则。在证券的发行、交易活动中，必须遵守法律、行政法规，禁止欺诈、内幕交易和操纵证券交易市场的行为。

3) 国家监督管理和行业自律相结合原则。国务院证券监督管理机构依法对全国证券市场实行集中统一的监督管理。证券业和银行业、信托业、保险业分业经营、分业管理。在国家对证券发行、交易活动实行集中统一监督管理的前提下，依法设立证券业协会，实行自律性管理。国家审计机构对证券交易所、证券公司、证券登记结算机构、证券监督管理机构，依法进行审计监督。

4) 保护投资者利益原则。证券法以保护投资者利益为核心宗旨，保护投资者是证券法的首要目的。2005 年修订的《证券法》已较为成熟，进一步强调了规范市场的必要性和重要性，突出了维护投资者的权益。一个成熟的证券法就是要发挥投资者利益“保护神”的作用。

12.2 证券发行

证券发行是指证券发行人将自己所发行证券销售给投资者的行为。

12.2.1　证券发行的分类

证券发行依据不同的标准可以有不同的分类。

1) 依发行目的分为设立发行和增资发行。设立发行是指经批准拟成立的股份有限公司为设立公司而发行股份。增资发行是指已经成立的股份有限公司因生产经营需要，追加资本而发行股份。

2) 依发行对象可以分为私募发行和公募发行。私募发行是向特定的对象的证券发行方式；公募发行方式是以非特定公众投资者为对象，公开募集发行证券的发行方式。

3) 依发行条件的确定方式可以分为议价发行和招标发行。议价发行由发行人与承销商通过协议发行条件发行证券的方式。招标发行是发行人与承销商之间通过公开招标方式确定发行条件的发行方式。

4) 依发行价格与票面金额或贴现金额的关系可以分为平价发行(面值发行)和溢价发行、中间价发行和折价发行。我国《证券法》规定，股票发行采取溢价发行的，其发行价格由发行人与承销的证券公司协商确定。股票溢价发行所得溢价款，应列入公积金，系股东权益。而低于票面金额或贴现金额的折价发行为我国法律所禁止。

5) 依发行地点不同可以分为国内发行和国外发行。

6) 依发行是否借助中介机构可以分为直接发行和间接发行。直接发行是证券发行人不通过证券承销机构，由自己承担发行风险，办理发行事宜的发行方式。间接发行，又称证券承销，指发行人委托证券发行机构发行证券的方式。间接发行又分为证券包销和证券代销。证券包销是指承销机构将发行人的证券按照协议全部购入或者在承销期结束时，将未售出的证券全部买下的承销方式。证券代销是指承销商代理发行证券，在承销期结束时，将未售出的证券全部退还给发行者或包销商的承销方式。根据承销机构的数量可分为单一的承销机构和承销团承销。

根据我国法律规定，发行人向不特定对象公开发行的证券，法律、行政法规规定应当由证券公司承销的，发行人应当同证券公司签订承销协议。

12.2.2　证券发行的申请、审核制度

12.2.2.1　证券发行的申请

公开发行证券，必须符合法律、行政法规规定的条件，并依法报经国务院证

券监督管理机构或者国务院授权的部门核准；未经依法核准，任何单位和个人不得公开发行证券。

发行人向国务院证券监督管理机构或者国务院授权的部门报送的证券发行申请文件，必须真实、准确、完整。

12.2.2.2 证券发行的审核、批准

国务院证券监督管理机构设发行审核委员会，依法审核股票发行申请。发行审核委员会由国务院证券监督管理机构的专业人员和所聘请的该机构外的有关专家组成，以投票方式对股票发行申请进行表决，提出审核意见。国务院证券监督管理机构依照法定条件负责核准股票发行申请。核准程序应当公开，依法接受监督。

国务院证券监督管理机构或者国务院授权的部门应当自受理证券发行申请文件之日起 3 个月内，依照法定条件和法定程序做出予以核准或者不予核准的决定，发行人根据要求补充、修改发行申请文件的时间不计算在内；不予核准的，应当说明理由。

国务院授权的部门对公司债券发行申请的审批，参照以上规定执行。

证券发行申请经核准或者经审批，发行人应当依照法律、行政法规的规定，在证券公开发行前，公告公开发行募集文件，并将该文件置备于指定场所供公众查阅。发行证券的信息依法公开前，任何知情人不得公开或者泄露该信息。发行人不得在公告公开发行募集文件之前发行证券。

12.2.3 证券发行市场

通过证券发行而建立起来的市场称为证券发行市场，又叫一级市场。它一般由发行人、承销机构和投资人构成。

《证券法》规定，证券承销机构应当由综合类证券公司担任，经纪类证券公司不得从事证券承销业务。证券承销业务采取代销或者包销方式。证券的代销、包销期最长不得超过 90 日。

公开发行证券的发行人有权依法自主选择承销的证券公司。证券公司不得以不正当竞争手段招揽证券承销业务。

证券公司承销证券，应当同发行人签订代销或者包销协议；应当对公开发行募集文件的真实性、准确性、完整性进行核查；发现含有虚假记载、误导性陈述或者重大遗漏的，不得进行销售活动；已经销售的，必须立即停止销售活动，并采取纠正措施；向不特定对象发行的证券票面总值超过人民币 5000 万元的，应当

由承销团承销。承销团应当由主承销和参与承销的证券公司组成。

证券公司在代销、包销期内，对所代销、包销的证券应当保证先行出售给认购人，证券公司不得为本公司事先预留所代销的证券和预先购入并留存所包销的证券。

12.2.4 股票的发行

股票发行按不同的标准有不同的分类：按股票发行时间的不同可分为设立发行和新股发行。设立发行又可分为发起设立方式中的发行和募集设立方式中的发行；新股发行又可分为公开发行新股、配股和送股。

境内企业直接或者间接到境外发行证券或者将其证券在境外上市交易，必须经国务院证券监督管理机构批准。

上市公司发行新股，应当符合公司法有关发行新股的条件，可以向社会公开募集，也可以向原股东配售。公司对公开发行股票所募集资金，必须按照招股说明书所列资金用途使用。改变招股说明书所列资金用途，必须经股东大会做出决议。擅自改变用途而未作纠正的，或者未经股东大会认可的，不得公开发行新股，上市公司也不得非公开发行新股。

股票依法发行后，发行人经营与收益的变化，由发行人自行负责；由此变化引致的投资风险，由投资者自行负责。

12.2.5 债券的发行

根据我国证券法规定，公开发行公司债券，应当符合下列条件：①股份有限公司的净资产不低于人民币3000万元，有限责任公司的净资产不低于人民币6000万元；②累计债券余额不超过公司净资产的40%；③最近3年平均可分配利润足以支付公司债券1年的利息；④筹集的资金投向符合国家产业政策；⑤债券的利率不超过国务院限定的利率水平；⑥国务院规定的其他条件。

另外，公开发行公司债券筹集的资金，必须用于核准的用途，不得用于弥补亏损和非生产性支出。

12.3 证券交易

证券交易又称证券买卖，是指已经发行的证券在不同的证券投资者之间再次进行交换的行为。

12.3.1 证券交易市场

依据证券交易场所的不同，证券交易可分为证券交易所交易和非集中竞价交易。前者又称场内交易，后者又称场外交易。证券法规定，依法公开发行的股票、公司债券及其他证券，应当在依法设立的证券交易所上市交易或者在国务院批准的其他证券交易场所转让。证券在证券交易所上市交易，应当采用公开的集中交易方式或者国务院证券监督管理机构批准的其他方式。

12.3.2 证券交易一般规则

证券交易当事人依法买卖的证券，必须是依法发行并交付的证券。非依法发行的证券，不得买卖。依法发行的股票、公司债券及其他证券，法律对其转让期限有限制性规定的，在限定的期限内，不得买卖。

证券在证券交易所上市交易，应当采用公开的集中交易方式或者国务院证券监督管理机构批准的其他方式。证券交易当事人买卖的证券可以采用纸面形式或者国务院证券监督管理机构规定的其他形式。为了抑制过度的投机行为，我国证券交易实行 T+1 制，即当日买入的证券，不得在当日再行卖出。

12.3.3 禁止性规定

1) 禁止证券交易内幕信息的知情人和非法获取内幕信息的人利用内幕信息从事证券交易活动。

2) 证券交易所、证券公司、证券登记结算机构从业人员、证券监督管理机构工作人员和法律、行政法规禁止参与股票交易的其他人员，在任期或者法定限期内，不得直接或者以化名、借他人名义持有、买卖股票，也不得收受他人赠送的股票。而且任何原先不具有上述身份的人在成为前列人员时，其原已持有的股票，必须依法转让。

3) 为股票发行出具审计报告、资产评估报告或者法律意见书等文件的专业机构和人员，在该股票承销期内和期满后 6 个月内，不得买卖该种股票。另外，为上市公司出具审计报告、资产评估报告或者法律意见书等文件的专业机构和人员，自接受上市公司委托之日起至上述文件公开后 5 日内，不得买卖该种股票。

【例 12.1】 某股份有限公司于 1999 年上市，2008 年 2 月份，该公司用厂房作抵押，获得银行的贷款去开发房地产，该公司的财务经理甲遂将这一消息告诉了其同学乙(证券公司的经理)。甲、乙两人遂操作证券公司的资金，将飞天股票价格拉升后全部出手。1 个月后，当地政府出台了限制高档房开发的规定，该公司股票价格遂猛跌。甲、乙的行为各有哪些不合法之处？

解析：甲为上市公司的财务经理，属于高级管理人员；而公司营业用主要资产的抵押则属于《证券法》规定的内幕信息。甲属于知悉证券交易内幕信息的知情人员。甲卖出所持有的该公司的证券并且泄露该信息给乙不符合《证券法》的要求；乙利用 D 证券公司的资金优势、操纵证券交易价格，违反了《证券法》的禁止性规定。

12.3.4 持股申报

上市公司董事、监事、高级管理人员、持有上市公司股份 5%以上的股东，将其持有的该公司的股票在买入后 6 个月内卖出，或者在卖出后六个月内又买入，由此所得收益归该公司所有，公司董事会应当收回其所得收益。

但是，证券公司因包销购入售后剩余股票而持有 5%以上股份的，卖出该股票不受 6 个月时间限制。

12.3.5 证券上市

12.3.5.1 股票上市

申请证券上市交易，应当向证券交易所提出申请，由证券交易所依法审核同意，并由双方签订上市协议。证券交易所根据国务院授权的部门的决定安排政府债券上市交易。

申请股票上市交易，应当向证券交易所报送下列文件：①上市报告书；②申请股票上市的股东大会决议；③公司章程；④公司营业执照；⑤依法经会计师事务所审计的公司最近 3 年的财务会计报告；⑥法律意见书和上市保荐书；⑦最近一次的招股说明书和证券交易所上市规则规定的其他文件。

股票上市交易申请经证券交易所审核同意后，签订上市协议的公司应当在规定的期限内公告股票上市的有关文件，并将该文件置备于指定场所供公众查阅。

上市公司有下列情形之一的，由证券交易所决定暂停其股票上市交易：①公司股本总额、股权分布等发生变化不再具备上市条件；②公司不按照规定公开其财务状况，或者对财务会计报告作虚假记载，可能误导投资者；③公司有重大违法行为；④公司最近 3 年连续亏损；⑤证券交易所上市规则规定的其他情形。

另外，上市公司有下列情形之一的，由证券交易所决定终止其股票上市交易：①公司股本总额、股权分布等发生变化不再具备上市条件，在证券交易所规定的期限内仍不能达到上市条件；②公司不按照规定公开其财务状况，或者对财务会计报告作虚假记载，且拒绝纠正；③公司最近3年连续亏损，在其后一个年度内未能恢复盈利；④公司解散或者被宣告破产；⑤证券交易所上市规则规定的其他情形。

12.3.5.2 债券上市

公司申请其发行的公司债券上市交易，应当向证券交易所提出申请，由证券交易所依法审核同意，并由双方签订上市协议。

申请公司债券上市交易，应当向证券交易所报送下列文件：①上市报告书；②申请公司债券上市的董事会决议；③公司章程；④公司营业执照；⑤公司债券募集办法；⑥公司债券的实际发行数额；⑦证券交易所上市规则规定的其他文件。

公司债券上市交易申请经证券交易所审核同意后，签订上市协议的公司应当在规定的期限内公告公司债券上市文件及有关文件，并将其申请文件置备于指定场所供公众查阅。

公司债券上市交易后，公司有下列情形之一的，由证券交易所决定暂停其公司债券上市交易：①公司有重大违法行为；②公司情况发生重大变化不符合公司债券上市条件；③公司债券所募集资金不按照核准的用途使用；④未按照公司债券募集办法履行义务；⑤公司最近2年连续亏损。

12.3.6 信息披露

证券交易的信息披露制度是保护投资者利益的重要制度，主要包括：

1) 发行和上市信息披露制度。发行人、上市公司依法披露的信息，必须真实、准确、完整，不得有虚假记载、误导性陈述或者重大遗漏。

2) 定期信息披露制度。其中包括中期报告和年度报告。上市公司和公司债券上市交易的公司，应当在每一会计年度的上半年结束之日起2个月内，向国务院证券监督管理机构和证券交易所报送记载以下内容的中期报告，并予公告：①公司财务会计报告和经营情况；②涉及公司的重大诉讼事项；③已发行的股票、公司债券变动情况；④提交股东大会审议的重要事项；⑤国务院证券监督管理机构规定的其他事项。上市公司和公司债券上市交易的公司，应当在每一会计年度结束之日起4个月内，向国务院证券监督管理机构和证券交易所报送记载以下内容的年度报告，并予公告：①公司概况；②公司财务会计报告和经营情况；③董事、监事、高级管理人员简介及其持股情况；④已发行的股票、公司债券情况，包括持有公司股份最多的前 10 名股东名单和持股数额；⑤公司的实际控制人；⑥国务院证券监督管理机构规定的其他事项。

3) 临时信息披露制度。发生可能对上市公司股票交易价格产生较大影响的重大事件，投资者尚未得知时，上市公司应当立即将有关该重大事件的情况向国务院证券监督管理机构和证券交易所报送临时报告，并予公告，说明事件的起因、目前的状态和可能产生的法律后果。

下列情况为重大事件：①公司的经营方针和经营范围的重大变化；②公司的重大投资行为和重大的购置财产的决定；③公司订立重要合同，可能对公司的资产、负债、权益和经营成果产生重要影响；④公司发生重大债务和未能清偿到期重大债务的违约情况；⑤公司发生重大亏损或者重大损失；⑥公司生产经营的外部条件发生的重大变化；⑦公司的董事、1/3 以上监事或者经理发生变动；⑧持有公司 5%以上股份的股东或者实际控制人，其持有股份或者控制公司的情况发生较大变化；⑨公司减资、合并、分立、解散及申请破产的决定；⑩涉及公司的重大诉讼，股东大会、董事会决议被依法撤销或者宣告无效；⑪公司涉嫌犯罪被司法机关立案调查，公司董事、监事、高级管理人员涉嫌犯罪被司法机关采取强制措施；⑫国务院证券监督管理机构规定的其他事项。

12.3.7　禁止的证券交易行为

证券发行、交易活动，必须遵守法律、行政法规；禁止欺诈、内幕交易和操纵证券交易市场的行为。这些被禁止的证券交易行为，不仅侵害正当的证券投资者的利益，破坏正常的证券市场秩序，而且严重的还会影响国民经济的发展和社会秩序的稳定。

根据《证券法》的规定，禁止的证券交易违法行为主要有以下几种：

1) 内幕交易。是指内幕人员和以不正当手段获取内幕信息的其他人员违反法律规定，泄露内幕信息、根据内幕信息买卖股票或者建议他人买卖股票的行为。《证券法》规定，禁止证券交易内幕信息的知情人和非法获取内幕信息的人利用内幕信息从事证券交易活动。

下列人员为知悉证交易内幕信息的知情人员：①发行人的董事、监事、高级管理人员；②持有公司 5%以上股份的股东及其董事、监事、高级管理人员，公司的实际控制人及其董事、监事、高级管理人员；③发行人控股的公司及其董事、监事、高级管理人员；④由于所任公司职务可以获取公司有关内幕信息的人员；⑤证券监督管理机构工作人员以及由于法定职责对证券的发行、交易进行管理的其他人员；⑥保荐人、承销的证券公司、证券交易所、证券登记结算机构、证券服务机构的有关人员；⑦国务院证券监督管理机构规定的其他人。

证券交易活动中，涉及公司的经营、财务或者对该公司证券的市场价格有重大影响的尚未公开的信息，为内幕信息。

根据法律规定，下列信息皆属内幕信息：①《证券法》第67条第2款所列重大事件，即临时信息披露制度中的重大事项；②公司分配股利或者增资的计划；③公司股权结构的重大变化；④公司债务担保的重大变更；⑤公司营业用主要资产的抵押、出售或者报废一次超过该资产的30%；⑥公司的董事、监事、高级管理人员的行为可能依法承担重大损害赔偿责任；⑦上市公司收购的有关方案；⑧国务院证券监督管理机构认定的对证券交易价格有显著影响的其他重要信息。

证券交易内幕信息的知情人和非法获取内幕信息的人，在内幕信息公开前，不得买卖该公司的证券，或者泄露该信息，或者建议他人买卖该证券。

2) 操纵市场。是指单位或个人以获取利益或者减少损失为目的，利用手中掌握的资金、信息等优势或者滥用职权影响证券市场价格，制造证券市场假象，诱导或者致使投资者在不了解事实真相的情况下做出证券投资决定，扰乱证券市场秩序的行为。

《证券法》规定，禁止任何人以下列手段获取不正当利益或者转嫁风险：①单独或者通过合谋，集中资金优势、持股优势或者利用信息优势联合或者连续买卖，操纵证券交易价格或者证券交易量；②与他人串通，以事先约定的时间、价格和方式相互进行证券交易，影响证券交易价格或者证券交易量；③在自己实际控制的账户之间进行证券交易，影响证券交易价格或者证券交易量；④以其他手段操纵证券市场。操纵证券市场行为给投资者造成损失的，行为人应当依法承担赔偿责任。

3) 虚假信息误导。是指任何单位或者个人对证券发行、交易及其相关活动的事实、性质、前景、法律等事项做出不实、严重误导或者含有重大遗漏的和其他任何形式的虚假陈述或者诱导，致使投资者在不了解事实真相的情况下做出证券投资决定的行为。

《证券法》规定，禁止国家工作人员、传播媒介从业人员和有关人员编造、传播虚假信息，扰乱证券市场。禁止证券交易所、证券公司、证券登记结算机构、证券服务机构及其从业人员，证券业协会、证券监督管理机构及其工作人员，在证券交易活动中做出虚假陈述或者信息误导。各种传播媒介传播证券市场信息必须真实、客观，禁止误导。

4) 欺诈客户。在证券交易中，禁止证券公司及其从业人员从事下列损害客户利益的欺诈行为：①违背客户的委托为其买卖证券；②不在规定时间内向客户提供交易的书面确认文件；③挪用客户所委托买卖的证券或者客户账户上的资金；

④未经客户的委托，擅自为客户买卖证券，或者假借客户的名义买卖证券；⑤为牟取佣金收入，诱使客户进行不必要的证券买卖；⑥利用传播媒介或者通过其他方式提供、传播虚假或者误导投资者的信息；⑦其他违背客户真实意思表示，损害客户利益的行为。

欺诈客户行为给客户造成损失的，行为人应当依法承担赔偿责任。

12.4 上市公司收购

上市公司收购是指投资者为获得对上市公司控制权，而依法购买上市公司股份的行为。《证券法》规定，投资者可以采取要约收购、协议收购及其他合法方式收购上市公司。要约收购是指收购方通过向被收购方的股东发出收购的意思表示的方式进行的收购，协议收购是收购方同被收购公司的股票持有人以协议方式进行的收购。修订后的《证券法》允许以其他合法方式收购上市公司，为我国资本市场的未来发展提供了空间。

12.4.1 收购的一般规定

通过证券交易所的证券交易，投资者持有一个上市公司已发行的股份的 5%时，应当在该事实发生之日起 3 日内，向国务院证券监督管理机构、证券交易所做出书面报告，通知该上市公司，并予以公告；在上述规定的期限内，不得再行买卖该上市公司的股票。

投资者持有一个上市公司已发行的股份的 5%后，通过证券交易所的证券交易，其所持该上市公司已发行的股份比例每增加或者减少 5%，应当依照前款规定进行报告和公告。在报告期限内和做出报告、公告后 2 日内，不得再行买卖该上市公司的股票。

收购上市公司的行为结束后，收购人应当在 15 日内将收购情况报告国务院证券监督管理机构和证券交易所，并予公告。在上市公司收购中，收购人对所持有的被收购的上市公司的股票，在收购行为完成后的 12 个月内不得转让。

12.4.2 要约收购

通过证券交易所的证券交易，投资者持有一个上市公司已发行的股份的 30%时，继续进行收购的，应当依法向该上市公司所有股东发出收购要约。但经国务院证券监督管理机构免除发出要约的除外。

收购人还应当将规定的公司收购报告书同时提交证券交易所。收购人在依照以上规定报送上市公司收购报告书之日起15日后，公告其收购要约。收购要约的期限不得少于30日，并不得超过60日。

在收购要约的有效期限内，收购人不得撤回其收购要约。在收购要约的有效期限内，收购人需要变更收购要约中事项的，必须事先向国务院证券监督管理机构及证券交易所提出报告，经获准后，予以公告。

采取要约收购方式的，收购人在收购要约期限内，不得采取要约规定以外的形式和超出要约的条件买卖被收购公司的股票。收购要约中提出的各项收购条件，适用于被收购公司的所有股东。

收购期限届满，被收购公司股权分布不符合上市条件的，该上市公司的股票应当由证券交易所依法终止上市交易；其余仍持有该上市公司股票的股东，有权向收购人以收购要约的同等条件出售其股票，收购人应当收购。

12.4.3 协议收购

采取协议收购方式的，收购人可以按照法律、行政法规的规定同被收购公司的股东以协议方式进行股权转让。

采取协议收购方式的，收购人收购或者通过协议、其他安排与他人共同收购一个上市公司已发行的股份达到30%时，继续进行收购的，应当向该上市公司全体股东发出收购上市公司全部或者部分股份的要约。但是，经国务院证券监督管理机构免除发出要约的除外。

12.5 证券机构

证券市场的主体主要由投资者、证券交易所、证券公司、证券登记结算机构、证券交易服务机构构成。

12.5.1 证券交易所

证券交易所是提供证券交易的场所。在国际上，证券交易所有公司制交易所和会员制交易所之分。前者是以营利为目的的，而后者不以营利为目的。根据我国《证券法》规定，证券交易所是为证券集中交易提供场所和设施，组织和监督证券交易，实行自律管理的法人。

在我国，证券交易所的设立和解散，由国务院决定。证券交易所章程的制定和修改，必须经国务院证券监督管理机构批准。其他任何单位或者个人不得使用证券交易所或者近似的名称。

证券交易所应当为组织公平的集中竞价交易提供保障，即时公布证券交易行情，并按交易日制作证券市场行情表，予以公布。证券交易所对在交易所进行的证券交易实行实时监控，并按照国务院证券监督管理机构的要求，对异常的交易情况提出报告。证券交易所应当对上市公司披露信息进行监督，督促上市公司依法及时、准确地披露信息。

证券交易所按照法律、行政法规的规定，办理股票、公司债券的暂停上市、恢复上市或者终止上市的事务。因突发性事件而影响证券交易的正常进行时，证券交易所可以采取技术性停牌的措施；因不可抗力的突发性事件或者为维护证券交易的正常秩序，证券交易所可以决定临时停市。证券交易所采取技术性停牌或者决定临时停市，必须及时报告国务院证券监督管理机构。

进入证券交易所参与集中竞价交易的，必须是具有证券交易所会员资格的证券公司。

12.5.2　证券公司

证券公司，是指依照公司法规定设立的并经国务院证券监督管理机构审查批准可以从事证券经营业务的有限责任公司或股份有限公司。设立证券公司，必须经过国务院证券监督管理机构审查批准。未经国务院证券监督管理机构批准，不得经营证券业务。

经国务院证券监督管理机构批准，证券公司可以经营下列部分或者全部业务：①证券经纪；②证券投资咨询；③与证券交易、证券投资活动有关的财务顾问；④证券承销与保荐；⑤证券自营；⑥证券资产管理；⑦其他证券业务。

证券公司的董事、监事、高级管理人员，应当正直诚实，品行良好，熟悉证券法律、行政法规，具有履行职责所需的经营管理能力，并在任职前取得国务院证券监督管理机构核准的任职资格。

根据《证券法》规定，国家设立证券投资者保护基金。证券投资者保护基金由证券公司缴纳的资金及其他依法筹集的资金组成，其筹集、管理和使用的具体办法由国务院规定。

12.5.3　证券登记结算机构

证券登记结算机构是指经国务院证券监督管理机构批准设立的，为证券交易提供集中的登记、托管与结算服务的机构，是不以营利为目的的法人。

12.5.4　证券交易服务机构

根据证券投资和证券交易业务的需要，可以设立证券交易服务机构。投资咨询机构、财务顾问机构、资信评级机构、资产评估机构、会计师事务所从事证券服务业务，必须经国务院证券监督管理机构和有关主管部门批准。

为了强化对证券交易服务机构的管理和保护投资者的合法权益，《证券法》规定，证券服务机构为证券的发行、上市、交易等证券业务活动制作、出具审计报告、资产评估报告、财务顾问报告、资信评级报告或者法律意见书等文件，应当勤勉尽责，对所制作、出具的文件内容的真实性、准确性、完整性进行核查和验证。其制作、出具的文件有虚假记载、误导性陈述或者重大遗漏，给他人造成损失的，应当与发行人、上市公司承担连带赔偿责任，但是能够证明自己没有过错的除外。

学习指导

★ 复习思考

1) 我国《证券法》规定，在证券活动和证券管理中应坚持哪些基本原则？

2) 在我国设立股份有限公司申请公开发行股票的，应当符合哪些条件？

3) 什么是证券承销？证券法规定的证券承销方式有几种？

4) 简述要约收购的法律后果。

★ 案例分析

1) 上市公司 A 在股票发行申报材料中，对当地国土管理部门未批准处置的两块土地作了违规处理，按照评估结果计入公司总资产，由此虚增公司无形资产 1000 万元；在公司股票发行材料中，将公司国家股、法人股和内部职工股数额作了相应缩减，该事实在 A 公司股票发行文件中未作披露；公司股票申请发行前，已将其内部职工股在某产权交易报价系统挂牌交易，对此，A 公司未在招股说明中披露。

根据《证券法》，谈谈 A 公司违反了哪些法律规定。

2) 2007 年，A 公司欲公开发行股票，在申请发行过程中，发生以下事实，请判断并修改其违反《证券法》的地方。

(1) A 公司依照公司法的规定，报中国证监会审批。中国证监会非常重视，在证监会行政办公会议进行了讨论，最后，由证监会主席批准了 A 公司的股票发行。

(2) A 公司得知股票发行申请已获批准后，即在公告公开发行募集文件之前，将准备公开发行股票总额的10%自行卖给当地投资人，其余部分委托某证券经纪公司代销，确定代销期限为100日。

(3) A公司聘请的发行人顾问为B律师事务所，B律师事务所指派赵律师没有证券法律业务资格，涉及A公司发行的法律文件均由A律师事务所具有律师资格的马律师和李律师签字。

(4) A公司确定了公司股票溢价发行的价格，通知了代销的证券公司，并报中国证监会备案。

13　票据法律制度

本章要点

票据法是以规范票据关系为对象的特别商法。本章主要依据现行票据法的有关规定，就票据与票据法的基本原理，汇票、本票、支票中的各种票据行为，票据权利，票据抗辩以及涉外票据的法律适用等问题进行阐述。通过本章的学习，掌握票据的概念、票据行为、票据权利等的基础知识；把握票据法与民法的联系与区别；结合票据法的性质和特点，理解现代市场经济对票据法提出的要求；掌握票据的无因性原则和严格技术性原则；理解并掌握票据法律制度中有关出票、背书、承兑、保证、付款、追索等票据实体法律制度的主要内容及实际应用。

13.1　票据法概述

13.1.1　票据及其特征

票据是市场经济活动的重要工具。在现代社会经济生活中，票据作为商业信用的载体，发挥着特别重要的作用。在我国，随着社会主义市场经济的逐步完善，票据所具有的特别功能也逐渐为人们所认识，并开始广泛加以利用。

我国票据法上的票据是指出票人签发的、约定由自己或者自己委托的人无条件支付确定的金额给持票人的有价证券。

票据的法律特征如下：

1) 票据是有价证券。即表示一定财产权利的文书。票据上所表示的权利是支付一定的金额给权利人的债权，票据所表示的权利与票据本身不可分离。票据权利体现在票据上，离开了票据，票据权利就无所依附。持票人拥有票据即拥有票据上的权利。行使票据权利必须持有票据。票据权利的转移，必须交付、转移票据。

2) 票据是无因证券。票据的作成或转让是有原因的，但票据一经作成，票据持有人在转移或者主张票据权利时，可以不必表明其取得票据的原因。谁占有票据，即为票据权利人。持票人只要是善意取得票据，向票据债务人主张票据权利时，不负其取得票据原因的举证责任。票据转让时，受让人也无须了解出让人取得票据的原因。票据债务人在履行票据债务、支付票据金额时，无须了解持票人取得票据的原因，也不负审查持票人取得票据原因的责任。但是，在票据关系直接当事人之间，票据债务人可以以票据原因关系违法等为由进行抗辩。

3) 票据是要式证券。票据是债权债务凭证，各种票据行为都必须严格遵守票据法的规定，具备法定形式才具有法律效力。票据法对票据上的应记载事项、任意记载事项、不得记载事项，均作了严格规定。

4) 票据是文义证券。票据上的权利义务必须以精确的文字来表述。一切票据行为的意思表示，均须依照票据上记载的文义为准，不得以票据以外的任何事由或者其他书面文件予以变更或者补充。如票据上记载的出票日与实际出票日不一致的，以票据上记载的日期为准。

5) 票据是流通证券。票据权利可以依票据的背书和交付而转让。票据的生命力在于流通。票据持有人可以按照自己的意愿自由转让票据。当然，票据转让必须遵守票据法的规定，才能发生票据权利转移的效力。

13.1.2 票据的作用和功能

票据的作用和功能如下：

1) 支付功能。在现实经济生活中，资金支付经常发生。支付数额较少时，使用现金较为方便。支付数额较大时，现金的携带、保管、清点十分麻烦。用票据支付，既节省时间，又方便、安全、准确。用票据支付时，专门从事金融业务的银行为其提供中介服务，以表现为支付命令的票据替代现金支付，极大地方便了人们的支付、结算活动。

2) 信用功能。当汇票、本票经背书转让而具有流通性的时候，实际上也就具备了社会信用工具的功能。延期付款中的远期票据，实际上是出票人信用的利用。如远期汇票，取得汇票的供货方如果在汇票到期前需用现款，可以把未到期的汇票到银行申请贴现取得现款；如果汇票取得人在汇票到期前需要履行其他债务，可以通过背书将票据转让给他人。

3) 结算功能。利用票据进行结算，手续简便，能确保交易安全。当事人相互持有对方签发的票据时，可以用票据进行债权债务的抵销。复杂的结算则可以通过现代的票据交换制度进行。

4) 融资功能。在现代金融活动中，票据贴现业务已经成为一项重要的业务。随着票据贴现的发展，票据融资功能日益突出。

13.1.3 票据法的含义和特征

票据法是调整票据在签发和流通过程中发生的票据法律关系的法律规范的总称。票据法的调整对象是票据关系。票据关系主体的一方为票据债权人，即票据持有人。只有票据持有人才能行使票据权利。票据关系主体的另一方为票据债务人。只有在票据上签名的人才负有票据债务。为了规范票据行为，保障票据活动中当事人的合法权益，第八届全国人民代表大会常务委员会第十三次会议于1995年5月10日通过、颁布了《中华人民共和国票据法》(简称《票据法》)。2004年8月28日，第十届全国人大常委会第十一次会议对《票据法》进行了修正。从广义上讲，票据法还包括其他各种法律中有关票据的规定，如刑法中关于票据欺诈罪的有关规定，民事诉讼法中有关票据诉讼、公示催告、除权判决的规定。

票据法的特征如下：

1) 强行性特征。票据法是强行法：首先，各国票据的种类是法定的，当事人不得任意创设；其次，票据是严格的要式证券，不得任意签发；再次，票据行为是严格的要式行为。这与民法中法律行为的种类、民事权利的创设、民事行为的履行等任意性规定很不相同，具有法律的强行性。

2) 技术性特征。票据是为便利商品交易和商业信用而创设的，票据法作为规范票据关系和票据行为的法律规范表现为一种纯技术性规范，本身并不表示善恶，这和具有明显道德伦理色彩的刑事、民事法律规范有很大不同。

3) 国际统一性特征。票据法虽是国内法，但有很强的国际统一性。因为，现代经济发展的趋势是全球一体化，任何国家的经济发展都不可能脱离国际经济的协作和国际经济环境的影响。各国间的经济、技术、贸易、文化交往越密切，作为国际支付工具和信用工具的票据应用也就越广泛。这就从客观上要求各国票据立法应遵循统一的票据规范，国际间票据规范应广泛协调和趋同。

13.1.4 票据法律关系

票据法律关系简称票据关系，是指票据当事人在票据的签发和流通转让过程中，依据相应的票据法律规范所形成的票据上的权利义务关系。当事人依据票据法实施票据行为，如出票、背书、承兑、付款、保证等时，在各当事人之间就形成了多种多样的票据法律关系。

票据法律关系和其他法律关系一样，也由主体、客体和内容三方面构成：

1) 票据法律关系的主体。是指票据法律关系的参加者，即在票据的签发和流通转让过程中，通过实施票据行为，取得一定权利、承担一定义务的当事人。票据法律关系的当事人必须通过实施票据行为，才能取得主体资格。票据法律关系的主体是特定的，一般包括：出票人、收款人、付款人、持票人、承兑人、背书人、保证人、参加人(包括参加承兑人和参加付款人)。这些主体既可以是个人、法人，也可以是非法人组织，还可能是国家。

2) 票据法律关系的客体。是指参加票据法律关系的当事人的权利义务所共同指向的对象。由于票据是一种金钱证券，票据法律关系的客体就表现为一定数额的货币，而不是物品。当事人签发和转让票据的目的是为了完成结算过程，清偿一定的金钱债务。

3) 票据法律关系的内容。是指票据当事人因票据行为依法享有的票据权利和承担的票据义务。票据权利是票据权利人所享有的为实现票据债权而为一定行为或要求他人为一定行为的可能性，包括付款请求权和追索权。票据义务，又称票据责任，是指票据义务人为满足票据权利人的请求而依法为一定行为或不为一定行为的必要性，如付款人的付款义务、承兑人的承兑义务、保证人的担保义务等。票据法律关系的内容依程序先后可分为两个层次：第一层次是付款请求权和付款义务；第二层次是追索权和偿付义务。

13.1.5 票据行为

票据行为有广义和狭义之分。广义的票据行为是指以产生、变更和消灭票据上的权利义务关系为目的的法律行为。包括：出票、背书、改写、涂销、付款、保证、承兑、参加承兑、参加付款、保付等。而狭义的票据行为仅指发生票据上的债务的法律行为，亦即以负担票据债务为目的而在票据上为意思表示的法律行为。这种法律行为包括：出票、背书、保证、承兑、参加承兑和保付 6 种。本章所讲的票据行为是指狭义的票据行为。在此要指出的是，不同的票据所涉及的票据行为是不同的，有些票据行为是汇票、本票、支票共有的行为，如出票、背书、付款等，而有的只是某一种票据所独有的行为，如承兑是汇票所独有的行为，保付是支票所独有的行为。

13.1.5.1 票据行为的特征

票据行为的特征有：

1) 要式性。票据行为是严格的要式行为，法律对每一种票据行为规定了必要的方式。必须根据法律规定的记载方式在票据上记载有关事项，并由票据行为人签名或者盖章。违背法律规定的方式，就不发生票据上的法律效力。

2) 抽象性。票据行为虽因原因关系而发生，但其内容与原因关系互不相干，其效力与原因关系相分离而独立存在。票据行为的成立和效力上均具有抽象性，只要具备法定方式，票据行为就发生法律效力。

3) 文义性。票据行为人的意思表示，完全以票据上的文义和内容记载为准，不得以票据以外的任何事由或者其他书面文件来变更、补充。票据行为人根据票据文义承担票据责任。

4) 独立性。票据上有数个票据行为时，只要各个票据行为具备法定方式，就各自独立发生法律效力，票据行为人承担相应的票据责任。

13.1.5.2 票据行为的要件

票据行为作为一种要式法律行为，除应当符合民事法律行为有效成立的要件外，还须具备票据法规定的特别要件，包括实质要件和形式要件：

1) 实质要件。票据行为人须具备票据能力。包括票据权利能力、行为能力和真实的意思表示等。依法成立的法人、具有完全行为能力的自然人可以成为票据法律关系的主体。不具备票据权利能力和行为能力的人，所为的票据行为无效。但是由于票据行为的独立性特征，即使某一票据行为人因不具备票据能力而使票据行为无效，也并不影响其他有票据能力人的票据行为的法律效力。

票据行为人做出票据行为必须真实、自愿，一方因欺诈、胁迫或乘人之危，使对方在违背真实意思的情况下所为的票据行为，在直接当事人之间可作为抗辩事由，主张票据行为无效。但由于票据行为具有抽象性和文义性特征，在具备法定要件的情况下，在票据上签名或者盖章的行为人必须依照票据上记载的文义承担票据责任。

2) 形式要件。票据行为人必须严格按照票据法的规定，以书面形式作成票据，在票据上记载各种必要事项，具备法定形式，并签名或盖章。票据记载事项有必须记载事项、可以记载事项和禁止记载事项之分。不具备法定形式，票据行为无效，这是由票据行为的要式性特点所决定的。

票据行为人依照法定方式记载完毕并签名或盖章后，须将票据交付与收款人，这时票据行为完成并发生法律效力。在票据交付之前发生被盗或遗失等情况，票据行为人对善意取得票据的持有人仍负票据责任。

13.1.5.3 票据行为的代理

票据行为是一种民事行为，民法上有关民事法律行为代理的规定，也适用于票据行为。民事法律行为的委托代理，可以用口头形式、书面形式，法律规定用书面形式的应当用书面形式。由于票据注重流通，需充分考虑保护持票人的利益，以维护市场交易安全。因此，各国票据上的代理均实行“严格的显名主义”，即要求在票据上表明代理关系。如果没有在票据上表明代理关系，即使是真正的代理人，仍应自己承担票据上的责任。

《票据法》规定，票据当事人可以委托其代理人在票据上签章，并应当在票据上表明其代理关系。没有代理权而以代理人名义在票据上签章的，应当由签章人承担票据责任；代理人超越代理权限的，应当就其超越权限的部分承担票据责任。

13.1.5.4 票据的伪造、变造、更改、涂销

票据的伪造是指假冒他人名义，以行使票据上的权利为目的而为票据行为的行为。票据伪造包括：①出票的伪造，即狭义的票据的伪造，是假冒他人名义而为出票行为签发票据；②出票行为以外的假冒他人签章而为票据行为，如假冒他人的名义签章为背书、承兑、保证等其他票据行为。

票据的变造指依法没有更改权的人，在有效票据上变更除签章以外的其他记载事项，从而使票据上的权利义务内容发生变化的行为。如更改票据金额、付款地、到期日、利息或利率等。

我国《票据法》规定，票据上的记载事项应当真实，不得伪造、变造。变造、伪造票据上的签章和其他记载事项的，应当承担法律责任；票据上有伪造、变造的签章的，不影响票据上其他真实签章的效力；票据上其他记载事项被变造的，在变造之前签章的人，对原记载事项负责；在变造之后签章的人，对变造后的记载事项负责；不能辨认在变造之前或之后签章的，视同在变造之前签章。

票据的更改是指有合法更改权限的人，更改票据上记载事项的行为。票据金额、日期、收款人名称不得更改，更改的票据无效。对票据上的其他记载事项，原记载人可以更改，更改时应当由原记载人签章证明。

票据的涂销是指票据权利人故意将票据上的签名或其他记载事项予以涂抹或消除的行为。由于票据权利人对票据权利有处分权，故票据权利人故意涂销在票据上的签名或记载事项，即发生法律效力，被涂销部分的权利义务归于消灭。

13.1.6 票据权利

票据权利是指持票人向票据债务人请求支付票据金额的权利。根据我国《票据法》第 4 条第 4 款的规定，票据权利包括付款请求权和追索权两类。

13.1.6.1 票据权利的特征

票据权利的特征是：

1) 票据权利是证券性权利。由于票据行为的无因性、要式性和独立性，因此

而产生的票据权利就成为一种比一般债权效力更强的权利，即证券性权利。该种权利一经产生，就同证券(票据)密不可分。只有取得证券，才能取得票据权利；也只有依据证券，才能行使票据权利。

2) 票据权利是单一性权利。由于票据权利与票据本身的不可分割性，不可能有两个以上的所有人同时占有同一张票据。因此，就同一票据来说，也就不可能同时存在两个以上的票据权利。故票据权利是一种单一性的权利。

3) 票据权利是二次性权利。票据权利虽属金钱债权，但又不同于一般的金钱债权。金钱债权通常仅为一次性权利，而票据债权则有可能成为二次性权利，即权利人可能对两个以上的不同债务人行使请求权。其应首先承担债务的债务人为主债务人，其他债务人则为从债务人(或称偿还债务人、次债务人)。权利人首先应向主债务人行使请求权，即付款请求权；如未获付款时，则可向从债务人行使追索权，亦即偿还请求权。

13.1.6.2 票据权利的取得

依票据权利取得的途径和方法不同，可以分为：

1) 原始取得。出票人作成票据并将其交付于收款人，收款人成为基本票据关系人，原始取得票据权利。

2) 继受取得。包括：①从持有票据的人通过背书或者交付受让票据而取得票据权利；②其他依法取得，如因公司的合并或者分立、税收、继承、赠与等情况的发生而受让票据，依法取得票据权利等。

应予注意的是，合法取得票据，才能取得票据权利。合法取得票据的条件是：①依票据法规定的票据转让和背书的连续取得票据；②在票据到期日之前取得票据；③善意而非恶意或者有重大过失取得票据；④给付对价取得票据。

我国《票据法》规定，票据的签发、取得和转让，应当遵循诚实信用的原则，具有真实的交易关系和债权债务关系；票据的取得，必须给付对价，即应当给付票据双方当事人认可的相对应的代价。因税收、继承、赠与可以依法无偿取得票据的，不受给付对价的限制，但是，所享有的票据权利不得优于其前手(指在票据签章人或持票人之前签章的其他票据债务人)的权利；以欺诈、偷盗或者胁迫等手段取得票据的，或者明知有该情形，出于恶意取得票据的，不得享有票据权利；持票人因重大过失取得不符合票据法规定的票据的，也不享有票据权利。

13.1.6.3 票据权利的行使和保全

票据权利的行使是指票据债权人向票据债务人提示票据，请求实现其票据权利的行为。包括两个方面，即持票人向主债务人请求付款而行使付款请求权和向次债务人追索票据金额行使追索权。《票据法》规定，持票人行使票据权利，应当依照法定程序在票据上签章，并出示票据。票据上的签章为签名、盖章或者签名加盖章。

票据权利的保全是指票据债权人为防止其票据权利的丧失，依《票据法》规定所作的行为。《票据法》规定，票据债权人在法定期限内向付款人提示承兑，当遭到拒绝时，可依法作成拒绝证书，行使追索权以保全其票据权利。票据债权人在法定期限内向主债务人提示付款，既是付款请求权的行使，又是票据权利的保全行为，当不获付款时，依法作成拒绝证书，即可行使追索权。

持票人对票据债务人行使票据权利，或者保全票据权利，应当在票据当事人的营业场所和营业时间内进行。票据当事人无营业场所的，应当在其住所进行。

【例 13.1】 票据上的签章，为签名、盖章或者签名加盖章。法人和其他使用票据的单位在票据上的签章，为(　　)。

A. 法定代表人或者其授权的代理人的签章

B. 该法人或者该单位的盖章

C. 该法人或者该单位的盖章或者其法定代表人或者其授权的代理人的签章

D. 该法人或者该单位的盖章加其法定代表人或者其授权的代理人的签章

参考答案：D。

13.1.6.4 票据丧失和票据权利丧失的补救措施

1) 票据丧失的补救措施。票据丧失的失票人可及时通知票据的付款人挂失止付。但是，未记载付款人或无法确定付款人及其代理人的票据除外。收到挂失止付通知的付款人，应当暂停支付。失票人应当在通知挂失止付后的3日内，也可以在票据丧失后，依法向人民法院申请公示催告，或者向人民法院提起诉讼。公示催告可以向票据支付地的基层人民法院申请。人民法院决定受理申请，应当同时通知支付人停止支付，并在3日内发出公告，催促利害关系人申报权利。公示催告的期间，由人民法院根据情况决定，但不得少于60日。利害关系人应当在公示催告期间向人民法院申报。人民法院收到利害关系人的申报后，应当裁定终结公示催告程序，并通知申请人和支付人。没有人申报的，人民法院应当根据申请人的申请，做出判决，宣告票据无效。判决应当公告，并通知支付人。自判决公告之日起，申请人有权向支付人请求支付。

2) 票据权利丧失的补救措施。为了补救票据权利人因超过票据权利时效或因票据记载事项欠缺而丧失票据权利，我国《票据法》规定了“利益返还请求权”制度，即持票人因超过票据权利时效或因票据记载事项欠缺而丧失票据权利的，仍享有民事权利，可以请求出票人或承兑人返还其与未支付的票据金额相当的利益。

13.1.6.5 票据权利的时效

票据权利的时效是票据权利存续的期间。我国《票据法》规定，票据权利在下列期限内不行使而消灭：①持票人对票据的出票人和承兑人的权利，自票据到期日起2年；见票即付的汇票、本票，自出票之日起2年。②持票人对支票出票人的权利，自出票之日起6个月。③持票人对前手的追索权，自被拒绝承兑或被拒绝付款之日起6个月。④持票人对前手的再追索权，自清偿日或被提起诉讼之日起3个月。

票据的出票日、到期日由票据当事人依法确定。

13.1.7 票据的抗辩

票据抗辩是指票据债务人根据票据法的规定对票据债权人拒绝履行义务的行为。亦即票据债务人对票据债权人的请求，提出一定的合法事由予以对抗，并依此而拒绝履行票据义务的行为。这里的合法事由称为抗辩事由；提出抗辩，并依此而拒绝履行票据义务的权利称为抗辩权。

在票据法理论上，票据抗辩分为物的抗辩和人的抗辩两种。

物的抗辩又称绝对抗辩，主要是基于票据本身无效、票据债权已经消灭、票据时效届满或依票据记载，票据未到期、票据欠缺绝对必要记载事项(如票据金额等)等抗辩原因，对票据债权人所提出的抗辩。票据债务人对一般票据债权人都可以行使这种抗辩权。因为票据是要式证券，如果票据欠缺生效要件，就可以免除或者消灭票据债务人的票据债务。

抗辩又称相对抗辩，是票据债务人基于其与票据债权人之间的法定原因或原因关系而发生的，对抗特定票据债权人的抗辩。这一抗辩权由于票据具有流通性的特点而受到一定的限制，具体表现为：①票据债务人不得以自己与出票人之间的抗辩事由对抗持票人；②票据债务人不得以自己与持票人的前手之间的抗辩事由对抗持票人。

但是，票据债务人可以对不履行约定义务的与自己有直接债权债务关系的持票人，进行抗辩；票据债务人虽然不得以自己与出票人或持票人的前手之间的抗辩事由对抗持票人，但持票人明知存在抗辩事由而取得票据的除外。

另外，《票据法》规定，以欺诈、偷盗或者胁迫等手段取得票据的，或者明知有前列情形，出于恶意取得票据的，不得享有票据权利；持票人因重大过失取得不符合票据法规定的票据的，也不得享有票据权利。

13.2 汇票

13.2.1 汇票及其种类

汇票是出票人签发的，委托付款人在见票时或在指定日期无条件支付确定的金额给收款人或持票人的票据。

关于汇票的种类，按汇票的性质、内容和方式等的不同，可作不同的分类：

1) 按照信用不同，可分为商业汇票和银行汇票。商业汇票是因商业信用而签发的汇票，其出票人和付款人是具有法人资格的公司、企业。银行汇票是由银行因银行信用而签发，由银行付款的汇票。

2) 按照收款人记载方式不同，可分为记名式汇票、不记名式汇票和指示式汇票。记载收款人姓名的汇票是记名式汇票。未记载收款人姓名的为不记名式汇票，一般写“来人”字样，故又称来人式汇票。汇票上记明“某某人(收款人姓名)或其指定人”字样，可由收款人自主决定的，称指示式汇票。

3) 按照商业汇票承兑人不同，可分为商业承兑汇票和银行承兑汇票。商业汇票由公司、企业承兑的，为商业承兑汇票。由出票人或付款人与银行签订承兑协议，由银行承兑的商业汇票，称为银行承兑汇票。

4) 按照付款期限不同，可分为即期汇票和远期汇票。见票即付的汇票，称为即期汇票。出票人与付款人约定签发汇票后一定期限或特定日期付款的汇票，称为远期汇票。如出票后定期付款的汇票，见票后定期付款的汇票等。

5) 按照汇票是否附有各种交易凭证，可分为跟单汇票和光票。跟单汇票是随附有提货单、保险单等交易单证的汇票。光票是不随附任何交易单证的汇票。

13.2.2 出票

出票是指出票人签发票据并将其交付给收款人的票据行为。我国《票据法》规定，汇票必须记载下列事项：①表明“汇票”字样；②无条件支付的委托；③确定的金额；④付款人名称；⑤收款人名称；⑥出票日期；⑦出票人签章。汇票上未记载上述事项之一的，汇票无效；票据金额以中文大写和数码同时记载，两者必须一致，两者不一致的，票据无效。

汇票上记载付款日期、付款地、出票地等事项的，应当清楚、明确。汇票上未记载付款日期的，为见票即付；汇票上未记载付款地的，付款人的营业场所、住所或者经常居住地为付款地；汇票上未记载出票地的，出票人的营业场所、住所或者经常居住地为出票地。

付款日期可以按照下列形式之一记载：①见票即付；②定日付款；③出票后定期付款；④见票后定期付款。前述规定的付款日期为汇票到期日。

汇票的出票人必须与付款人具有真实的委托付款关系，并且具有支付汇票金额的可靠的资金来源。不得签发无对价的汇票用于骗取银行或其他票据当事人的资金。出票人签发汇票后，即承担保证该汇票承兑和付款的责任。

13.2.3 背书

背书是在票据背面或粘单上记载有关事项并签章的票据行为。持票人有通过背书并交付汇票将汇票权利转让给他人或者将一定的汇票权利授予他人行使的权利。依背书转让汇票权利，不必通知债务人即可生效。

13.2.3.1 背书的种类

按背书目的、效力及方式等的不同，背书可作不同的分类：

1) 按照背书的目的不同，可分为转让背书和非转让背书。转让背书是以转让票据权利为目的的背书，非转让背书是具有转让票据权利以外的其他目的所作的背书。

2) 按照转让背书的权利转移和担保效力不同，可分为一般转让背书和特殊转让背书。一般转让背书是具有完全的权利转移效力和担保效力的背书。特殊转让背书是权利转移效力和担保效力受到一定限制的背书。

3) 按照一般转让背书的记载事项完全与否，可分为记名背书和空白背书。汇票让与人记明本人和受让人的姓名而作的一般转让背书是记名背书，又称正式背书、完全背书、特别背书。汇票让与人只在汇票背面签名或盖章，而不记明汇票受让人的姓名的是空白背书，又称无记名背书、不完全背书或略式背书。我国《票据法》规定，汇票以背书转让或者以背书将一定的汇票权利授予他人行使时，必须记载被背书人名称。

4) 按照特殊转让背书性质不同，可分为无担保背书、禁止背书的背书、回头背书和期后背书。无担保背书是汇票让与人以特约免除其担保责任所作的特殊转让背书。禁止背书的背书又称禁止转让背书，是汇票让与人附记“禁止转让”字句所作的特殊转让背书。回头背书又称还原背书，是汇票让与人以其本人之前的票据债务人为汇票受让人所作的特殊转让背书。期后背书是指汇票让与人在汇票到期以后，或作成拒绝证书以后，或作成拒绝证书法定期限届满以后所作的特殊转让背书。

5) 按照非转让背书的目的不同，可分为设质背书和委任背书。设质背书是汇票持有人以票据权利设定质权所作的非转让背书。《票据法》规定，汇票可以设定质押；质押时应当以背书记载“质押”字样。被背书人依法实现其质权时，可以行使汇票权利。

委任背书是汇票持有人授予他人代理行使一定票据权利所作的非转让背书。如《票据法》规定，背书记载“委托收款”字样的，被背书人有权行使被委托的汇票权利。但是，被背书人不得再以背书转让票据权利。

13.2.3.2 转让背书的法律效力

一般转让背书的法律效力有：

1) 权利转移的效力。背书后，票据上所有的权利均由背书人转移给被背书人或持票人。

2) 权利担保的效力。背书人作成背书后，如没有依法特约免除其担保责任的记载时，应按照汇票的文义，担保汇票的承兑和付款。当被背书人及其后手不获承兑或不获付款时，可向背书人行使追索权。所有在票据上背书的人都对最后持票人负保证付款的责任，最后持票人只要所持票据上背书具有连续性，就成为当然的票据权利人。后手是指在票据签章人之后签章的其他票据债务人。

3) 权利证明的效力。以背书转让的汇票，背书应当连续。持票人以背书的连续，证明其汇票权利。在行使其票据权利时，无需证明实际的权利转移原因和过程。所谓背书连续，是指在汇票转让中，转让汇票的背书人与受让汇票的被背书人在汇票上的签章前后衔接。以背书转让的汇票，后手应当对其直接前手的真实性负责。

13.2.3.3 背书的记载事项和方式

背书的记载事项包括：

1) 应记载在汇票背面。票据凭证不能满足背书人记载事项的需要，可以加附粘单，黏附于票据凭证上。粘单上的第一记载人，应当在汇票和粘单的粘接处签章。

2) 采用记名背书或空白背书。我国现行票据法规定必须记载被背书人。

3) 背书不得附条件。背书附有条件的，所附条件不具有汇票上的效力，背书有效。

4) 转让汇票金额的一部分的背书或将汇票金额分别转让给数人的背书无效。

5) 背书的年、月、日。背书未记载日期的，视为在汇票到期日前背书。

6) 背书人签章。

13.2.3.4 不得转让汇票背书和法定禁止背书

出票人在汇票上记载“不得转让”字样的，汇票不得背书转让。背书人在汇票上记载“不得转让”字样，其后手再背书转让的，原背书人对后手的被背书人不承担保证责任。汇票被拒绝承兑、被拒绝付款或超过付款提示期限的，不得背书转让；背书转让的，背书人应当承担票据责任。

13.2.4 承兑

汇票的承兑以汇票的出票为前提，承兑只能由汇票上记载的付款人进行。出票行为是出票人的单方法律行为，对付款人不产生约束力。只有当付款人承诺付款后，才承担到期付款的责任。

13.2.4.1 承兑的程序和方式

1) 提示承兑。是指持票人向付款人出示汇票，并要求付款人承诺付款的行为。《票据法》规定，定日付款或出票后定期付款的汇票，持票人应当在汇票到期日前向付款人提示承兑。见票后定期付款的汇票，持票人应当自出票日起 1 个月内向付款人提示承兑。汇票未按规定期限提示承兑的，持票人丧失对其前手的追索权。见票即付的汇票无需提示承兑。

2) 承兑。是指汇票付款人承诺在汇票到期日支付汇票金额的票据行为。《票据法》规定，付款人对向其提示承兑的汇票，应当自收到提示承兑的汇票之日起 3 日内承兑或拒绝承兑。付款人收到持票人提示承兑的汇票时，应当向持票人签发收到汇票的回单。回单上应当记明汇票提示承兑日期并签章。

付款人承兑汇票的，应在汇票正面记载“承兑”字样和承兑日期并签章，见票后定期付款的汇票，应当在承兑时记载付款日期。

付款人承兑汇票，不得附有条件；承兑附有条件的，视为拒绝承兑。

13.2.4.2 承兑的法律效力

付款人承兑汇票后，应当承担到期付款的责任。具体来说，承兑人在完成承兑行为并将汇票交还承兑申请人之后，便产生三方面的法律效力：①对付款人的效力。付款人承兑汇票后，应当对所承兑的汇票承担到期付款的责任。而且承兑人是汇票上的第一债务人，他所承担的付款责任是一种绝对责任；②对持票人的效力。汇票一经承兑，持票人的付款请求权便从期待权变成了一种现实权，汇票到期后，持票人即可要求付款人支付票面金额；③对持票人前手的效力。汇票经承兑后，持票人在汇票到期前不能对其任何前手行使追索权。

13.2.5 保证

汇票保证指汇票债务人以外的人为担保汇票债务的履行，而在票据上做出记载的票据行为。当被保证人不能履行票据债务时，由保证人承担连带责任。

13.2.5.1 汇票保证的格式

票据保证是一种要式行为，保证人必须在汇票或粘单上记载票据法规定的事项，包括：①绝对必要记载事项：表明“保证”字样；保证人的名称和住所；保证人签章。如果缺少上述记载事项，将不能构成票据保证。②相对必要记载事项。如果相对必要记载事项没有记载，将直接根据票据法规定进行推定。例如，未记载被保证人的，已承兑的汇票，承兑人为被保证人；未承兑的汇票，出票人为被保证人；未记载保证日期的，出票日期为保证日期。

保证不得附有条件，附有条件的，不影响对汇票的保证责任。保证人对合法取得汇票的持票人所享有的汇票权利，承担保证责任。但被保证人的债务因汇票记载事项欠缺而无效的除外。

13.2.5.2 汇票保证人的责任和权利

汇票保证人没有民法上保证人所享有的先诉抗辩权，汇票保证人和被保证人的责任顺序无先后之分。被保证的汇票，保证人应当与被保证人对持票人承担连带责任。汇票到期后得不到付款的，持票人有权向保证人请求付款，保证人应当足额付款。保证人清偿汇票债务后，可以行使持票人对被保证人及其前手的追索权。

13.2.6 付款

汇票上的付款指付款人或担当付款人支付汇票金额以消灭票据关系的行为。

13.2.6.1 付款程序

完整的付款程序包括提示付款与支付。提示付款是指持票人或代理人出示票据请求付款的行为。支付是指付款人或代理人支付汇票金额以消灭票据关系的行为。

13.2.6.2 提示付款期限

持票人应当按照下列期限提示付款：①见票即付的汇票，自出票日起 1 个月内向付款人提示付款；②定日付款、出票后定期付款或见票后定期付款的汇票，自到期日起 10 日内向承兑人提示付款。

持票人未按照上述规定期限提示付款的，在做出说明后，承兑人或者付款人仍应当继续对持票人承担付款责任。通过委托收款银行或者票据交换系统向付款人提示付款的，视同持票人提示付款。

13.2.6.3 付款人和持票人的义务

持票人按《票据法》规定提示付款的，付款人必须在当日足额付款。持票人获得付款的，应当在汇票上签收，并将汇票交给付款人。持票人委托银行收款的，受委托的银行将代收的汇票金额转入持票人账户的，视同签收。

付款人应该尽善良管理人的义务，付款人及其代理人付款时，应当审查汇票背书的连续，并审查提示付款人的合法身份证明或有效证件。付款人及其代理人以恶意或者重大过失付款的，应当自行承担责任；对定日付款、出票后定期付款或者见票后定期付款的汇票，付款人在到期日前付款的，由付款人自行承担责任。

13.2.7 追索权

追索权是指汇票的持票人在法定期限内提示承兑或提示付款而遭拒绝，或者有其他法定事由时，向其前手请求偿还票据金额、利息及其他法定款项的一种票据权利。

13.2.7.1 追索权的特点

追索权一般具有以下特点：

1) 选择性。即持票人可以按照自己的判断，不按照汇票债务人的先后顺序，任意选择一个或者数个甚至全部前手，行使追索权。

2) 多向性。即追索权的行使不受次数限制，持票人在向一部分票据债务人行使追索权后，如果权利没有得到实现，还可以向其他债务人行使。

3) 更替性。即被追索人在清偿了票据债务之后，便取得票据权利，有权向其前手进行再追索，以此类推，一直可以追索到出票人。

13.1.7.2 追索权发生的条件和追索对象

1) 追索权发生的实质条件。汇票到期被拒绝付款的，持票人可对背书人、出票人以及汇票的其他债务人(如承兑人、保证人)行使追索权。汇票到期日前，有下列情形之一的，持票人也可以行使追索权：①汇票被拒绝承兑的；②承兑人或付款人死亡或逃匿的；③承兑人或付款人被依法宣告破产或违法被责令终止业务活动的。

2) 追索权行使的形式条件。持票人行使追索权时，应当提供被拒绝承兑或被拒绝付款的有关证明。持票人提示承兑或者提示付款被拒绝的，承兑人或者付款人必须出具拒绝证明，或者出具退票理由书。未出具拒绝证明或者退票理由书的，应当承担由此产生的民事责任。持票人因承兑人或者付款人死亡、逃匿或者其他原因，不能取得拒绝证明的，可以依法取得其他有关证明。持票人不能出示拒绝证明、退票理由书或者未在规定期限内提供合法证明的，丧失对其前手的追索权。但是，承兑人或者付款人仍应当对持票人承担责任。

3) 追索对象。是指追索权人行使追索权所针对的义务人。汇票的出票人、背书人、承兑人和保证人对持票人承担连带责任。持票人为出票人的，对其前手无追索权。持票人为背书人的，对其后手无追索权。

13.2.7.3 追索程序

持票人应当自收到被拒绝承兑或者被拒绝付款的有关证明之日起 3 日内，将被拒绝事由书面通知其前手，其前手应当自收到通知之日起 3 日内书面通知其再前手。持票人也可以同时向各汇票债务人发出书面通知。

未按照规定期限通知的，持票人仍可以行使追索权。因延期通知给其前手或者出票人造成损失的，由没有按照规定期限通知的汇票当事人，承担对该损失的赔偿责任。但是所赔偿的金额以汇票金额为限。在规定期限内将通知按照法定地址或者约定的地址邮寄的，视为已经发出通知。

13.2.7.4 追索权的客体

追索权的客体即追索的金额一般由票据金额、法定利息和追索费用三部分组成。《票据法》规定，持票人行使追索权，可请求被追索人支付下列金额和费用：①被拒绝付款的汇票金额；②汇票金额自到期日或提示付款日起至清偿日止，按中国人民银行规定的利率计算的利息；③取得有关拒绝和发出通知书的费用。

被追索人清偿债务时，持票人应当交出汇票和有关拒绝证明，并出具所收到利息和费用的收据。

【例 13.2】甲公司向某工商银行申请一张银行承兑汇票，该银行作了必要的审查后受理了这份申请，并依法在票据上签章。甲公司得到这张票据后没有在票据上签章便将该票据直接交付给乙公司作为购货款。乙公司又将此票据背书转让给丙公司以偿债。到了票据上记载的付款日期，丙公司持票向承兑银行请求付款时，该银行以票据无效为理由拒绝付款。请分析该汇票的效力。

解析：该张汇票无效。根据我国《票据法》关于汇票出票行为的规定，出票人必须在票据上记载："汇票"字样；无条件支付的委托；确定的金额；付款人名称；收款人名称；出票日期；出票人签章。以上事项欠缺之一者，票据无效。本案中甲公司作为出票人，没有在票据上签章，导致票据无效。

13.3 本票

13.3.1 本票概述

本票是出票人签发的，承诺自己在见票时无条件支付确定的金额给收款人或持票人的票据。在本票基本关系中，当事人只有两个，即出票人和收款人。因出票人同时又是付款人，所以在出票人之外没有独立的付款人。出票人在完成出票行为之后，即承担到期无条件支付票据金额的责任。

本票依不同的标准可有记名本票、指示本票和无记名本票，即期本票和远期本票，商业本票和银行本票。我国《票据法》对本票作了很大的限制。①我国票据法所称本票是指银行本票，即由银行为出票人的本票；②我国的本票为即期本票，即出票人见票即付的本票。

13.3.2 本票的出票

本票的出票是指出票人签发本票并将其交付给收款人的票据行为。与汇票相同，本票出票包括作成票据和交付票据。但出票人必须是银行。本票的出票人必须具有支付本票金额的可靠资金来源，并保证支付。

本票必须记载的下列事项：①表明"本票"的字样；②无条件支付的承诺；③确定的金额；④收款人名称；⑤出票日期；⑥出票人签章。本票上未记载上述规定事项之一的，本票无效。本票上未记载付款地的，出票人的营业地为付款地；本票上未记载出票地的，出票人的营业场地为出票地。

13.3.3 本票的见票即付

本票的出票人在持票人提示见票时，必须承担付款的责任。本票的付款期限，为自出票日起，最长不得超过2个月。本票的持票人未按规定期限提示见票的，丧失对出票人以外的前手的追索权。

13.3.4 本票对汇票有关规定的适用

《票据法》规定，本票的背书、保证、付款行为和追索权的行使，除本节所述规定外，适用汇票的有关规定；本票的出票行为，除本节所述规定外，适用有关汇票出票的规定。

13.4 支票

支票是出票人签发的，委托办理支票存款业务的银行或其他金融机构在见票时无条件支付确定的金额给收款人或持票人的票据。

为强化支票的流通功能，确保交易安全，支票的付款人有资格限制，即限于准许办理支票存款业务的银行和其他金融机构。开立支票存款账户，申请人必须使用其本名，并提交证明其身份的合法证件；应当有可靠的资信，并存入一定资金；预留其本名的签名式样和印鉴。

支票可以支取现金，也可以转账，用于转账时，应当在支票正面注明。转账支票只能用于转账，不能支取现金。

13.4.1 支票的出票

《票据法》规定，支票必须记载下列事项：①表明“支票”的字样；②无条件支付的委托；③确定的金额；④付款人名称；⑤出票日期；⑥出票人签章。支票上未记载上述规定事项之一的，支票无效。

支票上的金额可以由出票人授权补记，未补记前的支票，不得使用；支票上未记载收款人名称的，经出票人授权可以补记；支票上未记载付款地的，付款人的营业场所为付款地；支票上未记载出票地的，出票人的营业场所、住所或经常居住地为出票地；出票人可以在支票上记载自己为收款人。

13.4.2 支票签发和付款的规定

支票的出票人所签发的支票金额不得超过其付款时在付款人处实有的存款金额。出票人签发支票金额超过其付款时在付款人处实有的存款金额的，为空头支票。禁止签发空头支票。

支票的出票人不得签发与其预留本名的签名式样或印鉴不符的支票。出票人必须按签发的支票金额承担保证向该持票人付款的责任。支票限于见票即付，不得另行记载付款日期。另有记载付款日期的，该记载无效。

支票的持票人应当自出票日起 10 日内提示付款；异地使用支票，其提示付款的期限由中国人民银行另行规定。超过提示付款期限的，付款人可以不予付款；付款人不予付款的，出票人仍应当对持票人承担票据责任。

付款人依法支付支票金额的，对出票人不再承担委托付款的责任，对持票人不再承担付款的责任。但是，付款人以恶意或者重大过失付款的除外。

13.4.3 其他规定

支票的背书、付款行为和追索权的行使，以及支票的出票行为，除本节所述规定外，适用汇票中的相应规定。

13.5 涉外票据的法律适用

按照我国《票据法》的规定，所谓涉外票据，是指出票、背书、承兑、保证、付款等行为中，既有发生在中华人民共和国境内又有发生在中华人民共和国境外的票据。由于涉外票据具有涉外因素，涉及国际间票据法律适用的问题。因此，它与一般票据的法律适用有所不同。《票据法》基于这种不同性质，对涉外票据的法律适用问题，包括适用原则、票据当事人的行为能力、票据记载事项、票据丧失等行为的法律适用作了专章规定，以解决票据法的国际冲突。

13.5.1 涉外票据法律适用的原则

我国涉外票据法律适用的原则为：我国缔结或者参加的国际条约同我国票据法有不同规定的，适用国际条约的规定。但是，我国声明保留的条款除外。我国《票据法》和我国缔结或参加的国际条约没有规定的，可以适用国际惯例。

13.5.2 票据债务人行为能力的法律适用

关于票据债务人行为能力的法律适用，各国票据法规定有三种情况，即本国法主义、行为地主义和折衷主义。我国《票据法》采用折衷主义，规定：票据债务人的民事行为能力，适用其本国法律。但其民事行为能力，依照其本国法律为无民事行为能力或者为限制民事行为能力，而依照行为地法律为完全民事行为能力的，适用行为地所在国的法律。

13.5.3 其他具体规定

1) 出票行为的法律适用。汇票、本票出票时的记载项目，适用出票地所在国的法律。支票出票时的记载事项，适用出票地所在国法律；但经当事人协议，也可以适用付款地法律。

2) 票据的背书、承兑、付款和保证行为，适用行为地法律。

3) 票据追索权的行使期限，适用出票地法律。

4) 票据的提示期限、有关拒绝证明方式、出具拒绝证明的期限，适用付款地法律。

5) 票据丧失时，失票人请求保全票据权利的程序，适用付款地法律。

13.6 违反票据法的法律责任

13.6.1 进行票据欺诈行为的法律责任

根据《票据法》的规定，有下列票据欺诈行为之一的，依法追究刑事责任：①伪造、变造票据的；②故意使用伪造、变造的票据的；③签发空头支票或者故意签发与其预留的本名签名式样或者印鉴不符的支票，骗取财物的；④签发无可靠资金来源的汇票、本票，骗取资金的；⑤汇票、本票的出票人在出票时作虚假记载，骗取财物的；⑥冒用他人的票据，或者故意使用过期或者作废的票据，骗取财物的；⑦付款人同出票人、持票人恶意串通，实施前六项行为之一的。

13.6.2 金融机构工作人员的票据法律责任

金融机构工作人员在票据业务中玩忽职守，对违反票据法规定的票据予以承兑、付款、贴现或者保证的，给予处分；造成重大损失，构成犯罪的，依法追究刑事责任。由于金融机构工作人员因上述行为给当事人造成损失的，由该金融机构和直接责任人员依法承担赔偿责任。

13.6.3 票据付款人的法律责任

票据的付款人对见票即付或者到期的票据，故意压票，拖延支付的，由金融行政管理部门处以罚款，对直接责任人员给予处分。票据的付款人故意压票，拖延支付，给持票人造成损失的，依法承担赔偿责任。

13.6.4 其他责任

依照票据法规定承担赔偿责任以外的其他违反票据法规定的行为，给他人造成损失的，应当依法承担民事责任。

学习指导

★ 复习思考

1) 试论票据关系与票据原因关系的相互关系。
2) 简述票据权利取得的途径和方法。
3) 简述票据伪造与票据变造的区别与联系。
4) 票据丧失后有哪些救济方法？
5) 票据追索金额由哪些部分组成？
6) 汇票保证的特征是什么？
7) 简述本票与汇票的区别与联系。

★ 案例分析

A 公司开出一张收款人为 B 公司，付款人为 C 银行的银行承兑汇票，B 公司因与 D 厂发生了货物买卖关系而将该银行承兑汇票背书转让给了 D 厂，D 厂又将其背书转让给了 E 公司。E 公司在票据到期日请求 C 银行付款时遭拒绝。为此，E 公司要求 B 公司承担票据责任。B 公司认为，D 厂所供货物有明显的质量瑕疵，故拒绝付款。

请问：

(1) 假定上述若干次背书均为有效背书，E 公司要求 B 公司承担票据责任的请求是否合法？为什么？

(2) 假定 E 公司是善意取得票据，那么 B 公司的抗辩是否合法？为什么？

14 公平交易法律制度

本章要点

公平交易法以维护交易秩序、保护消费者利益，确保公平竞争，促进经济稳定与繁荣为目标，直接规范竞争行为和调整竞争关系的法律规范的总称。本章主要介绍竞争领域中的不正当竞争行为、垄断行为等基本概念及相关法律制度。以不正当竞争行为、垄断行为概念和类型及其法律规制为重点。通过本章学习，要求了解不正当竞争和反不正当竞争法的概念、立法目的、基本原则和监督检查制度。掌握不正当竞争行为及其法律责任等法律规定。掌握反垄断法的基本原则和主要内容。

14.1 反不正当竞争法概述

14.1.1 不正当竞争和反不正当竞争法

市场经济是竞争经济，竞争是市场经济的核心。竞争是市场主体为取得市场优势地位而进行的活动。市场主体在竞争中优胜劣汰，优胜劣汰必须遵守一定的标准或准则，必须能够鼓励创新、促进社会进步和提升社会道德标准。符合鼓励创新、促进社会进步和提升社会道德标准的竞争是有序的正当竞争，正当有序的竞争是市场经济持续、健康发展的社会基础。正当竞争通过对不正当竞争的排斥得以确立。反不正当竞争法就是通过揭示不正当竞争行为，规定对不正当竞争行为的制裁，以此确立公平竞争标准或准则的重要法律。

14.1.1.1 不正当竞争

《中华人民共和国反不正当竞争法》(简称《反不正当竞争法》)第 2 条规定："经营者在市场交易中，应当遵循自愿、平等、公平、诚实信用的原则，遵守公认的商业道德。本法所称的不正当竞争，是指经营者违反本法规定，损害其他经营者的合法权益，扰乱社会经济秩序的行为。"

14.1.1.2 不正当竞争法

市场经济条件下，要保持市场秩序良好，保证公平竞争，就要实施反不正当竞争。反不正当竞争法是调整市场竞争过程中规制因不正当竞争行为而产生的社会关系的法律规范的总称。广义的反不正当竞争法相当于“竞争法”。反不正当竞争法规范三类行为：一是“垄断行为”，主要是指经营者自己或者通过企业兼并等方式，形成对一定市场的独占或控制；二是“限制竞争行为”，主要是指经营者滥用经济优势或几个经营者通过协议等联合方式损害竞争对手的行为；三是“不正当竞争行为”，主要是指经营者采用欺骗、胁迫、利诱以及其他违背诚实信用和公平竞争商业惯例的手段从事市场交易。狭义的反不正当竞争法仅指第三类“不正当竞争行为”。

我国采用综合调整模式，即先制定《反不正当竞争法》，对经济生活中已经出现的不正当竞争行为，包括某些限制竞争行为，作综合的调整。因此，我国现行《反不正当竞争法》是在广义上理解“反不正当竞争法”，不是单纯地禁止不正当竞争的法律，而是一部包括反不正当竞争和反部分垄断行为的综合性竞争法。

14.1.2 制定反不正当竞争法的目的

我国经济体制改革的目标是实行社会主义市场经济。竞争是市场经济的基本特征之一。建立市场竞争法律制度，维护公平竞争秩序，是社会主义市场经济进一步完善的迫切需要。《反不正当竞争法》第 1 条规定：为保障社会主义市场经济健康发展，鼓励和保护公平竞争，制止不正当竞争行为，保护经营者和消费者的合法权益，制定本法。该条规定包含以下内容：

1) 保障社会主义市场经济健康发展。市场经济是竞争经济。竞争是市场经济最基本的运行机制，是市场经济条件下配置资源的基本手段。反不正当竞争法从维护市场公平竞争秩序的角度，保障市场机制有效运行。市场主体在激烈的市场竞争中，为谋求各自的经济利益，其经营行为受利益驱动而难以自律。仅依靠经营者自身，也难以克服各种不正当竞争行为。为维护公平竞争的市场秩序，必须由国家制定竞争规则，为市场经济的正常运行提供法律保障。

2) 制止不正当竞争行为。是制定不正当竞争法的直接目的。市场竞争贯穿优胜劣汰的法则。一些市场主体在生死存亡的奋斗中，在利益驱动下，为谋取竞争优势，往往采用假冒、虚假宣传、商业贿赂等不正当竞争手段。反不正当竞争法的直接目的就是制止不正当竞争行为，规范市场行为，鼓励和保护公平竞争。

3) 保护和鼓励公平竞争，保护经营者和消费者合法权益。生产者、经营者有依法从事生产经营活动权利，消费者的合法权益不受非法侵害。不正当竞争行为，不仅损害竞争对手和其他经营者权益，而且也常常损害消费者权益。通过制止和打击不正当竞争行为，有利于保护和鼓励市场主体间展开公平竞争，从而促进市场机制的正常运行，促进社会主义市场经济的健康发展，这是制定反不正当竞争法的根本目的。

14.2 不正当竞争行为

世界各国、各地区对不正当竞争行为的规定各有不同，我国从市场经济发展的实际出发，规定了 11 种不正当竞争行为。

14.2.1 假冒行为

假冒是指经营者采取不正当手段混淆自己的产品与其他经营者产品的界限，使用户和消费者造成错觉并与其交易，从而损害竞争对手和消费者利益的行为。依照反不正当竞争法规定，经营者不得采用下列不正当手段从事市场交易，损害竞争对手：

1) 假冒他人的注册商标。《商标法》规定，未经商标权人许可，在同一种商品或者类似商品上使用与其注册商标相同或者近似的商标的；销售明知是假冒注册商标的商品的；伪造、擅自制造他人注册商标标识或者销售伪造、擅自制造的注册商标标识等行为，都属于侵犯他人注册商标专用权的行为。假冒他人注册商标，会引起公众对商品的混淆，影响商标权人的销售、服务和利益。假冒他人注册商标，既是一种违反《反不正当竞争法》的行为，同时也是一种违反《商标法》的行为。

2) 擅自使用知名商品特有的名称、包装、装潢、或者使用与知名商品近似的名称、包装、装潢，造成和他人的知名商品相混淆，使购买者误认为是该知名商品。知名商品是指在市场上有一定知名度、为公众所知悉的商品。仿冒知名商品行为人仿冒的具体对象是该知名商品特有的名称、包装、装潢。所谓特有是指该知名商品使用并具有显著特征的名称、包装、装潢。仿冒行为将造成与他人知名商品相混淆，是消费者误认为是知名商品的后果。

3) 擅自使用他人的企业名称或者姓名，引人误认为是他人的商品。企业名称或者经营者的姓名是表明商品或者服务来源的标志，代表着企业或者经营者的信誉。擅自使用，必然会损害该企业或者经营者的信誉和利益。

4) 在商品上伪造或者假冒认证标志、名优标志等质量标志，伪造产地，对商品质量作引人误解的虚假表示。产品质量认证标志、名优标志商品产地等本身表明一定的商品质量，尤其是产品质量认证标志、名优标志等质量标志是不同机构以不同方式对企业产品质量的确认，因而在商场上具有相当的信誉。在商品上伪造或者假冒认证标志、名优标志，必然破坏市场秩序，并损害合法经营者的利益。

商标法和反不正当竞争法都保护注册商标所有人的注册商标专用权。商标法着重从正面规定注册商标所有人对注册商标的专用权，并禁止他人从事侵害这一专用权的行为，以此达到保护注册商标专用权，同时保护消费者的合法权益，保障和促进公平竞争的目的。反不正当竞争法则着重从反面禁止经营者从事假冒注册商标的行为，以维护正当竞争的市场秩序，同时保护注册商标所有人对其注册商标的专用权利，保护消费者的合法权益。反不正当竞争法对商标法起着某种补充作用。

14.2.2 滥用独占优势

公用企业或者依法具有独占地位的经营者，不得限定他人购买其指定的经营者的商品，以排挤其他经营者的公平竞争。

滥用独占优势的主体是公用企业或其他依法具有独占地位的经营者。如水、电、煤气、邮电等公用企业和盐业、烟草等行业，由于特定原因，在一定的地区往往是独家经营，在社会、经济生活中具有特殊地位。滥用独占优势通常表现为：

1) 限定用户、消费者只能购买和使用其附带提供的相关商品，而不得购买和使用其他经营者提供的符合技术标准要求的同类商品。

2) 限定用户、消费者只能购买和使用其指定的经营者生产或经销的商品，而不得购买和使用其他经营者提供的符合技术标准要求的同类商品。

3) 强制用户、消费者购买其提供的不必要的商品及配件。

4) 强制用户、消费者购买其指定的经营者提供的不必要的商品。

5) 以检验商品质量、性能等为借口，阻碍用户、消费者购买、使用其他经营者提供的符合技术要求的其他商品。

6) 对不接受其不合理条件的用户、消费者拒绝、中断或削减供应相关商品，或者滥收费用。

7) 其他限制竞争的行为。

14.2.3 滥用行政权力

滥用行政权力是指政府及其所属部门直接或间接以行政权力为根据发生的经营行为。政府机关及其所属部门的职责是维护市场竞争秩序。滥用行政权力，不利于商品自由流通，资源优化配置，并且会破坏市场竞争秩序。滥用行政权力通常表现为以下几种：

1) 规定在行政辖区内销售外地产品必须搭售本地产品，而本地产品往往是质次价高，缺乏竞争力的滞销品。

2) 规定在行政辖区内某些产品只能销售给指定的企业。

3) 规定在行政辖区内购买商品，只能以指定企业的商品为限。

4) 带有行政色彩的企业在销售自己特有的产品或提供特有的服务时，强行搭售其他商品或强行提供服务，并收取较高费用。

反不正当竞争法规定，政府及其所属部门不得滥用行政权力，限定他人购买其指定的经营者的商品，限制其他经营者的经营活动；限制外地商品进入本地市场，或者本地商品流向外地市场。

14.2.4 商业贿赂

商业贿赂行为是指在商业交易活动中，经营者为了获得交易机会，特别是获得相对于竞争对手的优势，通过不正当手段向交易相对人的雇员、负责人、代理人或者其他对该交易做出决定有影响的人提供报酬或者其他好处的行为。商业贿赂常以“回扣、好处费、佣金、辛苦费、提成费、酬劳费”等名义出现。回扣，是指经营者销售商品时在账外暗中以现金、实物或者其他方式退给对方单位或者个人的一定比例的商品价款。回扣的常见表现形式有：现金回扣、实物回扣、提供其他报酬或服务的回扣。折扣，即商品购销中的让利，是指经营者在销售商品时，以明示并如实入账的方式给予对方的价格优惠，包括支付价款时对价款总额按一定比例即时予以扣除和支付价款总额后再按一定比例予以退还两种形式。由于折扣具有公开、明示、双方如实入账等特征，故属于一种符合商业习惯的正当竞争行为。佣金，是指经营者在市场交易中给予为其提供服务的具有合法经营资格的中间人的劳务报酬。佣金是明示的和公开的。佣金具有劳务报酬的性质。

我国《反不正当竞争法》规定：经营者不得采用财物或者其他手段进行贿赂以销售或者购买商品。在账外暗中给予对方单位或者个人回扣的，以行贿论处；对方单位或者个人在账外暗中收受回扣的，以受贿论处。同时还规定，经营者销售或者购买商品，可以以明示方式给对方折扣，可以给中间人佣金。但是经营者给对方折扣、给中间人佣金的，必须如实入账。接受折扣、佣金的经营者也必须如实入账。

14.2.5 引人误解的虚假宣传

虚假广告等引人误解的虚假宣传是不正当经营者为占领市场而采用的欺诈

手段，这既损害消费者的合法权益，也使正当经营者的经营活动和市场秩序受到损害。

为了制止这种行为，反不正当竞争法规定，经营者不得利用广告或者其他方法，对商品的质量、制作成分、性能、用途、生产者、有效期限、产地等作引人误解的虚假宣传；广告的经营者不得在明知或应知的情况下，代理设计、制作、发布虚假广告。虚假宣传行为的种类有：对商品质量的虚假宣传、对商品价格的虚假宣传、对经营者的虚假宣传、对商品数量的虚假宣传等。

14.2.6 侵犯商业秘密

商业秘密是经营者参与市场竞争的利器，对于经营者的生存发展至关重要。WTO《与贸易有关的知识产权协议》(TRIPS)第 39 条规定保护“未披露的信息”即商业秘密。商业秘密，是指不为公众所知悉、能为权利人带来经济利益、具有实用性并经权利人采取保密措施的技术信息和经营信息。技术信息包括专有技术、工艺方法、技术配方、设计程序、管理技术等；经营信息包括经营决策、经营计划、客户名单、产销策略、货源情报等。其中主要是技术秘密和经营秘密。技术秘密是有关生产或制造方面的信息，包括设计、公式、图样、程序、方法、产品配方、制作工艺、制作方法、技巧等方面的信息。经营秘密是有关经营、管理和决策方面的信息，涉及经营者的企业组织机构、财务、人事、经营等多个领域，包括资信状况、财务预测、资产购置计划、产销策略和计划、广告计划、管理诀窍、客户名单、货源情报、招投标中的标底及标书内容等信息。

我国《反不正当竞争法》第 10 条及国家工商局《关于禁止侵犯商业秘密行为的若干规定》第 3 条规定，侵犯商业秘密的行为主要有以下四种：①以不正当手段获取他人的商业秘密；②非法披露、使用或允许他人使用以不正当手段获取的商业秘密；③违反约定或违反保密要求披露、使用或允许他人使用商业秘密；④第三人明知或者应知前款所列违法行为，获取、使用或者披露他人的商业秘密，视为侵犯商业秘密。

14.2.7 低价倾销

低价倾销是指经营者故意在一定期限内及一定范围内以低于成本的价格销售商品，从而达到挤垮竞争对手操纵市场之目的。我国反不正当竞争法规定，经营者不得以排挤竞争对手为目的，以低于成本的价格销售商品。但是，有下列情形之一的，不属于不正当竞争行为：①销售鲜活商品；②处理有效期即将到期的商品或其他积压的商品；③季节性降价；④因清偿债务、转产、歇业降价销售商品。

鲜活商品是鲜商品和活商品的总称，主要包括蔬菜、瓜果、畜禽肉品、水产品等农副产品。鲜活商品具有难保存、难保值、易变质、销售时间性强等特点，因此，这是一种正常的、合理的销售行为。商品的有效期是该商品能够保证质量的时间。有些商品超过有效期后，质量就会下降，失去原有的使用价值。为了减少经营者的损失，加速资金周转，经营者可以以低于成本的价格销售这些即将超过有效期限的商品。一些商品属于季节性商品，过了销售旺季，如仍按原价销售这些商品，就很少有人问津，为了不使这些商品长期积压，占用库存，影响资金周转，法律允许经营者以低于成本的价格销售这些商品。经营者因经营不善或其他原因而必须清偿债务，或必须转产或歇业的情况下，需要尽快将所经营的商品销售出去，以回笼货币资金，以低于成本的价格销售商品，也并非旨在排挤竞争对手。

14.2.8 搭售

搭售行为是指经营者在销售商品时，违背购买者的意愿搭售商品或者附加其他不合理条件的行为。搭售可以是经营者在购买者购买必需品时搭售其不需要的其他商品，也可以是向购买者提出附加的不合理条件，如附加服务、修理等行为。搭售行为严重侵犯了用户和消费者权利，并且为推销质次价高产品甚至假冒产品提供了方便。《反不正当竞争法》规定，经营者销售商品，不得违背购买者的意愿搭售商品或者附加其他不合理的条件。

14.2.9 违法有奖销售

有奖销售是指经营者销售商品或服务，附带性地向购买者提供物品、金钱或其他经济上利益的行为。对于有奖销售，我国从实际情况和维护市场秩序及消费者利益出发，允许一定范围内的有奖销售活动。同时，《反不正当竞争法》规定，经营者不得从事下列有奖销售：

1) 采用谎称有奖或者故意让内定人员中奖的欺骗方式进行有奖销售，是指经营者以虚构有奖销售事实或隐瞒有关事实真相的方式进行的有奖销售行为。

2) 利用有奖销售的手段推销质次价高的商品，既可存在于附赠式有奖销售中，也可存在于抽奖式有奖销售中。其突出特点是：用于有奖销售的商品品质与价格不符，实质为变相涨价，损害购买者利益。

3) 抽奖式的有奖销售，最高奖的金额超过 5 000 元。下列情形可视为不当巨额有奖销售行为：①经营者以价格超过 5 000 元的物品的使用权作为奖励的，不论使用该物品的时间长短；②经营者以提供就业机会、聘为各种顾问等名义，并以解决待遇，给付工薪等方式设置奖励，不论奖励现金、物品(包括物品的使用权)或者其他经济利益，也不论是否要求中奖者承担一定义务，最高奖的金额(包括物品的价格、经济利益的折算)超过 5 000 元的；③经营者单独或与有关单位联合利用社会福利彩票、体育彩票设置奖励推销商品，最高奖的金额超过 5 000 元的均属违法有奖销售。

14.2.10 诋毁他人商誉

诋毁他人商誉是指经营者为了竞争目的，故意捏造、散布虚伪事实，借以损害竞争对手的商业信誉的行为。经营者的商业声誉，是其名誉权与荣誉权的体现，与经营者的经济利益紧密相连。一旦商业声誉受到恶意诋毁、贬低，就有可能使经营者受到巨大损失。诋毁他人商誉不但损害了竞争对手的合法权益，而且扰乱了市场经济的正常秩序。《反不正当竞争法》规定，经营者不得捏造、散布虚伪事实，损害竞争对手的商业信誉、商品信誉。

诋毁商誉行为的表现主要有：经营者在公开场合，用散发公开信、召开新闻发布会、在新闻媒体上刊播广告等形式，捏造、散布虚伪事实，贬低竞争对手的商业信誉和商品声誉；经营者利用虚假广告或比较广告，对自己的商品进行不符合事实的宣传，以贬低竞争对手的商品声誉，抬高自己企业或商品的地位；经营者在经营过程中，向业务客户或消费者编造、散布虚伪事实，损害竞争对手的商业信誉和商品声誉；直接在商品的包装说明或其他说明书上，对竞争对手的同类商品进行贬低；唆使他人在公众中散布竞争对手的商品质量有问题等谎言，使该商品失去公众的信赖；假借消费者名义向经济监督管理部门或消费者保护组织或新闻媒介捏造或散布虚伪事实，作虚假投诉以贬损竞争对手的商誉。

14.2.11 串通投标招标

串通投标行为是指投标者之间串通投标，抬高或压低标价，以及投标者为排挤竞争对手而与招标者相互勾结的行为。招标工作要严格依法办事，底价不得泄露，要严格按公开投标竞价方式决定中标人。串通投标招标通常有两种方式：一是投标人互相串通压价或抬价；二是招标者、投标者中的某些人暗中勾结、泄露底价，故意让其中标，而中标人多暗中给以其回报。这无疑与招标本意相悖，破坏了公平竞争。《反不正当竞争法》规定，投标者不得串通投标，抬高标价或者压低标价。投标者和招标者不得相互勾结，以排挤竞争对手的公平竞争。

14.3 对不正当竞争行为的监督检查

14.3.1 监督检查机关

《反不正当竞争法》规定，各级人民政府应当采取措施，制止不正当竞争行为，为公平竞争创造良好的环境和条件。县级以上人民政府工商行政管理部门对不正当竞争行为进行监督检查；法律、行政法规规定有其他部门监督检查的依照其规定。

14.3.2 监督检查机关的职权

县级以上工商行政管理部门在行使监督检查时享有以下权利：

1) 按照规定程序询问被检查的经营者、利害关系人、证明人，并要求提供证明材料或者与不正当竞争行为有关的其他资料。

2) 询问、复制与不正当竞争行为有关的协议、账册、单据、文件、记录、业务函电和其他资料。

3) 检查与假冒他人商标、伪造产地等不正当竞争行为有关的财物，必要时可以责令被检查的经营者说明该商品的来源和数量，暂停销售，听候检查，不得转移、隐匿、销毁该财物。

监督检查部门的工作人员在监督检查不正当竞争行为时，应当出示检查证件；被检查的经营者、利害关系人和证明人应当如实提供有关资料和情况。

14.4 违反反不正当竞争法的法律责任

我国反不正当竞争行为的法律责任，分为民事责任、行政责任和刑事责任三种。三种法律责任可以单处也可以并处。

14.4.1 经营者的法律责任

14.4.1.1 经营者的民事责任

经营者违反《反不正当竞争法》的规定，给被侵害的经营者造成损害的，应当承担损害赔偿责任，被侵害的经营者的损失难以计算的，赔偿额为侵权人在侵权期间因侵权所获的利润；并应当承担被侵害的经营者因调查该经营者侵害其合法权益的不正当竞争行为所支付的合理费用。

14.4.1.2 经营者的行政责任和刑事责任

1) 假冒行为的法律责任。经营者假冒他人注册商标，擅自使用他人企业名称或者姓名，伪造或者冒用认证标志、名优标志等质量标志，伪造产地，对产品质量做引人误解的虚假表示的，依照商标法、产品质量法的规定处罚。经营者擅自使用知名商品特有的名称、包装、装潢，或者使用与知名商品特有的名称、包装、装潢，造成和他人的知名商品相混淆，使购买者误认为是该知名商品的，监督检查部门应当责令停止违法行为，没收违法所得，可以根据情节处以违法所得 1 倍以上 3 倍以下的罚款；情节严重的可以吊销营业执照；销售伪劣商品，构成犯罪的，依法追究刑事责任。

2) 商业贿赂的法律责任。经营者采用财物或其他手段进行贿赂以销售或购买商品，构成犯罪的，依法追究刑事责任；不构成犯罪的，监督检查部门可以根据情节处以 1 万元以上 20 万元以下的罚款，有违法所得的，予以没收。

3) 滥用独占优势的法律责任。公用企业或者其他依法具有独立地位的经营者，限定他人购买其指定的经营者的商品，以排挤其他经营者的公平竞争的，省级或设区的市的监督检查部门应当责令停止违法行为，可以根据情节处以 5 万元以上 20 万元以下的罚款。被指定的经营者借此销售质次价高商品或者滥收费用的，监督检查部门应当没收违法所得，可以根据情节处以违法所得 1 倍以上 3 倍以下的罚款。

4) 虚假宣传的法律责任。经营者利用广告或其他方法，对商品作引入误解的虚假宣传的，监督检查部门应当责令停止违法行为，消除影响，可以根据情节处 1 万元以上 20 万元以下的罚款。广告的经营者，在明知或应知的情况下，代理、设计、制造、发布虚假广告的，监督检查部门应当责令停止违法行为，没收违法所得，并依法处以罚款。

5) 侵犯商业秘密的法律责任。侵犯商业秘密的，监督检查部门应当责令停止违法行为，可根据情节处 1 万元以上 20 万元以下的罚款。

6) 违法有奖销售的法律责任。经营者实施违法有奖销售行为的，监督检查部门应当责令停止违法行为，可以根据情节处 1 万元以上 10 万元以下的罚款。

7) 串通投标的法律责任。经营者串通投标抬高标价或者压低标价的，其中标无效，监督检查部门可根据情节处 1 万元以上 20 万元以下的罚款。

8) 抗拒检查的法律责任。经营者有违反被责令暂停销售，不得转移、隐匿、销毁与不正当竞争行为有关的财物的行为的，监督检查部门可根据情节处以被销售、转移、隐匿、销毁财物的价款的1倍以上3倍以下的罚款。

14.4.2 政府部门及国家工作人员的法律责任

政府及其所属部门，限定他人购买其指定的经营者的商品，限制其他经营者正当的经营活动，或者限制商品在地区之间正常流通的，由上级机关责令其改正；情节严重的，由同级或上级机关对直接责任人员给予行政处分。被指定的经营者借此销售质次价高商品或者滥收费用的，监督检查部门应当没收违法所得，并可根据情节处以违法所得1倍以上3倍以下的罚款。

监督检查不正当竞争行为的国家工作人员滥用职权、玩忽职守，构成犯罪的；或者徇私舞弊，对明知有违反反不正当竞争法规定构成犯罪的经营者故意包庇不使他受追诉的，依法追究刑事责任。玩忽职守，不构成犯罪的，给予行政处分。

14.4.3 当事人不服处罚的解决途径

当事人不服监督检查部门做出的处罚决定的，可以自收到处罚决定之日起15日内向上一级主管机关申请复议，对复议决定不服的，可以在收到复议决定书之日起15日内向人民法院起诉；当事人也可以不申请复议，直接向人民法院起诉。

14.5 反垄断法律制度

14.5.1 垄断的基本含义和分类

14.5.1.1 垄断的基本含义

垄断的基本含义可以包括经济学方面和法学两个方面。经济学上的垄断指的是少数大企业或经济组织之间为攫取高额利润，利用正当或不正当竞争手段，彼此达成协议独占某种商品的生产和销售。

法学中的垄断，是指违反国家法律、法规、政策和社会公共利益，通过合谋性协议、安排和协同行动，或者通过滥用经济优势地位，排斥或者控制其他经营者正当的经济活动，在某一领域内实质上限制竞争的行为。

垄断的特征主要有：

1) 垄断的客观方面是垄断行为而非垄断结构。

2) 垄断的主体是经营者或其利益代表者。

3) 垄断的主观方面是牟取超额利益。

4) 垄断的后果是排除或限制竞争。

14.5.1.2 垄断的分类

垄断可分为合法垄断与非法垄断两类。

1) 合法垄断。合法垄断是指国家为了保护整个国民经济的健康发展，在反垄断法中明确规定的不适用垄断禁止法律的垄断行为。合法垄断的范围和种类有：①特定的经济部门的垄断；②知识产权领域；③对外贸易领域；④协同组合行为。

2) 非法垄断，即反垄断法所禁止的垄断，它是指违反法律、法规和社会公共利益，通过合谋性协议、安排和协同行动，或者通过滥用经济优势地位，排斥或控制其他经营者正当的活动，在某一生产领域或流通领域实质上限制竞争的行为。

非法垄断的主要形式有：①独占；②兼并；③股份保有；④董事的交叉任职；⑤联合行为。

14.5.2 反垄断法的概念

反垄断法与反限制竞争法、反不正当竞争法同属于市场秩序规制法。

反垄断法是调整在国家规制垄断过程中所发生的社会关系的法律规范的总称，是现代经济法的重要组成部分，是市场发展到近代以后出现的旨在规制独占市场、限制和破坏市场竞争机制等情形的法律规范。反垄断法的精神在于维护公平竞争，保证市场发生最优化的作用。它保障企业公正的竞争能力和竞争机会的获得与行使，保障企业平等的进入市场的自由权利；它谴责、打击所有分裂市场，取消、扭曲市场的企业行为。正因如此，反垄断法才被喻为“自由企业的大宪章”。

反垄断法是我国经济法体系中的基本法律之一。社会主义市场经济的大力发展，也不可避免地导致垄断和竞争矛盾的加剧。市场经济本身并不具备维护公平竞争的机制。在我国现阶段市场经济不很成熟和市场机制尚不完善的条件下，为了处理好垄断与竞争之间矛盾，应从保护社会主义市场竞争和国家利益出发，从维护广大竞争者和消费者利益出发，促进竞争机制功能的充分发挥，打破地区封锁和条块垄断、行政性垄断，必须把国家管理市场经济活动，制止垄断现象的经济政策规范化、规律化。反垄断法则是保障这种经济管理手段和政策措施的法律工具。制定具有中国特色的反垄断法是完善我国经济法体系的重要任务。

我国于 1994 年由商务部负责反垄断法起草和调研工作，被列入第八届全国人大常委会立法规划，经过多年努力，2007 年 8 月 30 日十届全国人大常委会第二十九次会议经表决通过《中华人民共和国反垄断法》(简称《反垄断法》)，2008 年 8 月 1 日起施行。

14.5.3 反垄断法的作用

反垄断法的精神在于维护公平竞争，保护市场主体参与市场竞争的权利；保障企业平等的进入市场的自由权利；保护消费者的合法权益。正因如此，反垄断法才被喻为“自由企业的大宪章”并昌盛于世界法律之林。对于市场经济来讲，反垄断法的积极作用是巨大的。

1) 保障企业自由。保障企业自由原则即企业可以自主经营，为了追求利润，企业可以依法进入和退出某一产业部门，自由从事商事活动，不受非法干扰和障碍。

2) 打击行政性垄断。目前存在于我国的行政性垄断主要有：

(1) 行业壁垒。行业壁垒是由国家通过政策手段设置于一些特殊行业的进入壁垒，阻碍企业自由开业参与竞争。在我国存在着行业壁垒的典型行业是金融业和通讯业，通讯业在国内由于缺乏外部竞争，其服务质量和服务费用长期得不到改善，但它们的经营者和职员却比其他行业能获得更大、更稳定的收益。行业壁垒属于典型的国家垄断政策的体现，受歧视的只是市场众多主体中的一部分，主要是私营和集体企业。

(2) 地区壁垒。地区壁垒实质为地方保护主义，是一道由地方政府设置的、用以保护本地区产品质量低劣的落后企业免遭外来企业冲击的屏障。它如同经济地方割据，严重影响我国国内统一市场的形成。

(3) 行政性公司。行政性公司是政企合一，官商不分的产物。虽然国家三令五申禁止党政机关办企业，但以党政机关为真正的企业发起人或幕后靠山的行政性公司却如雨后春笋，其原因恐怕已超出了法律的领域。

3) 消灭企业差别待遇制。因政府因素而妨碍企业自由的方式并非只有行政性垄断这一种，给企业进入市场附加不同的权利义务是妨碍企业自由的另一种方式。行政性垄断是直接阻碍企业进入市场，而给企业进入市场附加不同的权利义务，并实质性导致企业间竞争能力的差别，是排斥企业进入市场的间接手段，我们称之为企业差别待遇制。

企业差别待遇制的制度形式可以是行政措施，也可以是法律法规，实施者只能是政府。在现代，企业差别待遇制主要存在于计划经济占统治地位或计划经济的因素还在发挥着作用的国家。以我国为例，我国现有企业在性质上可分为私营企业、集体企业、国有企业和三资企业，在进入市场时因企业性质之不同各自享有不同的权利，承担不同的义务，各类型企业此后在市场竞争中便拥有不同的竞争能力。

14.5.4 我国反垄断法的基本内容

14.5.4.1 禁止垄断协议

垄断协议是指两个或两个以上的经营者以协议、决议或其他方式实施的限制竞争行为。垄断协议的构成要件是协议或者协同行为由多个独立主体构成；经营者之间存在通谋或协同一致的行为。

亚当·斯密曾指出，生产同类产品的企业很少聚集在一起，如果它们聚集在一起，其目的便是商讨如何对付消费者。反垄断法把竞争者之间的限制竞争协议称为横向协议，或者"卡特尔"。卡特尔对市场竞争的损害是非常严重的。以价格卡特尔为例：因为被固定的价格一般会大大超过有效竞争条件下的价格水平，这种卡特尔自然会严重损害消费者的利益。此外，在价格被固定的情况下，效益好的企业因为不能随意降价，不能根据市场的情况扩大自己的生产规模，它们从而也就不能扩大自己的市场份额。分割销售市场也是对竞争的严重损害。因为在这种情况下，参加卡特尔的企业各自在其销售地域都有着垄断地位，这一方面使消费者失去了选择商品的权利，另一方面使市场失去优胜劣汰的机制，即效益差的企业不能被淘汰，效益好的企业不能扩大生产规模，这就会严重损害企业的竞争力，使社会资源不能得到优化配置。

我国《反垄断法》第 13 条主要禁止下列横向协议：①固定价格；②限制数量；③分割市场；④限制购买新技术或者限制开发新产品；⑤联合抵制。

鉴于某些行业协会在市场竞争中发挥的负面作用，如协调本行业企业的产品价格，《反垄断法》第 16 条强调指出，行业协会不得组织本行业的经营者从事垄断协议行为；行业协会违反法律规定，组织本行业的经营者达成垄断协议的，反垄断执法机构可以处 50 万元以下的罚款，情节严重的，社会团体登记管理机关可以依法撤销登记。

除了横向协议，《反垄断法》第 2 章还对纵向即卖方和买方之间的限制竞争协议做出两项禁止性规定：一是固定转售价格，二是限定最低转售价格，因为这些限制不仅严重损害销售商的定价权，而且严重损害消费者的利益。

需要指出的是，企业间订立限制竞争的协议有时对经济是有好处的。例如，统一产品规格或者型号的协议，适用统一的生产、交货以及支付条件的协议，中小企业间的合作协议，以及统一出口价格的协议。因为这些限制竞争有利于降低企业的生产成本，改善产品质量，提高企业的生产率，它们一般被视为合理的限制，可以得到反垄断法的豁免。因此，我国《反垄断法》第 15 条规定：经营者能够证明所达成的协议属于下列情形之一的，不适用《反垄断法》第 13 条、第 14 条的规定：①为改进技术、研究开发新产品的；②为提高产品质量、降低成本、增进效率，统一产品规格、标准或者实行专业化分工的；③为提高中小经营者经营效率，增强中小经营者竞争力的；④为实现节约能源、保护环境、救灾救助等社会公共利益的；⑤因经济不景气，为缓解销售量严重下降或者生产明显过剩的；⑥为保障对外贸易和对外经济合作中的正当利益的；⑦法律和国务院规定的其他情形。

14.5.4.2 禁止滥用市场支配地位

滥用行为的主体是占市场支配地位的企业，故界定市场支配地位是界定滥用行为的前提。市场支配地位，是指经营者在相关市场内具有能够控制商品价格、数量或者其他交易条件，或者能够阻碍、影响其他经营者进入相关市场能力的市场地位。

简言之，滥用行为就是具有市场支配地位的企业不正当地利用自身优势，并实质性地限制或排斥竞争，损害消费者利益的行为。

滥用市场支配地位行为的社会危害性极大，它不仅破坏了竞争，不利于社会资源的最优化配置，而且还损害了同业竞争者和广大消费者的合法权益。纵观世界各国的反垄断立法实践，反垄断法均对市场支配地位滥用行为加以规制，禁止支配地位滥用行为成为各国反垄断法的核心内容。

为了防止和禁止具有市场支配地位的企业实施滥用市场支配地位的行为，我国《反垄断法》明确规定了滥用市场支配地位的行为。根据《反垄断法》第 17 条，滥用市场支配地位的行为主要包括：①以不公平高价销售商品或者以不公平低价购买商品；②没有正当理由，以低于成本的价格销售商品；③没有正当理由，拒绝与交易相对人进行交易；④没有正当理由，限定交易相对人只能与其或者与其指定的经营者进行交易；⑤没有正当理由，搭售商品或者在交易中附加其他不合理的条件；⑥没有正当理由，对条件相同的交易相对人在价格等交易条件上实行差别待遇。此外，《反垄断法》第 55 条还规定，经营者滥用知识产权、排除、限制竞争的行为，适用本法。

《反垄断法》第 18 条规定了认定经营者具有市场支配地位，应当依据下列因素：①该经营者在相关市场的市场份额，以及相关市场的竞争状况；②该经营者控制销售市场或者原材料采购市场的能力；③该经营者的财力和技术条件；④其他经营者对该经营者在交易上的依赖程度；⑤其他经营者进入相关市场的难易程度；⑥与认定该经营者市场支配地位有关的其他因素。

根据《反垄断法》第17条第2款，市场支配地位是指经营者在相关市场上能够控制商品的价格、数量或者其他交易条件，或者能够阻碍、影响其他经营者进入市场的一种能力。为了使这个关于市场支配地位的定义具有可操作性，《反垄断法》第17条提出了认定市场支配地位的一系列因素，包括经营者的市场份额、相关市场竞争状况、经营者控制市场的能力、经营者的财力和技术条件、其他经营者对该经营者在交易上的依赖程度、其他经营者进入相关市场的难易程度等。为了提高法律稳定性和当事人的可预见性，我国《反垄断法》还借鉴德国法，以下情况可以推断市场支配地位：1个经营者在相关市场的份额达到1/2；2个经营者在相关市场的份额合计达到2/3以上；3个经营者在相关市场的份额合计达到3/4以上。但是，这些推断不具法定推断的效力，即当事人可以证明自己不具有市场支配地位。

14.5.4.3 控制经营者集中

经营者集中，主要是指市场上存在的较大企业通过并购等方式导致市场上竞争者减少的行为。

根据《反垄断法》第20条的规定，经营者集中的方式包括经营者合并，取得股份或者资产，以合同方式或者其他方式取得对另一企业的控制权。控制经营者集中的制度主要是集中申报和审批制度。《反垄断法》规定，对经营者集中实施事前强制申报制度，具体的申报标准，由国务院制定。2008年8月4日作为《反垄断法》配套法规之一的《国务院关于经营者集中申报标准的规定》(简称《规定》)颁布实施，《规定》对于经营者集中申报的标准，做出了明确规定，经营者集中是指下列情形：①经营者合并；②经营者通过取得股权或者资产的方式取得对其他经营者的控制权；③经营者通过合同等方式取得对其他经营者的控制权或者能够对其他经营者施加决定性影响。

《规定》还指出，经营者集中达到下列标准之一的，首先应当向国务院商务主管部门申报，未申报的不得实施集中：①参与集中的所有经营者上一会计年度在全球范围内的营业额合计超过100亿元人民币，并且其中至少两个经营者上一会计年度在中国境内的营业额均超过4亿元人民币；②参与集中的所有经营者上一会计年度在中国境内的营业额合计超过20亿元人民币，并且其中至少两个经营者上一会计年度在中国境内的营业额均超过4亿元人民币。

根据《反垄断法》第21条，经营者集中达到国务院规定的申报标准的，应事先进行申报，未申报的不得实施集中。根据《反垄断法》第25条和第26条，反垄断执法机关收到全面的申报材料之日起30日内，对申报的经营者集中进行初步审查。当事人在 30 日内未得到通告的，应视为得到了批准。如反垄断执法机构认为经营者集中有严重限制竞争的可能性，它必须通告该当事人申报进入第二审查阶段。第二审查阶段的时间是 90 天，特殊情况下可再延长 60 天。

根据《反垄断法》第 28 条，经营者集中具有或者可能具有排除、限制竞争效果的，反垄断执法机构应做出禁止集中的决定。然而，因为经济活动是非常复杂和活跃的，有些合并即便具有排除、限制竞争的负面影响，同时也可能有利于提高市场竞争强度或企业的经济效益。因此，经营者能够证明集中对竞争产生的有利因素明显大于不利因素，或者符合社会公共利益的，国务院反垄断执法机构可做出对集中不予禁止的决定。反垄断执法机构审查经营者集中时，主要考虑经营者在相关市场上的份额及其市场支配力、相关市场集中度、经营者集中对市场进入和技术进步的影响、经营者集中对消费者和其他经营者的影响，此外还有对国民经济发展的影响。根据《反垄断法》第 29 条，反垄断执法机构的批准决定中可附加限制性条件，以减少集中对竞争的不利影响。

对外资并购境内企业或者以其他方式参与经营者集中，涉及国家安全的，除进行经营者集中审查外，还应进行国家安全审查。《反垄断法》明确规定："对外资并购国内企业或者以其他方式参与经营者集中，涉及国家安全的，除依照本法规定进行经营者集中审查外，还应按照国家有关规定进行国家安全审查。"从而保证上述并购行为接受经营者集中审查和国家安全等双重审查。

14.5.4.4　禁止行政垄断

由于我国长期实行计划经济和高度国有化，在主要基础设施和公共服务部门形成的行政垄断，已经成为一个庞大的既得利益集团；其突出特征就是借助政治资源来进行经济资源的占有和分配，排斥其他利益集团参与竞争，妨碍生产要素自由流动，寻求本行业、本部门、本集团的利益最大化，而不是全社会财富或人民福利最大化。禁止行政垄断是反垄断法的核心之一，在中国经济发展的现阶段，禁止行政垄断是保持市场经济和谐、稳定发展的当务之急。

我国《反垄断法》第 8 条明确规定，行政机关和法律、法规授权的具有管理公共事务的职能的组织不得滥用行政权力，排除、限制竞争。

与许多国家的《反垄断法》不同，我国《反垄断法》专设 1 章，对滥用行政权力排除和限制竞争做出了一系列规定。《反垄断法》第 5 章列举了滥用行政权力排除、限制竞争的行为。滥用行政权力排除、限制竞争是指行政机关和法律、法规授权的具有管理公共事务职能的组织滥用行政权力，排除、限制竞争的行为。其行为方式及要件是：

1) 强制交易。行政机关和公共组织不得滥用行政权力，限定或者变相限定单位或者个人经营、购买、使用其指定的经营者的商品。

2) 地区封锁。①限制商品在地区间自由流通。包括对外地商品设定歧视性收费项目、实行歧视性收费标准，或者规定歧视性价格；对外地商品规定与本地同类商品不同的技术要求、检验标准，或者对外地商品采取重复检验、重复认证等歧视性技术措施，限制外地商品进入本地市场；采取专门针对外地商品的行政许可，限制外地商品进入本地市场；设置关卡或者采取其他手段，阻碍外地商品进入或者本地商品运出；妨碍商品在地区之间自由流通的其他行为。②排斥或限制招、投标。③排斥或限制外地投资或设立分支机构。

3) 强制经营者实施危害竞争的垄断行为。行政机关和公共组织不得滥用行政权力，强制经营者从事法律规定的垄断行为。

4) 制定含有限制竞争内容的行政法规、行政命令等。

滥用行政权力限制竞争的行为在本质上都是一种歧视行为，即对市场条件下本来应该有着平等地位的市场主体实施了不平等的待遇，其后果是扭曲竞争，妨碍建立统一、开放和竞争的大市场，使社会资源不能得到合理和有效的配置。因此，反行政垄断是我国反垄断法的一项重要任务。

14.5.5 违反《反垄断法》的法律责任

1) 违法经营者的法律责任。

(1) 垄断协议的法律责任。经营者达成并实施垄断协议的，由反垄断执法机构责令停止违法行为，没收违法所得，并处上一年度销售额1%以上10%以下的罚款；尚未实施所达成的垄断协议的，可以处50万元以下的罚款。经营者主动向反垄断执法机构报告达成垄断协议的有关情况并提供重要证据的，反垄断执法机构可以酌情减轻或者免除对该经营者的处罚。

(2) 滥用市场支配地位的法律责任。经营者滥用市场支配地位的，由反垄断执法机构责令停止违法行为，没收违法所得，并处上一年度销售额1%以上10%以下的罚款。

(3) 经营者集中的法律责任。经营者实施集中的，由国务院反垄断执法机构责令停止实施集中、限期处分股份或者资产、限期转让营业以及采取其他必要措施恢复到集中前的状态，可以处50万元以下的罚款。经营者实施经济性垄断行为，给他人造成损失的，依法承担民事责任。

2) 行业协会的法律责任。行业协会组织本行业的经营者达成垄断协议的，反垄断执法机构可以处50万元以下的罚款；情节严重的，社会团体登记管理机关可以依法撤销登记。

3) 对滥用行政权力的行政主体的处罚。行政机关和公共组织滥用行政权力，实施排除、限制竞争行为的，由上级机关责令改正；对直接负责的主管人员和其他直接责任人员依法给予处分。反垄断执法机构可以向有关上级机关提出依法处理的建议。法律、行政法规对行政机关和公共组织滥用行政权力实施排除、限制竞争行为的处理另有规定的，依照其规定。

4) 对有关主体违反配合义务行为的处罚。对反垄断执法机构依法实施的审查和调查，拒绝提供有关材料、信息，或者提供虚假材料、信息，或者隐匿、销毁、转移证据，或者有其他拒绝、阻碍调查行为的，由反垄断执法机构责令改正，对个人可以处 2 万元以下的罚款，对单位可以处 20 万元以下的罚款；情节严重的，对个人处 2 万元以上 10 万元以下的罚款，对单位处 20 万元以上 100 万元以下的罚款；构成犯罪的，依法追究刑事责任。

5) 对反垄断执法机构工作人员的处分。反垄断执法机构工作人员滥用职权、玩忽职守、徇私舞弊或者泄露执法过程中知悉的商业秘密，构成犯罪的，依法追究刑事责任；尚不构成犯罪的，依法给予处分。

学习指导

★ 复习思考

1) 什么是不正当竞争，其表现如何？

2) 简述对侵犯商业秘密的理解。

3) 如何确定虚假广告的法律责任？

4) 简述什么是垄断。

5) 什么是反垄断法中经营者集中？

6) 如何理解滥用市场支配地位？

★ 案例分析

某家具店某日在向消费者分发的传单上宣传道：“本店经销意大利木制家具，豪华典雅，贵族风范。”一些比较富有的消费者认为外国造的家具要更好些，遂纷纷购买。但家具使用不到一年便开始变形、开裂。经工商部门调查，才知原来家具所用木材有一小部分是意大利进口的，制造则完全是在国内，由国内厂家制造的。

请问：

(1) 家具店的行为是一种什么性质的行为？为什么？

(2) 应对家具店处以何种行政处罚？

15　产品质量法律制度

本章要点

产品质量法是市场经济国家的一项重要法律制度。本章讲述产品质量法的概念、产品质量监督管理制度、生产者和销售者的责任和义务。通过本章学习，掌握产品质量监督管理制度的具体内容，理解并掌握产品生产者和销售者的产品质量责任和义务，明晰产品质量侵权的构成要件以及相关责任的法律规定。

15.1　产品质量法概述

15.1.1　产品、产品质量的基本涵义

15.1.1.1　产品

《中华人民共和国产品质量法》(简称《产品质量法》)所称的产品是指经过加工、制作，用于销售的产品。建设工程不适用《产品质量法》的规定，但是，建设工程使用的建筑材料、建筑构配件和设备属于产品定义范围的，适用该法规定。根据上述规定，我国《产品质量法》中的产品只是加工、制作的产品，不含初级农产品等天然产品和不动产；另外，这里的产品必须以销售为目的，非用于销售的物品则不是，军工产品、核设施、核产品等都不属于《产品质量法》所规制的对象。需要注意的是，我国对于农产品的质量安全问题，由《中华人民共和国农产品质量安全法》(简称《农产品质量安全法》)专门加以规范，该法由第十届全国人大常委会第二十一次会议于 2006 年 4 月 29 日通过，自 2006 年 11 月 1 日起施行。其中所指“农产品”，是指来源于农业的初级产品，即在农业活动中获得的植物、动物、微生物及其产品。

15.1.1.2　产品质量

产品质量是指产品在正常或规定条件下，满足或符合特定用途或需求所必须

具备的性能的总和。产品质量既包括产品的结构、精度、纯度、机械物理指标和化学指标等内在质量，也包括产品的形状、色彩、光泽、手感等外观方面的质量。不同产品，用途各异，其性能也不同。概括而言，产品质量性能主要包括适用性、安全性、经济性、环保性等要求。

1) 适用性。指产品满足或者符合社会生产和生活需求的特性。从社会整体看，生产的目的是为了满足社会再生产和消费的需要。企业和消费者购买产品是为了自身生产和生活过程中使用的需求。因此，产品从其质量性能来说，首先必须具备适用性性能，否则将会无人问津。

2) 安全性。指产品应当避免在使用或操作过程中可能会产生人身、财产伤害风险的程度。产品的生产者在设计、制造产品过程中，应当考虑产品可能发生的各种伤害风险，并加以避免或减低至最低限度。产品的安全性能，要求在正常或规定的条件下产品不会造成人们的人身、财产等的伤害、损害或者其他危险。

3) 经济性。指产品在购买、使用过程中成本、费用寿命等状况。按照经济性要求，质量好的产品应当保持成本低、费用低，价格适中，耗能低，维修方便，使用寿命长等特点。

4) 环保性。即要求产品对环境的损害小或者无。随着社会工业化的不断发展，工业污染十分严重。环境保护被提上议事日程。因而，对产品的环保性也提出了要求。生产者应当在产品的设计过程中充分考虑产品在生产、运输、销售、使用等各个环节对环境的影响。

【例 15.1】 下列不属于《产品质量法》调整的产品范围的是(　　)。

A. 电子产品　　　　B. 纺织品

C. 快餐食品　　　　D. 军工产品

参考答案：D。

15.1.2 产品质量法

产品质量法是调整生产、流通、交换、消费领域中因产品质量而产生的社会关系的法律规范的总称。

我国对产品质量立法非常重视，先后颁布了数个与质量有关的法律、法规。例如《中华人民共和国食品安全法》、《中华人民共和国药品管理法》、《中华人民共和国标准化法》等等。为了适应社会主义市场经济体制的建立和完善，进一步实行改革开放和积极参与国际市场竞争的需要，为了维护市场经济秩序，打击伪劣商品；为了切实地保护广大用户和消费者的合法权益；为了进一步建立和完善我国的产品质量法律体系，1988 年国家将产品质量法列入立法规划。经过几年的调查、研究和论证，1993 年 2 月 22 日第七届全国人民代表大会常务委员会第十三次会议通过了《中华人民共和国产品质量法》(简称《产品质量法》)，并根据 2000 年 7 月 8 日第九届全国人民代表大会常务委员会第十六次会议《关于修改<中华人民共和国产品质量法>的决定》修正。

一般来说，产品质量法调整的社会关系分为两大类：即在产品质量监督管理过程中产生的监督与被监督关系、管理与被管理的社会关系和在产品交换过程中产生的具有等价交换性质的社会关系。由产品质量法所调整的社会关系决定，产品质量法具有以下几个主要特征：

1) 产品质量法的法律规范具有多样性。因产品质量法既调整产品质量监督管理关系，也调整产品质量关系，所以产品质量法中既有行政法规范，也有经济、民事法律规范，还有刑事法律规范。

2) 技术性法律规范在产品质量法律规范中占有重要地位。产品质量问题集经济性、社会性和技术性于一身。其中，技术性法律规范在产品质量法中占据重要地位。

3) 行政规章在产品质量法的贯彻实施中具有重要意义。大量的产品质量法律规范要由行政规章进一步加以明确，并依靠行政规章协助实施。例如，体现在有关茶农质量监督管理的法律规范上。

15.1.3　产品质量法的立法宗旨和调整范围

根据《产品质量法》的规定，产品质量的立法宗旨是加强对产品质量的监督管理，提高产品质量水平，明确产品质量责任，保护消费者的合法权益，维护社会经济秩序。

《产品质量法》规制的产品，限于加工、制作，用于销售的产品。建设工程不适用《产品质量法》的规定，但是，建设工程使用的建筑材料、建筑构配件和设备，属于上述规定的产品范围的，适用《产品质量法》的规定。

15.2　产品质量的监督管理

产品质量监督管理是指国家产品质量管理机关依法对产品质量进行监督、检查、管理活动，社会各界对产品质量的监督活动，以及产品生产者、销售者按照产品质量法要求进行产品的生产和经营活动的总和。对企业来说，产品质量监督管理是外部监督管理和内部监督管理的结合。

15.2.1 产品质量监督管理主体

15.2.1.1 国家产品质量监督管理

1) 产品质量监督主管机关。我国实行统一管理、分工负责的产品质量监督管理体制。各级人民政府应当把提高产品质量纳入国民经济和社会发展规划，加强对产品质量工作的统筹规划和组织领导，引导、督促生产者、销售者加强产品质量管理，提高产品质量，组织各有关部门依法采取措施，制止产品生产、销售中违反产品质量法的行为，保障《产品质量法》的实施。国务院产品质量监督管理部门(国家技术监督局)主管全国产品质量监督工作，县级以上地方各级人民政府管理产品质量工作的部门主管本行政区域内的产品质量监督管理工作。

2) 其他政府管理部门。《产品质量法》规定，县级以上地方各级人民政府有关部门在各自的职责范围内负责产品质量监督管理工作。一般来说，主要包括工商行政管理机关、企业的主管机关、行业主管机关，有权在各自的职责范围内对企业产品质量进行监督管理。

15.2.1.2 社会对产品质量的监督

社会对产品质量的监督管理包括社会团体(如质量协会、企业管理协会、用户委员会等)、消费者(包括消费者协会)、新闻舆论等方面的监督。其中，从事产品质量检验、认证的社会中介机构必须依法设立，不得与行政机关和其他国家机关存在隶属关系或者其他利益关系。产品质量检验机构、认证机构必须依法按照有关标准，客观、公正地出具检验结果或者认证证明。

《产品质量法》规定，消费者有权就产品质量问题，向产品生产者、销售者查询；向产品质量监督管理部门、工商行政管理部门及有关部门申诉，接受申诉的部门应当负责处理；保护消费者权益的社会组织可以就消费者反映的产品质量问题建议有关部门负责处理，支持消费者对产品质量造成的损害向人民法院起诉。

任何单位和个人有权对违反产品质量法的行为，向产品质量监督部门或者其他有关部门检举。产品质量监督部门和有关部门应当为检举人保密，并按照省级人民政府的规定给予奖励。

15.2.1.3 生产者、销售者的自律管理

生产者、销售者应当重视企业的产品质量，维护企业商业信誉。生产者、销售者应当建立健全内部产品质量管理制度，严格实施岗位质量规范、质量责任以

及相应的考核办法。生产者、销售者可以通过行业协会等自律性行业组织制定行业质量公约，维护行业产品质量声誉，维护行业竞争秩序。

15.2.2 产品质量监督管理制度

15.2.2.1 标准化管理制度

标准是对重复性事物和概念所作的统一规定。标准经法定机构以法定的形式发布，就成为生产、流通、科研等实践活动中共同遵守的准则和依据。标准化是指标准的制定、发布、实施的全部活动。产品质量标准化管理是关于产品质量标准的制定、实施、监督、检查的各项规定的总和，是产品质量监督管理的依据和基础。我国标准化管理制度是由《标准化法》和一系列配套法规组成的。

依据《标准化法》的规定，我国现行标准体系分为国家标准、行业标准、地方标准和企业标准。就标准的实施而言，又可分为强制性标准和推荐性标准。

《产品质量法》规定，产品质量应当检验合格，不得以不合格产品冒充合格产品。可能危及人体健康和人身、财产安全的工业产品，必须符合保障人体健康，人身、财产安全的国家标准、行业标准；未规定国家标准、行业标准的，必须符合保障人体健康，人身、财产安全的要求。禁止生产、销售不符合保障人体健康和人身、财产安全的标准和要求的工业产品。

15.2.2.2 企业质量体系认证制度

企业质量体系认证制度是一种对产品质量进行科学管理的制度。它通过一定的方法和程序，把企业的质量保证工作加以标准化和制度化，以达到保证产品质量的目标。质量保证体系由国际标准化组织提出，在国际上已被广泛接受，如国际标准化组织的ISO9000系列国际标准等，具有世界公认的通向国际市场的“通行证”性质。经认证，可以提高企业信誉，增强市场竞争力。

《产品质量法》规定，国家根据国际通行的质量管理标准，推行企业质量体系认证制度。企业可以向国务院产品质量监督管理部门或者国务院产品质量监督管理部门授权的部门认可的认证机构申请企业质量体系认证。经认证合格的，由认证机构颁发企业质量体系认证证书。

15.2.2.3 产品质量认证制度

产品质量认证制度是指用合格证书或合格标准证明某一产品或服务符合特定标准或其他技术规范的活动。

《产品质量法》规定，国家参照国际先进的产品标准和技术要求，推行产品质量认证制度。企业根据自愿原则，可以向国务院产品质量监督管理部门或者国务院产品质量监督管理部门授权的部门认可的认证机构申请产品质量认证。经认证合格的，由认证机构颁发产品质量体系认证证书，准许企业在产品或者其包装上使用产品质量认证标志。

15.2.2.4 产品质量监督的抽查制度

国家对产品质量实行以抽查为主要方式的监督检查制度，对可能危及人体健康和人身、财产安全的产品，影响国计民生的重要工业产品以及消费者、有关组织反映有质量问题的产品进行抽查。监督抽查工作由国务院产品质量监督管理部门规划和组织。县级以上地方产品质量监督部门在本行政区域内也可以组织监督抽查。国家监督抽查的产品，地方不得另行重复抽查；上级监督抽查的产品，下级不得另行重复抽查。对依法进行的产品质量监督检查，生产者、销售者不得拒绝。国务院和省、自治区、直辖市人民政府的产品质量监督检查部门应当定期发布其监督抽查的产品的质量状况公告。

根据监督抽查的需要，可以对产品进行检验。检验抽取样品的数量不得超过检验的合理需要，并不得向被检查人收取检验费用。监督抽查所需检验费用按照国务院规定列支。生产者、销售者对抽查检验的结果有异议的，可以自收到检验结果之日起 15 日内向实施监督抽查的产品质量监督部门或者其上级产品质量监督部门申请复检，由受理复检的产品质量监督部门做出复检结论。

抽查的产品质量不合格的，由实施监督抽查的产品质量监督部门责令生产者、销售者限期改正。逾期不改正的，由省级以上人民政府产品质量监督部门予以公告；公告后经复查仍不合格的，责令停业，限期整顿；整顿期满后经复查产品质量仍不合格的，吊销营业执照。

15.3 生产者、销售者的产品质量责任和义务

生产者、销售者的产品质量责任和义务，是指根据产品质量法规定，在产品生产和销售过程中应当履行的保证产品质量的法定责任和义务。这既是生产者、销售者实施产品质量自我(自律)管理的重要内容，也是产品质量监督管理的一个重要方面。

《产品质量法》对生产者、销售者的产品质量责任和义务的规定主要有两类，即积极责任和消极责任，或者称作为义务和不作为义务，前者要求做出一定的行为，而后者则禁止特定的行为。由于许多产品质量问题源于产品设计、制造缺陷

或者产品质量表示缺陷，因此，产品质量法对生产者、销售者的产品质量责任和义务作了有关规定。

15.3.1 生产者的产品质量责任和义务

生产者的产品质量责任和义务是：

1) 生产者应当对其生产的产品质量负责。产品质量应当符合下列要求：

(1) 不存在危及人身安全、财产安全的不合理的危险，有保障人体健康以及人身、财产安全的国家标准、行业标准的，应当符合该标准。

(2) 具备产品应当具备的使用性能，但是对产品存在使用性能的瑕疵做出说明的除外。

(3) 符合在产品或者其包装上注明采用的产品标准，符合以产品说明、实物样品等方式表明的质量状况。

2) 产品或者其包装上的标识必须真实，并符合下列要求：

(1) 有产品质量检验合格证明。

(2) 有中文标明的产品名称、生产厂名和厂址。

(3) 根据产品的特点和使用要求，需要标明产品规格、等级、所含主要成分的名称和含量的，用中文相应予以标明；需要事先让消费者知晓的，应当在外包装上标明，或者预先向消费者提供有关资料。

(4) 限期使用的产品，应当在显著位置清晰地标明生产日期和安全使用期或者失效日期。

(5) 使用不当，容易造成产品本身损坏或者可能危及人身、财产安全的产品，应当有警示标志或者中文警示说明。

(6) 易碎、易燃、易爆、有毒、有腐蚀性、有放射性等危险物品以及储运中不能倒置和其他有特殊要求的产品，其包装质量必须符合相应的要求，依照国家有关规定做出警示标志或者中文警示说明，标明储运注意事项。

3) 不得违反法律的禁止性规定。

(1) 不得生产国家明令淘汰的产品。

(2) 不得伪造产地，伪造或者冒用他人的厂名、厂址。

(3) 不得伪造或者冒用认证标志、名优标志等质量标志。

(4) 生产产品，不得掺杂、掺假、以假充真、以次充好、以不合格产品冒充合格产品。

【例 15.2】 某食品加工厂生产藕粉，根据我国《产品质量法》的有关规定，哪些内容是应当在藕粉包装袋上予以注明的？

参考答案：下列内容应当在藕粉的包装袋上予以注明：①藕粉的质量检验合格证明；②产品名称、生产厂厂名和厂址；③藕粉所含的主要成分的名称和含量；④藕粉的生产日期、安全使用期和失效日期。

15.3.2 销售者的产品质量责任和义务

销售者的产品质量责任和义务是：

1) 执行进货检查验收制度，保持销售产品的质量。销售者在进货的时候，应当对所进货物进行检查验收，验明产品的合格证明和其他标识。销售者应当采取措施，保持销售产品的质量。

2) 执行产品质量标识制度。销售者销售的产品的标识应当符合《产品质量法》的规定。

3) 不得违反法律的禁止性规定如下：

(1) 不得销售国家明令淘汰并停止销售的产品和失效、变质的产品。

(2) 不得伪造产品、伪造或者冒用他人的厂名、厂址。

(3) 不得伪造或者冒用认证标志、名优标志等质量标志。

(4) 销售产品，不能掺杂、掺假、不得以假充真，不得以不合格产品冒充合格的产品。

15.4 产品质量侵权的损害赔偿

15.4.1 产品质量侵权的构成要件

产品质量侵权损害赔偿的前提是生产者、销售者有产品质量侵权行为。我国《民法通则》将产品质量侵权列入特殊的侵权行为。《产品质量法》对此作了进一步规定。通常认为，产品质量侵权的损害赔偿需具备以下要件：

1) 产品存在缺陷。对产品缺陷的认定，是产品质量损害赔偿中的一个关键环节。根据《产品质量法》的规定，产品缺陷是指产品存在危及人身、他人财产安全的、不合理的危险。产品缺陷的存在，从其原因上分析，可以分为设计缺陷、制造缺陷和销售缺陷(例如，销售者没有对产品潜在的危险和正确使用方法在产品说明书中加以说明，或者缺少警示标识等)。

2) 消费者或者使用者受到损害。由于产品缺陷给消费者、使用者造成人身、财产损害。

3) 产品缺陷与损害事实之间存在因果关系。即消费者、使用者受到损害是由于产品缺陷所引起的。后者为原因，前者为结果。

4) 不存在法定免责事由。根据《产品质量法》规定，生产者能够证明有下列情况之一的，不承担赔偿责任：①未将产品投入流通的；②产品投入流通时，引起损害的缺陷尚不存在的；③将产品投入流通时的科学技术水平尚不能发现缺陷存在的。

【例 15.3】 下列产品中存在《产品质量法》所称的缺陷的有( )。

A. 致人中毒的假酒

B. 口感不佳的红酒

C. 易醉人的高度酒

D. 突然爆炸炸坏家具的啤酒(爆炸原因为气压过高)

参考答案：A、D。

15.4.2 损害赔偿责任

15.4.2.1 销售者先行负责制

销售者售出的产品有下列情形之一，应当负责修理、更换、退货；给购买产品的用户、消费者造成损失的，应当赔偿损失：①不具备产品应当具备的使用性能而事先未作说明的；②不符合在产品或者其包装上注明采用的产品标准的；③不符合以产品说明、实物样品等方式表明的质量状况的。

15.4.2.2 销售者的追偿权

销售者在承担责任后，属于生产者的责任或者属于向销售者提供产品的其他销售者(简称供货者)的责任的，销售者有权向生产者、供货者追偿。但是如果生产者之间、销售者之间、生产者与销售者之间订立的产品买卖合同、加工合同、承揽合同有不同约定的，合同当事人按照合同约定执行；由于销售者的过错使产品存在缺陷，造成他人人身、财产损害的，销售者应当承担赔偿责任；销售者不能指明缺陷产品生产者并且也不能指明缺陷产品的供货者的，销售者应当承担赔偿责任。

15.4.2.3 生产者的损害赔偿责任

因产品存在缺陷造成人身、缺陷产品以外的其他财产(简称他人财产)损害的，生产者应承担赔偿责任。但是生产者能够证明存在法定免责事由的，不承担赔偿责任。

15.4.2.4 受害人的请求权

因产品存在缺陷造成人身、他人财产损害的，受害人可以向产品的生产者要求赔偿，也可以向产品的销售者要求赔偿。属于产品生产者的责任，产品的销售者赔偿的，产品的销售者有权向产品生产者追偿。属于产品的销售者的责任，产品的生产者赔偿的，产品的生产者有权向产品的销售者追偿。

15.4.3 损害赔偿的范围

因产品存在缺陷造成受害人人身伤害的，侵害人应当赔偿医疗费、治疗期间的护理费、因误工减少的收入等费用；造成残疾的，还应当支付残疾者生活自助器费、生活补助费、残疾赔偿金以及由其扶养的人的生活费等费用；造成受害人死亡的，并应当支付丧葬费、死亡赔偿金以及死者生前扶养的人所必需的生活费等。

因产品缺陷造成受害人财产损失的，侵害人应当恢复原状或者折价赔偿；受害人因此遭受其他重大损失的，侵害人应当赔偿损失。

15.4.4 损害赔偿纠纷的处理

因产品质量发生民事纠纷时，当事人可以通过协商或者调解解决。当事人不愿通过协商、调解解决或者协商、调解不成的，可以根据当事人各方的协议向仲裁机构申请仲裁；当事人各方没有达成仲裁协议或者仲裁协议无效的，可以直接向人民法院起诉。

《产品质量法》规定，因产品存在缺陷造成损害要求赔偿的诉讼时效期间为2 年，自当事人知道或者应当知道其权益受到损害时起计算；因产品存在缺陷造成损害要求赔偿的请求权，在造成损害的缺陷产品交付最初用户、消费者满 10 年丧失；但是尚未超过明示的安全使用期的除外。

【例 15.4】康健药店销售长城制药厂生产的药品，消费者蒋某服药后因药品中含有病变物质造成对人体健康的危害，要求赔偿。假设康健药店和长城制药厂寻求法律咨询，想知道哪些情况下不需要承担责任？

解析：以下情况药店和制药厂不需要承担责任：①药店证明在保管和销售过程中无过错；②制药厂证明药品出厂时不存在引起消费者病变的物质；③制药厂证明药品投入流通时的科技水平并未发现病变物质；④消费者在服用该药品时已经超过药品的保质期；⑤该病变物质是因消费者对药品的保管不妥造成的。

15.5 产品质量违法行为的法律责任

15.5.1 生产者、销售者的法律责任

1) 生产、销售不符合保障人体健康，人身、财产安全的国家标准和行业标准的产品，责令停止生产、销售，没收违法生产、销售的产品，并处违法生产、销售(包括已售出和未售出)产品货值金额等值以上3倍以下的罚款；有违法所得的，并处没收违法所得；情节严重的，吊销营业执照；构成犯罪的，依法追究刑事责任。

2) 在产品中掺杂、掺假、以假充真、以次充好或者以不合格产品冒充合格产品的，责令停止生产、销售，没收违法生产、销售的产品，并处违法生产、销售产品货值金额50%以上3倍以下的罚款；有违法所得的，并处没收违法所得；情节严重的，吊销营业执照；构成犯罪的，依法追究刑事责任。

3) 生产国家明令淘汰的产品的，销售国家明令淘汰并停止销售的产品的，责令停止生产、销售，没收违法生产、销售的产品，并处以违法生产、销售产品货值金额等值以下的罚款；有违法所得的，并处没收违法所得；情节严重的，吊销营业执照。

4) 销售失效、变质的产品的，责令停止销售，没收违法销售的产品，并处违法销售产品货值金额2倍以下的罚款；有违法所得，并处没收违法所得；情节严重的，吊销营业执照；构成犯罪的，依法追究刑事责任。

5) 伪造产品的产地的，伪造或者冒用他人的厂名、厂址的，伪造或者冒用认证标志、名优标志等质量标志的，责令改正，没收违法生产、销售的产品，并处以违法生产、销售产品货值金额等值以下的罚款；有违法所得，并处没收违法所得；情节严重的，吊销营业执照；构成犯罪的，依法追究刑事责任。

6) 产品标识不符合产品质量法要求的，责令改正；有包装的产品标识不符合产品质量法规定，情节严重的，责令停止生产、销售，并处以违法生产、销售产品货值金额30%以下的罚款；有违法所得，并处没收违法所得。

上述规定的货值金额以违法生产、销售产品的标价计算；没有标价的，按照同类产品的市场价格计算。

15.5.2 产品质量检验、认证和其他社会中介机构的法律责任

1) 产品质量检验机构、认证机构伪造检验结果或者出具虚假证明的，责令改

正，对单位处以5万元以上10万元以下的罚款，对直接责任人员处1万元以上5万元以下的罚款；有违法所得的，并处没收违法所得；情节严重的，取消其检验资格、认证资格；构成犯罪的，依法追究刑事责任。

产品质量检验机构、认证机构出具的检验结果或者证明不实，造成损失的，应当承担相应的赔偿责任；造成重大损失的，撤销其检验、认证资格。

产品质量认证机构违反产品质量法规定，对不符合认证标准而使用认证标志的产品，未依法要求其改正或者取消其使用认证标志的，对因产品不符合认证标准给消费者造成损失的，与产品的生产者、销售者承担连带责任；情节严重的，撤销其认证资格。

2) 社会团体、社会中介机构对产品质量做出承诺、保证，而该产品又不符合其承诺、保证的质量要求，给消费者造成损失的，与产品的生产者、销售者承担连带责任。

3) 在广告中对产品质量做虚假宣传，欺骗和误导消费者的，依照广告法的规定追究法律责任。

15.5.3　国家工作人员和其他人员的法律责任

1) 从事产品质量监督管理的国家工作人员滥用职权、玩忽职守、徇私舞弊，构成犯罪的，依法追究刑事责任；不构成犯罪的，给予行政处分。

2) 各级人民政府工作人员和其他国家机关工作人员有下列情形之一的，依法给予行政处分；构成犯罪的，依法追究刑事责任：①包庇、放纵产品生产、销售中违反产品质量法规定行为的；②向从事违反产品质量法规定的生产、销售活动的当事人通风报信，帮助其逃避查处的；③阻挠、干预产品质量监督部门或者工商行政管理部门依法对产品生产、销售中违反产品质量法的行为进行查处，造成严重后果的。

3) 产品质量监督部门在产品质量监督抽查中超过规定的数量索取样品或者向被检查人收取检验费用的，由上级产品质量监督部门或者监察机关责令退还；情节严重的，对直接负责的主管人员和其他直接责任人员依法给予行政处分。

4) 产品质量监督部门或者其他国家机关违法向社会推荐生产者的产品或者以监制、监销等方式参与产品经营活动的，由其上级机关或者监察机关责令改正，消除影响，有违法收入的予以没收；情节严重的，对直接负责的主管人员和其他直接责任人员依法给予行政处分。

产品质量检验机构有上述所列违法行为的，由产品质量监督部门责令改正，消除影响，有违法收入的予以没收，可以并处违法收入1倍以下的罚款；情节严重的，撤销其质量检验资格。

5) 产品质量监督部门或者工商行政管理部门的工作人员滥用职权、玩忽职守、徇私舞弊，构成犯罪的，依法追究刑事责任；尚不构成犯罪的，依法给予行政处分。

学习指导

★ 复习思考

1) 生产者不能从事的行为包括哪些？

2) 因产品存在缺陷造成受害人人身伤害的，侵害人的赔偿范围包括哪些？

3) 生产者提供哪些证明，可免除产品责任？

4) 简述各级人民政府的产品质量责任和义务。

5) 简述产品质量侵权的构成要件。

★ 案例分析

广州某区法院受理一起化妆品损伤皮肤案。原告诉称：因使用了被告A化妆品厂的产品造成面部皮肤严重损伤，要求被告赔偿经济损失。被告辩称：原告使用的化妆品确为本厂生产的产品，但该产品尚处在研制阶段，并未投入市场。经法庭调查，原告所用的化妆品系身为A化妆品厂员工的朋友所送。另根据检验机构对化妆品的检测，鉴定结果表明，原告的皮肤属于特殊过敏性皮肤，该化妆品在特殊情况下的致人过敏是现代科学技术尚不能发现的缺陷。

试分析：A厂是否要承担责任，为什么？

16 消费者权益保护法律制度

本章要点

本章主要介绍消费者权益保护法、消费者权益保护的基本法律规定和争议解决方式，以及如何运用法律手段解决消费者权益保护的一般问题。通过本章的学习，了解消费者的基本概念、特征，我国消费者权益保护法的基本内容，掌握消费者权益的政府保护、社会保护法律制度，掌握消费者的权利、经营者的义务，并能运用法律方式保护消费者权益。

16.1 消费者权益保护概述

16.1.1 消费者的涵义及特征

消费者在社会生活中占有十分重要的地位，既是社会再生产的出发点，也是社会再生产的归宿。保护消费者的合法权益是维护正常的社会再生产的需要，也是保护公民权利的具体体现。消费者权益保护法，是调整在保护消费者权益过程中发生的经济关系的法律规范的总称。1993 年 10 月 31 日，第八届全国人民代表大会常务委员会第四次会议审议通过的《消费者权益保护法》(简称《消费者权益保护法》)，是一部保护消费者合法权益的专门法律。它的颁布，对于保护消费者的合法权益、规范经营者的经营行为、维护市场经济秩序、促进社会主义市场经济健康发展，都具有十分重要意义。

《消费者权益保护法》第 2 条规定："消费者为生活消费需要购买、使用商品或者接受服务，其权益受本法保护；本法未作规定的，受其他法律、法规保护。"第 54 条规定："农民购买、使用直接用于农业生产的生产资料，参照本法执行。"

依据上述规定，消费者具有以下特征：

1) 消费者的消费性质属于生活消费。消费包括生产消费和生活消费。《消费者权益保护法》规定的消费者的消费特指生活消费，而不包括生产消费。因生产消费已纳入其他法律进行调整，《消费者权益保护法》将消费者限定为生活消费者。

2) 生活消费的客体可以是商品也可以是服务，它们的共同特点是可以满足人们物质文化生活的需要。

3) 消费者进行消费的方式是多元的，包括购买、使用商品和接受服务等。

至于消费者的主体范围，理论界存在着不同的观点。大多数学者认为消费者应当限定于个体社会成员即自然人。也有一部分学者认为，在我国，消费者既包括社会个体成员即自然人，也包括购买生活消费品的单位，虽然单位的消费大量的是生产消费，但生活消费也是存在的。一般情况下，单位购买生活消费品最后由个人使用，有些情况下单位还专门为个人购买生活消费品。

另外，农民购买、使用直接用于农业生产的生产资料，虽不属于生活消费的范围，但《消费者权益保护法》将其作为一种特殊情况列入，也适用该法。

16.1.2 消费者合法权益的保护措施

16.1.2.1 国家对消费者合法权益的保护

国家在保护消费者合法权益方面担负着重要的职责，国家应当对消费领域加以适当的干预，切实保障消费者依法行使各项权利。国家对消费者合法权益的保护是通过各有关国家机关履行职责的活动得以实现的。

1) 立法保护。国家制定有关消费者权益的法律、法规和政策时，应当听取消费者的意见和要求，充分考虑消费者的弱者地位。

2) 行政保护。各级人民政府应当加强领导，组织、协调、督促有关行政部门做好消费者合法权益的保护工作。各级人民政府应当加强监督，预防危害消费者人身、财产安全行为的发生，及时制止危害消费者人身、财产安全的行为。各级人民政府中与保护消费者权益密切相关的工商、监督、卫生等行政管理部门应当依照法律、法规的规定，在各自的职责范围内采取措施，保护消费者的合法权益。有关行政部门应当听取消费者及其社会团体对经营者交易行为、商品和服务质量问题的意见，及时调查处理。

3) 司法保护。对违法犯罪行为有惩处权力的有关国家机关，应当依照法律、法规的规定，惩处经营者在提供商品和服务中侵害消费者合法权益的违法犯罪行为。人民法院应当采取措施，方便消费者提起诉讼。对符合《民事诉讼法》起诉条件的消费者权益争议，必须受理，及时审理。

16.1.2.2 社会对消费者合法权益的保护

保护消费者合法权益是全社会的共同责任，国家鼓励、支持一切组织和个人对损害消费者合法权益的行为进行社会监督。大众传播媒介应当做好维护消费者合法权益的宣传，对损害消费者合法权益的行为进行舆论监督。

中国消费者协会是中国广大消费者的组织，是一个具有半官方性质的群众性社会团体。中国消费者协会和地方各级消费协会，是由同级人民政府批准，经过民政部门核准登记而设立的，因而具有社会团体法人资格。消费者协会依据法律赋予的七项职能，专门从事消费者权益保护工作的公益性组织。中国消费者协会于 1984 年 12 月经国务院批准成立，是对商品和服务进行社会监督的保护消费者合法权益的全国性社会团体。消费者协会的任务有两项，一是对商品和服务进行社会监督，二是保护消费者权益。

消费者协会履行下列职能：①向消费者提供消费信息和咨询服务；②参与有关行政部门对商品和服务的监督、检查；③就有关消费者合法权益的问题，向有关政府部门反映、查询、提出建议；④受理消费者的投诉，并对投诉事项进行调查、调解；⑤投诉事项涉及商品和服务质量问题的，可以提请鉴定部门鉴定，鉴定部门应当告知鉴定结论；⑥就损害消费者合法权益的行为，支持受损害的消费者提起诉讼；⑦对损害消费者合法权益的行为，通过大众传播媒介予以揭露、批评。

16.2 消费者的权利

对消费者合法权益的保护，需要国家机关和社会各方面强化有关措施，以及广大消费者增强自我保护意识。为此，必须明确消费者享有哪些权利。《消费者权益保护法》借鉴了国内外相关立法的经验，结合我国的实际情况，规定了消费者享有的九项权利：

1) 安全权。保障安全是消费者最基本的权利。它是指消费者在购买、使用商品和接受服务时，享有人身、财产安全不受损害的权利。安全权存在于整个消费过程，消费者有权要求经营者提供的商品和服务符合保障人身、财产安全的要求。

2) 知情权。消费者享有知悉其购买、使用的商品或者接受的服务的真实情况的权利，简称为知情权。了解有关商品、服务的信息是引导消费者正确消费，从而满足消费生活需要的重要前提。《消费者权益保护法》规定：消费者有权要求经营者提供商品的价格、产地、生产者、用途、性能、规格、等级、主要成分、生产日期、有效期限、检验合格证明、使用方法说明书、售后服务以及服务的内容、规格、费用等情况。

3) 选择权。选择权是消费者享有的自主选择商品或者服务的权利。《消费者权益保护法》规定了消费者可以自主选择提供商品或服务的经营者，有权自主选择商品品种或服务方式，有权自主决定购买或不购买任何一种商品、接受或者不接受任何一项服务。消费者在自主选择商品或服务时，还有权进行比较、鉴别和挑选。

4) 公平交易权。公平交易权是消费者在购买或者接受服务时享有的获得公平交易条件的权利。根据《消费者权益保护法》的规定，公平交易条件包括：①质量保障，经营者向消费者提供的商品或者服务必须符合法定或者约定的质量要求；②价格合理，经营者对商品或者服务的价格必须与其实际价值大致相当，不得牟取暴利；③计量准确，经营者不得弄虚作假，短斤缺两。此外，公平交易权还意味着消费者有权拒绝经营者的强制交易行为。

5) 获得赔偿权。获得赔偿权是消费者在购买、使用商品或接受服务过程中受到人身、财产损害时，所享有的依法获得赔偿的权利。获得赔偿权是法律赋予消费者的一种救济权，遭受损害的消费者可以通过行使这一权利使自己的损失得到适当的赔偿。在特殊情况下，为了鼓励消费者积极维护自己的合法权益和惩罚不法经营者，消费者可以依据《消费者权益保护法》第49条的规定要求有欺诈行为的经营者增加赔偿其受到的损失，增加赔偿的数额为消费者购买商品或者接受服务的费用的1倍。

6) 依法结社权。消费者享有依法成立维护自身合法权益的社会团体的权利。国家对合法的消费者团体，予以支持。在制定有关消费者权益方面的政策和法律时，应当征求消费者团体的意见，以求更好地保护消费者权益。消费者的依法结社权，可使分散、弱小的消费者，通过社会团体的力量，与实力雄厚的经营者相抗衡。因此，对消费者的依法结社权必须予以保障。

7) 获得有关知识权。消费者享有获得有关消费和消费者权益保护方面的知识的权利。它是从知情权中引申出来的一项权利。保障这一权利的目的是使消费者更好地掌握所需商品、服务的知识和使用技能，使消费者正确使用商品，提高自我保护意识。可以说，获得有关知识，提高自我保护能力，既是消费者的权利，也是消费者的义务。

8) 人格尊严权。人格尊严不受侵犯是我国每一个公民依据《宪法》而享有的神圣权利。在消费活动中，消费者作为公民的人格尊严理应受到尊重，经营者不得以任何理由对消费者进行侮辱、诽谤、搜身、拘禁等侵犯消费者人格权的行为。此外，我国是一个多民族的国家，少数民族同胞的风俗习惯，在消费过程中也应当受到充分的尊重。

9) 监督权。消费者享有对商品和服务以及保护消费者权益工作进行监督的权利。消费者有权检举、控告侵害消费者权益的行为和国家机关及其工作人员在保护消费者权益工作中的违法失职行为，有权对保护消费者权益工作提出批评、建议。

16.3 经营者的义务

由于经营者是为消费者提供其生产、销售的商品或提供服务的市场主体，是与消费者进行市场交易的另一方，所以明确经营者的义务对于保护消费者权益至关重要。

《消费者权益保护法》第 3 章规定，在保护消费者权益方面，经营者负有下列义务：

1) 遵守法律，履行合同。经营者向消费者提供商品或服务，应当依照《产品质量法》和其他有关法律、法规的规定履行义务。经营者和消费者有约定的，应当按照约定履行义务，但双方的约定不得违背法律、法规的规定。

2) 听取意见，接受监督。经营者应当听取消费者对其提供的商品或服务的意见，接受消费者的监督。这是与消费者的监督权相对应的经营者的义务，对此加以法律规定，有利于改善消费者的地位。

3) 保障人身和财产安全。这是与消费者的安全权相对应的经营者的义务。经营者应当保证其提供的商品或服务符合保障人身、财产安全的要求。对可能危及人身、财产安全的商品和服务，应当向消费者做出真实的说明和明确的警示，并说明和标明正确使用商品或接受服务的方法以及防止危害发生的方法。

经营者发现其提供的商品或服务存在严重缺陷，即使正确使用商品或接受服务仍然可能对人身、财产安全造成危害的，应当立即向有关行政部门报告和告知消费者，并采取防止危害发生的措施。

4) 提供真实信息。经营者应当向消费者提供有关商品或服务的真实信息，不得作引人误解的虚假宣传。经营者对消费者就其提供的商品或服务的质量和使用方法等问题提出的询问，应当做出真实、明确的答复。商店提供商品应当明码标价。

5) 出具购物凭证或服务单据。经营者提供商品或服务，应按照国家有关规定或商业惯例向消费者出具购货凭证或服务单据；消费者索要购货凭证或服务单据的，经营者必须出具。

6) 标明真实名称和标记。与消费者的知情权相对应，其内容主要包括：经营者不得使用未经核准登记的企业名称；不得擅自改动经核准的企业名称；不得假冒他人企业名称和他人持有的营业标记，不得使用与他人企业名称或营业标记相近似、足以造成消费者误认的企业名称和营业标记等。近年来，租赁柜台或场地经营中因不明真实名称而侵害消费者权益的行为屡见不鲜，《消费者权益保护法》规定：租赁他人柜台或场地的经营者，应当标明其真实名称和标记。

7) 保证商品或服务的质量。经营者应当保证在正常使用商品或接受服务的情况下，提供商品或服务应当具有的质量、性能、用途和有效期限；但消费者在购买该商品或接受该服务前已经知道其存在瑕疵的除外。经营者以广告、产品说明、实物样品或其他方式表明商品或服务的质量状况的，应当保证其提供的商品或服务的实际质量与表明的质量状况相符。

8) 按规定或约定承担“三包”责任或其他责任。经营者提供商品或服务，按照国家规定或与消费者的约定，承担包修、包换、包退或其他责任的，应当按照国家规定或约定履行，不得故意拖延或无理拒绝。

9) 不得以格式合同等方式做出对消费者不公平、不合理的规定。在日常生活中，格式合同在方便交易等方面有积极作用，但使用不当会产生弊病。为了保障消费者的公平交易权，《消费者权益保护法》规定：经营者不得以格式合同、通知、声明、店堂告示等方式做出对消费者不公平、不合理的规定，或者减轻、免除其损害消费者合法权益应当承担的民事责任。如果有该条内容的，该条内容无效。

10) 不得侵犯消费者的人身权。人格尊严和人身自由是宪法赋予每个公民的基本权利，消费者在购买商品，接受服务的过程中，其人格尊严和人身自由理应受到经营者的尊重，经营者不得以任何理由加以侵犯。

16.4 争议解决和法律责任

16.4.1 解决争议的途径

消费者和经营者发生消费者权益争议的，可以通过下列途径解决：①与经营者协商和解；②请求消费者协会调解；③向工商、技术监督、卫生等有关行政部门申诉；④根据与经营者达成的仲裁协议提请仲裁机构仲裁；⑤向人民法院起诉。

16.4.2 责任主体

由于商品从生产到消费需经过若干中间环节，即商品需通过生产者、销售者，最后才能到达消费领域。为了防止和避免生产者和销售者之间相互推诿，保证消费者合法权益得到保护，《消费者权益保护法》对损害赔偿责任主体确定做出了较为详细的规定。

16.4.2.1 损害赔偿责任主体确定的一般规定

消费者在购买、使用商品时，其合法权益受到损害，可以向销售者提出赔偿。

销售者赔偿以后，属于生产者责任或属于向销售者提供商品的其他销售者的责任的，销售者有权向生产者或其他销售者追偿。

消费者或其他受害人因商品缺陷造成人身、财产损失的，可以向销售者要求赔偿，也可以向生产者要求赔偿。属于生产者责任的，销售者赔偿后，有权向生产者追偿。属于销售者责任的，生产者赔偿后，有权向销售者追偿。

消费者在接受服务时，其合法权益受到损害的，可以向服务者要求赔偿。

16.4.2.2 损害赔偿责任主体确定的特殊规定

消费者在购买、使用商品或接受服务时，其合法权益受到损害。如果原销售商品或提供服务的企业分立、合并的，可以向变更后承受其权利义务的企业要求赔偿。

使用他人营业执照的违法经营者提供商品或服务，损害消费者合法权益的，消费者可向其要求赔偿，也可向执照的持有人要求赔偿。

消费者在展销会、租赁柜台购买商品或接受服务，其合法权益受到损害的，可以向销售者或服务者要求赔偿。展销会结束或柜台租赁期满后，也可向展销会举办者、柜台的出租者要求赔偿。展销会的举办者、柜台的出租者赔偿后，有权向销售者或服务者追偿。

消费者因商品经营者利用虚假广告提供商品或服务，使其合法权益受到损害的，可以向商品经营者要求赔偿。广告经营者发布虚假广告的，消费者可以请求行政主管部门予以惩处。广告的经营者不能提供商品经营者的真实名称、地址的，应当承担赔偿责任。

16.4.3 责任形式

16.4.3.1 民事责任

经营者提供商品或服务有下列情形之一的，应当依照《消费者权益保护法》、《产品质量法》和其他有关法律、法规的规定，承担民事责任：①商品存在缺陷的；②不具备商品应当具备的使用性能而出售者未作说明的；③不符合在商品或者其包装上注明采用的商品标准的；④不符合商品说明和实物样品等方式表明的质量状况的；⑤生产国家明令淘汰的商品或销售失效、变质的商品的；⑥销售数量不足的；⑦服务的内容和费用违反约定的；⑧对消费者提出的修理、重作、更换、退货、补足商品数量、退还货款和服务费用或赔偿损失的要求，故意拖延或无理拒绝的；⑨法律、法规规定的其他损害消费者权益的情形。

1) 侵犯消费者人身权的民事责任有:

(1) 经营者提供商品或服务，造成消费者或其他受害人人身伤害的，应当支付医疗费、医疗期间的护理费、因误工减少的收入等费用；造成残疾的，还应当支付残疾者生活自助器费、生活补助费、残疾赔偿金以及由其抚养的人所必需的生活费等费用。

(2) 经营者提供商品或服务，造成消费者或其他受害人死亡的，应当支付丧葬费、死亡赔偿金以及由死者生前抚养的人所必需的生活费等费用。

(3)经营者侵害消费者的人格尊严或侵犯消费者人身自由的，应当停止侵害、恢复名誉、消除影响、赔礼道歉，并赔偿损失。

2) 侵犯消费者财产权的民事责任有:

(1) 经营者提供商品或服务，造成消费者财产损害的，应当按照消费者的要求，以修理、重作、更换、退货、补足商品数量、退还货款和服务费用或赔偿损失等方式承担民事责任。消费者与经营者另有约定的，按照约定履行。

(2) 对国家规定或经营者与消费者约定“三包”的商品，经营者应当负责修理、更换或退货。在保修期内两次修理仍不能正常使用的，经营者应当负责更换或退货。对包修、包换、包退的大件商品，消费者要求经营者修理、更换、退货的，经营者应当承担运输等合理费用。

(3) 经营者以邮购方式提供商品的，应当按照约定提供。未按照约定提供的，应当按照消费者的要求履行约定或退还货款，并应当承担消费者必须支付的合理费用。

(4) 经营者以预收款方式提供商品或服务的，应当按照约定提供。未按照约定提供的，应当按照消费者的要求履行约定或退回款项，并应当承担预付款的利息、消费者必须支付的合理费用。

(5) 依法经有关行政部门认定为不合格的商品，消费者要求退货的，经营者应当负责退货。

3) 惩罚性赔偿责任。根据《消费者权益保护法》第 49 条的规定，经营者提供商品或服务有欺诈行为的，应当按照消费者的要求增加赔偿其受到的损失，增加赔偿的金额为消费者购买商品的价款或接受服务的费用的 1 倍。惩罚性赔偿责任对于惩罚不法经营者，鼓励消费者积极维护自身合法权益具有重要意义。

16.4.3.2 行政责任

经营者有下列情形之一，《产品质量法》和其他有关法律、法规对处罚机关和处罚方式有规定的，依照法律、法规的规定执行。法律、法规未作规定的，由工商行政管理部门责令改正，可根据情节单处或并处警告、没收违法所得，处以违法所得 1 倍以上 5 倍以下的罚款；没有违法所得的，处以 1 万元以下罚款；情节严重的，责令停业整顿、吊销营业执照。这些情形包括：①生产、销售的商品不符合人身、财产安全要求的；②在商品中掺杂、掺假、以假乱真、以次充好，或者以不合格商品冒充合格商品的；③生产国家明令淘汰的商品或销售失效、变质的商品的；④伪造商品产地，伪造或冒用他人的厂名、厂址，伪造或冒用认证标志、名优标志等质量标志的；⑤销售的商品应当检验、检疫而未检验、检疫或伪造检验、检疫结果的；⑥对商品或服务作引人误解的虚假宣传的；⑦对消费者提出的修理、重作、退货、补足商品数量、退还货款和服务费用或赔偿损失的要求，故意拖延或无理拒绝的；⑧侵害消费者人格尊严或侵犯消费者人身自由的；⑨法律、法规规定的对损害消费者权益应当予以处罚的其他情形。

经营者对行政处罚不服的，可以自收到处罚决定之日起 15 日内向上一级机关申请复议，对复议决定不服的，可以自收到复议决定书之日起 15 日内向人民法院提起诉讼，也可以直接向人民法院提起诉讼。

16.4.3.3 刑事责任

根据我国《消费者权益保护法》的有关规定，追究刑事责任的情况主要有：

1) 经营者提供商品或服务，造成消费者或其他受害人人身伤害、构成犯罪的，依法追究刑事责任；造成消费者或其他受害人死亡、构成犯罪的，依法追究刑事责任。

2) 以暴力、威胁等方法阻碍有关行政部门工作人员依法执行职务的，依法追究刑事责任；拒绝、阻碍有关行政部门工作人员依法执行职务，未使用暴力、威胁方法的，由公安机关依照《治安管理处罚法》的规定处罚。

3) 国家机关工作人员有玩忽职守或包庇经营者侵害消费者合法权益的行为的，由其所在单位或上级机关给予行政处分；情节严重、构成犯罪的，依法追究刑事责任。

学习指导

★ 复习思考

1) 消费者权益保护法的立法目的是什么？

2) 什么是消费者？消费者有哪些特征？

3) 消费者享有哪些权利？应当履行哪些义务？

4) 什么是消费者的知悉真情权？其主要内容有哪些？

5) 什么是消费者的自主选择权？其主要内容有哪些？

6) 经营者的义务有哪些？

★ 案例分析

王女士将一件价格昂贵的兔皮大衣送到某洗衣店洗涤。隔了两天，王女士放心不下又到该店取回兔皮大衣。可是，过两天后，王女士怒气冲冲来到该洗衣店，以该店弄湿她的兔皮大衣致使大衣变硬报废为由要求该洗衣店予以赔偿。而洗衣店认为自己并无过错，拒绝赔偿。于是，王女士向法院提起诉讼，结果法院却驳回了起诉。

请说明法院为何驳回了她的诉讼请求。

17 知识产权法律制度

本章要点

知识产权是指人们对于自己的智力活动创造的成果和经营管理活动中的标记、信誉依法享有的民事权利。本章从知识产权权利特征出发，通过专利法、商标法和著作权法的主要法律规定，阐述知识产权的属性、取得、使用和保护制度，并且简要介绍知识产权主要的国际公约。以知识产权基本制度的产生、使用和相关法律责任为重点，知识产权属性、权利归属和法律责任的承担是难点。

17.1 知识产权概述

17.1.1 知识产权的含义和特征

知识产权是对智力成果享有的专有权利。知识产权含有人身权和财产权的内容，是一项民事权利。同时，由于知识产权的客体是智力成果，又被称为无形财产权，形成自身独特的法律特征。知识产权的特征是知识产权区别于其他民事权利的特殊性，主要表现为：

1) 无形性。知识产权是无形财产权，是人类智力创造的成果，不同于有形财产权。知识产权保护的对象并无物质性存在，它仅是一种信息。人类智力劳动创造成果，首先表现为某种信息，信息是无形的。知识产权通过载体表达信息，知识产权法所保护的是载体所负载的信息，取得载体财产权不等于获得附着于载体上的知识产权。

2) 专有性。专有性也称排他性或独占性，知识产权的权利人对自己的智力成果享有专有权，如果法律没有特别规定，未经权利人同意，任何人不得占有、使用他人的智力成果。

3) 地域性。知识产权在一定地域内有效。一国法律确认的知识产权，原则上只在该国领域有效，受到该国的法律保护，其他国家没有给予法律保护的义务。在参加国际公约的情况下，知识产权在公约规定的范围内有效。

4) 时间性。知识产权的保护是有一定期限的。权利人在法定期间内享有独占权。超过法定期限，知识产权中的财产权利即自行终止，成为人类共同财富，任何人都可使用。知识产权，就是让信息的创造者对有关信息拥有某种财产权，并通过这种财产权控制信息在一定时间和地域范围的传播和他人对信息的使用，从而收回创造的成本并获得利润。

17.1.2 知识产权法

知识产权法是指调整因知识产权的确认和使用而产生的各种社会关系的法律规范的总称。

17.1.2.1 我国的知识产权法律制度

知识产权制度以商品经济发展为基础，改革开放后的20世纪80年代，我国开始了知识产权的立法和实践，逐步建立了我国的知识产权法律制度。1982年颁布《中华人民共和国商标法》(简称《商标法》)，1993年修订，2001年再次修订；2002年公布《商标法实施条例》。1984年通过《中华人民共和国专利法》(简称《专利法》)，1992年首次修改，2000年第二次修订，2008年第三次修改，2001年公布《专利法实施条例》。1990年通过《中华人民共和国著作权法》(简称《著作权法》)，2001年首次修改，2002年公布《著作权法实施条例》。

在知识产权国际条约方面，1980年，我国加入《建立知识产权国际公约》；1985年加入《巴黎公约》；1989年加入《商标注册马德里协定》；1990年加入《关于集成电路知识产权条约》；1992年加入《世界版权公约》；1993年加入《保护唱片制作者防止唱片被擅自复制日内瓦公约》；1994年加入《专利合作条约》。2001年，随着“入世”议定书的签订，我国加入《与贸易有关的知识产权协定》(TRIPS)。这些国际条约构成我国知识产权制度的组成部分。

17.1.2.2 知识产权主要国际公约及主要内容

1883年，在法国巴黎签订《保护工业产权巴黎公约》，简称巴黎公约。巴黎公约是保护工业产权方面最重要的国际公约，主要规定了国民待遇原则和优先权原则等。1967年，51个国家在瑞典首都斯德哥尔摩签署《成立世界知识产权组织公约》。该公约于1970年生效，旨在促进国际范围的知识产权保护和确保公约所建立的联盟之间的行政合作。1981年在西班牙的马德里缔结《商标国际注册马德里协定》，又称马德里协定。该协定是商标国际注册的主要国际规定。1970年于美国华盛顿签署《专利合作条约》，该条约对专利申请案的受理及审查程序做出了国际统一规定。1886 年，在瑞士的伯尔尼缔结《保护文学艺术作品伯尔尼公约》，并在 1971 年、1979 年最后作了修订。该公约贯穿国民待遇原则，确立版权自动保护原则以及版权的经济权利、精神权利和权利保护期等主要版权法制度，成为版权领域主要国际公约。1993 年，世界贸易组织通过《与贸易有关的知识产权协定》(Agreement on Trade Related Aspects of Intellectual Property Rights，TRIPS)。TRIPS 协定的主要贡献是将有形商品的国际贸易原则引入知识产权领域，并以此提出了知识产权保护的基本原则。

17.2 专利法

17.2.1 专利权、专利法概述

专利权是指专利权人在法律规定的期限内对其发明创造所享有的一种独占权或专有权。专利法是指确认、保护发明创造专有权和调整利用发明创造过程中所发生的各种社会关系的法律规范的总称。

根据我国《专利法》，专利保护的意义在于：保护专利权人合法权益，鼓励发明创造，推动发明创造的应用，提高创新能力，促进科学技术进步和经济社会发展。2008 年 12 月 27 日，第十一届全国人民代表大会常务委员会第六次会议，通过《全国人民代表大会常务委员会关于修改〈中华人民共和国专利法〉的决定》，形成我国现行专利法的基本制度。我国已加入的《巴黎公约》、《专利合作条约》和 TRIPS 等是我国应遵守的有关专利的国际公约。

17.2.2 专利权的主体、客体和内容

17.2.2.1 专利权的主体及其确认

专利权的主体是指有权提出专利申请并获得专利权的单位或个人。当一项发明创造依法取得专利权后，专利申请人成为专利权所有人。

我国《专利法》对专利权主体的主要规定如下：

1) 发明人、申请人和专利权人。发明人(设计人)是指真正完成发明创造的人，即对发明创造的实质性特点做出创造性贡献的人。申请人是指就一项发明创造向专利局申请专利的人。除了发明人可以作为申请人外，还可以通过合同从发明人那里取得发明专利申请权的其他人；从发明人那里继承发明专利申请权的继承人；

职务发明创造中按规定享有申请权的单位，都可以成为专利申请人。经申请依法取得专利权的人为专利权人。

2) 职务发明人。企业、事业单位、社会团体、国家机关等单位的工作人员执行本单位的任务或者主要利用本单位的物质技术条件完成的发明创造，是职务发明创造。职务发明创造申请专利的权利属于该单位。申请被批准后，该单位为专利权人。除上述两种情况，非职务发明创造，专利申请的权利属于发明人或设计人；申请被批准后，该发明人或设计人为专利权人。

利用本单位的物质技术条件所完成的发明创造，单位与发明人或者设计人订有合同，对申请专利的权利和专利权的归属做出约定的，从其约定。这里，执行本单位的任务是指：①在从事本职工作时做出的发明创造；②履行本单位交付的本职工作之外的任务所做出的发明创造；③退职、退休或者调动工作后1年内做出的，与其在原单位承担的本职工作或者分配的任务有关的发明创造。主要利用本单位的物质技术条件是指利用本单位的资金、设备、零部件、原材料或者不对外公开的技术资料等。

3) 共同发明和委托发明。两个以上单位或者个人合作完成的发明创造、一个单位或者个人接受其他单位或者个人委托所完成的发明创造，除另有协议的以外，申请专利的权利属于完成或共同完成的单位或者个人；申请被批准后，申请单位或者个人为专利权人。专利申请权或专利权的共有人对权利的行使有约定的，从其约定。没有约定的，共有人可以单独实施或以普通许可方式许可他人实施该专利；许可他人实施该专利的，收取的使用费应当在共有人中间分配。此外，行使共有的专利申请权或专利权应当取得全体共有人的同意。

4) 申请在先。两个以上的申请人分别就相同的发明创造申请专利的，专利权授予最先申请的人。授予专利权的外观设计不得与他人在申请日以前已经取得的合法权利相冲突。

5) 国民待遇。在中国境内没有经常居所或营业所的外国人、外国企业或者其他外国组织在中国申请专利的，依照其所属国与我国签订的协议，或者共同参加的国际条约，或者依照互惠原则，根据《专利法》有关规定办理；并应当委托依法设立的专利代理机构办理。

17.2.2.2 专利权的客体

专利权的客体，是指《专利法》所规定的予以专利保护的发明创造。我国《专利法》所称的发明创造是指发明、实用新型和外观设计。

发明是指对产品、方法或其改进所提出的新的技术方案。发明可分为产品发明和方法发明。实用新型是指对产品的形状、构造或其结合所提出的适于实用的新的技术方案，又称其为“小发明”。外观设计是指对产品的形状、图案或者其结合以及色彩与形状、图案的结合所做出的富有美感并适合于工业上应用的新设计。

《专利法》还规定，下列各项不授予专利权：①科学发现；②智力活动的规则和方法；③疾病的诊断和治疗方法；④动物和植物品种；⑤用原子核变换方法获得的物质；⑥对平面印刷的图案、色彩或者两者的结合做出的主要起标识作用的设计。对于第④项，动物和植物产品的生产方法，可以依照《专利法》规定授予专利权。对违反法律、社会公德或者妨害公共利益的发明创造，不授予专利权。上述又被称为专利除外客体。

17.2.2.3 专利权人的主要权利

根据《专利法》有关规定，专利权人享有以下权利：

1) 实施权。专利权人在专利有效期限内享有为生产经营目的专有制造、使用、许诺销售、销售、进口其专利产品或专有使用其专利方法的权利。

2) 许可权。专利权人有权许可他人使用其专利权，并收取专利使用费。任何单位或者个人实施他人专利的，都应当与专利权人订立实施许可合同，向专利权人支付专利使用费。被许可人无权允许合同规定以外的任何单位或个人实施该专利。

3) 转让权。专利申请权和专利权可以转让。转让专利申请权或者专利权的，当事人应当订立书面合同，并向专利局登记，由专利局予以公告。专利申请权或者专利权的转让自登记之日起生效。中国单位或者个人向外国人、外国企业或其他我国组织转让专利申请权或专利权的，应当依照有关法律、行政法规的规定办理手续。

4) 标记权。专利权人有权在其专利产品或该产品的包装上标明专利标识；发明人或设计人有权在专利文件中写明自己是发明人或者设计人。

5) 禁止权。除《专利法》另有规定外，任何单位或个人未经专利权人许可，都不得实施其专利，即不得以营利为目的制造、使用、许诺销售、销售、进口其专利产品或者使用该专利方法直接获得的产品。

17.2.2.4 专利权人的主要义务

专利权人在享有上述权利的同时，应当履行下列义务：

1) 实施专利。专利权被授予后，专利权人有义务实施或者许可他人实施该专利，即以生产经营为目的在中国境内制造、使用、许诺销售、销售进口其专利产品或者使用其专利方法。

2) 按期缴纳专利年费。专利权人应当自被授予专利权的当年开始缴纳年费。

年费缴纳方式为一年一次，在前一年度期满前 1 个月缴纳。专利权人若希望维持专利权，必须缴纳年费。

17.2.3 申请专利的原则及保护期限

17.2.3.1 取得专利权的条件

授予专利权的发明、实用新型应当具备新颖性、创造性和实用性。

新颖性是指该发明或实用新型不属于现有技术，也没有任何单位或个人就同样的发明或实用新型在申请日前向国务院专利行政部门提出过申请，并记载在申请日以后公布的专利申请文件或者公告的专利文件中。此现有技术，是指申请日前在国内外为公众所知的技术。

创造性是指同申请日以前的现有技术相比，该发明有突出的实质性特点和显著的进步，该实用新型有实质性特点和进步。文中现有技术，是指申请日以前在国内外为公众所知的技术。

实用性是指该发明或实用新型能制造或使用，并且能够产生积极效果。

授予专利权的外观设计，应当不属于现有设计，也没有任何单位或者个人就同样的外观设计在申请日前向国务院专利行政部门提出过申请，并记载在申请日以后公告的专利文件中。文中所称现有设计，是指申请日以前在国内外为公众所知的设计。授予专利权的外观设计与现有设计或其特征相比，应当具有明显区别。

17.2.3.2 专利申请的原则

1) 一件发明一项申请。一件发明或者实用新型专利申请应当限于一项发明或者实用新型。同样的发明创造只能授予一项专利权。但是，同一申请人同日对同样的发明创造既申请实用新型专利又申请发明专利的，先获得的实用新型专利尚未终止，且申请人放弃该实用新型的，可以授予发明专利。

2) 申请在先。在两个以上的申请人分别就同样的发明创造申请专利的情况下，专利权授予最先申请人。

3) 优先权。申请人自发明或者实用新型在外国第一次提出专利申请之日起 12 个月内，或者自外观设计在外国第一次提出专利申请之日起 6 个月内，又在中国就相同主题提出专利申请的，依照该外国同中国签订的协议或者共同参加的国际条约，或者依照相互承认优先权的原则，可以享有优先权。申请人自发明或者实用新型在中国第一次提出专利申请之日起 12 个月内，又向专利局就相同主题提出专利申请的，可以享有优先权。申请人要求优先权的，应当在申请的时候提出书面声明，并且在3个月内提交第一次提出的专利申请文件的副本；未提出书面声明或者逾期未提交专利申请文件副本的，视为未要求优先权。

17.2.3.3 专利权的保护期限

发明专利权的期限为20年，实用新型专利权和外观设计专利权的期限为10年，均自申请日起计算。

17.2.4 专利权的保护

17.2.4.1 专利权保护的范围

发明或者实用新型专利权的保护范围以其权利要求的内容为准，说明书及附图可以用于解释权利要求；外观设计专利权的保护范围以表示在图片或者照片中的该外观设计专利产品为准。

17.2.4.2 专利侵权行为及其处理

专利侵权是指受专利法保护的有效专利受到某种违法行为的侵害。主要表现为：① 未经专利权人许可，以生产经营为目的，制造、使用、销售、许诺销售、进口专利产品或者使用专利方法及使用、销售、许诺销售、进口依照该专利方法直接获得的产品，以及擅自制造、销售外观设计专利产品的行为；② 非专利权人未经专利权人许可，在其产品或产品包装上标注专利权人的专利标记和专利号，冒充专利权人的专利产品的行为。

未经专利权人许可，实施其专利，即侵犯专利权，引起纠纷的，由当事人协商解决；不愿协商或者协商不成的，专利权人或者利害关系人可以向人民法院起诉，也可以请求专利管理机关进行处理。管理专利工作的部门在处理时，认定专利侵权成立的，可以责令专利侵权人立即停止侵权行为，当事人不服的，可以自收到处理通知之日起15日内依照《中华人民共和国行政诉讼法》向人民法院起诉；侵权期满既不起诉又不停止侵权行为的，管理专利工作的部门可以申请人民法院强制执行。进行处理的管理专利工作部门应当事人的请求，可以就侵犯专利权的赔偿数额进行调解；调解不成的，当事人可以依照《中华人民共和国民事诉讼法》向人民法院起诉。

侵犯专利权的赔偿数额，按照权利人因被侵权所受到的损失或者侵权人因侵权所获得的利益确定；实际损失难以确定的，可以按照侵权人因侵权所得的利益确定。权利人的损失或者侵权人获得的利益难以确定的，参照该专利许可使用费的倍数合理确定。赔偿倍数还应当包括权利人为制止侵权行为所支付的合理开支。

专利权人或利害关系人有证据证明他人正在实施或即将实施侵犯专利行为，如不及时制止将会使其合法权益受到难以弥补损害的，可以在起诉前向人民法院申请采用责令停止有关行为的措施。提出申请时应当提供担保；不提供担保的，驳回申请。申请有误的，申请人应赔偿被申请人因停止有关行为而造成的损失。为制止专利侵权行为，在证据可能灭失或以后难以取得的情况下，专利权利人或利害关系人可以在起诉前向人民法院申请保全证据。申请人应对证据保权提供担保。申请人在规定时间内不起诉的，人民法院应当解除该措施。侵犯专利权的诉讼时效为 2 年，自专利权人或者利害关系人得知或者应当得知侵权行为之日起计算。

17.2.4.3 不视为侵权的实施专利的行为

为社会整体利益，须对专利权作适当限制，《专利法》规定，有下列情形之一的，不视为侵犯专利权：①专利产品或者依照专利方法直接获得的产品，由专利权人或者经其许可的单位、个人售出后，使用、许诺销售、销售、进口该产品的；②在专利申请日前已经制造相同产品、使用相同方法或者已经做好制造、使用的必要准备，并且仅在原有范围内继续制造、使用的；③临时通过中国领土、领水、领空的外国运输工具，依照其所属国同中国签订的协议或者共同参加的国际条约，或者依照互惠原则，为运输工具自身需要而在其装置和设备中使用有关专利的；④专为科学研究和实验而使用有关专利的；⑤为提供行政审批所需要的信息，制造、使用进口专利药品或专利医疗器械的，以及专门为其制造、进口专利药品或专利器械的。

为生产经营目的使用、许诺销售或者销售不知道是未经专利权人许可而制造并售出的专利产品，能证明其产品合法来源的，不承担赔偿责任。

17.2.4.4 专利权相关法律责任

违反专利法规定向国外申请专利，泄露国家秘密，由所在单位或者上级主管部门给予行政处罚；构成犯罪的，依法追究刑事责任。

侵夺发明人或设计人的非职务发明创造专利申请权和专利法规定的其他权益的，由所在单位或上级主管机关给予行政处分。

从事专利管理工作的国家机关工作人员及其他有关国家机关工作人员玩忽职守、滥用职权、徇私舞弊，构成犯罪的，依法追究刑事责任；尚不构成犯罪的，依法给予行政处分。

17.3 商标法

17.3.1 商标法概述

商标是商品生产者或经营者为使自己销售的商品或者提供的服务，与其他生产者或经营者销售的商品或者提供的服务相区别而使用文字、图形等的一种特殊的可视性标记。商标法关于商品商标的规定，适用于服务商标。

商标权是商标所有人对法律确认并给予保护的商标所享有的权利。经商标局核准注册的商标为注册商标，商标注册人对注册商标享有专有权。

商标权的主体是商标注册所有人，客体是注册商标。

商标权的内容有专用权、许可权、转让权、禁止权等。

《商标法》是指在调整确认、保护商标专用权和商标使用过程中发生的社会关系的法律规范的总称。为了加强商标管理，保护商标专用权，促使生产者、经营者保证商品和服务质量，维护商标信誉，以保障消费者和生产者、经营者的利益，促进社会主义市场经济的发展，在我国，与《商标法》配套的法规主要有 2002 年 8 月 3 日国务院公布的《中华人民共和国商标法实施条例》。《巴黎公约》和 TRIPS 组成商标方面的主要国际公约。

17.3.2 商标权的主体、客体和内容

17.3.2.1 商标权的主体

商标权的主体是指有权申请商标注册并依法取得商标所有权的单位和个人。

《商标法》规定，自然人、法人或者其他组织，对其生产、制造、加工、拣选或者经销的商品，或者对其提供的服务项目，需要取得商标专用权的，应当向商标局申请商标注册。

《商标法》还规定：两个以上自然人、法人或者其他组织可以共同向商标局申请同一商标，共同享有和行使商标专用权；外国人或外国企业在中国申请商标注册的，应按其所属国和我国签订的协议或共同参加的国际条约办理，或者按对等原则办理；外国人或外国企业在中国申请商标注册和办理其他商标事宜的，应当委托有商标代理资格的组织代理。

17.3.2.2 商标权的客体

商标权的客体，是指经过国家商标局核准注册的商标，即注册商标。

申请商标注册的商标必须符合以下规定：

1) 申请注册的商标，应当有显著特征，便于识别，并不得与他人在先取得的合法权利相冲突。

2) 下列标志不得作为商标使用(即商标禁用标志)：①同中华人民共和国国家名称、国旗、国徽、军旗、勋章相同或者近似的，以及同中央国家机关所在地特定地点的名称或者标志性建筑物的名称、图形相同的；②同外国的国家名称、国旗、国徽、军旗、勋章相同或者近似的，但该国政府同意的除外；③同政府间国际组织的旗帜、徽记、名称相同或者近似的，但经该组织同意或者不易误导公众的除外；④同“红十字”、“红新月”的标记、名称相同或相近似的；⑤与表明实施控制、予以保证的官方标志、检验印记相同或者近似的，但经授权的除外；⑥带有民族歧视性的；⑦夸大宣传并带有欺骗性的；⑧有害于社会主义道德风尚或者有其他不良影响的。另外，县级以上行政区划的地名或者公众知晓的外国地名，不得作为商标，但是，地名具有其他含义或者作为集体商标、证明商标组成部分的除外；已经注册的使用地名的商标继续有效。

3) 下列标志不得作为注册商标：①仅有本商品的通用名称、图形、型号的；②仅仅直接表示商品的质量、主要原料、功能、用途、重量、数量及其他特点的；③缺乏显著特征的。上述所列标志经过使用取得显著特征，并便于识别的，可以作为商标注册。

4) 以三维标志申请注册商标的，仅由商品自身的性质产生的形状、为获得技术效果而需有的商品形状或者使商品具有实质性价值的形状，不得注册。

5) 就相同或者类似商品申请注册的商品是复制、模仿或者翻译他人未在中国注册的驰名商标，容易导致混淆的，不予注册并禁止使用。

6) 未经授权，代理人或者代表人以自己的名义将被代理人或者被代表人的商标进行注册，被代理人或者被代表人提出异议的，不予注册并禁止使用。

7) 商标中有商品的地理标志，而该商品并非来源于该标志所标示的地区，误导公众的，不予注册并禁止使用；但是，已经善意取得注册的继续有效。

这里所称地理标志，是指标示某商品来源于某地区、该商品的特定质量、信誉或者其他特征，主要由该地区的自然因素或者人文因素所决定的标志。

17.3.2.3 商标权的内容

商标权的内容，即商标法律关系的权利和义务。

1) 商标权人的主要权利有：

(1) 商标专用权。商标权人享有商标专用权，可以将其注册商标在核准的商品上使用，并因此获得合法利益。其他人未经商标权人许可，不得使用注册商标。

(2) 转让权。商标权人有权将其注册商标转让给其他单位或者个人。商标转让是商标所有权的转移。转让注册商标的，转让人和受让人应当签订转让协议，并共同向商标局提出申请。受让人应当保证使用该注册商标的商品质量。转让注册商标经核准后，予以公告。受让人自公告之日起享有商标专用权。

(3) 许可权。商标注册人可以通过签订商标使用许可合同，许可他人使用其注册商标。许可人应当监督被许可人使用其注册商标的商品质量。被许可人应当保证使用该注册商标的商品质量。

经许可使用他人注册商标的，必须在使用该注册商标的商品上标明被许可人的名称和商品产地。商标使用许可合同应当报商标局备案。

(4) 禁用权。商标权人有禁止他人未经许可而使用其注册商标或使用与之相混同的商标的权利。他人未经许可不得在同一种商品或类似商品上使用该注册商标或近似的商标，否则，构成侵权。

(5) 收益权。商标权人通过使用、许可使用转让等方式行使其商标权而获得经济利益的权利。

2) 商标权人的主要义务有：

(1) 使用注册商标的义务。使用注册商标的，应当标明“注册商标”或者注册标记。连续 3 年停止使用注册商标，任何人可以向商标局申请予以撤销。

(2) 确保商品质量的义务。商标注册人、受让人、被许可使用人应当保证注册商标的商品质量，不得粗制滥造，以次充好，欺骗消费者。

(3) 缴纳费用的义务。商标权人按规定在申请商标注册和办理其他商标事宜时，缴纳费用，否则，商标局不予注册。

(4) 其他义务。商标权人负有遵守商标管理规定义务，如不得擅自改变注册事项义务、不得自行转让注册商标的义务等。

17.3.3 商标权的取得

17.3.3.1 原始取得

原始取得又称直接取得。在我国，经商标局核准注册的商标才享有注册商标专用权。商标所有人在申请商标注册时遵循下列规定：

1) 注册原则。我国采用自愿和强制相结合的原则。对绝大多数商品采用自愿注册原则，商标是否注册，由当事人自行决定。但应注意，未注册商标不享有商标专用权。同时，《商标法》规定，必须使用注册商标的商品(强制注册)，如人用药品、烟草制品，必须申请商标注册，未经核准注册的，不得在市场上销售。

2) 先申请原则。两个以上的申请人先后就同一种类的商品以相同或相似的商标申请注册的，商标局对申请在先者予以审核和注册，并驳回其他人的申请；同一天申请的，商标局对使用在先者予以审核和注册，驳回其他人的申请。申请先后的确定以申请日为准。申请日的确定以商标局收到申请文件为准。

商标注册申请人自其商标在外国第一次提出注册商标申请之日起 6 个月内，又在中国就相同商品以同一商品提出商标注册申请的，依照该外国同中国签订的协议或者共同参加的国际条约，或者按照相互承认优先权的原则，可以享有优先权；要求享有优先权的，应当在提出商标注册申请的时候提出书面声明，并且在 3 个月内提交第一次提出的商标注册申请文件的副本；未提出书面声明或者逾期未提交商标注册申请文件副本的，视为未要求优先权。

商标在中国政府主办的或者在国际展览会展出的商品上首次使用的，自该商品展出之日起 6 个月内，该商标的注册申请人可以享有优先权；要求享有优先权的，应当在提出商标注册申请的时候提出书面声明，并且在 3 个月内提交第一次提交其商品的展览会名称、在展出商品上使用该商标的证据、展出日期等证明文件。未提出书面声明或者逾期未提交证明文件的，视为未要求优先权。

3) 一类商品一件商标申请原则。申请商标注册的，应当按规定的商品分类表填报使用商标的商品类别和商品名称。同一申请人在不同类别的商品上使用同一商标的，应当按照商品分类表提出注册申请。注册商标需要在同一类的其他商品上使用的，应当另行提出申请。

注册商标需要改变其标志的，应当重新提出注册申请。注册商标需要变更注册人的名义、地址或者其他注册事项的，应当提出变更申请。

17.3.3.2 继受取得

继受取得是指商标所有人享有商标权是以原商标所有人的商标权及其意志为依据而产生的，主要有两种情况：一是根据转让合同受让人取得出让人的商标权，又称注册商标的转让。《商标法》规定，转让注册商标的，转让人和受让人应当签订转让合同，向商标局提出申请。转让注册商标申请由受让人办理。转让商标经核准后公告，受让人自公告之日起享有商标专用权。二是根据继承程序由继承人继承被继承人的商标权。

17.3.4 商标权的期限和续展

我国注册商标的有效期为 10 年，自核准注册之日起计算。注册商标期限届满，需要继续使用的，可以申请续展，且次数不受限制，每次续展注册的有效期为 10 年。注册商标的续展，应在期满前 6 个月内申请，在此期间未能提出申请的，可给予 6 个月的宽展期。续展注册经核准的，予以公告。宽展期满仍未提出申请续展的，商标局注销注册商标。

17.3.5 注册商标专用权的保护

1) 商标权的保护范围。注册商标的专用权，以核准注册的商标和核定使用的商品为限。

2) 商标侵权行为。根据《商标法》规定，有下列行为之一的，均属侵犯注册商标专用权：①未经注册商标所有人的许可，在同一种商品或者类似商品上使用与其注册商标相同或者近似的商标的；②销售侵犯注册商标专用权的商品的；销售不知道是侵犯注册商标专用权的商品，能证明该商品是自己合法取得的并说明提供者的不承担赔偿责任；③伪造、擅自制造他人注册商标标识或者销售伪造、擅自制造的注册商标标识的；④未经商标注册人同意，更换其注册商标并将该更换商标的商品又投入市场的；⑤给他人的注册商标专用权造成其他损害的，包括：在同一种或者类似商品上，将与他人注册商标相同或者近似的标志作为商品名称或者商品装潢使用，误导公众的；故意为侵犯他人注册商标专用权行为提供仓储、运输、邮寄、隐匿等便利条件的。

3) 商标侵权行为的处理。

(1) 处理程序。由侵犯商标专用权的行为引起纠纷的，由当事人协商解决；不愿协商或者协商不成的，商标注册人或者利害关系人可以向人民法院起诉，也可以请求工商行政管理部门处理。对侵犯注册商标专用权的行为，工商管理部门有权依法查处；涉嫌犯罪的，应当及时移送司法机关依法处理。

(2) 诉前禁令。为强化商标专用权保护措施，《商标法》规定了诉前保全和禁令制度。商标注册人或者利害关系人有证据证明他人正在实施或者即将实施侵犯其注册商标专用权的行为，如不及时制止，将会使其合法权益受到难以弥补的损害的，可以在起诉前向人民法院申请采取责令停止有关行为和财产保全的措施。

(3) 行政责任。工商行政管理部门处理时，认定侵权行为成立的，责令立即停止侵权行为，没收、销毁侵权商品和专门用于制造侵权商品、伪造注册商标标识的工具，并可以处以罚款。当事人对处理决定不服的，可以自收到处理通知之日起 15 天内依照《行政诉讼法》向人民法院起诉。侵权人期满不起诉又不履行的，工商行政管理部门可以申请人民法院强制执行。进行处理的工商行政管理部门根据当事人的请求，可以就侵犯商标专用权的赔偿数额进行调解；调解不成的，当事人可以依照《民事诉讼法》向人民法院起诉。

(4) 民事责任。侵犯商标专用权的赔偿数额，为侵权人在侵权期间因侵权所获得的利润或者被侵权人在被侵权期间因被侵权所受到的损失，包括被侵权人为制止侵权行为所支付的合理开支。上述侵权人因侵权所得利益，或者被侵权人因被侵权所受损失难以确定的，由人民法院根据侵权行为的情节判决给予 50 万元以下的赔偿。销售不知道是侵犯注册商标专用权的商品，能证明该商品是自己合法取得的并说明提供者的，不承担赔偿责任。

(5) 刑事责任。未经商标注册人许可，在同一种商品上使用与其注册商标相同的商标，构成犯罪的，除赔偿被侵权人的损失外，依法追究刑事责任；伪造、擅自制造他人注册商标标识或者销售伪造、擅自制造的注册商标标识，构成犯罪的，除赔偿被侵权人的损失外，依法追究刑事责任；销售明知是假冒注册商标的商品，构成犯罪的，除赔偿被侵权人的损失外，依法追究刑事责任。我国《刑法》规定，未经注册商标所有人许可，在同一种商品上使用与其注册商标相同的商标，情节严重的，处 3 年以下有期徒刑或者拘役，并处或者单处罚金；情节特别严重的，处 3 年以上 7 年以下有期徒刑，并处罚金。

17.4 著作权法

17.4.1 著作权和著作权法

著作权也称版权，是指文学、艺术和科学等作品的作者或其他著作权人，在法定期限内对其作品所依法享有的专有权利。著作权通常有狭义和广义之分。狭义的著作权即作者权，是指作者依法享有的权利，包括著作人身权和著作财产权。广义的著作权还包括邻接权，即与著作权相联系的作品传播者的权利，主要指表演者、录音录像制品制作者和广播电视组织的权利以及图书报刊出版者的权利等。

《著作权法》是调整著作权人、作品传播者与公众之间因著作权及相关权益的取得、行使和保护而产生的人身关系和财产关系的法律规范的总和。为保护文学、艺术和科学作品作者的著作权，以及与著作权有关的权益，鼓励有益于社会主义精神文明、物质文明建设的作品的创作和传播，促进社会主义文化和科学事业的发展与繁荣，我国制定、颁布了一系列保护著作权的法律，包括《中华人民共和国著作权法》、《中华人民共和国著作权法实施条例》、《计算机软件保护条例》、《音像制品管理条例》等。我国已加入的著作权国际公约主要是《保护文学作品伯尔尼公约》、TRIPS、《世界版权公约》和《保护唱片制作者防止唱片被擅自复制公约》(又称《唱片公约》)等，这些亦成为我国应遵守的著作权法律制度。

17.4.2 著作权的主体和客体

17.4.2.1 著作权的主体

著作权的主体是指依法享有著作权的人。

1) 关于著作权的主体的一般规定。中国公民、法人或者其他组织的作品，不论是否发表，依照著作权法享有著作权；外国人、无国籍人的作品根据其作者所属国或者经常居住地国同中国签订的协议或者共同参加的国际条约享有著作权；外国人、无国籍人的作品首先在中国境内出版的，依照著作权法享有著作权；未与中国签订的协议或者共同参加的国际条约的作者以及无国籍人的作品首次在中国参加的国际条约的成员国出版的，或者在成员国和非成员国同时出版的，受著作权法保护。

2) 作者。是指文学、艺术和科学作品的创作人。 作者可以是公民、法人或非法人单位，也可以是若干个公民或法人。创作作品的公民是作者；由法人或者非法人单位主持，代表法人或者非法人单位意志创作，并由法人或者非法人单位承担责任的作品，法人或者非法人单位可被视为作者。

3) 关于著作权主体的其他规定。

(1) 改编、翻译、注释、整理已有作品而产生的作品，其著作权由改编、翻译、注释、整理人享有，但行使著作权时，不得侵犯原作品的著作权。

(2) 电影作品或者以类似摄制电影的方法创作的作品的著作权由制片者享有，但导演、编剧、作词、作曲、摄影等作者享有署名权，并有权按照与制片者签订的合同获得报酬。电影作品或者以类似摄制电影的方法创作的作品的剧本、音乐等可以单独使用的作品的作者有权单独行使其著作权。

(3) 主要是利用法人或非法人单位的物质技术条件创作，并由法人或非法人单位承担责任的工程设计、产品设计图纸及其说明、计算机软件、地图等职务作品以及法律法规规定或者合同约定的其他的职务作品，作者享有署名权，著作权的其他权利由法人或非法人单位享有。

除上述情况外，公民为完成法人或者非法人单位工作任务所创作的职务作品，著作权由作者享有，但法人或者非法人单位有权在其业务范围内优先使用。作品完成2年内，未经单位同意，作者不得许可第三人以与单位使用的相同方式使用该作品。

(4) 受委托创作的作品，著作权的归属由委托人和受托人通过合同约定。合同未作明确约定或者没有订立合同的，著作权属于受托人。

(5) 两人以上合作创作的作品，著作权由合作作者共同享有。没有参加创作的人，不能成为合作作者；合作作品可以分割使用的，作者对各自创作的部分可以单独享有著作权，但行使著作权时不得侵犯合作作品整体的著作权。

(6) 汇编若干作品、作品片段或者不构成作品的数据或者其他材料，对内容的选择或者编排体现独创性的作品，为汇编作品。其著作权由汇编人享有，但行使著作权时，不得侵犯原作品的著作权。

(7) 美术等作品原件所有权的转移，不视为作品著作权的转移，但美术作品原件的展览权由原件所有人享有。

(8) 著作权属于公民的，公民死亡后，其作品的发行权、出租权等财产权利在本法规定的保护期内，依照继承法的规定转移；著作权属于法人或者非法人单位的，法人或者非法人单位变更、终止后，其作品的发行权、出租权等财产权利在本法规定的保护期内，由承受其权利义务的法人或者非法人单位享有。没有承受其权利义务的法人或者非法人单位的，由国家享有。

17.4.2.2 著作权的客体

著作权的客体是指受著作权保护的作品。作品是指文学、艺术和科学领域内具有独创性并能以某种有形形式复制的智力创作成果。《著作权法》所称的作品，包括以下列形式创作的文学、艺术和自然科学、社会科学、工程技术等作品：①文字作品；②口述作品；③音乐、戏剧、曲艺、舞蹈、杂技艺术作品；④美术、建筑作品；⑤摄影作品；⑥电影作品和以类似摄制电影的方法创作的作品；⑦工程设计图、产品设计图、地图、示意图等图形作品和模型作品；⑧计算机软件；⑨法律、行政法规规定的其他作品。

著作权人行使著作权，不得违反宪法和法律，不得损害公共利益。另外，我国《著作权法》不适用于：①法律、法规，国家机关的决议、决定、命令和其他具有立法、行政、司法性质的文件，及其官方正式译文；②时事新闻；③历法、通用数表、通用表格和公式。民间文学艺术作品的著作权保护办法由国务院另行规定。

17.4.3 著作权的内容和保护期限

17.4.3.1 著作权的内容

著作权的内容包括著作人身权和著作财产权两部分。

1) 著作人身权。是指作者基于作品依法享有的以人身权益为内容的、与其人身密不可分的权利，又称精神权利或人格权。著作人身权专属于作品的作者，通常不得转让、继承和放弃。它包括：①发表权，即作者决定作品是否公之于众的权利。无论任何作品，发表权只能行使一次，且专属于作者；②署名权，即表明作者身份，在作品上署名的权利。署名权行使方式，包括署真名、署假名、署笔名和不署名；③修改权，即修改或者授权他人修改作品的权利；④保护作品完整权，即保护作品不受歪曲、篡改的权利。著作权人可以全部或者部分转让上述权利，并依照约定或者本法有关规定获得报酬。

2) 著作财产权。是指著作权人依法通过各种方式利用其作品能带来经济效益的权利。著作财产权主要是复制权、出租权、发行权、展览权、表演权、放映权、广播权、信息网络传播权、摄制权、改编权、翻译权、汇编权等使用作品的权利。

著作权人可以许可他人行使上述权利，并依照约定或者本法有关规定获得报酬。

17.4.3.2 著作权的保护期限

1) 作者的署名权、修改权、保护作品完整权的保护期不受限制。

2) 公民的作品，其财产权的保护期为作者终生及其死亡后 50 年，截至作者死亡后第 50 年的 12 月 31 日；如果是合作作品，截止于最后死亡的作者死亡后的第 50 年的 12 月 31 日。

3) 法人或者非法人单位的作品、著作权(署名权除外)由法人或者非法人单位享有的职务作品，其发表权和财产权的保护期为 50 年，截止于作品首次发表后第 50 年的 12 月 31 日，但作品自创作完成后 50 年内未发表的，不再保护。

4) 电影作品和类似摄制电影的方法创作的作品、摄影作品的发表权和财产权的保护期为 50 年，截止于作品首次发表后第 50 年的 12 月 31 日，但作品自创作完成后 50 年内未发表的，不再保护。

17.4.3.3 著作权的限制

在下列情况下使用作品，可以不经著作权人的许可，不向著作权人支付报酬，但应当指明作者姓名、作品名称，并且不得侵犯著作权人享有的其他权利。

1) 为个人学习、研究或者欣赏，使用他人已经发表的作品。

2) 为介绍、评论某一作品或者说明某一问题，在作品中适当引用他人已经发表的作品。

3) 为报道时事新闻，在报纸、期刊、广播电台、电视台等媒体中不可避免地再现或者引用已经发表的作品。

4) 报纸、期刊、广播电台、电视台等媒体刊登或者播放其他报纸、期刊、广播电台、电视台已经发表的关于政治、经济、宗教问题的时事性文章，但作者声明不许刊登、播放的除外。

5) 报纸、期刊、广播电台、电视台等媒体刊登或者播放在公众集会上发表的讲话，但作者声明不许刊登、播放的除外。

6) 为学校课堂教学或者科学研究，翻译或者少量复制已经发表的作品，供教学或者科研人员使用，但不得出版发行。

7) 国家机关为执行公务在合理范围内使用已经发表的作品。

8) 图书馆、档案馆、纪念馆、博物馆、美术馆等为陈列或者保存版本的需要，复制本馆收藏的作品。

9) 免费表演已经发表的作品。该表演未向公众收取费用，也未向表演者支付报酬。

10) 对设置或者陈列在室外公共场所的艺术作品进行临摹、绘画、摄影、录像。

11) 将中国公民、法人或者其他组织已经发表的以汉语言文字创作的作品翻译成少数民族文字作品在国内出版发行。

12) 将已经发表的作品改成盲文出版。

上述规定适用于对出版者、表演者、录音录像制作者、广播电台、电视台的权利的限制。

17.4.4 著作权的保护

我国对作品实行自动保护原则。作者在作品完成时即取得作品的著作权。

17.4.4.1 侵犯著作权的法律责任

根据我国《著作权法》，有下列侵权行为的，应当根据情况，承担停止侵害、消除影响、赔礼道歉、赔偿损失等民事责任：①未经著作权人许可发表其作品的；②未经合作作者许可将与他人合作创作的作品当做自己单独创作作品发表的；③没有参加创作，为谋取个人名利，在他人作品上署名的；④歪曲、篡改他人作品的；⑤剽窃他人作品的；⑥未经著作权人许可，以展览、摄制电影和类似摄制电影的方法使用作品或者以改编、翻译、注释等方式使用作品的，法律另有规定的除外；⑦使用他人作品，应当支付报酬而未支付的；⑧未经表演者许可，从现场直播其表演或者公开传送其现场表演，或者录制其表演的；⑨未经出版者许可，使用其出版的图书、期刊的版式设计的；⑩未经电影作品和类似摄制电影的方法创作的作品、计算机软件、录音录像制品的著作权人或者与著作权有关的权利人许可，出租其作品或者录音录像的，法律另有规定的除外；⑪其他侵犯著作权以及与著作权有关的权益的行为。

侵犯著作权或者与著作权有关的权利的，侵权人应当按照权利人的实际损失给予赔偿；实际损失难以计算的，可按照侵权人的违法所得给予赔偿。赔偿数额还应包括权利人为制止侵权行为所支付的合理开支。实际损失和违法所得不能确定的，人民法院根据侵权行为的情节，判决给予 50 万元以下的赔偿。

17.4.4.2 诉前保全和禁令

著作权人或者与著作权有关的权利人有证据证明他人正在实施或者即将实施侵犯其权利的行为，如不及时制止将会使其合法权益受到难以弥补的损害的，可以在起诉前向人民法院申请采取责令停止侵权行为和财产保全的措施。

为制止侵权行为，在证据可能灭失或者以后难以取得的情况下，著作权人或者与著作权有关的权利人可以在起诉前向人民法院申请保全证据。

17.4.4.3 对复制品的法律责任

复制品的出版者、制作者不能证明其出版、制作有合法授权的，复制品的发行者或电影作品或类似摄制电影的方法创作的作品、计算机软件、录音录像制品的复制品的出租者不能证明其发行、出租的复制品有合法来源的，应承担法律责任。

17.4.4.4 著作权纠纷的解决

著作权纠纷可以调解，也可以依当事人达成的书面仲裁协议或仲裁条款，向仲裁机构申请仲裁。没有仲裁协议和仲裁条款的，可以直接向人民法院起诉。当事人对行政处罚不服的，可自收到处罚书之日起的 3 个月内向人民法院起诉，期满不起诉又不履行的，著作权行政管理部门可申请法院强制执行。

学习指导

★关键概念

1) 简述知识产权的特性。
2) 比较《巴黎公约》与 TRIPS 协议对知识产权的界定。

3) 简述《巴黎公约》规定的优先权原则。

4) 简述取得专利权的条件。

5) 专利权利内容有哪些？

6) 什么是商标的基本功能？

7) 商标许可使用方式主要有哪些？

8) 如何理解商标侵权行为？

9) 驰名商标是如何认定的？

10) 软件作品如何受著作权法保护？

11) 简述著作权权利内容并分析其特殊性。

12) 著作权权中的合理使用指什么？

★分析与应用

自“凤凰”自行车被评定为驰名商标后，某生产自行车零件的A公司为扩大其知名度，推销其产品，将其公司名称于2005年6月更改为“某市凤凰自行车零件有限责任公司”，并以“凤凰”商标为其自行车零部件进行了注册。许多消费者都认为这是凤凰自行车厂家的连锁公司，是其配套产品。由此，给凤凰自行车厂家造成了较大损失。

请问：

(1) A公司将“凤凰”商标使用于非类似商品上，是否构成侵权？为什么？

(2) A公司更名是否构成对“凤凰”这一驰名商标的侵权？为什么？

第四编

宏观调控法律制度

- 税收法律制度
- 银行法律制度
- 会计、审计、统计法律制度

18 税收法律制度

本章要点

税收法律制度是涉及公民日常生活和经济活动的重要法律制度之一。本章从税收的概念和特征入手，阐述了税法的概念和构成要素；介绍了我国税收的分类和主要税种，重点阐述了增值税、消费税、营业税、企业所得税和个人所得税；围绕税务管理、税款征收和税务检查等内容阐述了税收征管的基本法律制度。本章引入了有关税收的典型案例、税收立法背景及立法意义，以便学生对税收和税收征管的理论和实践有较全面的了解。

18.1 税法概述

18.1.1 税收的概念和特征

税收是国家对国民经济进行宏观调控的重要手段。国家提供公共产品或公共服务，由社会成员私人消费和享受，国家由此而支付的费用必须有社会成员通过纳税来补偿。税收是人们享受国家提供的公共产品或公共服务而支付的价格费用。私人为了得到公共产品或公共服务而支付的费用的现象，正是市场经济等价交换行为在公共财政活动中的反映。

税收是国家财政收入的主要形式，具有区别于其他收入形式的特征。对税收的特征，一般概括为强制性、无偿性、固定性。税收的上述概念表明，税收所体现的是一种特殊的分配关系；税收的取得凭借的是政治权力；税收的征收主体是国家；征收目的是满足公共需要，实现公共职能；税收的实现必须依法进行，具有强制性。

税收活动不仅是国家参与社会产品分配和再分配的重要手段，而且更是对整体经济运行进行调控的重要工具，是国家财政的主要来源。没有税收，国家机器就不能有效运转，公共物品就无法有效供给，公共需求也就无法满足，国家的职能也就无法实现，国家也将难以存续。因此，税收是国家存在发展的物质基础。

18.1.2 税法的概念及其构成要素

税法是调整国家与纳税人之间在征收和缴纳税款关系的法律规范的总称，是国家向一切纳税义务人征收税款的法律依据。我国目前税收法律制度的基本指导思想是“统一税法，公平税负，简化税制，合理分配，理顺分配关系，保障财政收入。”

税法作为经济法中国家宏观调控法的组成部分，其规范的社会关系是税收征纳关系，即税收征收机关代表国家行使征税权时与一切负有纳税义务的单位和个人因征税、纳税而发生的社会关系。具体包含以下几类关系：①税收管理关系；②税收征纳实体关系；③税收征纳程序关系。

税法构成要素是指构成税收制度的基本要素，是税法的具体表现，税法构成要素一般包括征税主体与纳税主体、征税客体(又称征税对象)、税目、计税依据、税率、纳税环节、纳税期限和纳税地点、减免税与加征、违法处理。

18.1.2.1 征税主体与纳税主体

征税主体是指代表国家行使征税权的税务机关和海关。

纳税主体又称纳税人,是指税法规定的直接负有纳税义务的社会组织和个人。每一种税都有它的纳税人。为防止税收流失，税收还实行税源扣缴，规定有扣缴义务人，即税法规定负有代扣代缴税款义务的社会组织和个人。

纳税义务人与税款的实际负担人有时是一致的，纳税义务人就是税款的实际负担人；有时是不一致的，如某些情况下纳税义务人是生产和销售产品的企业，而实际负税人是商品的最终消费者，这种税负转移现象通常称为税负转嫁。

18.1.2.2 征税对象

征税对象是指对什么东西征税。它是区分不同税种的主要标志，每种税都有明确的征税对象。例如流转税的征税对象是流转额，所得税的征税对象是所得额。

18.1.2.3 税目

税目是税法中规定征税对象的具体项目，反映具体的征税范围，代表征税的广度。有些税的征税对象简单、明确，例如，土地增值税、固定资产投资方向调节税等。但是，大多数税种，一般征税对象都比较复杂，在征税时对这些税的征税对象需要作进一步的划分，并做出具体的界限规定，这个规定的界限范围，就是税目。税目的作用在于明确征税对象的范围，制定高低不同的税率，体现国家的鼓励或限制政策。

18.1.2.4 计税依据

计税依据是计算应纳税额的依据。不同的税种，其计税依据不同，如营业税的计税依据为营业额。计税依据还有计税金额与计税数量之分，即采用从价计征和从量计征方法计税。如原油的资源税是按原油的产量以吨定额计税，即从量计征。

18.1.2.5 税率

税率是应征税额与征税对象之间的比例，是计算应征税额的标准，是税收制度的中心环节。税率的高低，体现着征税的深度，反映着国家在一定时期内的税收政策和经济政策，直接关系到国家的财政收入和纳税人的税收负担。我国现行税率分为三种：

1) 比例税率。这种税率不分征收对象的数额大小，都按同一种比例征税，计算简便，税负相同，它一般适用于对流转额的征税。如营业税、增值税等都按比例税率征收。

2) 累进税率。这种税率是按照征税对象数额的大小，规定不同等级的税率，征收对象数额越大，税率越高，体现量能负担原则，多的多征，少的少征，如个人所得税。我国税法目前采用了两种累进税率，分别是超额累进税率和超率累进税率。前者是依据征税对象数额的不同等级部分，按规定的每个等级的适用税率计征，一般采用“速算扣除数”方法计算应纳税额；后者是对纳税人的全部利润，按不同的销售利润划分若干等级，分别适用不同税率。如土地增值税。

3) 定额税率，又称固定税率。这种税率按征税对象直接规定税额，而不采用百分比的形式。这是税率的一种特殊形式，它一般适用于从量定额征收的税种，所以又称为固定税额。如车船使用税、城镇土地使用税等。

18.1.2.6 纳税环节

纳税环节，是指在商品流转过程中按照税法规定应当缴纳税款的环节。它确定一种税在哪个或哪几个环节征收，如生产环节、批发环节、零售环节等。

18.1.2.7 纳税期限和纳税地点

纳税期限是指纳税人依税法规定缴纳税款的期限。各种税收都明确规定缴纳税款的期限，这是由税收的及时性所决定的。税法规定按日、月、季度或纳税年度纳税，有的按次纳税，即按从事应税行为的次数纳税。

纳税地点，是征税的地方，一般以纳税人所在地、征税对象所在地和应税行为发生地所在的税务机关为纳税地点。

18.1.2.8 减免税与加征

减税、免税是对某些纳税人和征税对象给予鼓励或照顾的一种特殊规定。减税是对应纳税额少征一部分税款；免税是对应纳税额全部免征。除税法列举的免征项目外，一般减税、免税都属于定期减免性质，规定有具体的减免期限，到期就应当恢复征收。与减免税有关的还有起征点和免征额。起征点是征税对象达到征税数额开始征税的界限。征税对象的数额未达到起征点的不征税。免征额是在征税对象总额中免于征税的金额。它是按照一定标准从征税对象总额中预先减除的数额。免征额部分不征税，只对超过免征额的部分征税。

加征是指按规定税率计算出税款后，再加征一定数额。

18.1.2.9 违法处理

违法处理，指对纳税人违反税法的行为所采取的处罚措施.

税法的构成要素十分重要，它涉及税法的完善，税制的合理，充分体现着国家的经济政策，通过规定合理完善的税法构成，才能充分发挥税收杠杆的作用。

18.2 我国税收的分类和主要税种

18.2.1 我国税收的分类

我国税收种类繁多，按不同的标准，可进行以下分类：

1) 按征税对象不同，可分为流转税、收益税、资源税、行为税和财产税等。

2) 按税收形态不同，可分为劳役税、实物税、货币税三类。

3) 按税收管辖权限划分，可分为中央税(也称国家税)、地方税、中央与地方共享税三类。

4) 按税负方式不同，可分为直接税和间接税两类。直接税是指由纳税人直接负担的各种税，由于这种税不能转嫁负担，纳税人就是负税人，所以称作直接税。如个人所得税、遗产税、赠与税、社会保障税等。间接税是指纳税人能够将税收转嫁给他人负担的各种税，这种税纳税人与税款的实际负担人不一样，纳税人不是负税人，税务负担发生了转嫁，因而称为间接税，如对商品流通开征的增值税、消费税、营业税、关税等。

18.2.2 我国现行主要税种简介

18.2.2.1 增值税

增值税是以商品生产流通和劳务服务在各个流转环节的增值额为征收对象的一种税。征税对象是法定的增值额；税负公平；税不重征。

1993 年 12 月 13 日由国务院发布的《中华人民共和国增值税暂行条例》已于 2008 年 11 月 5 日国务院第 34 次常务会议修订通过，修订后的《中华人民共和国增值税暂行条例》自 2009 年 1 月 1 日起施行。根据新的暂行条例，增值税的基本内容有：

1) 增值税的纳税人。为销售货物或者提供加工、修理、修配劳务的单位和个人以及报关进口货物入境的单位和个人。包括所有应税行为的企业、单位和个人。分一般纳税人和小规模纳税人。

2) 增值税的征收范围。为在我国境内销售货物或提供加工、修理修配劳务以及进口货物。

3) 增值税的税率。①一般货物、应税劳务的税率均为基本税率 17%；②粮食、食用油，公用事业的水、气、煤，书报、杂志，农药、农机、化肥、饲料等适用低税率 13%；③报关出口货物的税率为零；④小规模纳税人销售货物或应税劳务的征收率为 6%。

4) 增值税的减免税规定：增值税的减免由国务院规定，任何地区、部门均不得规定减免项目。免征增值税的项目有：农业生产者销售的自产农业产品；直接用于科学研究、科学试验和教学的进口仪器、设备来料加工、来料装配和补偿贸易所需进口的设备；避孕药品和用具；古旧图书；外国政府、国际组织无偿援助的进口物资和设备；由残疾人直接进口供残疾人专用的物品；销售已使用过的物品；供残疾人专用的假肢、轮椅、矫形器等。

【例 18.1】上海市某税务机关在对某木制加工企业的纳税情况进行检查时发现，该单位年销售额超过了 200 多万元，且财务制度健全，却一直按小规模纳税人申报纳税。于是，税务人员按其销售额与法定增值税率计算应补缴税款 20 多万元，并不予抵扣任何进项税款。

问：一般纳税人与小规模纳税人的区分标准是什么？他们在计征增值税额方法上有什么不同？

参考答案：小规模纳税人是指年销售额在规定标准以下，并且会计核算不健全，不能按规定报送有关税务资料的增值税纳税人。确定的标准包括：一是从事货物生产或提供应税劳务的纳税人和从事货物生产或提供应税劳务为主，并兼营货物批发或零售的纳税人，年应税销售额在100万元以下的；二是从事货物批发或零售的纳税人，年应税销售额在180万元以下的。

一般纳税人是指年应税销售额超过小规模纳税人标准的企业和企业性单位。

一般纳税人与小规模纳税人的区分标准是：①年应征增值税销售额的大小；②财务制度是否健全。一般纳税人的应纳税额=当期销项税额-当期进项税额；小规模纳税人的应纳税额=销售额×征收率。

18.2.2.2 营业税

营业税是对我国境内提供营业税条例规定的劳务、转让无形资产或销售不动产的营业收入征收的一种税。营业税具有征收范围广，税目税率按行业设置以及税负低而均衡的特点。1993年12月13日由国务院发布的《中华人民共和国营业税暂行条例》已于2008年11月5日国务院第34次常务会议修订通过，修订后的《中华人民共和国营业税暂行条例》自2009年1月1日起施行。根据新的暂行条例，营业税的基本内容如下：

1) 纳税人。凡在我国境内提供应税劳务转让无形资产或者销售不动产的单位和个人均为营业税的纳税义务人。

2) 营业税的征收范围。营业税征收范围可以概括为提供劳务、转让无形资产和销售不动产的经营行为。具体包括交通运输业、建筑业、金融保险业、邮电通信业、文化体育业、娱乐业、服务业、转让无形资产、销售不动产共九个税目。

3) 营业税的税率。营业税税率实行比例税率。金融保险业、服务业、转让无形资产、销售不动产4个税目的税率为5%；交通运输业、建筑业、邮电通信业、文化体育业4个税目的税率为3%；娱乐业的税率为5%～20%，具体由各省、自治区、直辖市人民政府在规定的幅度内确定。

4) 减免税规定。营业税的减免由国务院规定。以下项目免征营业税：托儿所、幼儿园、养老院、残疾人福利机构提供的育养服务、婚姻介绍、殡葬服务；残疾人个人提供的劳务；医院、诊所和其他医疗机构提供的医疗服务学校和其他教育机构提供的教育劳务，学生勤工俭学提供的劳务等。

18.2.2.3 消费税

消费税是以特定的消费品或消费行为的流转额为征税对象的一种税。消费税具有以下特征：征税范围具有选择性；税负具有转嫁性；征收环节多具单一性。

1993年12月13日由国务院发布的《中华人民共和国消费税暂行条例》目前已于2008年11月5日国务院第34次常务会议修订通过，修订后的《中华人民共和国消费税暂行条例》自 2009 年 1 月 1 日起施行。根据新的暂行条例，消费税的基本内容如下：

1) 纳税人。在中华人民共和国境内生产、委托加工和进口本条例规定的消费品的单位和个人，以及国务院确定的销售本条例规定的消费品的其他单位和个人，为消费税的纳税人，应当依照本条例缴纳消费税。

2) 征税范围。消费税应税产品采取列举法列举，共分 14 类，包括：对人类健康、社会秩序、生态环境等方面有害的特殊消费品，如烟、酒、鞭炮等；奢侈品和非生活必需品，如贵重首饰，化妆品；高能耗及高档消费品，如小汽车；不能再生和不可替代的石油类消费品；具有财政意义的消费品，如汽车轮胎；新增高尔夫球及球具、高档手表、游艇、木制一次性筷子、实木地板等税目。增列成品油税目，原汽油、柴油税目作为该税目的两个子目，同时新增石脑油、溶剂油、润滑油、燃料油、航空煤油五个子目。取消“护肤护发品”税目。

3) 税率。消费税采取比例税率和定额税率。比例税率从 3%到 45%不等，定额税率如黄酒每吨 240 元。修改后的消费税法调整了部分税目税率。现行 11 个税目中，涉及税率调整的有白酒、小汽车、摩托车、汽车轮胎等税目。

4) 免税规定。对纳税人出口消费品的，免征消费税。

18.2.2.4 企业所得税

企业所得税是对我国境内的企业，除外商投资企业和外国企业外，对其生产经营所得和其他所得而征收的一种税。2007 年 3 月 16 日第十届全国人民代表大会第五次会议通过了《中华人民共和国企业所得税法》，该法于 2008 年 1 月 1 日起已正式施行。1991 年 4 月 9 日第七届全国人民代表大会第四次会议通过的《中华人民共和国外商投资企业和外国企业所得税法》和 1993 年 12 月 13 日国务院发布的《中华人民共和国企业所得税暂行条例》同时废止。根据新的企业所得税法，企业所得税的基本内容如下：

1) 企业所得税的纳税人。新的企业所得税法规定企业分为居民企业和非居民企业。居民企业，是指依法在中国境内成立，或者依照外国(地区)法律成立但实际管理机构在中国境内的企业。非居民企业，是指依照外国(地区)法律成立且实际管理机构不在中国境内，但在中国境内设立机构、场所的，或者在中国境内未设立机构、场所，但有来源于中国境内所得的企业。

2) 企业所得税的征收范围和税率。居民企业应当就其来源于中国境内、境外的所得缴纳企业所得税。非居民企业在中国境内设立机构、场所的，应当就其所设机构、场所取得的来源于中国境内的所得，以及发生在中国境外但与其所设机构、场所有实际联系的所得，缴纳企业所得税。非居民企业在中国境内未设立机构、场所的，或者虽设立机构、场所但取得的所得与其所设机构、场所没有实际联系的，应当就其来源于中国境内的所得缴纳企业所得税。

企业所得税税率为25%。非居民企业在中国境内未设立机构、场所的，或者虽设立机构、场所但取得的所得与其所设机构、场所没有实际联系的，应当就其来源于中国境内的所得缴纳企业所得税，适用税率为20%。

3) 企业所得税的计税依据。企业所得税的计税依据为应纳税所得额。企业每一纳税年度的收入总额，减除不征税收入、免税收入、各项扣除以及允许弥补的以前年度亏损后的余额，为应纳税所得额。

18.2.2.5 个人所得税

个人所得税是对我国境内的中国公民、外籍人员和个体工商户的个人所得而征收的一种税。《中华人民共和国个人所得税法》于1980年9月10日由第五届全国人民代表大会第三次会议通过，历经1993年10月、1999年8月、2005年10月、2007年6月、2007年12月五次修订。根据最新修订的《中华人民共和国个人所得税法》的规定，个人所得税的基本内容如下：

1) 个人所得税的纳税人有两类，一类是在境内有住所或无住所但居住境内满1年的个人，有来自境内外的所得的；另一类是在境内无住所又不居住或居住不满1年的个人，有来自境内所得的。

2) 个人所得税的征税对象包括：①工资、薪金所得；②个体工商户的生产、经营所得；③对企事业单位承包经营、承租经营所得；④劳务报酬所得；⑤稿酬所得；⑥特许权使用费所得；⑦利息、股息、红利所得；⑧财产租赁所得；⑨财产转让所得；⑩偶然所得；⑪ 经国务院财政部门确定征税的其他所得。

3) 个人所得税的税率有：①工资、薪金所得，适用超额累进税率，税率为3%～45%；②个体工商户的生产、经营所得和对企事业单位的承包经营、承租经营所得，适用5%～35%的超额累进税率；③稿酬所得，适用20%比例税率，并按应纳税额减征30%；④劳务报酬所得，适用20%比例税率，一次收入畸高的，可实行加成征收；⑤特许权使用费所得，利息、股息、红利所得，财产租赁、财产转让所得，偶然所得和其他所得，适用20%比例税率。

4) 应纳税所得额是指：①工资、薪金所得，以每月收入额减除费用3 500元后的余额；②个体工商户的生产、经营所得，以每一纳税年度的收入总额，减除成本、费用以及损失后的余额；③对企事业单位的承包经营、承租经营所得，以每一纳税年度的收入总额，减除必要费用后的余额；④劳务报酬所得、稿酬所得、特许权使用费所得、财产租赁所得，每次收入不超过4 000元的，减除费用800元后的余额；4 000元以上的，减除20%的费用其余额；⑤财产转让所得，以转让财产的收入额减除财产原值和合理费用后的余额；⑥利息、股息、红利所得、偶然所得和其他所得，以每次收入额为应纳税所得额。

18.3 税收征收管理

税收征收管理是指国家税务机关依法行使征税权，指导纳税人正确履行纳税义务，并对征税、纳税过程进行组织、管理、监督、检查等一系列工作的总称，是国家税务机关代表国家贯彻执行税收法律和政策，组织国家税收收入的一种行政管理活动。

1992 年 9 月 4 日，第七届全国人民代表大会常务委员会第二十七次会议审议通过了《中华人民共和国税收征收管理法》，1995 年 2 月 28 日第八届全国人民代表大会常务委员会第十二次会议对该法作了个别修订，2001 年 4 月 28 日第九届全国人民代表大会常务委员会第二十一次会议通过了《关于修改〈中华人民共和国税收征收管理法〉的决定》，对《税收征管法》作了较多的修改，并于同年 5 月 1 日实行。2002 年 9 月 7 日国务院发布了新的《中华人民共和国税收征收管理法实施细则》，并于 2002 年 10 月 15 日实行，经过修改的税收征收管理法，制度更加规范，更具可操作性。

18.3.1 税收征收管理机关

税收征收管理机关包括：

1) 税收主管机关。国务院税务主管部门主管全国税收征收管理工作。各地国家税务局和地方税务局应当按照国务院规定的税收征收管理范围分别进行征收管理。

2) 税务机关。包括各级税务局、税务分局、税务所和按照国务院规定设立的并向社会公告的税务机构。

3) 海关。海关主要负责关税的征收和管理。

18.3.2 税务管理

税务管理是税收征收管理的主要内容，也称税收基础管理，它是指税务机关在税收征收管理中对具体征纳过程实施的组织、指挥，及其形成的相关管理制度。它是税款征收和缴纳的前提，它对于搞好税款征收和税务检查具有重要意义。税务管理主要有以下内容：

1) 税务登记。是指纳税人在开业、歇业前以及经营期间发生较大变动时，或根据有关规定的特殊要求，向当地税务机关办理法定书面登记的一项制度。所有从事生产、经营的单位和个人，自领取营业执照之日起向地方税务机关办理税务登记。纳税人税务登记内容发生变化的，也应申报办理变更登记或重新登记或注销登记手续。

2) 账簿、票证管理。从事生产、经营的纳税人、扣缴义务人必须建立合法健全的会计账簿，个体工商户确实不能设置账簿的，经税务机关批准，可以不设账簿，但是应当完整保存有关票证、缴款书和完税凭证。

3) 纳税申报。是纳税人为正确履行纳税义务，就纳税事项向税务机关提出书面申报，供税务机关审核征税的一项法定手续。它是税务机关办理征收业务，核算应征税额，填写纳税凭证的主要依据。

18.3.3 税款征收

税款征收是税务机关将纳税人依照税法应向国家缴纳的税款及时足额的收缴国库的一系列管理活动的总称。

1) 税款征收方式。是指税收机关对纳税人应纳的税款，从稽核计算到缴库所实行的具体方式。一般来说，有查账征收、查定征收、定期定额征收、代扣代缴和代征代缴等征收方式。

2) 延期纳税。纳税人因有特殊困难，不能按期交纳税款的，经县以上税务局(分局)批准，可以延期缴纳税款。经税务机关批准延期缴纳税款的，在批准的期限内不加收滞纳金。

3) 滞纳金。纳税人未按照前款规定期限缴纳税款的，扣缴义务人未按照前款规定期限解缴税款的，税务机关除责令期限缴纳外，加收滞纳金。

4) 税收保全措施。税务机关有根据认为从事生产、经营的纳税人有逃避纳税义务行为的，可以在规定的纳税期之前，责令限期缴纳应纳税款；在限期内发现纳税人有明显的转移、隐匿其应纳税的商品、货物以及其他财产或者应纳税的收入的迹象的，税务机关可以责成纳税人提供纳税担保。如果纳税人不能提供纳税担保，税务机关可以采取下列税收保全措施：①书面通知纳税人开户银行或者其他金融机构冻结纳税人的金额相当于应纳税款的存款；②扣押、查封纳税人的价值相当于应纳税款的商品、货物或者其他财产。

5) 强制执行措施。对逾期仍未履行纳税义务的，税务机关可依法采取强制执行措施。对欲出境纳税人，未结清税款，又不提供担保的，税务机关可以通知出境管理机关阻止出境。强制执行措施有：①书面通知纳税人，扣缴义务人或纳税担保人的开户银行或其他金融机构从其存款中扣缴税款；②扣押、查封、拍卖纳税人，扣缴义务人或纳税担保人的价值相当于应纳税款的商品货物或其他财产，以拍卖所得抵缴税款。

18.3.4 税务纠纷与违反税法的法律责任

18.3.4.1 税务纠纷及其处理程序

税务纠纷指税务机关与纳税义务人之间在价格核定、税率适用、成本计算、费用提摊、财务处理以及税收减免等方面发生不同意见而引起的争议。税务纠纷因税务机关的行政行为引起的，因而通过行政程序来解决纠纷，以平息矛盾，维护征收管理制度的严肃性。在处理税务纠纷时，应遵守先行缴纳税款，再申请行政复议的原则，以免税款流失。

处理税务纠纷必须先申请复议，然后再提请行政诉讼。纳税人、扣缴义务人、纳税担保人同税务机关在纳税上发生争议时，必须先依照税务机关的纳税决定缴纳或者解缴税款及滞纳金或者提供相应的担保，然后可以依法申请行政复议；对行政复议决定不服的，可以依法向人民法院起诉。

当事人对税务机关的处罚决定、强制执行措施或者税收保全措施不服的，可以依法申请行政复议，也可以依法向人民法院起诉。

当事人对税务机关的处罚决定逾期不申请行政复议也不向人民法院起诉、又不履行的，做出处罚决定的税务机关可以采取强制执行措施，或者申请人民法院强制执行。

18.3.4.2 违反税法的行为及其法律责任

违反税法的行为是指当事人由于主观上的故意，违反了国家税法的规定，损害了国家利益和企业、个人合法权益，破坏了税收征收管理秩序的行为。这种行为客观上具有违法性、损害性、破坏性三个特征，主观上有明显的故意，其结果是造成税款流失和征收管理的破坏。

违反《税收征管法》的法律责任主要包括以下几类：

1) 偷税行为的法律责任。偷税行为是指纳税人伪造、变造、隐匿、擅自销毁账簿、记账凭证，或者在账簿上多列支出或不列、少列收入，或者经税务机关通知申报而拒不申报或者进行虚假的纳税申报，不缴或者少缴应纳税款的行为。

2) 骗取出口退税行为的法律责任。骗取出口退税是指以假报出口或者其他欺骗手段，骗取国家出口退税款的行为。骗取出口退税的应当由税务机关追缴其骗取的退税款并处以罚款。

3) 抗税行为的法律责任。抗税行为是指以暴力、威胁等方法拒不缴纳税款的行为。抗税的应当由税务机关追缴其拒缴的税款和滞纳金。

除了上述几类主要的违法行为外，其他的违法行为还涉及税收管理、纳税申报以及拒绝税务检查的行为。此外，违法行为特别严重构成犯罪的还要依据《刑法》上的相关罪名追究其刑事责任。

学习指导

★ 复习思考

1) 简述税法的构成要素。

2) 简述增值税的减免税的规定。

3) 简述消费税的征税范围。

4) 个人所得税的征税对象有哪些？

5) 税收保全措施有哪些？

6) 违反《税收征管法》的法律责任有哪几类？

★ 案例分析

演员王某 8 月份领取工资收入 1 300 元，某次演出取得收入 40 000 元，另取得借给某演出公司的借款利息收入 5 000 元。上述所得除工资已由单位扣缴税额外，其余均未申报纳税。

问：(1) 根据个人所得税法及税收征收管理法有关规定，计算王某应补缴个人所得税额。

(2) 王某不申报纳税的行为是否构成犯罪，为什么？

19 银行法律制度

本章要点

银行法是关于银行组织机构、业务经营和监督管理运行过程形成的各方相互关系的法律规范的总称。本章主要介绍银行和银行法的产生，银行、银行法的功能和作用；我国现行银行法律制度的主要内容以及我国银行法律的基本规范。重点是银行概念、性质、法律地位，商业银行业务规则，银行与存款人、借款人法律关系和银行业监管，以银行法律地位、商业银行业务规则，银行与存款人、借款人法律关系为难点。

19.1 银行法概述

19.1.1 银行和银行法

银行是经营存款、贷款、汇兑、结算等业务，起信用和支付媒介作用的金融机构。银行是商品经济发展最早产生的金融组织，在现代金融体系中居中心地位。1694 年，英国以股份制形式建立的英格兰银行被认为是现代银行的始创。英格兰银行的建立标志着新兴的资本主义银行制度的诞生。

现代银行在世界范围内的蓬勃兴起，信用工具的创造性和流通性极大地促进了资本主义商品经济的发展。但是，没有制度的约束又缺乏制衡的银行业，虽发展迅速却处于无序状态，实践要求设立一个银行统一管理信用货币——银行券的发行权等以有效地控制银行的经营风险，保护存款人的利益以及金融市场的机构或组织。于是，中央银行应运而生。新中国中央银行即中国人民银行，于 1948 年 12 月 1 日在石家庄正式成立。我国自 1995 年公布《中国人民银行法》和《商业银行法》后，正式确立了中央银行领导下的商业银行和政策性银行并存的银行金融体制。

银行法是指确立银行的地位和职责，调整其组织和活动所发生的社会关系的法律规范的总称。

1995年3月18日，第8届全国人大第3次会议通过的《中华人民共和国中国人民银行法》(简称《中国人民银行法》)，同年5月10日，第8届全国人大常委会第13次会议通过的《中华人民共和国商业银行法》(以下简称《商业银行法》)，2003年第10届全国人大常委会第6次会议对《中国人民银行法》、《商业银行法》进行了修订，同时，通过的《中华人民共和国银行业监督管理法》(简称《银行业监督管理法》)构成与市场经济体制相适应的我国银行法律制度的基本框架。

19.1.2 中央银行法

19.1.2.1 中央银行和中央银行法

中央银行在一国金融体制中居于核心地位，依法制定和执行国家货币金融政策，实施金融调控与监管的特殊金融机关。中央银行有着发行银行、银行的银行、政府的银行等重要职能。中国人民银行为我国的中央银行，中国人民银行为政府和金融机构办理银行业务与提供服务，发行货币，对政府办理国库业务，代理发行国库券业务。《中国人民银行法》共8章51条。它的颁布和修订，为完善我国中央银行制度，强化中央银行职能，奠定了坚实的法律基础。

19.1.2.2 中央银行的职能和法律地位

《中国人民银行法》第4条第1款明确规定了中国人民银行的各项职责，即依法制定和执行货币政策；发行人民币，管理人民币流通；按照规定审批、监督管理金融机构；按照规定监督管理金融市场；发布有关金融监督管理和业务的命令和规章；持有、管理、经营国家外汇储备、黄金储备；经理国库；维护支付、清算系统的正常运行；负责金融业的统计、调查、分析和预测；作为国家的中央银行，从事有关的国际金融活动；以及国务院规定的其他职责。因此，我国中央银行主要担负发行货币的银行、银行的银行、政府的银行、金融调控和金融监管的银行四大职能。

同时，在现代市场经济条件下，各国中央银行均具有国家机关的性质，并作为特殊的金融机构，对政府保持相对的独立性，形成其独特的法律地位。

19.1.2.3 中央银行的金融监督管理

为了维护金融业的合法、稳健运行，依法对金融机构及其业务活动实施监督管理，是中央银行的基本任务之一。

中国人民银行是国务院的金融职能管理部门，是国家最高的金融监管机关，中国人民银行的金融监督管理，可通过下列方式和途径进行：

1) 规章和命令的发布权。即中国人民银行有权发布有关金融监督管理和业务的规章和命令。

2) 金融机构的设置及其业务范围的审批权。中国人民银行有权按照规定审批金融机构的设立、变更、终止及其业务范围。

3) 信息获取权。中国人民银行有权要求金融机构按照规定报送资产负债表，利润表以及其他财务会计报表和资料。

4) 稽核检查权。中国人民银行有权对金融机构的存款、贷款、结算、呆账等情况随时进行稽核和检查监督。

5) 行政处罚权。对违法违规的金融机构，中国人民银行有权视情节轻重，给予撤销、停业整顿、罚款等行政处罚，并对有责任人员予以处分。

19.1.3 银行业监督管理法

银行监管是金融监督管理的重要组成部分，是银行监管当局依据法律、法规对银行活动进行直接限制和约束一系列行为的总称。《银行业监督管理法》对银行业监督管理的对象、机构、职责、措施和法律责任作了规定。

该法规定，银行业监管的目标是促进银行业的合法、稳健运行，维护公众对银行业的信心。国务院银行业监督管理机构负责对全国银行业金融机构及其业务活动监督管理工作。国家审计、监察等机关，应当依照法律规定对国务院银行业监督管理机构的活动进行监督。

19.1.4 商业银行法

19.1.4.1 商业银行和商业银行法

商业银行是指依我国商业银行法和公司法设立的吸收公众存款、发放贷款、办理结算等业务的企业法人。商业银行法是规范商业银行的法人资格、业务范围、经营原则，银行的设立、变更和终止，清算和解散的条件、程序，银行业务的监督和管理以及银行的法律责任的法律规范。《商业银行法》适用于在我国境内设立的所有商业银行，包括国有商业银行、合作银行、外资银行、中外合资银行、外国银行分行和其他商业银行。对含有外资的银行、信用社和邮政储蓄，也适用其有关规定。

19.1.4.2 商业银行的设立和组织机构

1) 商业银行的设立。设立商业银行，必须具备下列条件：①有符合规定的最低实缴资本额；②有符合任职资格的高级管理人员；③有健全的组织机构和管理制度；④有符合要求的营业场所、安全防范设备和其他设施。

商业银行符合上述条件，在筹建就绪时，应向中国人民银行提出开业申请，并提交如下文件、资料：依照《中华人民共和国公司法》的规定拟订的章程草案；拟任职的高级管理人员的资格证明；法定验资机构出具的验资证明；股东名册及其出资额、股份；持有注册资本10%以上的股东的资信证明和有关资料；经营方针和计划；营业场所、安全防范设备和其他设施的有关资料；中国人民银行规定的其他文件、资料。经批准设立的商业银行，由中国人民银行颁发《金融机构法人许可证》或《金融机构营业许可证》，并凭许可证向工商行政管理部门办理登记，领取营业执照。

设立商业银行的注册资本最低限额为10亿元人民币；城市合作商业银行的注册资本最低限额为1亿元；农村合作商业银行的注册资本最低限额为5 000万元。中国人民银行根据经济发展可以调整设立商业银行的注册资本最低限额。

2) 商业银行的组织结构。商业银行是经营货币和资金业务的金融企业，一般采用有限责任公司或股份有限公司的组织形式。有限责任公司形式的银行为我国大型专业(商业)银行的组织形式，如中国银行、中国工商银行、农业银行、建设银行等，依照我国公司法，它们属于有限责任公司中的国有独资公司，另外，我国的中外合资银行也采取有限责任公司的形式。

商业银行在国内设立分支机构，必须经中国人民银行审查批准。对设立的分支机构，商业银行应当按照规定向其拨付与其经营规模相适应的营运资金。其总和不得超过总行资本金额的60%。商业银行对其分支机构实行统一核算，统一调度资金，分级管理的财务制度。商业银行的分支机构不具有法人资格，在总行授权范围内依法开展业务，其民事责任由总行承担。

19.1.4.3 商业银行的业务

商业银行法规定，商业银行实行自主经营，自担风险，自负盈亏，自我约束。商业银行依法开展业务，不受任何单位和个人的干涉。自主经营是商业银行最具有特点的方针，主要是按照商业银行自己的意愿进行经营，不受任何单位和个人的干涉。商业银行必须依法开展业务。商业银行的“自担风险”和“自负盈亏”表明商业银行独自承担风险，以其全部法人财产承担民事责任。商业银行的自我约束主要指银行公会和银行内部的规章制度的约束。

商业银行法规定，商业银行可以经营下列部分或者全部业务：①吸收公众存款；②发放短期、中期和长期贷款；③办理国内外结算；④办理票据贴现；⑤发行金融债券；⑥代理发行、代理兑付、承销政府债券；⑦买卖政府债券；⑧从事同业拆借；⑨买卖、代理买卖外汇；⑩从事银行卡业务；⑪提供信用证服务及担保；⑫代理收付款项及代理保险业务；⑬提供保管箱服务；⑭经国务院银行业监督管理机构批准的其他业务。

经营范围由商业银行章程规定，报国务院银行业监督管理机构批准。商业银行经中国人民银行批准，可以经营结汇、售汇业务。

19.2 货币发行、现金管理法律制度

我国的法定货币是人民币。人民币由中国人民银行统一印制和发行。人民币的发行、流通管理，是我国人民银行的重要职责和业务，是人民银行“发行的银行”的重要标志。现金管理，则作为货币流通管理的一个重要方面，对中央银行货币政策的操作、对金融市场的稳定，有非常直接的作用。我国《中国人民银行法》、《现金管理暂行条例》、《人民币管理条例》等法律、法规，规定了货币发行、现金管理法律制度。

19.2.1 人民币的发行与保护

《中国人民银行法》第15条规定：“中华人民共和国的法定货币是人民币，以人民币支付中华人民共和国境内的一切公共的和私人的债务，任何单位和个人不得拒收。”

人民币作为我国的法定货币，一方面具有无限清偿能力，以人民币支付中国境内的一切公共的和私人的债务，任何单位和个人不得拒收；另一方面，又是我国唯一的合法货币，任何单位和个人不得印制、发售代币票券，以代替人民币在市场上流通。

19.2.1.1 人民币发行

《中国人民银行法》规定，人民银行是我国唯一的货币发行机关。该法第15条明确规定：“人民币由中国人民银行统一印制、发行。中国人民银行发行新版人民币，应将发行的时间、面额、图案、式样、规格予以公告”。从而从法律上确定了人民银行作为我国唯一货币发行机关的法律地位。

我国人民币的发行历来坚持以下三大发行原则：

1) 集中统一发行原则。集中是指人民币的发行权集中于代表国家的中央政府——国务院。统一是指国家授权人民银行统一垄断货币发行。

2) 计划发行原则。是指由人民银行总行提出货币发行计划，报国务院批准后组织实施。

3) 经济发行原则。或称信用发行原则，是指根据国民经济发展情况，按照商品流通的实际需要而进行货币发行。

19.2.1.2 人民币的法律保护

人民币的法律保护主要体现在两个方面，一是对残损人民币的兑换、收回和销毁作出规定，以维护人民币的信誉；二是对各种危害人民币的行为予以禁止和惩处。

《中国人民银行法》规定：残缺、污损的人民币，按照中国人民银行的规定兑换，并由中国人民银行负责收回；禁止伪造、变造人民币。禁止出售、购买伪造、变造的人民币。禁止运输、持有、使用伪造、变造的人民币；禁止故意毁损人民币；禁止在宣传品、出版物或者其他商品上非法使用人民币图样。

19.2.2 现金管理

19.2.2.1 现金管理概述

现金管理是指国家授权银行及其他金融机构依法对开户单位的现金收支及库存进行的监督和管理，是货币流通管理的重要内容之一。其意义在于通过监管，达到抑制通货膨胀、稳定物价、稳定人民币市场的目标。

1988 年 8 月国务院颁布了《现金管理暂行条例》，同年 9 月，人民银行据此发布了《现金管理暂行条例实施细则》，对现金管理的对象、现金的使用、现金收支等作出了具体规定。为严格控制大额提现，防止金融犯罪，1997 年 4 月 9 日，人民银行发布《大额现金支付登记备案规定》，建立了我国的大额现金交易报告制度。同年 8 月发布了《关于大额现金支付管理的通知》，10 月又发布了新的《现金收支统计制度》，自 1998 年 1 月 1 日起施行。从而建立了我国较为完善的现金管理法律制度。

19.2.2.2 现金管理的具体内容

开户单位之间的经济往来，应通过银行进行转账结算。《现金管理暂行条例》规定，开户单位只能在下列范围内使用现金：①职工工资和各种工资性津贴；

②个人劳务报酬；③根据国家规定颁发给个人的各种科学技术、文化艺术、体育等各种奖金；④各种劳保、福利费用及国家规定的对个人的其他现金支出；⑤收购单位向个人收购农副产品和其他物资支付的价款；⑥出差人员必须随身携带的差旅费；⑦结算起点以下的零星支出；⑧中国人民银行确定需要现金支付的其他支出。

结算起点为1 000元。除上述第⑤项、第⑥项外，开户单位支付给个人的款项中，支付现金每人一次不得超过1 000元，超过限额部分，根据提款人的要求在指定的银行转为储蓄存款或以支票、银行本票支付；确需全额支付现金的，应经开户银行审查后予以全额支付。

19.2.3 工资基金管理

19.2.3.1 工资基金管理的概念及其意义

工资基金管理是指银行根据国家的授权，依照统一批准的工资基金计划和有关规定，对各开户单位的工资支付进行管理和监督。工资基金是国家在一定时期内按照劳动工资计划支付给企、事业单位、社会团体和机关，用作支付职工劳动报酬的货币资金。1985 年国务院正式发布了《工资基金暂行管理办法》，该办法共计21条，就工资基金管理的机构、对象、范围、依据、执行和处罚等内容作了规定。

19.2.3.2 工资基金管理的机构和对象

工资基金管理机构是各开户银行。管理对象是全民所有制企业、事业、机关、团体等单位。城镇集体所有制单位的工资基金管理办法，由省级人民政府依照国家规定，自行制定办法。

19.2.3.3 工资基金管理范围和计划的执行

凡发给职工个人的劳动报酬和按国家规定发放的津贴、补贴等，不论其资金来源如何，属于国家规定的工资总额组成范围的，都属于工资基金管理的范围。接受工资基金管理的单位，必须在银行开立工资基金专户。凡属工资总额组成支出，不论现金或转账，只能通过开户银行从工资基金专户中列支。

19.2.3.4 违反工资基金管理制度的法律责任

开户单位违反工资基金管理制度规定的，由当地人民政府或主管部门视情节轻重，给予主要负责人或当事人以行政处分，并责令限期退回违反规定多发的现金和实物。情节严重，构成犯罪的，由司法机关追究刑事责任。

19.3 存款与贷款法律制度

存款与贷款是银行的基本业务，存、贷款法律制度成为银行的基础性法律制度。吸收存款是银行等金融机构最主要、最基本的负债业务，是组织银行资金来源的业务，对银行资产等业务的开展具有基础性作用。我国相应的存款管理法主要是《储蓄管理条例》和《人民币单位存款管理办法》。

发放贷款是商业银行等金融机构最主要的资产业务，是其获得收益的重要来源。我国关于贷款发放最全面、最系统的金融规章是人民银行发布的《贷款通则》，以下作简要介绍。

19.3.1 存款的概念和分类

19.3.1.1 存款的概念和存款法律关系

存款是商业银行等具有存款业务经营资格的金融机构(以下简称银行)接受客户存入资金，并在存款人支取存款时支付存款本息的一种信用业务。存款是银行最主要最基本的负债业务，在存款关系中，存款人是债权人，依法享有存款资金本息的请求权；银行是债务人，负有依法按期支付存款本金及利息的义务。

存款人和银行之间的存款关系是通过存款合同确定的。存款合同是实践合同，须由存款人将款项交付银行，经银行确认并出具存款凭证后才能成立。其形式为银行发给的存单(存折)、进账单、银行卡等。

19.3.1.2 存款的分类

存款的分类如下：

1) 按存款主体不同，可分为单位存款和个人存款。前者是指企业、事业、机关、部队和社会团体等单位的存款，这类存款具有强制性；后者是指城乡个人将自己所有或合法持有的货币资金为积蓄和收益的目的存入储蓄机构的存款。其特征是自愿性和有偿性。

2) 按存期的不同，可分为活期存款和定期存款。前者是指存款人可以随时提取的存款，最典型的是支票存款；后者是指银行和存款人对存款的期限和提取方式事先加以约定的存款。

3) 按存款币种的不同，分为人民币存款(本币存款)和外币存款。

19.3.2　储蓄存款法律制度

19.3.2.1　储蓄存款的概念和原则

储蓄是指个人将属于其所有的人民币或外币存入储蓄机构，储蓄机构开具存折或者存单等作为凭证，个人凭以支取存款本息的活动。根据《人民银行法》、《商业银行法》和《储蓄管理条例》的规定，储蓄机构办理个人储蓄业务应遵循的原则，即“存款自愿、取款自由、存款有息、为储户保密”原则。

19.3.2.2　储蓄机构的设立及业务范围

储蓄机构是指经人民银行或其分支机构批准，具有储蓄业务经营资格的金融机构，包括各商业银行、信用合作社及邮政企业办理储蓄业务的机构。设立储蓄机构必须经人民银行批准，并领取《金融机构营业许可证》，储蓄机构不具有法人资格。

《储蓄管理条例》规定，储蓄机构可经营的人民币业务有：①活期储蓄存款；②定期储蓄存款，含整存整取、零存整取、存本取息、整存零取 4 种；③定活两便储蓄存款；④华侨(人民币)定期储蓄存款；⑤其他存款，如大额可转让定期存单等。

19.3.2.3　储蓄业务基本制度

1) 储蓄存款利率及计息制度。储蓄存款利率由人民银行拟定，经国务院批准后公布，或者由国务院授权人民银行制定、公布。储蓄机构必须挂牌公告储蓄存款利率，不得擅自变动。

2) 提前支取和挂失制度。未到期的定期储蓄存款，储户提前支取的，必须持存单和存款人的身份证明办理；代储户支取的，代支取人还必须持本人身份证明。储蓄机构在确认该笔存款未被支取的前提下，可受理挂失手续。受理挂失前该储蓄存款已被他人支取的，储蓄机构不负赔偿责任。

3) 查询、冻结、扣划个人储蓄存款以及存款过户与支取制度。储蓄机构及其工作人员对储户的储蓄情况负有保密责任。储蓄机构不代任何单位和个人查询、冻结或者扣划个人储蓄存款，但法律另有规定的除外。

4) 储蓄业务禁止规定。指：

(1) 禁止公款私存。《商业银行法》和《储蓄管理条例》都明确规定：任何单位和个人不得将公款以个人名义开立储户存储。公款的范围包括：凡列在国家机关、企事业单位会计科目的任何款项；各保险机构、企事业单位吸收的保险金款项；属于财政性存款范围的款项；国家机关和企事业单位的库存现金等。

(2) 禁止使用不正当手段吸收储蓄存款。“不正当手段”是指：以散发有价馈赠品为条件吸收储蓄存款；发放各种名目的揽储费；利用不确切的广告宣传；利用汇款、贷款或其他业务手段强迫储户存款；利用各种名目多付利息、奖品或其他费用。

5) 个人存款实名制。是指个人在金融机构开立账户时出具实名证件，使用法定身份证件上的姓名；金融机构按规定审核，并登记身份证件上的姓名和号码，以保证个人存款账户的真实性，维护存款人合法权益的制度。

19.3.3 贷款主要法律制度

19.3.3.1 贷款的概念和原则

贷款是银行等金融机构对借款人提供的并按约定的利率和期限还本付息的货币资金。贷款人和借款人之间形成借贷债权债务关系。贷款是银行的主要资产业务。

贷款应遵守效益性、安全性和流动性的原则。贷款要以取得良好的经济效益为目的，避免借贷风险，保证贷款资金安全，保持借贷资金合理的流动。

19.3.3.2 贷款主体

贷款主体，即借款合同主体，是指借款人和贷款人。贷款通则规定了借贷双方的资格、条件及其权利义务，包括：

1) 借款人的资格、条件。借款人是指从经营贷款业务的中资金融机构取得贷款的法人、其他经济组织、个体工商户和自然人。

2) 对借款人的限制。①借款人不得在一个贷款人同一辖区内的两个或两个以上同级分支机构取得贷款；②不得向贷款人提供虚假的或者隐瞒重要事实的资产负债表、损益表等；③不得用贷款从事股本权益性投资，国家另有规定的除外；④不得用贷款在有价证券、期货等方面从事投机经营。

除依法取得经营房地产资格的借款人以外，不得用贷款经营房地产业务；依法取得经营房地产资格的借款人，不得用贷款从事房地产投机；不得套取贷款用于借贷牟取非法收入；不得违反国家外汇管理规定使用外币贷款；不得采取欺诈手段骗取贷款。

3) 贷款人的资格、条件。贷款人是指在中国境内依法设立的经营贷款业务的中资金融机构，不包括国家政策性银行、外资金融机构(含外资、中外合资、外国金融机构的分支机构等)。贷款人必须经人民银行批准，持有人民银行颁发的《金融机构法人许可证》或《金融机构营业许可证》，并经工商行政管理部门核准登记。

19.3.3.3 贷款期限和利率

贷款期限根据借款人的生产经营周期、还款能力和贷款人的资金供给能力由借贷双方协商确定，并在借款合同中载明。贷款人应按照人民银行规定的贷款利率的上下限，确定每笔贷款利率，并在借款合同中载明。

19.3.3.4 不良贷款的监管

贷款人应当建立和完善贷款的质量监管制度，对不良贷款进行分类、登记、考核和催收。《贷款通则》中规定的不良贷款包括：呆账贷款，指按财政部有关规定列为呆账的贷款；呆滞贷款，指按财政部有关规定，逾期(含展期后到期)超过规定年限以上仍未归还的贷款，或虽未逾期或逾期不满规定年限但生产经营已终止、项目已停建的贷款(不含呆账贷款)；逾期贷款，指借款合同约定到期(含展期后到期)未归还的贷款(不含呆滞贷款和呆账贷款)。

19.3.4 违反信贷管理规定的法律责任

19.3.4.1 违反存款法律规定的责任

对擅自设置存款机构开办存款业务或开办存款新种类，擅自停业或缩短营业时间，以不正当手段吸收存款，泄露存款秘密，未经法定程序查询、冻结、扣划存款的，应责令其纠正，并视情节轻重处以罚款、停止整顿、吊销《经营金融业务许可证》，直到追究刑事责任。

金融机构工作人员利用职务之便，冒用储户名义偷支存款，以贪污行为论处。金融机构运用、转移财政性存款，或不按规定期限、比例交存存款准备金的。人民银行应扣回同额存款，并按贷款利息加收罚息，追究责任人员的行政责任。

19.2.4.2 违反贷款法律规定的责任

强令金融机构发放贷款，造成贷款损失的，应对直接责任人员追究经济和行政责任。

借款方使用贷款造成浪费或利用贷款进行违法活动的，除追回贷款本息外，对其责任人员应根据情节轻重，分别追究经济、行政或刑事责任。贷款方工作人员，因失职行为造成贷款损失浪费或利用贷款进行违法活动的，也应分别承担经济、行政、刑事责任。

19.3.4.3 违反利率管理法律规定的责任

对擅自提高存款和债券利率者，按其多支利息额处以同额罚款，并将非法吸收的存款以专户存入人民银行，直至该存款到期。对擅自降低或者提高贷款利率者，按其少收或多收利息额处以同额罚款，责令其将多收利息退还借款人。

对拒不接受人民银行处罚或拒不改正者，人民银行可从其账户中强制扣款，同时，通报其上级机构，情节严重的可责令其停业，直至吊销《经营金融业务许可证》。

19.4 结算管理法律制度

结算又称清偿，是交易双方因商品交易、劳务供应、资金调拨等产生的债权债务通过某种方式进行清偿，是对债权债务的清结。直接使用现金进行货币收付的称现金结算，通过银行等金融机构进行的清偿叫非现金结算又名支付结算。支付结算是银行的主要中间业务之一，对支付结算的管理是中央银行货币流通管理的重要方面。

19.4.1 支付结算管理制度

支付结算是指单位、个人在社会经济活动中使用票据、信用卡和汇兑、托收承付、委托收款等结算方式进行货币给付及资金清算的行为。其具有法律的效应，是一种法律行为。支付结算必须通过中国人民银行批准的金融机构进行。支付结算实行统一和分级管理相结合的管理体制。

19.4.2 非票据结算方式

非票据结算是除了票据之外的结算制度，主要指银行卡、汇兑、托收承付、委托收款等结算方式进行的货币给付和资金清算行为。

1) 银行卡结算。根据《银行卡业务管理办法》，银行卡是由商业银行向社会发行的具有消费信用、转账结算、存取现金等全部或部分功能的信用支付工具。

银行卡主要分为借记卡和信用卡。

2) 汇兑结算。汇兑是汇款人委托银行将其款项支付给收款人的结算方式。汇兑分为信兑和电兑两种。汇出银行受理汇兑凭证，经审查无误后，应及时向汇入银行办理汇款，并向汇款人签发汇款回单。

3) 托收承付。托收承付是根据购销合同由收款人发货后委托银行向异地付款人收取款项、由付款人向银行承认付款的结算方式。办理托收承付结算的款项，必须是商品交易，以及因商品交易而生产的劳务供应的款项。托收承付结算必须有购销合同，并在合同上注明以托收承付。

4) 委托收款。委托收款是收款人委托银行向付款人收取款项的结算方式。单位和个人凭已承兑商业汇票、债券、存单等付款人债务证明办理款项的结算，均可以使用委托收款结算方式。

5) 信用证结算。信用证是银行应买方的请求，开给卖方的一种保证付款的支付凭证。一般是开证申请人(买方)先向其开户银行提出开证申请，由银行开出信用证交给受益人所在地(卖方地)银行，卖方地银行收到信用证后，通知卖方按信用证条款发货并准备好相应单据，卖方将全部单据连同信用证一并交给卖方地指定银行，该银行根据信用证条款逐项审核单据无误后，将货款扣除议付利息后交给卖方。卖方地指定银行再将全部单据寄交给开证银行，开证银行经审核无误后偿付货款，并通知买方付款赎单，买方拿已付款的银行单据到货运公司提取货物。信用证结算程序可概括为开证与通知、议付、付款、单据审核等。

19.4.3 违反结算管理规定的法律责任

银行办理结算因工作差错发生延误，影响结算当事人和其他银行资金使用的，应按存贷款利率计付赔偿金，因违反结算制度，发生延压、挪用、截留结算资金，影响当事人和其他银行资金使用的，应按结算金额支付赔偿金；因错付被冒领的，应及时查处，对结算当事人的损失应予赔偿。因邮电部门传递银行结算凭证和电报差错等造成的延误，影响结算当事人和银行资金使用或造成资金损失的，由邮电部门赔偿。

结算当事人签发空头支票凭证的，银行除退票外另按票面金额外给以罚款。对当事人其他违反结算制度的行为，分别给予警告、通报批评、加收罚息、停止使用某种结算方式或停办结算业务的处罚。对窃取结算凭证骗取财物、套取现金的、伪造有价结算凭证的，分别按刑法规定的诈骗、伪造票据犯罪的刑罚处罚。

19.5　外汇管理法律制度

19.5.1　外汇与外汇管理法

外汇是指下列以外币表示的可以用作国际清偿的支付手段和资产。外国货币，包括纸币、铸币；外币支付凭证，包括票据、银行存款凭证、邮政储蓄凭证等；外币有价证券，包括政府债券、公司债券、股票等；特别提款权、欧洲货币单位；其他外汇资产。

1997 年 1 月 14 日，国务院修正发布的《中华人民共和国外汇管理条例》，是我国目前外汇管理的基本法律。该法规定了我国外汇管理的原则和制度。此外，1996 年 6 月 20 日发布的《结汇、售汇及付汇管理规定》、1997 年 9 月 24 日和 10 月 10 日颁布的《银行外汇业务管理规定》、《境内外汇账户管理规定》等组成我国外汇管理的主要法律规范。

19.5.2　外汇管理和我国的外汇管制

外汇管理又称“外汇管制”，是指一国依法对所辖境内的外汇收支、买卖、借贷、转移以及国际间结算、外汇汇率和外汇市场所实施的行政限制性措施。作为对外经济贸易管理的重要组成部分，外汇管理的作用在于：

1) 稳定本国货币的对外汇率。

2) 防范外汇风险，保护国内市场，促进经济发展。

3) 平衡本国国际收支。

目前，世界各国都实行外汇管理，但在管理的程度上有所不同，约可分为三种类型：第一种是实行比较全面的外汇管理，即对经常项目和资本项目都实行管制，这类国家通常经济比较落后，外汇资金短缺，市场机制不发达，希望通过集中分配和使用外汇来达到促进经济的目的；第二种是实行部分外汇管制，即对经常项目的外汇交易不实行或基本不实行外汇管制，但对资本项目的外汇交易则进行一定的限制；第三种是基本不实行外汇管制，即对经常项目和资本项目的外汇交易不实行普遍和经常性的限制。

我国目前的外汇管理体制基本上属于部分外汇管制。表现为：①对经常项目实行可兑换，对资本项目实行比较严格的管制；②对金融机构的外汇业务实行监督管理；③禁止外币在境内计价流通；④对保税区和边境地区实行有区别的外汇管理。

19.5.3 我国外汇管制主要内容

外汇管理的对象是境内机构、个人、驻华机构、来华人员的外汇收支或者经营活动。其中，境内机构是指中国境内的企事业单位、国家机关、社会团体、部队等，包括外商投资企业；个人是指中国公民和在中国居住满1年的外国人；驻华机构是指外国驻华机构、领事机构、国际组织驻华代表机构、外国驻华商务机构和国外民间组织驻华业务机构；来华人员是指驻华机构的常驻人员、短期入境的外国人、应聘在境内机构工作的外国人以及外国留学生等。

19.5.3.1 经常项目外汇管理

经常项目是指国际收支中经常发生的交易项目，包括贸易收支、劳务收支、单方面转移等。

经常项目外汇管理主要包括以下三方面的内容：

1) 经常项目可兑换(银行售汇制)。是指对属于经常项目下的各类交易，包括进口货物、支付运输费、保险费、劳务服务、出境旅游、投资利润、借债利息、股息、红利等，在向银行购汇或从银行外汇账户上支付时不受限制。国家对经常性国际支付和转移一般不予限制。

2) 银行结汇制。是指我国对经常性项目下的外汇收入采取的一种管理措施，即境内机构对于其经常项下收入的外汇收入，除有特殊规定外，必须按规定结售给外汇指定银行的制度。

3) 出口收汇和进口付汇核销制度。境内机构的出口收汇和进口付汇，应当按照国家关于出口收汇核销管理和进口付汇核销管理的规定办理核销手续。出口收汇核销是指货物出口后，对相应的收汇进行核销。进口付汇核销是指进口货款付出后，对相应的到货进行核销。

19.5.3.2 资本项目外汇管理

资本项目外汇是指国际收支中因资本输出和输入而产生的资产与负债的增减项目资本，包括直接投资、各类贷款、证券投资等项目。我国资本项目外汇收支管理的基本原则是在放松经常项目汇兑限制的同时，完善资本项目管理。

19.5.3.3 金融机构外汇业务管理

金融机构须经外汇管理机关批准，领取《经营外汇业务许可证》，才能经营外汇业务，并且不得超范围经营外汇业务。未经批准的任何单位和个人不得经营外汇业务。

19.5.3.4 人民币汇率和外汇市场的管理

汇率是一国货币同他国货币之间的兑换比率，即一国货币用另一国货币表示的价格。自 1994 年汇率并轨后，我国人民币实行以市场供求为基础的、单一的、有管理的浮动汇率制度，由人民银行根据银行间外汇市场形成的价格，每日公布人民币对主要外币的汇率。

外汇市场是进行外汇交易的场所，通常是无形市场。我国的外汇市场是全国统一的银行间外汇交易市场。市场交易主体是外汇指定银行和其他经批准经营外汇业务的金融机构。

19.5.4 违反外汇管理法的法律责任

违反外汇管理法的行为主要有逃汇、非法套汇、扰乱金融秩序三大类，对这三大类违法行为所应承担相应的法律责任。

逃汇系指境内机构或个人逃避外汇管理，将应该结售给国家的外汇私自保存、转移、买卖、使用、存放境外，或将外汇、外汇资产私自携带、托带或邮寄出境的行为。所谓非法套汇，系指境内机构或个人，采取各种方式私自向第二者或第三者用人民币或物资换取外汇或外汇收益，套取国家外汇的行为。扰乱外汇管理秩序，是指境内机构、外汇指定银行等违反《外汇管理条例》的规定，非法从事外汇业务及违反操作规则影响正常金融秩序的行为。对有上述行为者给予行政处罚；构成犯罪的，依法追究刑事责任。

当事人对处罚决定不服的，可以自收到处罚决定通知书之日起 15 日内向上一级管汇机关申请复议；上一级管汇机关应当自收到复议申请书之日起 2 个月内作出复议决定。当事人对复议决定仍不服的，可依法向人民法院提起诉讼。

学习指导

★ 复习思考

1) 简述中央银行性质和法律地位。
2) 商业银行法律地位是什么？
3) 商业银行与存款人、借款人是怎样的法律关系？
4) 简述商业银行的主要业务规则。
5) 简述银行业监管的意义。

★ 案例分析

2003 年 5 月 21 日，被告赵姗姗向原告中国银行上海市分行申领品名为“个人普通贷记万事卡”的长城贷记卡一张，信用额度为 5 000 元人民币(以下币种同)，后调整为 20 000 元。至 2006 年 5 月 12 日被告使用该卡，透支金额为 756.18 元。2006 年 5 月 19 日该卡被透支消费三笔，金额分别是 280 元、1 600 元和 2 160 元，第三笔系被告电话挂失后消费的。后被告归还 800 元，至 2007 年 1 月 29 日该卡共计透支金额为 4 777.91 元。发生透支后，原告多次向被告催讨透支款项，但被告认为该款系被盗用，故一直拖欠不还。原告中国银行上海市分行遂诉至法院。

问：赵姗姗是否应该归还信用卡透支的款项？

20 会计、审计、统计法律制度

本章要点

本章就会计法、审计法、统计法的概念、特征、内容等进行了阐述。通过本章学习，了解会计、审计、统计的概念、特征、内容；掌握会计法、审计法、统计法的基本原则；了解违反会计法、审计法、统计法的法律责任；加强对我国现行的金融法律制度体系的认识和理解。

20.1 会计法

1985年1月21日第六届全国人民代表大会常务委员会第九次会议通过，1993年对会计法进行了修正。随着经济体制改革和社会主义市场经济的发展，为适应形势发展的需要，进一步规范会计行为，提高会计信息质量，1999年10月31日第九届全国人民代表大会常务委员会第十二次会议又对此法作了修订，修订后的《会计法》对原会计法作了全面修改。

20.1.1 会计法概述

20.1.1.1 会计和会计法

会计是以货币为主要的计量单位，通过记账、算账、报账等手段，对经济信息进行加工、处理、核算，监督企事业等单位的资金及其运动的一种管理活动。会计的基本职能是进行核算和实行监督。

会计法是调整国家协调、干预会计工作以及会计机构、会计人员在办理会计事务过程中发生的经济关系的法律规范的总称。

20.1.1.2 会计法的特征

1) 强制性。会计法由国家强制力保障并贯彻实施。会计机构、会计人员办理会计事务须符合会计法规定，违反会计法将承担相应的法律责任。《会计法》规定，国家机关、社会团体、公司、企业、事业单位和其他组织(以下统称单位)必须依照本法办理会计事务。各单位必须依法设置会计账簿，保证其真实、完整。

2) 标准性。会计法有明确的评价标准，告诉人们哪些行为可以作为，哪些行为不得作为。

3) 普遍性。会计法适用于一切有经济活动、资金往来关系的国家机关、企业、事业单位和其他单位。

20.1.2 会计的内容

1) 会计对象。这是会计工作的内容，也是会计反映和控制的内容，是社会再生产过程中的经营资金的运动。会计对象包括：产品制造企业的资金运动和商品流通企业的资金活动。

2) 会计职能。这是核算与监督，财务会计的对象，是会计核算与监督的内容。财务会计的基本职能包括核算职能、监督职能。另外，还具有预测经营前景、参与经营决策、评价经营业绩的延伸职能。

3) 会计目标。这是财务会计所要达到的目的和要求。它包括提供什么信息、满足哪些人的需要两个方面。财务会计对会计主体的经济活动进行核算，提供反映会计主体经济活动的信息，以满足与企业有利益关系的各方面的需要，一般来说财务会计提供的信息只能满足各方面需要的公共信息，而不是满足其特殊需求的信息。财务会计提供的公共信息主要是：会计主体的经营成果，会计主体的财务状况，会计主体的现金流量等。

会计目标具体划分为三个层次：①满足政府宏观调控的需要；②为企业外部各有关方面了解其财务状况和经营成果提供信息；③满足企业自身经营管理的需要。

20.1.3 会计工作管理的法律规定

我国会计工作管理，主要包括三个方面的问题：

1) 会计工作管理体制。我国会计工作实行统一领导，分级管理的管理体制。在管理层次上分三个层次：①国务院财政部门主管全国的会计工作；②县级以上地方各级人民政府财政部门管理本行政区域内的会计工作；③各单位负责人对本单位的会计工作和会计资料的真实性、完整性负责。

2) 制定会计制度的权限。国家实行统一的会计制度。国家统一的会计制度由国务院财政部门根据本法制定并公布；对于有特殊要求的行业、系统，《会计法》第8条规定，国务院有关部门可以依照本法和国家统一的会计制度制定对会计核算和会计监督有特殊要求的行业实施国家统一的会计制度的具体办法或者补充规定，报国务院财政部门审核；中国人民解放军总后勤部可以依照本法和国家统一的会计制度制定军队实施国家统一的会计制度的具体办法，报国务院财政部门备案。

3) 会计机构和会计人员的管理。

(1) 《会计法》第 21 条规定："各单位根据会计业务的需要设置会计机构，或者在有关机构中设置会计人员并指定会计主管人员。"不具备条件的单位，应当委托经批准设立从事会计代理记账业务的中介机构代理记账。国有的和国有资产占控股地位或者主导地位的大中型企业必须设置总会计师。会计机构内部应建立稽核制度。出纳人员负责现金、银行存款的日常记录工作，不得兼任稽核、会计档案保管和收入、费用、债权债务账目的登记工作。

(2) 会计人员的条件。必须取得会计从业资格证书。担任会计机构负责人或会计主管人员的，还应当具备会计师以上专业技术职务资格或者从事会计工作 3 年以上经历。会计人员从业资格管理办法由国务院财政部门规定。

(3) 会计机构和会计人员的主要职责有：①依法进行会计核算；②依法进行会计监督；③拟订本单位办理会计事务的具体办法；④参与拟订经济计划、业务计划，考核、分析预算、财务计划的执行情况；⑤办理其他会计事务。

会计人员应当遵守职业道德，提高业务素质。会计机构、会计人员依法进行会计核算，实行会计监督。因有提供虚假财务会计报告，做假账，隐匿或者故意销毁会计凭证、会计账簿、财务会计报告，贪污，挪用公款，职务侵占等与会计职务有关的违法行为被依法追究刑事责任的人员，不得取得或者重新取得会计从业资格；因违法违纪行为被吊销会计从业资格证书的人员，自被吊销会计从业资格证书之日起 5 年内，不得重新取得会计从业资格证书。

20.1.4 会计核算

会计核算是指以货币为主要计量单位，通过专门的程序和方法，对企业、事业、机关等单位发生的经济活动进行连续、系统、全面、综合地记录、计算和分析的全部活动。它是会计工作的基本任务之一，也是《会计法》的核心内容之一，具有非常重要的地位。

20.1.4.1 会计核算的内容

会计核算的内容指一个会计主体在生产经营或者执行业务过程中所发生的一切可以用货币计价反映的经济活动。会计法规定以下经济业务事项，应当进行会计核算：①款项和有价证券的收付；②财物的收发、增减和使用；③债权债务的发生和结算；④资本、基金的增减；⑤收入、支出、费用、成本的计算；⑥财务成果的计算和处理；⑦需要办理会计手续、进行会计核算的其他事项。

20.1.4.2 会计年度和记账货币单位

会计核算期间也称会计年度。我国采用公历年度为会计年度，即自公历1月1日起至12月31日止为一个会计年度。

记账货币单位指在会计事项发生时所使用的货币，即日常进行账簿记录和编制会计报表所使用的计量货币。我国会计核算以人民币为记账货币单位。但是，从对外开放以来，同外国的经济往来不断增多，有些单位发生用外币计算的经济业务。为了使会计核算能够进行全国统一汇总，《会计法》规定，以外国货币计算的，应当折合人民币记账，同时为了反映外币业务的实际情况，除了登记人民币金额以外，还要登记外国货币金额和外汇折合率。

20.1.4.3 会计核算的程序和方法

《会计法》原则规定了会计核算的程序和方法。根据规定，各单位必须根据实际发生的经济业务事项进行会计核算，填制会计凭证，登记会计账簿，编制财务会计报告。具体内容如下：

1) 填制、审核原始凭证。凡发生会计事项必须填制或者取得原始凭证，并及时送交会计机构；会计机构、会计人员必须按照国家统一的会计制度的规定对原始凭证进行审核，对不真实、不合法的原始凭证有权不予接受，并向单位负责人报告；对记载不准确、不完整的原始凭证予以退回，并要求按照国家统一的会计制度的规定更正、补充。记账凭证应当根据经过审核的原始凭证编制。各单位不得以虚假的经济业务事项或者资料进行会计核算。

2) 登记会计账簿。会计账簿登记必须以经过审核的会计凭证为依据，并符合法律、行政法规和国家统一的会计制度规定的规定。会计账簿包括总账、明细账、日记账和其他辅助账。各单位发生的各项经济业务事项应当在依法设置的会计账簿上统一登记、核算，不得违反本法和国家统一的会计制度的规定私设会计账簿登记、核算。

3) 编制财务会计报告。会计凭证、会计账簿、会计报表和其他会计资料必须符合国家统一的会计制度的规定。使用电子计算机进行会计核算的，其软件及其生成的会计凭证、会计账簿、财务会计报告和其他会计资料必须符合国家统一的会计制度的规定。任何单位和个人不得伪造、变造会计凭证、会计账簿及其他会计资料，不得提供虚假的财务会计报告。财务会计报告由会计报表、会计报表附注和财务情况说明组成。财务会计报告应当由单位负责人和主管会计工作的负责人、会计机构负责人(会计主管人员)签名并盖章；设置总会计师的单位，还须由总会计师签名并盖章。单位负责人应当保证财务会计报告真实、完整。

4) 会计档案。各单位对会计凭证、会计账簿、会计报表和其他会计资料，应当建立档案，妥善保管；会计档案保管期限和销毁办法，由国务院财政部门会同有关部门制定。

20.1.5 会计监督的法律规定

会计监督是会计法规定的会计工作的又一项基本职能。所谓会计监督是指会计机构和会计人员等依照法律规定，通过办理会计手续对经济活动的合法性、合理性和效益性所进行的一种监督。会计监督分为内部监督、外部监督和社会监督。

20.1.5.1 内部监督

内部监督是本单位设置的会计机构、会计人员对本单位的经营中应记录的会计事项所进行的监督。

单位内部监督制度应当符合下列要求：①记账人员与经济业务事项和会计事项的审批人员、经办人员、财物保管人员的职责权限应当明确，并相互分离、相互制约；②重大对外投资、资产处理、资金调度和其他经济业务事项的决策和执行的相互监督、相互制约应当明确；③财产清查的范围、期限和组织程序应当明确；④对会计资料定期进行内部审计的办法和程序应当明确。

20.1.5.2 外部监督

外部监督是指本单位以外的包括国家有关经济监督部门如审计机关、财政机关和税务机关以及社会中介机构如会计师事务所、审计师事务所依法对各单位记载的会计事项所进行的监督。

1) 财政部门对各单位的下列情况实施监督：①是否依法设置会计账簿；②会计凭证、会计账簿、财务会计报告和其他会计资料是否真实、完整；③会计核算是否符合本法和国家统一的会计制度的规定；④从事会计工作的人员是否具备从业资格。

2) 财政、审计、税务、人民银行、证券监管、保险监管等部门应当依照有关法律、行政法规规定的职责，对有关单位的会计资料实施监督检查。有关监督检查部门已经做出的检查结论能够满足其他监督检查部门履行本部门职责需要的，其他监督检查部门应当加以利用，避免重复查账。

3) 各单位必须依照有关法律、行政法规的规定，接受有关监督检查部门的监督检查，如实提供会计凭证、会计账簿、财务会计报告和其他会计资料，不得拒绝、隐匿、谎报。

4) 任何单位和个人对违反《会计法》和国家统一的会计制度规定的行为，有权检举。收到检举的部门有权处理的，应当依法按照职责分工及时处理；无权处理的，应当及时移送有权处理的部门处理。收到检举的部门、负责处理的部门应当为检举人保密，不得将检举人姓名和检举材料转给被检举单位和被检举人个人。

20.1.5.3 社会监督

社会监督是指会计师事务所受有关单位的委托，对其财务状况、经营成果实施的审计监督。根据《会计法》第 31 条规定：有关法律、行政法规规定，须经注册会计师进行审计的单位，应当向受委托的会计师事务所如实提供会计凭证、会计账簿、财务会计报告和其他会计资料以及有关情况。任何单位或者个人不得以任何方式要求或者示意注册会计师及其所在的会计师事务所出具不实或者不当的审计报告。财政部门有权对会计师事务所出具审计报告的程序和内容进行监督。

20.1.6 法律责任

20.1.6.1 违反会计核算与监督的行政责任

违反本法规定，有下列行为之一的，由县级以上人民政府财政部门责令限期改正，可以对单位并处 3 000 元以上至 5 万元以下的罚款；对直接负责的主管人员和其他直接责任人，可以处 2 000 元以上 2 万元以下罚款；属于国家工作人员的，还应当由其所在单位或者有关单位依法给予行政处分：①单位行政领导人、会计人员违反《会计法》关于会计核算的规定，情节严重的；②单位行政领导人、会计人员和其他人员伪造、变造、故意毁灭会计凭证、会计账簿，情节尚不严重的；③会计人员对明知不真实、不合法的原始凭证予以受理，或者对明知是违反国家统一的财政制度、财务制度规定的收支予以办理，单位行政领导人、上级主管单位行政领导人对明知是违反国家统一的财政制度、财务制度规定的收支决定办理或者坚持办理，情节严重的；④上级主管单位行政领导人接到会计人员按照本法第十九条第二款规定提出的书面报告，无正当理由逾期不做出处理决定，造成严重后果的；⑤单位行政领导人和其他人员对依照本法履行职责的会计人员进行打击报复的。

20.1.6.2 刑事责任

刑事责任是指行为人严重违反《会计法》的规定，并已触犯刑律，依法应受刑事处罚的法律后果。需要追究刑事责任的有三种情况：①单位行政领导人、会计人员和其他人员伪造、变造、故意毁灭会计凭证、会计账簿，情节严重的；②会计人员对明知不真实、不合法的原始凭证予以受理，或者对明知是违反国家统一的财政制度、财务制度规定的收支予以受理；单位行政领导人、上级主管单位行政领导人对明知是违反国家统一的财政制度、财务制度规定的收支决定办理或者坚持办理，给国家造成重大经济损失的；③单位行政领导人和其他人员，对依照《会计法》履行职责的会计人员进行打击报复，情节严重的。

20.2 审计法

我国于1983年成立国家审计署，1995年1月1日起施行《中华人民共和国审计法》(简称《审计法》)。《审计法》施行以来，我国社会经济生活有了较大的变化，社会主义市场经济逐步完善，《审计法》所面临的经济环境、所面对的调整对象都有了新的特点，同时，审计队伍建设需要进一步加强，审计手段需要进一步完善，执行审计任务需要更有力的配合等，这些都对《审计法》提出了新的要求。为确保《审计法》能够满足审计工作的实际需要，保证审计监督能够更有力度，保障审计工作的质量，从而更好地运用审计手段维护国家财政经济秩序，2006年2月28日第十届全国人民代表大会常务委员会第二十次会议对《审计法》进行了修改。《审计法》是一部具有中国特色的审计法律，它在我国社会主义市场经济法律体系中发挥着重要作用，是国家审计法制建设的重要里程碑。

20.2.1 审计的概念

审计是由独立的专门机构或人员，依照国家法律规定或者当事人授权，对被审计单位的会计资料及其所反映的经济活动的真实性、合法性和效益性进行审查，评价、鉴证的一种独立性的经济监督活动。根据审计监督的主体不同，审计可分为国家审计、内部审计和社会审计。

20.2.2 审计机关和审计人员

审计机关是代表国家行使审计监督权的国家行政机关。国务院设审计署，即中华人民共和国审计署，在国务院领导下，主管全国的审计工作。审计长是审计署的行政首长。审计署对国务院负责并报告工作。省、市、县三级的审计机关，分别在三级行政首长和上一级审计机关的领导下，负责本行政区域内的审计工作。

审计人员应当具备与其从事的审计工作相适应的专业知识和业务能力。审计工作人员，应当依法审计，忠于职守，坚持原则，客观公正，廉洁奉公，保守秘密。

20.2.3 审计机关的范围及职责、权限

20.2.3.1 审计范围

审计范围是指《审计条例》对各级审计机关行使审计监督权限的划分。审计范围，实际上是指各级审计机关的审计事项的管辖范围，即级别管辖范围。

各级审计机关是根据我国的财政管理体制，按照被审计单位的财政、财务的隶属关系，确定审计范围。但是，上级审计机关可以因事制宜地将属于其审计范围内的审计事项，授权下级审计机关进行审计；对属于下级审计机关审计范围内的重大审计事项，上级审计机关亦可以直接进行审计。

修订后的审计法适应了体制改革和经济领域多元化的现实，将政府投资和国有企业投资为主的一切组织、机构和项目纳入审计范围。国务院和县级以上地方人民政府应当每年向人大常委会提出审计机关对预算执行和其他财政收支的审计工作报告，对有关国家机关领导干部和国有企业负责人等实行任期经济责任审计的规定。

20.2.3.2 审计机关的职责

新修订的审计法重新规范了审计部门的职责，即审计机关不再承担对社会审计机构的指导和管理职责，但对其出具的审计报告有检查职责。审计机关的职责主要包括：①对国家财政收支进行审计监督。审计机关对本级各部门(含直属单位)和下级政府预算的执行情况和决算，以及预算外资金的管理和使用进行审计监督。②对中央银行的财务收支和国有金融机构的资产、负债、损益，进行审计监督。③对国家事业组织的财务收支，进行审计监督。④对国有企业的资产、负债、损益进行审计监督；对国家资产占控股地位或者主导地位的企业进行审计监督。⑤对国家建设项目的预算执行情况和决算，进行审计监督。⑥对政府部门管理的和社会团体受政府委托管理的社会保障基金、社会捐赠资金及其他有关基金、资金的财务收支，进行审计监督。⑦对国际组织和外国政府援助、贷款项目的财务收支，进行审计监督。⑧审计机关按照国家有关规定，对国家机关和依法属于审计机关审计监督对象的其他单位的主要负责人，在任职期间对本地区、本部门或者本单位的财政收支、财务收支以及有关经济活动应负经济责任的履行情况，进行审计监督。⑨对其他法律、行政法规规定应当由审计机关进行审计的事项，依照

本法和有关法律、行政法规的规定，进行审计监督。⑩审计机关有权对与国家财政收支有关的特定事项，向有关地方、部门、单位进行专项审计调查，并向本级人民政府和上一级审计机关报告审计调查结果。审计机关根据被审计单位的财政、财务隶属关系或者国有资产监督管理关系，确定审计管辖范围。

20.2.3.3 审计机关的权限

审计机关进行审计活动，有权要求被审计单位进行协助和配合。被审计单位不予协助的，或者审计机关在审计中发现被审计单位有违法违纪活动的，有权予以制止或采取相应的处理措施。审计机关的权限包括两个方面：

1) 检查权。即审计机关在审计活动中有权查看有关报告、报表等资料，有权进行必要的调查。

(1) 审计机关有权要求被审计单位按照审计机关的规定提供预算或者财务收支计划、预算执行情况、决算、财务会计报告，运用电子计算机储存、处理的财政收支、财务收支电子数据和必要的电子计算机技术文档，在金融机构开立账户的情况。社会审计机构出具的审计报告，以及其他与财政收支或者财务收支有关的资料，被审计单位不得拒绝、拖延、谎报。被审计单位负责人对本单位提供的财务会计资料的真实性和完整性负责。这一权限是按照进一步加强审计监督工作要求，在充实审计监督手段、进一步规范审计监督程序等方面做出的新规定。

(2) 审计机关进行审计时，有权检查被审计单位的会计凭证、会计账簿、会计报表以及其他与财政收支或者财务收支有关的资料，被审计单位不得拒绝。

(3) 审计机关进行审计时，有权就审计事项的有关问题向有关单位和个人进行调查，并取得有关证明材料。有关单位和个人应当支持，协助审计机关工作，如实向审计机关反映情况，提供有关证明材料。

(4) 审计机关进行审计时，被审计单位不得转移、隐匿、篡改、毁弃会计凭证、会计账簿、会计报表以及其他与财政收支或者财务收支有关的资料，不得转移、隐匿所持有的违反国家规定取得的财产。

2) 处理权。即审计机关有权对被审计单位违纪违法行为及时制止或者做出一定处分的权力。

(1) 审计机关对审计单位正在进行的违反国家规定的财政收支、财务收支行为，有权予以制止；制止无效的，经县级以上审计机关负责人批准，通知财务部门和有关主管部门暂停拨付与违反国家规定的财政收支、财务收支行为直接有关的款项，已经拨付的，暂停使用。

(2) 审计机关认为被审计单位所执行的上级主管部门有关财政收支、财务收支的规定与法律、行政法规相抵触的，有权建议有关主管部门纠正；有关主管部门不予纠正的，审计机关应当提请有权处理的机关依法处理。

(3) 审计机关可以向政府有关部门通报或者向社会公布审计结果。审计机关通报或者公布审计结果，应当依法保守国家秘密和被审计单位的商业秘密，遵守国务院的有关规定。

3) 移送和提请处罚权。是指审计机关不能进行处罚，但是依法有权将在审计监督检查过程中发现的问题，移送或者提请有权处罚的部门、机关予以处罚。对于违反财经法规的被审计单位的直接责任人员和单位负责人，审计机关有权做出以下决定：

(1) 移送有关部门处理。审计机关认为应当给予行政处分的，则移送监察或者有关部门处理。

(2) 提请司法机关追究刑事责任。审计机关认为情节严重，构成犯罪的，则提请司法机关依法追究刑事责任。

被审计对象可以对审计组提出的审计报告提出书面意见；审计组在向审计机关报送审计组的审计报告时，应当将被审计对象提出的书面意见一并报送审计机关；审计机关在审议审计组的审计报告时，应当对被审计对象提出的意见一并进行研究后，提出审计机关的审计报告，做出相应的审计决定。被审计对象对审计机关做出的审计决定不服的，可以依法申请行政复议、提起行政诉讼或者提请本级人民政府裁决。

20.2.4 审计程序

审计程序是指审计机关进行审计监督的必要步骤。审计法作了如下规定：

1) 编制审计项目计划，组成审计工作组。审计机关应根据国家政策以及上级机关和本级政府的要求，编制审计项目计划，确定审计事项，组成审计工作小组。

2) 通知被审计单位。审计机关应当在实施审计 3 日前，向被审计单位送达审计通知书。

3) 进行审计。审计人员应通过审查会计凭证、会计账簿、会计报表，查阅与审计有关的文件、资料，检查现金、实物、有价证券，向有关单位和个人调查等方式进行审计，并取得必要的证明材料。审计人员向有关单位和个人进行调查时，应当出示审计人员的工作证和审计通知书副本。

4) 提出审计报告和出具审计意见书。审计组对审计事项实施审计后，应当向审计机关提出审计报告。审计报告报送审计机关前，应当征求被审计单位的意见。被审计单位应当自接到审计报告之日起 10 日内，将其书面意见送交审计小组或审计机关。

审计机关审定审计报告，对审计事项做出评价，出具审计意见书；对违反国家规定的财政收支、财务收支行为，需要依法给予处理、处罚的，在法定职权范围内做出审计决定或者向有关主管机关提出处理、处罚意见。

审计机关应当自收到审计报之日期起30日内，将审计意见书和审计决定送达被审计单位和有关单位。审计决定自送达之日起生效。

20.2.5 内部审计和社会审计

20.2.5.1 内部审计

国务院各部门和地方人民政府各部门、国有的金融机构和企业事业组织，应当按照国家有关规定设立内部审计机构。审计业务较少的单位，可以设立内部专职审计人员。

1) 内部审计的主要任务。内部审计机构或审计人员的主要任务是对本单位及本单位下属单位的下列事项进行审计监督：①财务计划或者单位预算的执行和决算；②与财务收支有关的经济活动及其经济效益；③内部控制制度的健全、有效程度；④国家和单位资产的管理情况；⑤专项资金的提取、使用；⑥国家财经法规的执行情况；⑦本单位领导交办的其他审计事项。此外，内部审计机构或者审计人员对本单位与境内、外经济组织兴办合资、合作经营企业以及合作项目所投入资金、财产的使用及其效益，进行内部审计。

2) 内部审计机构的主要职权有：①检查凭证、账表、决算、资金和财产，查阅有关文件和资料；②参加有关会议；③对审计中的有关事项进行调查并索取证明材料；④对正在进行的严重违反财经法纪、严重浪费行为，做出临时的制止决定；⑤对阻挠、破坏审计工作以及拒绝提供有关资料的，经单位领导人批准，可以采取必要的临时措施，并提出追究有关人员的责任的建议；⑥提出改进管理、提高效益的建议，以及纠正、处理违反财经法纪行为的建议；⑦对严重违反财经法纪和造成严重损失浪费的人员，提出追究责任的建议；⑧对审计工作中的重大事项，向对其进行指导的上级内部审计机构和审计机关反映。此外，内部审计机构或者审计人员所在单位可以在管理权限内，授予内部审计机构经济处理、处罚的权限。

20.2.5.2 社会审计

社会审计是指社会审计组织根据国家审计机关或部门、单位的委托所进行的审计工作。它与国家审计、内部审计相配合，共同实现对社会经济的审计监督任务。

我国社会审计工作的机构主要是会计师事务所和审计师事务所。会计师事务所是指经国家主管财政部门批准，注册登记，依法独立承办查账验证业务和会计咨询业务的事业单位，实行自收自支、独立核算、依法纳税，具有法人资格。

社会审计组织的任务是接受国家机关、全民所有制企业事业单位、城乡集体经济组织和个人委托承办有关审计业务以及提供咨询服务和培训人员。具体包括下列业务：财务收支、经济效益、经济责任的审计查证事项；经济案件的鉴定事项；注册资金的验证和年检；基建工程预、决算的验证；建立账簿，建立财务会计制度以及提供会计、财务、税务和经济管理咨询服务；培训审计、财务、会计人员和其他经济管理人员；担任审计、会计咨询顾问。

20.2.6 法律责任

1) 违反审计法的法律责任。承担这种法律责任的主体有被审计单位及其有关责任人员、审计人员。这种法律责任的内容有：对被审计单位主要由审计机关给予警告、通报批评或追究其他责任；对被审计单位违反审计法规定的行为负有直接责任的有关责任人员，审计机关提出给予行政处分建议，由有关单位、部门给予行政处分，构成犯罪的，依法追究刑事责任。对审计人员的行为构成犯罪的，依法追究刑事责任，不构成犯罪的给予行政处分。

2) 违反国家规定的财政收支、财务收支行为的法律责任。承担这种法律责任的主体有被审计单位及其有关责任人员。这种法律责任的内容主要是由审计机关责令退还违法所得，收缴应当上缴的收入，限期退还被侵占的国有资产以及采取其他纠正措施进行处理，并可依法给予处罚。对负有直接责任的主管人员和其他直接责任人员，由审计机关建议有关单位、部门给予行政处分，构成犯罪的，依法追究刑事责任。

20.3 统计法

20.3.1 统计法概述

统计是指运用各种统计方法对国民经济和社会发展情况进行统计调查、统计分析，提供统计资料和统计咨询意见，实行统计监督等活动的总称。

统计法是调整统计关系的法律规范的总称。统计法是国家管理统计活动和有关部门进行统计活动必须遵循的法律规范。

为了有效地、科学地组织统计工作，保障统计资料的准确性和及时性，发挥统计在了解国情国力、指导国民经济和社会发展中的重要作用，促进我国社会主义现代化建设事业的发展，1983 年 12 月 8 日，第六届全国人大常委会第三次会议通过了《中华人民共和国统计法》(简称《统计法》)，从 1984 年 1 月 1 日起施行。这是我国第一部比较完整的系统的统计法。1987 年 2 月 15 日国家统计局发布了《中华人民共和国统计法实施细则》(简称《统计法实施细则》)。1996 年 5 月、2000 年 6 月经过两次修订。针对社会各界反映强烈的虚报、瞒报、伪造、篡改统计资料等“造假”现象，2009 年 6 月 27 日十一届人大九次会议修订了《统计法》，新法自 2010 年 1 月 1 日起施行，该法的公布和实施在新中国的统计立法史上具有里程碑的意义。新《统计法》分为 7 章共 50 条，包括总则、统计调查管理、统计资料的管理和公布、统计机构和统计人员、监督检查、法律责任和附则等方面内容，增加了监督检查一章。

20.3.2 统计机构和统计人员

20.3.2.1 统计机构和统计人员的设置

国家建立集中统一的统计系统，实行统一领导，分级负责的统计管理体制。政府统计机构是我国的官方统计机构，也是统计活动的主管部门。统计法规定，国务院设立国家统计局负责组织、领导和协调全国统计工作。

县级以上地方人民政府设立独立的统计机构，乡、镇人民政府设置统计工作岗位，配备专职或者兼职统计人员，依法管理、开展统计工作，实施统计调查。县级以上人民政府有关部门根据统计任务的需要设立统计机构，或者在有关机构中设置统计人员，并指定统计负责人，依法组织、管理本部门职责范围内的统计工作，实施统计调查，在统计业务上受本级人民政府统计机构的指导。

统计人员应当具备与其从事的统计工作相适应的专业知识和业务能力。国家实行统计专业技术职务资格考试、评聘制度，提高统计人员的专业素质，保障统计队伍的稳定性。

20.3.2.2 统计机构的主要职责

国家统计局和地方各级人民政府统计机构的主要职责是：①制定统计调查计划，部署和检查全国或者本行政区域内的统计工作；②组织国家统计调查、地方统计调查，搜集、整理、提供全国或者本行政区域内的统计资料；③对国民经济和社会发展情况进行统计分析，实行统计监督；④管理和协调各部门制定的统计调查表和统计标准；⑤国家统计局管理国家的统计信息自动化系统和统计数据体系；乡、镇统计员会同有关人员负责农村基层统计工作，完成国家统计调查和地方统计调查任务。

20.3.2.3 统计机构和统计人员的职责

统计人员进行统计调查时，有权就与统计有关的问题询问有关人员，要求其如实提供有关情况、资料并改正不真实、不准确的资料。同时，应当出示县级以上人民政府统计机构或者有关部门颁发的工作证件；未出示的，统计调查对象有权拒绝调查。

统计人员应当坚持实事求是，恪守职业道德，对其负责搜集、审核、录入的统计资料与统计调查对象报送的统计资料的一致性负责。

统计机构、统计人员应当依法履行职责，如实搜集、报送统计资料，不得伪造、篡改统计资料，不得以任何方式要求任何单位和个人提供不真实的统计资料，不得有其他违反本法规定的行为。

20.3.3 统计调查项目和统计调查制度

20.3.3.1 统计调查项目

统计调查项目包括国家统计调查项目、部门统计调查项目和地方统计调查项目。国家统计调查项目是指全国性基本情况的统计调查项目。部门统计调查项目是指国务院有关部门的专业性统计调查项目。地方统计调查项目是指县级以上地方人民政府及其部门的地方性统计调查项目。国家统计调查项目、部门统计调查项目、地方统计调查项目应当明确分工，互相衔接，不得重复。

国家统计调查项目由国家统计局制定，或者由国家统计局和国务院有关部门共同制定，报国务院备案；重大的国家统计调查项目报国务院审批。部门统计调查项目由国务院有关部门制定。统计调查对象属于本部门管辖系统的，报国家统计局备案；统计调查对象超出本部门管辖系统的，报国家统计局审批。地方统计调查项目由县级以上地方人民政府统计机构和有关部门分别制定或者共同制定。

统计调查项目的审批机关应当对调查项目的必要性、可行性、科学性进行审查，对符合法定条件的，做出予以批准的书面决定，并公布；对不符合法定条件的，做出不予批准的书面决定，并说明理由。

20.3.3.2 统计调查制度

制定统计调查项目，应当同时制定该项目的统计调查制度，统计调查制度应当对调查目的、调查内容、调查方法、调查对象、调查组织方式、调查表式、统计资料的报送和公布等做出规定。

统计调查应当按照统计调查制度组织实施。变更统计调查制度的内容，应当报经原审批机关批准或者原备案机关备案。统计调查表应当标明表号、制定机关、批准或者备案文号、有效期限等标志。对未标明前款规定的标志或者超过有效期限的统计调查表，统计调查对象有权拒绝填报；县级以上人民政府统计机构应当依法责令停止有关统计调查活动。

1) 统计调查方法。统计调查依照统计学的规律，以特有的方法进行。在《统计法》修订以前，我国的统计调查方法主要是依靠全面统计报表采集统计信息。这种方法投入大，效益差。修订后的《统计法》规定：搜集、整理统计资料，应当以周期性普查为基础，以经常性抽样调查为主体，综合运用全面调查、重点调查等方法，并充分利用行政记录等资料。重大国情国力普查由国务院统一领导，国务院和地方人民政府组织统计机构和有关部门共同实施。

2) 统计标准。国家制定统一的统计标准，保障统计调查采用的指标涵义、计算方法、分类目录、调查表式和统计编码等的标准化。国家统计标准由国家统计局制定，或者由国家统计局和国务院标准化主管部门共同制定。国务院有关部门可以制定补充性的部门统计标准，报国家统计局审批。部门统计标准不得与国家统计标准相抵触。

3) 统计资料的管理和公布。

(1) 统计资料的管理。县级以上人民政府统计机构和有关部门以及乡、镇人民政府，应当按照国家有关规定建立统计资料的保存、管理制度，建立健全统计信息共享机制。

(2) 统计资料的公布。县级以上人民政府有关部门应当及时向本级人民政府统计机构提供统计所需的行政记录资料和国民经济核算所需的财务资料、财政资料及其他资料，并按照统计调查制度的规定及时向本级人民政府统计机构报送其组织实施统计调查取得的有关资料。

县级以上人民政府统计机构按照国家有关规定，定期公布统计资料。国家统计资料数据以国家统计局公布的数据为准。县级以上人民政府统计机构和有关部门统计调查取得的统计资料，除依法应当保密的外，应当及时公开，供社会公众查询。

20.3.4 法律责任

1) 追究领导人责任。地方人民政府、政府统计机构或者有关部门、单位的负责人有下列行为之一的，由任免机关或者监察机关依法给予处分，并由县级以上人民政府统计机构予以通报：①自行修改统计资料、编造虚假统计数据的；②要求统计机构、统计人员或者其他机构、人员伪造、篡改统计资料的；③对依法履行职责或者拒绝、抵制统计违法行为的统计人员打击报复的；④对本地方、本部门、本单位发生的严重统计违法行为失察的。

2) 追究统计调查对象违法行为。作为统计调查对象的国家机关、企业事业单位或者其他组织有下列行为之一的，由县级以上人民政府统计机构责令改正，给予警告，可以予以通报；其直接负责的主管人员和其他直接责任人员属于国家工作人员的，由任免机关或者监察机关依法给予处分：①拒绝提供统计资料或者经催报后仍未按时提供统计资料的；②提供不真实或者不完整的统计资料的；③拒绝答复或者不如实答复统计检查查询书的；④拒绝、阻碍统计调查、统计检查的；⑤转移、隐匿、篡改、毁弃或者拒绝提供原始记录和凭证、统计台账、统计调查表及其他相关证明和资料的。

企业事业单位或者其他组织有所列行为之一的，可以并处 5 万元以下的罚款；情节严重的，并处 5 万元以上 20 万元以下的罚款。

个体工商户有第①款所列行为之一的，由县级以上人民政府统计机构责令改正，给予警告，可以并处 1 万元以下的罚款。

作为统计调查对象的国家机关、企业事业单位或者其他组织迟报统计资料，或者未按照国家有关规定设置原始记录、统计台账的，由县级以上人民政府统计机构责令改正，给予警告；企业事业单位或者其他组织有前款所列行为之一的，可以并处 1 万元以下的罚款；个体工商户迟报统计资料的，由县级以上人民政府统计机构责令改正，给予警告，可以并处 1 000 元以下的罚款；个人在重大国情国力普查活动中拒绝、阻碍统计调查，或者提供不真实或者不完整的普查资料的，由县级以上人民政府统计机构责令改正，予以批评教育。

3) 追究组织实施统计调查者的违法行为。县级以上人民政府统计机构或者有关部门在组织实施统计调查活动中有下列行为之一的，由本级人民政府、上级人民政府统计机构或者本级人民政府统计机构责令改正，予以通报；对直接负责的主管人员和其他直接责任人员，由任免机关或者监察机关依法给予处分：①未经批准擅自组织实施统计调查的；②未经批准擅自变更统计调查制度的内容的；③伪造、篡改统计资料的；④要求统计调查对象或者其他机构、人员提供不真实的统计资料的；⑤未按照统计调查制度的规定报送有关资料的。

统计人员有第③项至第⑤项所列行为之一的，责令改正，依法给予处分。

县级以上人民政府统计机构或者有关部门有下列行为之一的，对直接负责的主管人员和其他直接责任人员由任免机关或者监察机关依法给予处分：①违法公布统计资料的；②泄露统计调查对象的商业秘密、个人信息或者提供、泄露在统计调查中获得的能够识别或者推断单个统计调查对象身份的资料的；③违反国家有关规定，造成统计资料毁损、灭失的。统计人员有所列行为之一的，依法给予处分。统计机构、统计人员泄露国家秘密的，依法追究法律责任。

学习指导

★ 复习思考

1) 简述会计目标的三个层次。

2) 简述违反会计核算与监督的行政责任。

3) 审计程序有哪些？

4) 简述内部审计的主要任务。

5) 国家统计局和地方各级人民政府统计机构的主要职责有哪些？

6) 地方人民政府、政府统计机构或者有关部门、单位的负责人有哪些行为的可追究领导人责任？

★ 案例分析

王某是一家公司的承包经营负责人，在承包经营 2 年期结束之后，他请了当地一家会计师事务所对其经营期内的财务报表进行了审计。该会计师事务所经过审计，出具了无保留意见的审计报告，即认为该公司在承包经营期内的财务报表已公允地反映其财务状况。不久，检察机关接到举报，有人反映王某在承包经营期内，勾结财务经理与出纳，暗自收受回扣，侵吞国家财产。为此，检察机关传讯了王某。王某到了检察机关后，手持会计师事务所的审计报告，振振有词地说：“会计师事务所已出具了审计报告，证明我没有经济问题。如果不信，你们可以去问注册会计师 。”

请问：

(1) 王某的话是否有道理？

(2) 如果你是那家会计师事务所的负责人，你将如何回答这一问题？

第五编
社会保障及经济活动程序法律制度

- 劳动法律制度
- 经济仲裁制度和诉讼法律制度

21 劳动法律制度

本章要点

劳动法是以调整劳动关系为其任务的法律，事关每个劳动者的切身利益。劳动关系作为最基本的社会关系之一，其稳定有序与否直接制约着和谐社会的建设。本章系统地论述了劳动法的适用范围、调整对象、劳动者和用工者的权利和义务、劳动法律关系、劳动合同、劳动争议处理机构及争议解决程序等内容。通过本章学习，劳动者学会如何通过与用人单位订立劳动合同使自己的劳动权得以实现；用人单位通过与劳动者订立劳动合同，依法用工，依法履行义务和维护自己的权利。

21.1 劳动法概述

劳动法是我国法律体系中的一个重要法律。制定劳动法的目的在于，通过法律调整劳动关系以及与劳动关系密切联系的其他社会关系，以保护劳动者的合法权益，确立、维护和发展用人单位与劳动者之间的稳定、和谐的劳动关系，促进经济发展和社会进步。《中华人民共和国劳动法》(简称《劳动法》)于 1994 年 7 月 5 日由第八届全国人民代表大会常务委员会第八次会议通过，1995 年 1 月 1 日起施行。该劳动法初步建立起劳动关系协调制度，劳动争议处理制度，劳动保障监察制度，切实维护了劳动者的合法权益。2007 年 6 月 29 日《中华人民共和国劳动合同法》(简称《劳动合同法》)经第十届全国人民代表大会常务委员会第二十八次会议审议通过，于 2008 年 1 月 1 日起正式施行，成为劳动者权益保障的又一重要法律依据。《劳动法》作为一个以劳动关系为主要调整对象的独立法律部门，是新中国成立以来的第一部专门保障劳动者合法权益的基本法律，是劳动保障法制建设中一个重要的里程碑。

21.1.1 劳动法的概念和调整对象

劳动法是调整劳动关系以及与劳动关系密切联系的其他社会关系的法律规范

的总称。劳动法有狭义和广义两种理解。狭义的劳动法专指我国现行的《劳动法》，广义的劳动法除《劳动法》外，还包括全国人民代表大会及其常委会制定的劳动法律，国务院制定的劳动行政法规，国务院所属各部委制定的劳动规章，地方性劳动法规和劳动规章及我国批准的国际劳工公约，其他规范性或准规范性文件(如中华全国总工会制定的《工会参与劳动争议处理试行办法》)等。

劳动法的调整对象是劳动关系和与劳动关系密切联系的其他社会关系。劳动关系是指劳动者与用人单位之间在实现劳动过程中的社会关系。与劳动关系有密切联系的其他关系，是随着劳动关系产生、变更、消灭而附带产生的，主要包括：①因管理劳动发生的关系；②因执行社会保险产生的关系；③因组织工会发生的关系；④处理劳动争议发生的关系；⑤因监督劳动法的执行而产生的关系。

21.1.2　劳动法的适用范围

《劳动法》规定，在中华人民共和国境内的企业、个体经济组织(以下统称用人单位)和与之形成劳动关系的劳动者，适用本法；国家机关、事业单位、社会团体和与之建立劳动合同关系的劳动者，依照本法执行。新的《劳动合同法》以《劳动法》的调整范围为基础，还反映出了发展中的新用工形式，提出在我国从事产品生产、流通或服务性活动等实行独立核算的经济单位，包括各种所有制类型的企业，如工厂、农场、公司、个体经济组织及民办非企业单位都是《劳动合同法》调整的对象。国家机关、事业组织与社会团体在通过劳动合同或应实行劳动合同与其工作人员之间建立关系时也应当适用劳动合同法，包括实行企业化管理的事业组织和通过劳动合同(聘用合同)或应通过劳动合同与其工作人员建立关系的事业组织。

作为劳动合同另一方当事人的劳动者是达到法定年龄、具有劳动能力、独立给付劳动并获得劳动报酬的自然人，同样是《劳动合同法》所调整的主体范围。具体包括：①与企业、个体经济组织和民办非企业单位之间形成劳动关系的劳动者；②国家机关、事业组织、社会团体的工勤人员；③实行企业化管理的事业组织的非工勤人员；④其他通过劳动合同(包括聘用合同)与国家机关、事业单位、社会团体建立劳动关系的劳动者。

21.1.3　劳动者和用工者的基本权利和义务

《劳动法》规定的劳动者基本权利是：平等就业和选择职业的权利、获得劳动报酬的权利、获得休息休假的权利、获得劳动安全卫生保护的权利、获得职业培训的权利、享受社会保险和福利、提请劳动争议处理的权利、结社权、集体协商权、民主管理权。劳动者的基本义务是：完成劳动义务提高职业技能、执行劳动安全卫生规程、遵守劳动纪律和职业道德。

用工者的基本权利是：①招工权，根据本单位需要招用职工的权利；②用人权，依照法律和合同的规定，使用和管理劳动者的权利；③奖惩权，依照法律和本单位的劳动纪律，决定对职工奖惩的权利；④分配权，在法律和合同规定的范围内，决定劳动报酬分配方面的权利。

用人单位的基本义务是：应当依法建立和完善规章制度，保障劳动者享有劳动权利和履行劳动义务。

21.2 劳动合同

实行市场经济以来，劳动用工方式和用工制度发生了一些新的变化，在劳动合同制度实行的过程中，新问题、新矛盾不断出现，《劳动合同法》及 2008 年 9 月 3 日国务院第 25 次常务会议通过的《中华人民共和国劳动合同法实施条例》(简称《实施条例》)，从劳动合同的订立、劳动合同的履行和变更、劳动合同的解除和终止、特别规定(集体合同、劳务派遣合同、非全日制用工)、监督检查、法律责任等方面对劳动合同制度作了全面规定，健全和完善了我国的劳动合同制度，为依法调整和规范劳动合同制度提供了法律保障，也标志着我国的劳动合同制度纳入了依法规范、依法调整的法制轨道。

21.2.1 劳动合同的概念与特征

劳动合同是劳动者与用人单位确立劳动关系，明确双方权利和义务的协议。它具有以下特征：

1) 主体特定。一方是劳动者，另一方是用人单位。建立劳动关系应当订立劳动合同。

2) 劳动合同是劳动者与用人单位确立劳动关系的法律形式，其内容是明确劳动权利和劳动义务。

3) 劳动合同是要式合同，应当以书面形式签订。劳动合同依法订立即具有法律约束力，当事人必须履行劳动合同规定的义务，劳动者与用人单位签订劳动合同，可以保护自身的权利。

4) 劳动合同往往涉及第三人的物质利益。比如劳动者所赡养的直系亲属等；比如子女就业、住房、生育及工伤、死亡时的物质帮助等。

5) 从属性。劳动合同订立后，劳动者即被招收为用人单位的成员，产生人身从属关系，对内享受本单位职工的权利并承担本单位职工的义务，对外以单位的名义从事生产经营的管理活动。

21.2.2 劳动合同的种类

按照劳动合同有效期限的不同可分为以下三类。

1) 固定期限劳动合同。是指用人单位与劳动者约定合同终止时间的劳动合同。用人单位与劳动者协商一致，可以订立固定期限劳动合同。合同期限届满，双方当事人的劳动法律关系即行终止。

2) 无固定期限劳动合同。是指企业等用人单位与劳动者约定无确定终止时间的劳动合同。用人单位与劳动者协商一致，可以订立无固定期限劳动合同；有下列情形之一，劳动者提出或者同意续订、订立劳动合同的，除劳动者提出订立固定期限劳动合同外，应当订立无固定期限劳动合同：①劳动者在该用人单位连续工作满10年的；②用人单位初次实行劳动合同制度或者国有企业改制重新订立劳动合同时，劳动者在该用人单位连续工作满10年且距法定退休年龄不足10年的；③连续订立两次固定期限劳动合同，且劳动者没有法定情形，续订劳动合同的。上述“连续工作满10年”的起始时间，应当自用人单位用工之日起计算，包括劳动合同法施行前的工作年限。用人单位自用工之日起满1年不与劳动者订立书面劳动合同的，视为用人单位与劳动者已订立无固定期限劳动合同。

3) 以完成一定工作任务为期限的劳动合同。它是指用人单位与劳动者约定以某项工作的完成为合同期限的劳动合同，如以项目承包方式完成承包任务的劳动合同，因季节原因临时用工的劳动合同等。

21.2.3 劳动合同的形式

《劳动合同法》明确规定，建立劳动关系，应当订立书面劳动合同。已建立劳动关系，未同时订立书面劳动合同的，应当自用工之日起1个月内订立书面劳动合同。用人单位与劳动者在用工前订立劳动合同的，劳动关系自用工之日起建立。

21.2.4 劳动合同的内容

劳动合同的内容由必备条款与可备条款构成。根据《劳动合同法》规定，劳动合同应当具备以下条款：①用人单位的名称、住所和法定代表人或者主要负责人；②劳动者的姓名、住址和居民身份证或者其他有效身份证件号码；③劳动合同期限；④工作内容和工作地点；⑤工作时间和休息休假；⑥劳动报酬；⑦社会保险；⑧劳动保护、劳动条件和职业危害防护；⑨法律、法规规定应当纳入劳动合同的其他事项。

劳动合同对劳动报酬和劳动条件等标准约定不明确，引发争议的，用人单位与劳动者可以重新协商；协商不成的，适用集体合同规定；没有集体合同或者集体合同未规定劳动报酬的，实行同工同酬；没有集体合同或者集体合同未规定劳动条件等标准的，适用国家有关规定。

可备条款是法律规定的生效劳动合同可以具备的条款，当事人可以协商约定可备条款。根据《劳动合同法》规定，劳动合同除前款规定的必备条款外，用人单位与劳动者可以约定试用期、培训、保守秘密、补充保险和福利待遇等其他事项。

1) 试用期条款。试用期是指用人单位对新招收的职工进行思想品德、劳动态度、实际工作能力、身体情况等方面进一步考察的时间界限。《劳动合同法》规定，劳动合同期限 3 个月以上不满 1 年的，试用期不得超过 1 个月；劳动合同期限 1 年以上不满 3 年的，试用期不得超过 2 个月；3 年以上固定期限和无固定期限的劳动合同，试用期不得超过 6 个月。同一用人单位与同一劳动者只能约定一次试用期。以完成一定工作任务为期限的劳动合同或者劳动合同期限不满 3 个月的，不得约定试用期。

试用期包含在劳动合同期限内。劳动合同仅约定试用期的，试用期不成立，该期限为劳动合同期限。

劳动者在试用期的工资不得低于本单位相同岗位最低档工资的 80%，或者不得低于劳动合同约定工资的 80%，并不得低于用人单位所在地的最低工资标准。

2) 服务期条款。用人单位为劳动者提供专项培训费用，对其进行专业技术培训的，可以与该劳动者订立协议，约定服务期。劳动者违反服务期约定的，应当按照约定向用人单位支付违约金。违约金的数额不得超过用人单位提供的培训费用。用人单位要求劳动者支付的违约金不得超过服务期尚未履行部分所应分摊的培训费用。

用人单位与劳动者约定服务期的，不影响按照正常的工资调整机制提高劳动者在服务期期间的劳动报酬。

3) 保密义务和竞业限制条款。《劳动合同法》提出用人单位与劳动者可以在劳动合同中约定保守用人单位的商业秘密和与知识产权相关的保密事项。对负有保密义务的劳动者，用人单位可以在劳动合同或者保密协议中与劳动者约定竞业限制条款，并约定在解除或者终止劳动合同后，在竞业限制期限内按月给予劳动者经济补偿。劳动者违反竞业限制约定的，应当按照约定向用人单位支付违约金。

在解除或者终止劳动合同后，前款规定的人员到与本单位生产或者经营同类产品、从事同类业务的有竞争关系的其他用人单位，或者自己开业生产或者经营同类产品、从事同类业务的竞业限制期限，不得超过2年。

21.2.5　劳动合同的订立

订立劳动合同，应遵循合法、公平、平等自愿、协商一致、诚实信用的原则，不得违反法律和行政法规的规定。任何人不得将自己的意志强加给合同双方。

21.2.6　劳动合同的履行和变更

劳动合同的履行是指双方当事人按照合同约定完成各自的义务。依法订立的劳动合同，双方应该全面履行合同义务，不得擅自变更或终止，未经对方同意不得让他人代为履行。对于用人单位而言，必须按照合同能够的约定向劳动者提供适当的工作场所和劳动安全卫生条件、相关工作岗位，并按照约定的金额和支付方式按时向劳动者支付劳动报酬；对于劳动者而言，必须遵守用人单位的规章制度和劳动纪律，认真履行自己的劳动职责，并且亲自完成劳动合同约定的工作任务。

21.2.7　劳动合同的解除

劳动合同解除，是指劳动合同订立后，尚未履行完毕或者未全部履行以前，由于合同双方或者单方的法律行为导致劳动合同一方或双方当事人提前消灭劳动关系的法律行为。

21.2.7.1　劳动合同解除的方式

劳动合同的解除可分为协商解除和法定解除两种。

1) 协商解除。用人单位与劳动者协商一致的合同解除方式。

2) 法定解除。具备法律规定的条件时，任何一方当事人均可单方解除的合同解除方式。

21.2.7.2　劳动合同解除的类型

根据当事人不同还可分为用人单位单方解除和劳动者单方解除。

1) 劳动者单方解除劳动合同。

(1) 预告解除。劳动者提前30日以书面形式通知用人单位，可以解除劳动合同。劳动者在试用期内提前3日通知用人单位，可以解除劳动合同。

(2) 无需预告的解除，即只要具备法律规定的正当理由即可解除。用人单位有下列情形之一的，劳动者可以随时通知用人单位解除劳动合同，而不必遵守解除预告期和书面形式通知的要求：未按照劳动合同约定提供劳动保护或者劳动条件的；未及时足额支付劳动报酬的；未依法为劳动者缴纳社会保险费的；用人单位的规章制度违反法律、法规的规定，损害劳动者权益的；用人单位以欺诈、胁迫的手段或者乘人之危，使劳动者在违背真实意思的情况下订立或者变更劳动合同的；用人单位在劳动合同中免除自己的法定责任、排除劳动者权利的；用人单位违反法律、行政法规强制性规定的；用人单位以暴力、威胁或者非法限制人身自由的手段强迫劳动者劳动的；用人单位违章指挥、强令冒险作业危及劳动者人身安全的；法律、行政法规规定劳动者可以解除劳动合同的其他情形。

(3) 自行解除。因法律规定的特殊情况发生而导致劳动合同自行提前终止法律效力，并无需履行解除劳动合同的手续。如劳动者被开除、除名或因违纪被辞退等。

2) 用人单位单方解除。

(1) 随时解除。劳动者有下列情形之一的，用人单位无需以任何形式提前告知劳动者，可随时解除合同：劳动者在试用期间被证明不符合录用条件的；严重违反用人单位的规章制度的；劳动者严重失职，营私舞弊，给用人单位造成重大损害的；同时与其他用人单位建立劳动关系，对完成本单位的工作任务造成严重影响，或者经用人单位提出，拒不改正的；以欺诈、胁迫的手段或者乘人之危，使用人单位在违背真实意思的情况下订立或者变更劳动合同的；被依法追究刑事责任的。

(2) 无过失性辞退。有下列情形之一的，用人单位提前 30 日以书面形式通知劳动者本人或者额外支付劳动者 1 个月工资后，可以解除劳动合同：①劳动者患病或者非因工负伤，在规定的医疗期满后不能从事原工作，也不能从事由用人单位另行安排的工作的；②劳动者不能胜任工作，经过培训或者调整工作岗位，仍不能胜任工作的；③劳动合同订立时所依据的客观情况发生重大变化，致使劳动合同无法履行，经用人单位与劳动者协商，未能就变更劳动合同内容达成协议的。

(3) 经济性裁员。即用人单位在市场形势发生变化或由于自身经营不善等经济性原因，解雇多个劳动者的情形。经济性裁员作为用人单位单方解除劳动合同的一种方式，必须满足法定条件。这些法定条件包括实体性条件和程序性条件，只有同时具备了实体性条件之一和全部的程序性条件，才是合法有效的经济性裁员。

实体性条件为：依照企业破产法规定进行重整的；生产经营发生严重困难的；企业转产、重大技术革新或者经营方式调整，经变更劳动合同后，仍需裁减人员的；其他因劳动合同订立时所依据的客观经济情况发生重大变化，致使劳动合同无法履行的。

程序性条件为：需要裁减人员20人以上或者裁减不足20人但占企业职工总数10%以上的；必须提前30日向工会或者全体职工说明情况，听取工会或者职工的意见；裁减人员方案须向劳动行政部门报告。

裁减人员时，应当优先留用下列人员：与本单位订立较长期限的固定期限劳动合同的；与本单位订立无固定期限劳动合同的；家庭无其他就业人员，有需要扶养的老人或者未成年人的。

用人单位依照法律规定裁减人员，在6个月内重新招用人员的，应当通知被裁减的人员，并在同等条件下优先招用被裁减的人员

为了保护劳动者的合法权益，防止用人单位滥用单方解除权，《劳动合同法》做出了特别规定：一方面规定了工会在劳动合同解除中的监督职责，用人单位单方解除劳动合同，应当事先将理由通知工会。用人单位违反法律、行政法规规定或者劳动合同约定的，工会有权要求用人单位纠正。用人单位应当研究工会的意见，并将处理结果书面通知工会。另一方面明确规定了用人单位不得解除劳动合同的情形，劳动者有下列情形之一的，用人单位不得解除劳动合同：从事接触职业病危害作业的劳动者未进行离岗前职业健康检查，或者疑似职业病病人在诊断或者医学观察期间的；在本单位患职业病或者因工负伤并被确认丧失或者部分丧失劳动能力的；患病或者非因工负伤，在规定的医疗期内的；女职工在孕期、产期、哺乳期的；在本单位连续工作满15年，且距法定退休年龄不足5年的；法律、行政法规规定的其他情形。

用人单位违反法律规定解除或者终止劳动合同的，应当依照劳动合同法规定的经济补偿标准的2倍向劳动者支付赔偿金，赔偿金支付后不再支付经济补偿。赔偿金的计算年限自用工之日起计算。

21.2.7.3 劳动合同解除的经济补偿

《劳动合同法》提出了劳动合同解除后应对劳动者做出经济补偿，这是约束用人单位解雇行为的重要方式，对于稳定劳动关系，保护劳动者权益具有积极的作用。并且，经济补偿金同时具有劳动贡献补偿金和社会保障双重性质，除劳动者自愿、主动辞职或者劳动者有严重过失被解雇的情形外，在劳动合同解除时用人单位都应当支付经济补偿金。从而解决现实中只有当用人单位解除劳动合同时才需支付经济补偿金，劳动者解除合同时用人单位一般不用支付经济补偿金的问题。

《劳动合同法》规定，有下列情形之一的，用人单位应当向劳动者支付经济补偿：①劳动者单方解除劳动合同的；②用人单位与劳动者协商一致解除劳动合同的；③用人单位依法预告通知劳动者解除劳动合同的；④用人单位因经济性裁员解除劳动合同的；⑤除用人单位维持或者提高劳动合同约定条件续订劳动合同，

劳动者不同意续订的情形外，因劳动合同期满终止固定期限劳动合同的；⑥因用人单位被依法宣告破产的或被吊销营业执照、责令关闭、撤销或者用人单位决定提前解散的而导致劳动合同终止的；⑦法律、行政法规规定的其他情形。

经济补偿按劳动者在本单位工作的年限，每满 1 年支付 1 个月工资的标准向劳动者支付。6 个月以上不满 1 年的，按 1 年计算；不满 6 个月的，向劳动者支付半个月工资的经济补偿。

劳动者月工资高于用人单位所在直辖市、设区的市级人民政府公布的本地区上年度职工月平均工资 3 倍的，向其支付经济补偿的标准按职工月平均工资 3 倍的数额支付，向其支付经济补偿的年限最高不超过 12 年。

劳动者月工资是指劳动者在劳动合同解除或者终止前 12 个月的平均工资，具体按照劳动者应得工资计算，包括计时工资或者计件工资以及奖金、津贴和补贴等货币性收入。劳动者在劳动合同解除或者终止前 12 个月的平均工资低于当地最低工资标准的，按照当地最低工资标准计算。劳动者工作不满 12 个月的，按照实际工作的月数计算平均工资。

21.2.7.4　劳动合同的终止

劳动合同的终止是指当劳动合同期满或者当事人约定的劳动合同终止条件出现时，劳动合同即行终止。劳动合同终止的情形有：①劳动合同期满的；②劳动者开始依法享受基本养老保险待遇的；③劳动者死亡，或者被人民法院宣告死亡或者宣告失踪的；④用人单位被依法宣告破产的；⑤用人单位被吊销营业执照、责令关闭、撤销或者用人单位决定提前解散的；⑥法律、行政法规规定的其他情形。

21.2.8　劳动合同法的特别规定

21.2.8.1　集体合同

集体合同是指工会或职工代表代表全体职工与用人单位或其团体之间根据法律、法规的规定，就劳动报酬、工作时间、休息休假、劳动安全卫生、保险福利等事项，在平等协商一致的基础上签订的书面协议。集体合同的效力一般高于劳动合同的效力。

集体合同应具备的条款包括：劳动报酬、工作时间、休息时间、保险福利、劳动安全与卫生、合同期限、变更、解除、终止集体合同的协商程序、双方履行集体合同的权利和义务、履行集体合同发生争议时的协商处理办法、违反集体合同的责任等。

集体合同的期限：按照期限形式不同，可分为定期集体合同、不定期集体合同和以完成一定项目为期的集体合同。我国现行立法只就定期集体合同作了规定，期限为1～3年。

21.2.8.2 劳务派遣

劳务派遣又称劳动派遣、劳动力租赁，是指由劳务派遣单位与派遣劳动者订立劳动合同，由被派遣劳动者向接受劳务单位给付劳务，劳动合同关系存在于派遣单位与被派遣劳动者之间，但劳动力给付的事实则发生于被派遣劳动者与接受单位之间。根据劳动合同法，劳务派遣单位为用人单位，接受以劳务派遣形式用工的单位是用工单位。

劳务派遣关系中各方的权利义务如下：

1) 劳务派遣单位与用工单位之间。劳务派遣单位派遣劳动者应当与用工单位订立劳务派遣协议。劳务派遣协议应当约定派遣岗位和人员数量、派遣期限、劳动报酬和社会保险费的数额与支付方式以及违反协议的责任。用工单位应当根据工作岗位的实际需要与劳务派遣单位确定派遣期限，不得将连续用工期限分割订立数个短期劳务派遣协议。

2) 劳务派遣单位与被派遣劳动者之间。劳务派遣单位应当履行用人单位对劳动者的义务。劳务派遣单位与被派遣劳动者订立的劳动合同，除应当载明劳动合同的一般必备条款外，还应当载明被派遣劳动者的用工单位以及派遣期限、工作岗位等情况。劳务派遣单位不得以非全日制用工形式招用被派遣劳动者，应当与被派遣劳动者订立2年以上的固定期限劳动合同，按月支付劳动报酬；被派遣劳动者在无工作期间，劳务派遣单位应当按照所在地人民政府规定的最低工资标准，向其按月支付报酬。

3) 用工单位与被派遣劳动者之间。在劳务派遣中，用工单位应当履行下列义务：执行国家劳动标准，提供相应的劳动条件和劳动保护；告知被派遣劳动者的工作要求和劳动报酬；支付加班费、绩效奖金，提供与工作岗位相关的福利待遇；对在岗被派遣劳动者进行工作岗位所必需的培训；连续用工的，实行正常的工资调整机制。此外，用工单位不得将被派遣劳动者再派遣到其他用人单位。被派遣劳动者到用工单位工作后，享有与用工单位的劳动者同工同酬的权利，用工单位无同类岗位劳动者的，参照用工单位所在地相同或者相近岗位劳动者的劳动报酬确定；劳动者有权在用工单位依法参加或者组织工会，维护自身的合法权益。

21.2.8.3 非全日制用工

非全日制用工是指以小时计酬为主，劳动者在同一用人单位一般平均每日工作时间不超过 4 小时，每周工作时间累计不超过 24 小时的用工形式。

非全日制用工双方当事人既可以订立书面协议，也可以订立口头协议。非全日制用工双方当事人不得约定试用期。用人单位违法与劳动者约定试用期的，由劳动行政部门责令改正；违法约定的试用期已经履行的，由用人单位以劳动者试用期满月工资为标准，按已经履行的超过法定试用期的期间向劳动者支付赔偿金。

非全日制用工的用人单位应当按时足额支付非全日制劳动者的工资，支付的小时计酬标准不得低于用人单位所在地人民政府规定的最低小时工资标准。劳动报酬结算支付周期最长不得超过 15 日。

21.3 工作时间、休息休假和工资

21.3.1 工作时间

工作时间简称工时，是指劳动者为履行劳动义务，应当从事劳动的时间。具体是指劳动者每日工作的时数和每周工作的时数。

1) 一般规定。国家实行劳动者每日工作时间不超过 8 小时、平均每周工作时间不超过 44 小时的工作制度。对实行计件工作的劳动者，用人单位应当根据《劳动法》对工时制度的规定合理确定其劳动定额。企业因生产特点不能实行劳动法确定的工时制度的，经劳动行政部门批准，可以实行其他工时制度。

2) 关于延长工作时间的规定。用人单位由于生产经营需要，经与工会和劳动者协商可延长工时，一般每日不超过 1 小时。因特殊原因需延长工时的，在保障劳动者身体健康的条件下延长工时不超过 3 小时，每月不超 36 小时。

21.3.2 休息休假

《劳动法》规定，用人单位应当保证劳动者每周至少休息 1 天。

劳动者的休假分为两种：节日休假和年休假。节日休假主要包括劳动法和其他法律、法规规定的元旦、春节、劳动节、国庆节等；年休假是指劳动者连续工作 1 年以上，享受的带薪年休假，具体办法由国务院规定。

21.3.3 工资

工资是用人单位依国家规定或集体合同、劳动合同约定，以法定方式直接支

付给劳动者的劳动报酬。通常包括计时工资、计件工资、奖金、津贴等。

国家实行最低工资保障制度。最低工资的具体标准由省、自治区、直辖市人民政府规定，报国务院备案。用人单位支付劳动者的工资不得低于当地最低工资标准，确定和调整最低工资标准应参考的因素有：①劳动者本人及平均赡养人口的最低生活费用；②社会平均工资水平；③劳动生产率；④就业状况；⑤地区间经济差异。

工资应以货币形式按月支付给劳动者本人，不得克扣或无故拖欠。劳动者在法定休假日、婚丧假期间以及依法参加社会活动期间，用人单位应依法支付工资。

21.4 劳动争议

21.4.1 劳动争议解决的法律适用

劳动争议，又称劳动纠纷，是劳动者与用人单位之间因实现劳动权利、履行劳动义务而发生的纠纷。为了公正及时解决劳动争议，保护当事人合法权益，促进劳动关系和谐稳定，第十届全国人民代表大会常务委员会第三十一次会议于2007年12月29日通过《中华人民共和国劳动争议调解仲裁法》，自2008年5月1日起施行。

21.4.2 解决劳动争议的机构

1) 劳动争议调解组织。法律规定，劳动争议调解组织包括：企业劳动争议调解委员会；依法设立的基层人民调解组织；在乡镇、街道设立的具有劳动争议调解职能的组织。其中企业劳动争议调解委员会由职工代表和企业代表组成。

2) 劳动争议仲裁委员会。是国家授权的，依法独立处理劳动争议案件的专门机构，不按行政区划层层设立。劳动争议仲裁委员会由劳动行政部门代表、工会代表和企业方面代表组成。劳动争议仲裁委员会组成人员应当是单数。

3) 人民法院。对劳动争议仲裁裁决不服还可以通过司法诉讼程序来解决，由人民法院民事审判庭按民事诉讼程序进行审理。

21.4.3 劳动争议处理程序

解决劳动争议一般有协商、调解、仲裁、诉讼四种方式。发生劳动争议，劳动者可以与用人单位协商，也可以请工会或者第三方共同与用人单位协商，达成和解协议。当事人不愿协商、协商不成或者达成和解协议后不履行的，可以向调解组织申请调解；不愿调解、调解不成或者达成调解协议后不履行的，可以向劳动争议仲裁委员会申请仲裁；对仲裁裁决不服的，除法律另有规定的外，可以向人民法院提起诉讼。

21.4.3.1 调解

当事人申请劳动争议调解可以书面申请，也可以口头申请。调解中应当充分听取双方当事人对事实和理由的陈述，耐心疏导，帮助其达成协议。经调解达成协议的，应当制作调解协议书。调解协议书由双方当事人签名或者盖章，经调解员签名并加盖调解组织印章后生效，对双方当事人具有约束力，当事人应当履行。达成调解协议后，一方当事人在协议约定期限内不履行调解协议的，另一方当事人可以依法申请仲裁。

自劳动争议调解组织收到调解申请之日起 15 日内未达成调解协议的，当事人可以依法申请仲裁。

21.4.3.2 仲裁

劳动争议由劳动合同履行地或者用人单位所在地的劳动争议仲裁委员会管辖。双方当事人分别向劳动合同履行地和用人单位所在地的劳动争议仲裁委员会申请仲裁的，由劳动合同履行地的劳动争议仲裁委员会管辖。

仲裁庭裁决劳动争议案件，应当自劳动争议仲裁委员会受理仲裁申请之日起 45 日内结束。案情复杂需要延期的，经劳动争议仲裁委员会主任批准，可以延期并书面通知当事人，但是延长期限不得超过 15 日。逾期未做出仲裁裁决的，当事人可以就该劳动争议事项向人民法院提起诉讼。

21.4.3.3 诉讼

《劳动争议调解仲裁法》第 47 条规定，下列劳动争议，除另有规定的外，仲裁裁决为终局裁决，裁决书自做出之日起发生法律效力：追索劳动报酬、工伤医疗费、经济补偿或者赔偿金，不超过当地月最低工资标准 12 个月金额的争议；因执行国家的劳动标准在工作时间、休息休假、社会保险等方面发生的争议。劳动者对上述规定的仲裁裁决不服的，可以自收到仲裁裁决书之日起 15 日内向人民法院提起诉讼。

劳动争议申请仲裁的时效期间为 1 年。仲裁时效期间从当事人知道或者应当知道其权利被侵害之日起计算。劳动关系存续期间因拖欠劳动报酬发生争议的，劳动者申请仲裁不受法定仲裁时效期间的限制；但是，劳动关系终止的，应当自劳动关系终止之日起1年内提出。

学习指导

★ 复习思考

1) 简述劳动法的调整对象。
2) 劳动关系与劳务关系的区别有哪些？
3) 简述劳动法的适用范围。
4) 劳动者享有哪些权利？
5) 用人单位在劳动者存在哪些过错情况下可以单方解除劳动合同？
6) 劳动合同的种类有哪些？

★ 案例分析

某制药厂与王某于2006年10月15日签订了为期10年的劳动合同。同时，该厂选派王某去国外学习一项制药工艺技术，共花费人民币10万多元。劳动合同约定，在合同期内，王某不得调离本企业，如违约给企业造成经济损失时，应负全部赔偿责任。2008年11月10日某合资企业以高薪聘用王某，签订了2年的劳动合同。王某擅自离开该制药厂后，由于其他技术人员尚未掌握这种制药技术，使产品质量下降，在半年时间内造成大量产品积压，直接经济损失达300多万元人民币。为此，该制药厂向当地劳动争议仲裁委员会提出申请，要求王某及合资企业赔偿其全部经济损失，并要求王某回厂履行劳动合同。

试分析：

(1) 该制药厂的要求是否合理？为什么？
(2) 本案应如何处理？依据是什么？

22　经济仲裁制度和诉讼法律制度

本章要点

在经济法律关系中，当事人之间就其权利义务发生争议，可以通过协商、调解、仲裁或司法诉讼等方式解决纠纷。本章围绕仲裁法律制度和民事诉讼法律制度，着重介绍了仲裁的基本原则、仲裁机构设置和管辖、仲裁程序、诉讼管辖、民事案件审批程序以及执行程序等内容。通过本章学习，了解仲裁和仲裁法的概念、仲裁机构设置、仲裁程序、民事诉讼法的概念和审判、执行程序。掌握仲裁法的基本原则和基本制度、仲裁协议、民事诉讼案件的管辖、举证责任和财产保全、起诉条件、上诉期限、申请执行期限等法律规定。

22.1　经济仲裁

22.1.1　仲裁原则和基本制度

22.1.1.1　仲裁原则

仲裁原则是在仲裁活动中，仲裁机关和当事人在法定程序中按各自地位，必须遵循的准则，它在仲裁活动中起着主导作用。

1) 自愿原则。是仲裁制度的一项根本原则，是法律赋予当事人诸多权利的集中体现。自愿原则，在仲裁中体现为：采取仲裁方式解决纠纷，当事人必须自愿。即当事人应当自愿达成仲裁协议。没有仲裁协议，一方申请仲裁的，仲裁委员会不予受理。有仲裁协议，一方向法院起诉的，法院不予受理；当事人可以选定仲裁机构，仲裁机构不实行级别管辖和地域管辖；当事人可以选定仲裁员和共同约定仲裁庭的组成形式、审理方式等事项。

2) 独立仲裁原则。没有独立的仲裁，也就没有真正意义上的仲裁。为此，仲裁法规定，仲裁依法独立进行，不受任何机关、社会团体和个人的干涉。仲裁独立，包括从仲裁机构的设置，到仲裁纠纷的整个程序，都依法具有独立性。

3) 根据事实、符合法律规定，公平合理地解决纠纷的原则。这一原则是公正解决民事经济纠纷的根本保障，是解决当事人之间的争议的基本准则。

22.1.1.2 仲裁的基本制度

仲裁又称“公断”，是指当事人双方根据事前或者事后达成的仲裁协议，自愿将纠纷提交给仲裁机构处理，仲裁机构做出的裁决对双方当事人具有约束力的一种法律制度。仲裁制度是国际上通行的解决纠纷的重要法律制度。在我国，仲裁制度正在逐步发挥重要作用。1994 年 8 月 31 日，第八届全国人大常委会通过了《中华人民共和国仲裁法》(以下简称《仲裁法》)，于 1995 年 9 月 1 日起施行。该法的制定和实施，对于规范仲裁机构和仲裁程序，完善仲裁制度，保证公正及时地仲裁民事经济纠纷，保护当事人的合法权益，促进社会主义市场经济的健康发展，有着十分重要的意义我国仲裁法根据多年来的实践经验，借鉴国际上通行的做法，确立了下列基本制度：

1) 协议仲裁制度。协议仲裁制度是自愿原则的集中体现，也是自愿原则在仲裁过程中得以实现的最基本保证。仲裁机构由当事人在仲裁协议中选定。仲裁机构受理案件，必须基于当事人的共同授权，对没有仲裁协议的仲裁申请，仲裁机构不予受理。

2) 或裁或审制度。或裁或审是尊重当事人选择争议解决途径的基本制度，也是国际上通行的一项仲裁制度。因此，我国仲裁法规定，当事人达成仲裁协议，一方向人民法院起诉的人民法院不予受理，但仲裁协议无效的除外。

3) 一裁终局制度。仲裁实行一裁终局的制度。裁决做出后，即具有法律效力。当事人就同一纠纷再申请仲裁或者向人民法院起诉的，仲裁委员会或者人民法院不予受理。一裁终局制度，即体现了处理纠纷快捷、及时的仲裁特点，又保证了仲裁裁决的权威性和有效性。

4) 回避制度。根据《仲裁法》规定，当事人有下列情形之一的，必须回避，当事人也有权提出回避申请：①是本案当事人或者当事人、代理人的近亲属；②与本案有利害关系；③与本案当事人、代理人有其他关系，可能影响公正仲裁的；④私自会见当事人、代理人，或者受当事人、代理人的请客送礼的。

22.1.2 仲裁机构设置和适用范围

22.1.2.1 仲裁机构设置

仲裁委员会是民间性的常设机构，与行政机关没有隶属关系，各仲裁委员会之间也没有隶属关系。我国《仲裁法》规定，仲裁机构为仲裁委员会。仲裁委员会可以在直辖市和省、自治区人民政府所在地的市设立，也可以根据需要在其他设区的市设立，不按行政区划层层设立。仲裁委员会独立于行政机关，与行政机关没有隶属关系。设立仲裁委员会，应当经省、自治区、直辖市的司法行政部门登记。

仲裁委员会应当具备以下条件：①自己的名称、住所和章程；②必要的财产；③该委员会的组成人员；④有聘任的仲裁员。

仲裁委员会由主任 1 人，副主任 2～4 人和委员 7～11 人组成，其组成人员必须是法律、经济贸易专家和有实际工作经验的人员。

仲裁员是仲裁委员会聘任的从事仲裁工作的人员。《仲裁法》规定，仲裁员应当公道正派，并符合以下条件之一：①从事仲裁工作满 8 年的；②从事律师工作满 8 年的；③曾任审判员满 8 年的；④从事法律研究、教学工作并具有高级职称的；⑤具有法律知识、从事经济贸易等专业工作并具有高级职称或者具有同等专业水平的。

仲裁是当事人意思自治的产物。依据仲裁中当事人意思高度自治这一原则，当事人可以选择任何人担任仲裁员。但是有些国家为了保证仲裁案件的审理质量，通过立法对当事人的意思自治进行一定限制，规定必须具备一定条件的人才能担任仲裁员。从各国对仲裁员资格的有关规定看，各国对仲裁员的资格要求有宽有严。规定较宽的如 1986 年荷兰《民事诉讼法典》第 1023 条规定，任何有法律行为能力的自然人可被指定为仲裁员。再如，《阿根廷民商事诉讼法典》第 743 条第 2 款规定："只有已经达到成年且具备完全民事行为能力的人，才可以担任仲裁员"。也有些国家对仲裁员的资格条件规定得较为严格，如在西班牙，在当事人约定依法仲裁争议的情况下，只有执业律师才能被选择为仲裁员。在这些国家中，我国是具有代表性的。仲裁委员会按照不同专业设仲裁员名册。

我国仲裁法规定的仲裁是机构仲裁，常设的仲裁机构是仲裁委员会。目前，我国的仲裁机构有中国国际经济贸易仲裁委员会、中国海事仲裁委员会等。

中国国际经济贸易仲裁委员会设在北京。在深圳经济特区设有仲裁委员会深圳分会，在上海设有仲裁委员会上海分会。仲裁委员会及其分会是一个整体。双方当事人可约定将其争议提交仲裁委员在北京进行仲裁，或者约定将其争议提交仲裁委员会深圳分会在深圳进行仲裁，或者约定将其争议提交仲裁委员会上海分会在上海进行仲裁；如无此约定，则由申诉人选择，由仲裁委员会在北京进行仲裁；作此选择时，以首先提出选择的为准；如有争议，应由仲裁委员会做出决定。中国海事仲裁委员会设在北京。根据仲裁业务发展的需要，仲裁委员会可以在中国境内其他地方设立仲裁委员会分会。上述两个仲裁委员会是按国际惯例和各国通常做法组建的。

中国国际经济贸易仲裁委员会主要受理产生于国际或涉外的契约性或非契约性的经济贸易等争议，包括外国法人、自然人与中国法人、自然人之间，外国法人、自然人之间，中国法人、自然人之间发生的上述争议。

中国海事仲裁委员会主要受理下列海事争议案件：①关于海上船舶互相救助、海上船舶和内河船舶互相救助的报酬的争议；②关于海上船舶碰撞、海上船舶和内河船舶碰撞或者海上船舶损坏港口建筑物或设备所发生的争议；③在于海上船舶租赁、代理、拖航、打捞、买卖、修理、建造业务以及根据运输合同、提单或者其他运输文件办理的海上运输业务和海上保险所发生的争议；④关于海洋环境污染损害的争议；⑤双方当事人协议要求仲裁的其他海事争议。

在仲裁活动中，代表仲裁委员会行使仲裁权，对案件进行审理和裁决的组织是仲裁庭。仲裁庭可以由 3 名仲裁员或者 1 名仲裁员组成。由 3 名仲裁员组成的，设首席仲裁员。如果双方当事人约定由 3 名仲裁员组成仲裁庭的，由双方当事人各指定 1 名，第三名仲裁员有当事人共同选定；如没有共同选定第三名仲裁员的，双方可以共同委托仲裁委员会主任指定。第三名仲裁员是首席仲裁员。如果双方当事人约定由 1 名仲裁员处理案件，由双方当事人共同选定或者共同委托仲裁委员会主任指定仲裁员。

22.1.2.2 受理案件的范围和管辖

根据《仲裁法》规定，平等主体的公民、法人和其他组织之间发生的合同纠纷和其他财产权益纠纷，可以申请仲裁。但下列纠纷除外：①是婚姻、收养、监护、护养、继承纠纷；②依法应当由行政机关处理的行政争议。

仲裁委员会的管辖，是指仲裁委员会对当事人提请仲裁的案件依法审理并做出裁决的根据仲裁法的规定。仲裁委员会对案件的管辖权取决于双方当事人是否达成仲裁协议。达成仲裁协议的，仲裁委员会才有权受理；没有达成仲裁协议的，仲裁委员会就无权受理。同时，当事人可以在仲裁协议中选择仲裁委员会和仲裁形式。仲裁没有级别管辖和地域管辖的限制。

22.1.3 仲裁协议

22.1.3.1 仲裁协议的种类

仲裁协议是当事人以书面协议方式请求仲裁委员会仲裁的意思表示，是申请仲裁的重要依据，也是仲裁委员会取得案件管辖权的依据。在实践中，仲裁协议可以分为两类：

1) 仲裁条款。即当事人在合同中订立的以仲裁方式解决争议的条款。

2) 仲裁协议书。即当事人在主合同之外单独订立的发生纠纷时请求仲裁的协议书。仲裁协议书可以在纠纷发生前订立，也可以在纠纷发生后订立。

22.1.3.2　仲裁协议的基本内容

仲裁协议的基本内容是仲裁协议的核心。仲裁协议的内容主要有三项：

1) 请求仲裁的意思表示。

2) 仲裁事项。即当事人约定的将何种争议提交仲裁的范围。

3) 选定的仲裁委员会。由于仲裁实行协议管辖原则，所以当事人必须选定具体的仲裁委员会。

仲裁协议对仲裁事项或者仲裁委员会没有约定或者约定不明确的，当事人可以补充协议；达不成补充协议的，仲裁协议无效。在仲裁案件中，仲裁协议具有独立性。主合同无效或者变更、解除、终止，不影响仲裁协议的效力。

22.1.3.3　仲裁协议的无效

仲裁协议如有下列情形之一的，该仲裁协议无效：①约定的仲裁事项超出法律规定的仲裁受理范围；②订立仲裁协议的人是无民事行为能力人或者限制民事行为能力人；③一方采取欺诈、胁迫等手段，违背当事人真实意志订立的仲裁协议的。

在仲裁实践中，对仲裁协议效力的确认是一个十分复杂的问题。如果当事人对仲裁协议的效力有异议，应当在仲裁庭首次开庭前提出，请求仲裁委员会做出决定，或者请求人民法院做出裁定。一方请求仲裁委员会做出决定，另一方请求人民法院做出裁定的，由人民法院裁定。

22.1.4　仲裁程序

22.1.4.1　仲裁申请和受理

1) 申请。当事人向仲裁机关申请仲裁，应符合以下条件：有仲裁协议；有具体的仲裁请求和事实、理由；属于仲裁委员会的受理范围。申请仲裁，应当向仲裁委员会递交仲裁协议、仲裁申请书及副本。仲裁申请书应写明下列事项：当事人的姓名、性别、年龄、职业、工作单位和住所，法人或者其他组织的名称、住所和法定代表人或者主要负责人的姓名、职务；仲裁请求和所根据的事实、理由；

证据和证据来源、证人姓名和住所。

2) 受理。仲裁委员会收到仲裁申请书之日起 5 日内，认为符合受理条件的，应当受理，并通知当事人；认为不符合受理条件的，应当书面通知当事人不予受理，并说明理由。仲裁委员会受理仲裁申请后，应当在仲裁规则规定的期限内将仲裁规则和仲裁员名册送达申请人，并将仲裁申请书副本和仲裁规则、仲裁员名单送达被申请人。

3) 答辩。被申请人应当在仲裁规则规定的期限内提交答辩书。仲裁委员会收到答辩书后，应当在仲裁规则规定的期限内将答辩书副本送达申请人。被申请人未提交答辩书的不影响仲裁程序的进行。

22.1.4.2　当事人在仲裁开庭前的准备

在案件受理后，正式开庭仲裁前，需要做一系列的准备工作，采取必要措施，以更好地维护当事人的合法权益。

1) 当事人、法定代理人可以委托律师或其他代理人进行仲裁活动。委托律师和其他代理人进行仲裁活动的应当向仲裁委员会提交委托书。

2) 当事人可以放弃或变更仲裁请求。被申请人可以承认或者反驳仲裁请求，有权提出反请求。

3) 保全措施。一方当事人因另一方当事人的行为或者其他原因，可能使裁决不能执行或者难以执行的，可以申请财产保全。当事人申请财产保全的，仲裁委员会将当事人的申请依民事诉讼法有关规定提交人民法院。由于申请错误，导致被申请人因财产保全遭受损失的，申请人应承担赔偿责任。

4) 选定仲裁员。仲裁庭可以由 3 名仲裁员或者 1 名仲裁员组成。由 3 名仲裁员组成的，设首席仲裁员。是由 3 名还是 1 名仲裁员组成仲裁庭，由当事人约定。独任仲裁员以及 3 名仲裁员中的首席仲裁员，须由当事人共同约定或共同委托指定。其余 2 名仲裁员由当事人双方各自选定或委托指定。当事人没有在仲裁规则规定的期限内约定仲裁庭组成方式或者选定仲裁员的，由仲裁委员会主任指定。仲裁庭组成后，仲裁委员会应当将仲裁庭的组成情况书面通知当事人。

5) 收集和提交证据。当事人应当对自己的主张提供证据。但仲裁庭认为有必要收集的证据可以自行收集。证据应当在开庭时出示，当事人可以质证。在证据可能灭失或者以后难以取得的情况下，当事人可以申请证据保全。当事人申请证据保全的，仲裁委员会应当将当事人的申请提交证据所在地的基层人民法院。

6) 技术鉴定。仲裁庭对专门性问题认为需要鉴定的，可以交由当事人约定的鉴定部门鉴定，也可以由仲裁庭指定的鉴定部门鉴定。

根据当事人的请求或者仲裁庭的要求，鉴定部门应当派鉴定人参加开庭。当事人经仲裁庭许可，可以向鉴定人提问。

22.1.4.3 仲裁庭开庭和裁决

1) 开庭。仲裁应当开庭进行，当事人协议不开庭的，仲裁庭可以根据仲裁申请书、答辩书以及其他材料做出裁决。

仲裁不公开进行，当事人协议公开的，可以公开，但涉及国家秘密的除外。

仲裁委员会应当在仲裁规则规定的期限内将开庭日期通知双方当事人。当事人有正当理由的，可以在仲裁规则规定期限内请求延期开庭。是否延期，由仲裁庭决定。

申请人经书面通知，无正当理由不到庭或者未经许可中途退庭的，可以视为撤回仲裁申请；被申请人经书面通知，无正当理由不到庭或者未经仲裁庭许可中途退庭的，可以缺庭裁决。

仲裁庭开庭本着简单、灵活、便利当事人的原则进行。一般程序如下：

(1) 庭审前准备。由书记员宣布庭审规则，查明当事人和仲裁参与人是否到庭，向首席仲裁员报告仲裁庭开庭准备是否就绪。

(2) 开庭审理。由首席仲裁员宣布案由和开庭；核对当事人身份和代理权限；宣布仲裁庭组成人员；告知双方当事人权利义务。

(3) 庭审调查。这是仲裁庭审理案件的重要环节。其顺序是：申请人陈述仲裁请求、事实及理由；被申请人进行答辩或提出反请求；双方代理人阐述代理意见；询问证人、出示证据、当事人相互质证。

(4) 庭审辩论。争议的双方当事人根据仲裁庭调查的事实和证据，就如何认定案件事实、证据、责任和适用法律等问题阐明自己的意见。辩论终结时，仲裁庭应当征询当事人的最后意见。

当事人可以在申请仲裁后自行和解，达成和解协议的，可以请求仲裁庭根据和解协议做出裁决书，也可以撤回仲裁申请。当事人达成和解协议，撤回仲裁申请后反悔的，可以根据仲裁协议申请仲裁。和解裁决是一种重要的纠纷解决方式或当事人权利义务确认方式，在仲裁结案形式中占有较大比重。

2) 裁决。仲裁在做出裁决前，可以先行调解。当事人自愿调解的，仲裁庭应当调解。调解不成的，应当及时做出裁决。调解达成协议的，仲裁庭应当制作调解书或者根据协议的结果制作裁决书。调解书与裁决书具有同等法律效力。调解书应当写明仲裁请求和当事人协议的结果。调解书由仲裁员签名，加盖仲裁委员会的印章，经双方当事人签收后，即发生法律效力。

对调解不成或在调解书签收前双方当事人反悔的，仲裁庭应及时做出裁决。

裁决应当按照多数仲裁员的意见做出，少数仲裁员的不同意见可以记入笔录。仲裁庭不能形成多数意见时，裁决应当按照首席仲裁员的意见做出。

裁决书应当写明仲裁请求、争议事实、裁决理由、裁决结果、仲裁费用的负担和裁决日期。当事人协议不愿写明争议事实和理由的可以不写。

裁决书由仲裁员签名，加盖仲裁委员会印章。

仲裁庭仲裁纠纷时，其中一部分事实已经清楚的，可以就该部分先行裁决。裁决书自做出之日起发生法律效力。

22.1.5 申请撤销裁决

申请撤销裁决是指对已经发生法律效力的裁决，当事人有证据证明裁决违背仲裁法规定的，可以向仲裁委员会所在地的中级人民法院申请撤销裁决。当事人申请撤销裁决的，应当在收到裁决书之日起 6 个月内提出。

当事人提出证据证明裁决有下列情形之一的，可以申请撤销裁决：①没有仲裁协议的；②裁决的事项不属于仲裁协议的范围或者仲裁委员会无权仲裁的；③仲裁庭的组成或仲裁的程序违反法定程序的；④裁决所根据的证据是伪造的；⑤对方当事人隐瞒了足以影响公正裁决的证据的；⑥仲裁员在仲裁该案时有索贿受贿、徇私舞弊、枉法裁决行为的。

人民法院组成的合议庭审查核实有上述规定情形之一的，应当裁定撤销。人民法院认定该裁决违背社会公共利益的，应当裁定撤销。

人民法院受理撤销裁决的申请后，认为可以由仲裁庭重新仲裁的，通知仲裁庭在一定期限内重新仲裁，并裁定中止撤销程序。仲裁庭拒绝重新裁定的，人民法院应当裁定恢复撤销程序。

22.1.6 执行

裁决做出后，当事人应当履行裁决。

一方当事人不履行的，另一方当事人可以依照民事诉讼法的有关规定向人民法院申请执行。根据规定，仲裁裁决的强制执行应当向有管辖权的法院提出申请。国内仲裁由被执行人住所地或者被执行人财产所在地的人民法院执行。仲裁执行中的级别管辖参照人民法院受理诉讼案件的级别管辖的规定执行。

一方当事人申请执行，另一方当事人申请撤销裁决的，人民法院应当裁定中止执行；人民法院裁定撤销裁决的，应当裁定终结执行；撤销裁决的申请被裁定驳回的，人民法院应当裁定恢复执行。

22.2 经济纠纷诉讼

22.2.1 经济纠纷诉讼概述

经济纠纷诉讼是指人民法院及经济诉讼参与人为解决经济纠纷案件所进行的诉讼活动。目前审理经济纠纷案件主要由各级人民法院设置的民事审判庭承担。此外，还有专门法院如铁路运输法院和海事法院等。

经济纠纷诉讼在程序方面适用的法律，主要是1991年4月9日第七届全国人民代表大会第四次会议通过的《中华人民共和国民事诉讼法》(以下简称《民事诉讼法》)，2007年10月28日第十届全国人民代表大会常务委员会第三十次会议通过了《关于修改〈中华人民共和国民事诉讼法〉的决定》，修订后的《民事诉讼法》自2008年4月1日起施行。

22.2.2 案件的管辖

案件的管辖，是指根据民事案件的不同情况和各级人民法院的职权范围，确定案件由哪一个法院受理的一种司法制度。案件的管辖是诉讼中首先遇到的问题。当事人应当了解管辖的规定，向有管辖权的人民法院提起诉讼。根据《民事诉讼法》规定，管辖主要可以归纳为级别管辖、地域管辖和移送管辖与指定管辖等三种情况。

22.2.2.1 级别管辖

我国的人民法院分为四级，即基层人民法院、中级人民法院、高级人民法院、最高人民法院。级别管辖是指各级人民法院经济审判庭之间受理第一审案件的分工和权限。确定级别管辖的原则是以案情是否重大复杂、影响范围大小为标准，具体规定如下：

1) 基层人民法院管辖第一审经济纠纷案件，但民事诉讼法另有规定的除外。

2) 中级人民法院管辖下列第一审民事案件：重大涉外案件；在本辖区内有重大影响的案件；最高人民法院确定由中级人民法院管辖的案件。

3) 高级人民法院管辖在本辖区有重大影响的第一审民事案件。

4) 最高人民法院管辖下列第一审经济案件：在全国有重大影响的案件；认为应当由本院审理的案件。

22.2.2.2 地域管辖

地域管辖是指确定同级人民法院之间在各自的辖区审理第一审民事案件的分工和权限。地域管辖可分为一般地域管辖、特殊地域管辖、专属地域管辖、协议管辖和选择(共同)管辖。

1) 一般地域管辖。原则是“原告就被告”，即民事诉讼由被告所在地人民法院管辖。被告所在地是指自然人的户籍地、居所地、法人及其他组织的主要营业地、主要办事机构所在地等。一般情况下，原告应到被告住所地有管辖权的人民法院起诉。被告为自然人的，住所地为其户籍地，户籍地与住所地不一致时，以其经常居住地为住所地；被告为法人或其他组织的，住所地为其主要机构所在地、主要营业地、登记地。

2) 特殊地域管辖。下列案件实行特殊地域管辖：①因合同纠纷提起的诉讼，由被告住所地或者合同履行地人民法院管辖；②因保险合同纠纷提起的诉讼，由被告住所地或者保险标的物所在地的人民法院管辖；③因票据纠纷提起的诉讼，由票据支付地或者被告住所地人民法院管辖；④因铁路、公路、水上、航空运输和联合运输合同纠纷提起的诉讼，由运输始发地、目的地或者由被告住所地人民法院管辖；⑤因侵权行为提起的诉讼，由侵权行为地或者被告住所地人民法院管辖；⑥因船舶碰撞或者其他海事损害事故请求损害赔偿提起诉讼的，由碰撞发生地、碰撞船舶最先到达地、加害船舶被扣留地或者被告住所地人民法院管辖；⑦因铁路、公路、水上和航空事故请求损害赔偿提起的诉讼，由事故发生地或者车辆、船舶最先到达地、航空器最先降落地或者被告住所地人民法院管辖；⑧因海难救助费用提起的诉讼，由救助地或者被救助船舶最先到达地人民法院管辖；⑨因共同海损提起的诉讼，由船舶最先到达地、共同海损理算地或者航程终止地的人民法院管辖。

3) 专属管辖。是指按照诉讼标的特殊性与管辖的排他性而确定的管辖。下列案件实行专属管辖：①因不动产纠纷提起的诉讼，由不动产所在地人民法院管辖；②因港口作业中发生纠纷提起的诉讼，由港口所在地人民法院管辖；③因继承遗产纠纷提起的诉讼，由被继承人死亡时住所地或者主要遗产所在地人民法院管辖。

4) 选择(共同)管辖。同一诉讼的几个被告住所地、经常居住地在两个以上人民法院辖区的，各该人民法院都有管辖权；两个以上人民法院都有管辖权的案件，原告可以向其中一个人民法院起诉；原告向两个以上有管辖权的人民法院起诉的，由最先立案的人民法院管辖。

5) 协议管辖。合同的双方当事人可以在书面合同中协议选择被告住所地、合同履行地、合同签订地、原告住所地、标的物所在地人民法院管辖，但不得违反《民事诉讼法》对级别管辖和专属管辖的规定。

22.2.2.3 移送管辖和指定管辖

人民法院发现受理的案件不属于本院管辖的应当移送有管辖权的人民法院，受移送的人民法院应当受理。

有管辖权的人民法院由于特殊原因，不能行使管辖权的，由上级人民法院指定管辖。人民法院之间因管辖权发生争议，由争议双方协商解决；协商解决不了的，报请它们的共同上级人民法院指定管辖。

人民法院受理案件后，当事人对管辖权有异议的，应当在提交答辩状期间提出。人民法院对当事人的异议，应当审查。异议成立的，裁定将案件移送有管辖权的人民法院；异议不成立的，裁定驳回。对驳回的裁定，当事人可以上诉。

【例 21.1】 孔某在 A 市甲区拥有住房二间，在孔某外出旅游期间，位于 A 市乙区的建筑工程公司对孔某邻居李某房屋进行翻修。在翻修过程中，施工工人不慎将孔某家的墙砖碰掉，砖块落入孔某家中，损坏了电视机等家用物品。孔某旅游回来后发现此情，交涉未果。孔某向乙区法院起诉，请求建筑工程公司赔偿。乙区法院认为甲区法院审理更方便，故根据被告申请裁定移送至甲区法院，甲区法院却认为由乙区法院审理更便利，不同意接受移送。侵权案件的管辖，其基本原则为由侵权行为地或被告住所地法院管辖。

解析：本案中，甲区是侵权行为地，乙区是被告住所地，所以，甲、乙二区对本案都有管辖权。根据《民事诉讼法》第 35 条的规定，原告可以选择向哪一有管辖权的法院起诉。乙区法院有管辖权，不能随便移送。

22.2.3 诉讼参加人

22.2.3.1 当事人

民事诉讼当事人是指因民事权利义务发生争议，以自己的名义进行诉讼，并受人民法院裁判约束的有利害关系的人。当事人有广义和狭义之分。广义的当事人，包括原告、被告、共同诉讼人、诉讼代表人和第三人。狭义的当事人指原告和被告。

原告是为维护自己的民事权益，以自己的名义向人民法院提起诉讼，因而引起诉讼程序的人。被告是指与他人的民事权益发生争议，由人民法院通知应诉的人。当事人一方或者双方为 2 人以上，其诉讼标的是共同的，或者诉讼标的是同一种类、人民法院认为可以合并审理并经当事人同意的，为共同诉讼。在共同诉讼中，原告为 2 人以上的，称为共同原告；被告为 2 人以上的，称为共同被告。当事人一方人数众多的共同诉讼，可以由当事人推选代表人进行诉讼。

对当事人双方的诉讼标的，第三人认为有独立请求的，有权提起诉讼；对当事人双方的诉讼标的，第三人虽然没有独立请求权，但案件处理结果同他有法律上的利害关系的，可以申请参加诉讼，或者由人民法院通知他参加诉讼。人民法院判决承担民事责任的第三人，有当事人的诉讼权利义务。

22.2.3.2 诉讼代理人

无诉讼行为能力人由他的监护人作为法定代理人代为诉讼。当事人、法定代理人可以委托 1～2 人作为代理人。律师、当事人的进亲属、有关的社会团体或者所在单位推荐的人、经人民法院许可的其他公民，都可以被委托为诉讼代理人。

委托他人代为诉讼，必须向人民法院提交由委托人签名或者盖章的授权委托书。授权委托书必须记明委托事项和权限。诉讼代理人代为承认、放弃、变更诉讼请求，进行和解，提起反诉或者上诉，必须有委托人的特别授权。

22.2.4 证据

证据是用来证明案件真实情况的一切事实。当事人发生纠纷，诉诸法院，请求维护自己的合法权益，必须提供有关证据，来证明自己的主张。没有证据证明的主张，法院或者仲裁机构将因证据不足而对当事人的诉讼(仲裁)请求做出不予支持的判决或裁定。为此，在诉讼或仲裁中必须高度重视证据。

22.2.4.1 证据的基本特点

证据是认定案件事实的根据，在诉讼中有着十分重要的意义。证据有以下三个基本特征：

1) 客观性。证据是客观存在的事实，符合客观实际和真实情况。

2) 关联性。证据是同案件有某种联系并对证明案情有实际意义的事实。

3) 法律性。证据应当是依法收集、依法查证的事实。

22.2.4.2 证据的种类

证据有下列几种：书证、物证、视听资料、证人证言、当事人陈述、鉴定结论、勘验笔录。

证据必须查证属实，才能作为认定事实的根据。书证、物证是传统的常见的证据。在实践中，往往由于当事人重视不够，不注意保存，造成证据灭失，以致在诉讼中处于不利的地位。

【例 22.2】原告王某原系被告某投资公司人事服务部经理，因原告违反公司操作监督程序，将续签劳动合同征询表格直接下发给了不知情的部门经理。当有关人员提出异议时，原告仍坚持错误。被告遂以严重失职为由将原告解雇，并要求原告返还公司购房资助款人民币 23.4 万元。原告向上海市某区劳动争议仲裁委员会提起仲裁，仲裁委员会支持了被告的主张。原告不服诉至法院。在法庭调查过程中，原告称关于人事经理的工作程序，公司并未制定明确的规章规范，自己也就谈不上违反操作程序，不构成失职。被告认为公司虽没有制定明确的规章，但有关程序事实上已在过去的工作中形成惯例，原告应当清楚。为此，被告提交了从 2008 年 10 月至 2009 年 10 月原告在工作中接收和发送的多份电子邮件打印件。被告认为这些电子邮件能充分证明续签合同的程序，是先将名单交给制造总监审阅，然后由制造总监与部门经理讨论通过。原告认为这些邮件是公司蓄意伪造、恶意陷害的，被告提交了浦东新区公安局公共信息网络安全监察处出具的一份意见书来证明这些电子邮件打印件的真实性。法院采信了公安局的意见书，并在综合认定其他证据基础上，一审判决原告败诉。原告认为我国民诉法规定的七类证据中，并无电子邮件，且被告有可能也有能力伪造电子邮件，因此，提起了上诉。

提示：本案引发的是电子邮件在证据法上的问题。网络时代，电子邮件作为最经济、最便利的信息传送手段，在公共事务、商务贸易活动，乃至私人交往中被广泛应用。但现行法律中，有关电子邮件的证据类别、如何确认其证据效力、有关电子邮件认证等问题均无规定，科技发展的现实呼唤相关法律的出台，以利于公正处理越来越多地涉及电子邮件的纠纷。

22.2.4.3 证据保全

在证据可能灭失或者以后难以取得的情况下，诉讼参加人可以向人民法院申请保全证据，人民法院也可以主动采取保全措施。

22.2.4.4 举证责任

举证责任是指当事人对自己提出的主张有责任提供相应的证据予以证明。举证责任包括两个方面的内容：①由谁提供证据证明案件事实，即举证责任由谁承担；②当举不出证据证明案件事实的后果由谁承担。我国《民事诉讼法》第 64 条规定：“当事人对自己提出的主张，有责任提供证据”。该条规定明确了“谁主张谁举证”的原则。当然，在当事人因客观原因不能自行收集证据，或者人民法院认为审理案件需要的证据，人民法院应当调查收集。

22.2.4.5 财产保全

财产保全是指人民法院对可能因当事人一方的行为或者其他原因，使判决不能执行或者难以执行的案件，可以根据当事人的申请，做出财产保全的裁定；当事人没有提出申请的，人民法院在必要时也可以裁定采取财产保全措施。可以采取保全措施的财产限于请求的范围，或者与本案有关的财产，财产保全的方法有查封、扣押、冻结或者法律规定的其他方法。

人民法院对情况紧急的，必须在当事人提出财产保全申请后的 48 小时内做出裁定，并立即开始执行。财产被冻结后，人民法院应立即通知被冻结财产的人。被申请人提供担保的，应当解除财产保全。财产已被查封、冻结的，不得重复查封、冻结。

人民法院在决定采取保全措施时，可以责令申请人提供担保。否则，可驳回财产保全的申请。当事人对财产保全的裁定不服的，可以申请复议一次，复议期间不停止裁定的执行。

财产保全申请有错误的，申请人应当赔偿被申请人因财产保全所遭受的损失。

22.2.5 审判程序

人民法院审理经济纠纷案件，实行两审终审制。

22.2.5.1 第一审普通程序

1) 起诉和受理。起诉是指一方当事人向人民法院请求审理案件的活动，是诉讼过程的开始、审理案件的前提。起诉必须符合以下条件：原告是与本案有直接利害关系的公民、法人和其他组织；有明确的被告；有具体的诉讼请求和事实、理由；属于人民法院受理案件的范围和受诉人民法院管辖。起诉应向人民法院递交起诉状，并按照被告人数提出副本。

人民法院对起诉状经审查认为符合受理条件的，即应当在 7 日内立案受理，并通知当事人；对认为不符合起诉条件的，法院应当在 7 日内裁定不予受理。原告对裁定不服的，可以提起上诉。

人民法院应当在立案后 5 日内将起诉状副本发送被告，被告在收到起诉书副本后 15 日内提出答辩状。被告提出答辩状的，人民法院应当在收到之日起 5 日内将答辩状副本发送原告。被告不提出答辩状的，不影响人民法院审理。

2) 开庭审理。人民法院审理民事案件，除涉及国家秘密、个人隐私或者法律另有规定的以外，应当公开审理；离婚案件，涉及商业秘密的案件，当事人申请不公开审理的，可以不公开审理。

(1) 开庭前准备。开庭前作好以下准备：在开庭 3 日前通知当事人和其他诉讼参与人；对公开审理的案件发布公告；由书记员在庭审前查明有关人员是否到庭，宣布法庭纪律；由审判人员核对当事人身份，宣布案由及审判人员、书记员名单，告知当事人诉讼权利和义务。

(2) 法庭调查。法庭调查一般按照下列顺序进行：原告陈述诉讼请求、事实及理由，并提供证据；被告提出答辩或者反驳意见，并提供证据；出示证据(当事人提供的证据、证人证言、鉴定结论等)，对证据进行质证。

(3) 法庭辩论。法庭辩论按照下列顺序进行：原告及其代理人发言；被告及其代理人发言；如有第三人参加，由第三人及其代理人发言或答辩；相互辩论。

法庭辩论终结，由审判长按照原告、被告、第三人的先后顺序征询各方最后意见。

3) 调解和判决。法院对受理的民事案件，应当根据自愿和合法的原则进行调解；调解不成的，应当及时判决。调解成立时，法院应制作调解书，由审判员、书记员署名，盖人民法院印章。调解书经双方当事人签字后，即发生法律效力。

未达成调解协议或者调解书送达前一方反悔的，人民法院应当及时判决。判决可以当庭宣判，也可以定期宣判。

调解制度因中国特定的社会环境而产生、发展，具有解决社会矛盾和纠纷的功能与作用，以不需要外力强制而取决于纠纷合意为特征，是调解制度存在的基础。目前，中国民事诉讼中的调解率不断上升，许多地方超过了 60%，实现了判决与调解并重。

人民法院适用普通程序审理的案件，应当在立案之日起 6 个月内审结，有特殊情况需要延长的，由本院院长批准，可以延长 6 个月；还需要延长的，报请上级人民法院批准。

我国《民事诉讼法》第 53 条第 1 款表明，当事人一方或者双方 2 人以上，其诉讼标的是同一种种类，人民法院可以合并审理并经当事人同意的，为普通共同诉讼。该规定反映了我国传统民事诉讼理论对普通共同诉讼的解释。普通诉讼应当是指当事人一方或多方为复数，法院认为可以合并审理并经当事人同意而进行的诉讼。

22.2.5.2 简易程序

基层人民法院和它派出的法庭审理事实清楚、权利义务关系明确、争议不大的简单的第一审民事案件，可以采用简易程序，由 1 名审判员对案件独立进行调解或者审判。

人民法院适用简易程序审理案件，应当在立案之日起3个月内审结。

22.2.5.3 第二审程序

第二审程序又叫上诉程序，指当事人不服一审判决时，在法定期限内向上一级人民法院提起上诉，上一级人民法院对未发生法律效力的判决、裁定的案件重新审理的法律程序。当事人不服一审判决，可在判决书送达之日起15日内向上一级人民法院提起上诉；不服一审裁定的，有权在裁定书送达之日起10日内提起上诉。第二审人民法院对上诉案件，组成合议庭，重新审理案件。

上诉状应通过原审法院提出，并按被上诉人数提供副本。

二审法院对上诉案件，经过审理，可做出以下处理：①原判决认定事实清楚，适用法律正确的，判决驳回上诉，维持原判；②原判决适用法律错误的，依法改判；③原判决认定事实错误，或者原判决认定事实不清、证据不足，裁定撤销原判决，发回原审人民法院重审，或者查清事实后改判；④判决违反法定程序，可能影响案件正确判决的，裁定撤销原判决，发回原审法院重审。

人民法院审理上诉案件，一般应当在二审立案之日起3个月内审结，有特殊情况需要延长的，由本院院长批准。人民法院对裁定的上诉案件，应当在第二审立案之日起30日内做出终审裁定。

第二审人民法院的判决、裁定，是终审的判决、裁定。

第二审法院审理对上诉案件，也可进行调解。调解成立，原审法院的判决即视为撤销。

22.2.5.4 特别程序

人民法院审理某些特殊类型的非民事权益争议案件采用特别程序。由特别程序审理的案件有：选民资格案件；宣告失踪或者宣告死亡案件；认定公民(自然人)无民事行为能力或者限制民事行为能力案件和认定无主财产案件。

特别程序审理案件，实行一审终审制。选民资格案件或者重大、疑难案件，由审判人员组成合议庭审理；其他案件由审判员一人独任审理。

22.2.5.5 审判监督程序

审判监督程序，也称再审程序，是人民法院对已经发生效力的判决、裁定调解书，发现确有错误依法重新审理案件的程序。

各级人民法院院长对本院已经发生法律效力的判决、裁定，发现确有错误，认为需要再审的，应当提交审判委员会讨论决定；最高人民法院对地方各级人民法院已经发生法律效力的判决、裁定，上级人民法院对下级人民法院已经发生法律效力的判决、裁定，发现确有错误，有权提审或者指令下级人民法院再审；最高人民检察院对各级人民法院已经发生法律效力的判决、裁定，上级人民检察院对下级人民法院已经发生法律效力的判决、裁定发现确有错误的，应当提请上级人民检察院按照审判监督程序提出抗诉。按照审判监督程序提出抗诉。人民检察院提出抗诉的案件，人民法院应当再审。

当事人对已经发生法律效力的判决、裁定，认为有错误的，可以向上一级法院申请再审，但不停止判决、裁定的执行。当事人对已经发生法律效力的调解书，提出证据证明调解违反自愿原则或者调解协议的内容违反法律的，可以申请再审。当事人申请再审，应当在判决、裁定发生法律效力后2年内提出。人民法院对不符合规定的申请，予以驳回。当事人对已经发生法律效力的解除婚姻关系的判决，不得申请再审。

22.2.5.6　督促程序

债权人请求债务人给付金钱、有价证券符合法定条件的，可以向有管辖权的基层人民法院申请支付令。人民法院受理申请后，经审查债权人提供的事实、证据，对债权债务关系明确、合法的，应当在受理之日起15日内向债务人发出支付令；申请不成立的应当裁定予以驳回。债务人应当在收到支付令之日起15日内清偿债务，或者向人民法院提出书面异议。债务人在规定的期间不提出异议又不履行支付令的债权人可以向人民法院申请强制执行。

申请支付令必须符合下列条件：①债权人与债务人没有其他债务纠纷；②支付令能够送达债务人。申请书应当写明请求给付金钱或者有价证券的数量和所根据的事实、证据，向有管辖权的基层人民法院提出。

22.2.5.7　公示催告程序

按照规定可以背书转让的票据持有人，因票据被盗、遗失或者灭失，可以向票据支付地的基层人民法院申请公示催告。申请人申请公示催告应当向人民法院递交申请书，写明票面金额、发票人、持票人、背书人等票据主要内容和申请的理由、事实。

人民法院决定受理申请的，应当同时通知支付人停止支付，并在3日内发出公告，催促利害关系人申报权利。公示催告的期间，由人民法院根据情况决定，但不得少于60日。

支付人收到人民法院停止支付的通知，应当停止支付，至公示催告程序终结。公示催告期间，转让票据权利的行为无效。

利害关系人应当在公示催告期间向人民法院申报。人民法院收到利害关系人的申报后，应当终结公示催告程序，并通知申请人和支付人；没有人申报的，人民法院应当根据申请人的申请，做出判决，宣告票据无效。判决应当公告，并通知支付人。自判决公告之日起，申请人有权向支付人请求支付。

22.2.6 执行程序

对于已经发生效力的判决书、裁定书、调解书及其他应由人民法院执行的法律文书，当事人必须履行。拒绝履行的，享有权利一方可向人民法院申请强制执行。申请执行的期限，当事人一方或双方为公民的是 1 年，双方为法人或其他组织的是 6 个月。执行人接到申请后向被执行人发出通知，令其在指定期限内履行，逾期不履行的，强制执行。

人民法院的执行措施主要有：冻结、划拨被执行人的银行存款；扣留、提取被执行人应当履行义务部分的收入；查封、扣押、冻结、拍卖、变卖被执行人应当履行义务部分的财产；强制被执行人交付财物或者票证；强制被执行人迁出房屋或者退出土地；强制被执行人执行法律文书指定的行为等。被执行人不履行法律文书确定的义务，并隐匿财产的，人民法院有权发出搜查令，对被执行人及其住所或者财产隐匿地进行搜查。

学习指导

★ 复习思考

1) 仲裁与诉讼的区别在哪里？

2) 一项有效地仲裁协议必须具备哪几方面的条件？

3) 人民法院执行措施有哪些？

4) 简要论述民事诉讼基本模式的类别、特征及其具体划分。

5) 论民事诉讼程序的价值。

★ 案例分析

1) 四川省甲市 A 公司与云南省 乙市 B 公司于 1993 年 5 月在丙市签订了一份购销合同。合同中约定："B 公司售给 A 公司高级云腿月饼 2 000 盒，单价 50 元。A 公司预付货款 2 万元，预付款支付后，由 B 公司派车将月饼运至甲市，运杂费由 A 公司负担。"1993 年 6 月，B 公司所售月饼的包装盒上未印明"高级云腿月饼"字样，将严重影响销售为由，拒绝收货、拒付货款和运杂费，并且还要求 B 公司退回预付款和赔偿经济损失。双方各执己见，致使货物滞留甲市某露天货场。为了解决纠纷，B 公司在乙市法院对 A 公司提起诉讼，并请求法院财取财产保全措施，以免月饼霉变。

问：

(1) 乙市法院对本案有无管辖权？为什么？

(2) A 公司可否以反诉的形式请求法院判令 B 公司退回预付款和赔偿损失？为什么？

2) 2006 年 7 月，石家庄市奥龙健身房与广州市健身器械公司签订了一份购销合同。合同中的仲裁条款规定："因履行合同发生的争议，由双方协商解决；无法协商解决的，由仲裁机构仲裁。" 2006 年 9 月，双方发生争议，奥龙健身房向其所在地的石家庄市仲裁委员会递交了仲裁申请书，但健身器械公司拒绝答辩。同年 11 月，双方经过协商，重新签订了一份仲裁协议，并商定将此合同争议提交该健身器械公司所在地的广州市仲裁委员会仲裁。事后奥龙健身房担心广州市仲裁委员会实行地方保护主义，偏袒健身器械公司，故未申请仲裁，向合同履行地人民法院提起诉讼，且起诉时说明此前两次约定仲裁的情况，法院受理此案，并向健身器械公司送达了起诉状副本，该器械公司向法院提交了答辩状。法院经审理判决被告某健身器械公司败诉，被告不服，理由是双方事先有仲裁协议，法院判决无效。

问：

(1) 购销合同中的仲裁条款是否有效？请说明理由。

(2) 争议发生后，双方签订的协议是否有效？为什么？

(3) 原告奥龙健身房向法院提起诉讼正确与否？为什么？

(4) 人民法院审理本案是否正确？为什么？

参考文献

[1] 徐杰. 经济法研究丛书（多卷本）[M]. 北京：法律出版社, 2002.
[2] 漆多俊. 经济法研究丛书（多卷本）[M]. 北京：方正出版社, 2000.
[3] [日]金泽良雄著.经济法概论[M]. 满达人译. 兰州：甘肃人民出版社, 1985.
[4] 杨紫煊. 经济法[M]. 北京：北京大学出版社, 2002.
[5] 漆多俊. 经济法学[M]. 北京：高等教育出版社, 2008.
[6] [美]波斯纳. 法律的经济分析[M]. 北京:中国大百科全书出版社, 1997.
[7] 白非. 物权法例论[M]. 北京：法律出版社, 2005.
[8] 郭明瑞. 中华人民共和国物权法释义[M]. 北京：中国法制出版社, 2007.
[9] 江平. 中国物权法教程[M]. 北京：知识产权出版社, 2007.
[10] 王利明. 物权法研究[M]. 北京：中国人民大学出版社, 2007.
[11] 刘俊. 土地权利沉思录[M]. 北京：法律出版社, 2009.
[12] 王利明, 房绍坤, 王轶. 合同法[M]. 北京：中国人民大学出版社, 2002.
[13] 郑成思. 知识产权论[M]. 北京：法律出版社, 2001.
[14] 吴汉东. 知识产权法[M]. 北京：法律出版社, 2004.
[15] 郭明瑞. 担保法[M]. 北京：法律出版社, 2010.
[16] 王保树. 商法总论[M]. 北京：清华大学出版社, 2007.
[17] 覃有土. 商法学[M]. 北京：中国政法大学出版社, 2002.
[18] 范健, 王建文. 公司法[M]. 北京：法律出版社, 2006.
[19] 张民安. 公司法上的利益平衡[M]. 北京：北京大学出版社, 2003.
[20] 刘晓青. 独立董事制度研究[M]. 南昌：江西人民出版社, 2007.
[21] 漆多俊. 中国经济组织法[M]. 北京：中国政法大学出版社, 2003.
[22] 王小能. 中国票据法律制度研究[M]. 北京：北京大学出版社, 1999.
[23] 董安生. 票据法[M]. 北京：中国人民大学出版社, 2009.
[24] 符启林. 证券法[M]. 北京：法律出版社, 2007.
[25] 韩长印. 破产法学[M]. 北京：中国政法大学出版社, 2007.
[26] 李国光. 新企业破产法理解与适用[M]. 人民法院出版社, 2006.
[27] 程春华. 破产救济研究[M]. 北京：法律出版社, 2006.
[28] 丁文联. 破产程序中的政策目标与利益平衡[M]. 北京：法律出版社, 2008.
[29] 种明钊. 竞争法[M]. 北京：法律出版社, 2005.
[30] 沈同仙. 劳动法学[M]. 北京：北京大学出版社, 2009.
[31] 江伟. 民事诉讼法[M]. 北京：高等教育出版社, 2008.